체 게바라 평전

Che Guevara by Jean Cormier

Copyright ⓒ Les Editions du Rocher, Paris 1997
Korean Translation Copyright ⓒ Silcheon Munhak Publishing Co., 1997
All rights reserved.

This Korean edition was published by arrangement with
Les Editions du Rocher (Paris) c/o ACL
through Bestun Korea Agency Co., Seoul

이 책의 한국어판 저작권은 베스툰 코리아 에이전시를 통해
저작권자와의 독점계약으로 (주)실천문학에 있습니다.
저작권법에 의해 한국 내에서 보호를 받는 저작물이므로
무단전재와 무단복제를 금합니다.

이 도서의 국립중앙도서관 출판시도서목록(CIP)은 e-CIP 홈페이지
(http://www.nl.go.kr/cip.php) 에서 이용하실 수 있습니다.
(CIP제어번호: CIP2005000901)

체 게바라 평전

장 코르미에 지음
김미선 옮김

실천문학사

멕시코에 도착한 체. 오전에는 무보수로 병원에서 일하고, 사진을 찍어주고 생기는 얼마간의 수입으로 생계를 해결했다. 1954년 9월.

쿠바로 떠나기 전에 멕시코의 로스가미토스에서 사격연습을 하고 있는 체.

"사회주의에 대한 저의 신념은 하염없이 깊어져만 가고 있답니다.
우리의 통통한 귀염둥이는 마오쩌둥을 쏙 빼닮은 듯하다니까요!"
첫번째 부인 일다 가데아, 맏딸 일디타와 함께.

아빠 체 게바라와 함께 있는 일디타.

전투가 끝나고 유난히 별이 총총히 빛나는 밤이면 그는 딸에게 주는 시들을 가만히 속삭였다. 어느 순간도 잊은 적이 없는 가족에 대한 그의 그리움은 장차 딸이 더 나은 세상에서 살도록 하고 싶은 의지이기도 했다.

전쟁의 한복판 시에라마에스트라에서 에밀 루드비히의 괴테 전기를 읽고 있는 체.

게릴라의 힘든 하루가 끝나고 모두가 곯아떨어진 밤에도 체는 홀로 불을 밝히고 있는 독서광이었다. 그래서 기름을 가장 많이 낭비하는 게릴라로 불리기도 했다. 천식으로 잠을 이루지 못하는 밤에도 그는 잡히는 대로 책을 읽었으며, 가리지 않는 독서는 그의 다양한 면모를 입증하는 것이기도 했다.

체는 농민들의 몸을 치료했을 뿐 아니라 배고픔까지도 함께 나누려 했다.

모래밭에 그리는 군사전략.

골프가 굳이 비밀스런 취미일 수는 없었다.

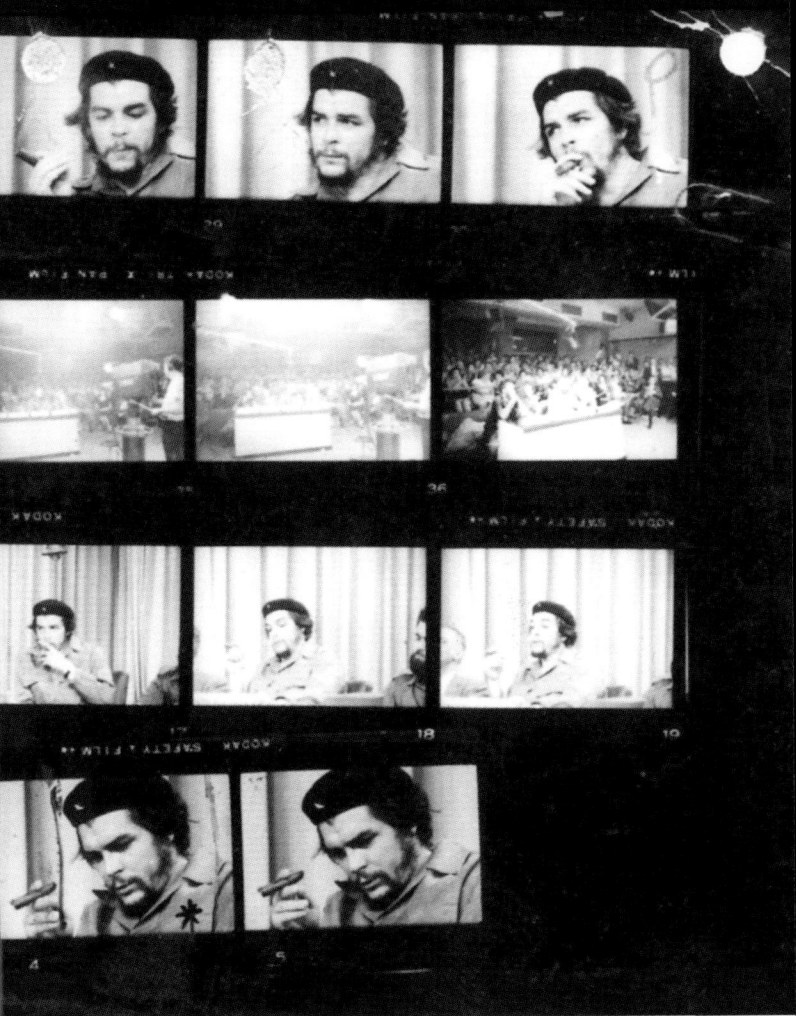

무엇보다도, 언제나 자기 존재의 깊이를 느낄 수 있는 준비가 되어 있어야 하며, 세계 어느 곳에서라도 누군가에게 부정이 행해지지 않는지 살펴보아야 한다. 이것은 혁명가의 자질 중에서도 가장 중요한 것이다. _체 게바라

가자
새벽을 여는 뜨거운 가슴의 선지자들이여
감춰지고 버려진 오솔길 따라
그대가 그토록 사랑해 마지않는 인민을 해방시키러.

……

토지개혁, 정의, 빵, 자유를 외치는
그대의 목소리 사방에 울려퍼질 때
그대 곁에서 하나된 목소리로
우리 그곳에 있으리.

압제에 항거하는 의로운 임무가 끝날 때까지
그대 곁에서 최후의 싸움을 기다리며
우리 그곳에 있으리.

……

아무리 험한 불길이 우리의 여정을 가로막아도
단지 우리에겐
아메리카 역사의 한편으로 사라진 게릴라들의 뼈를 감싸줄
쿠바인의 눈물로 지은 수의 한 벌뿐.

폭발로 파괴된 쿠브르호의 희생자들을 추모하는 장례식 행렬에서. 1960년.

뜨거운 동지애로 묶였던 피델 카스트로와 체 게바라.

혁명 만세!

자신의 사진기로 사진을 찍기 좋아했던 체.

무척이나 사랑했던 딸 일디타와 동료들과 함께.

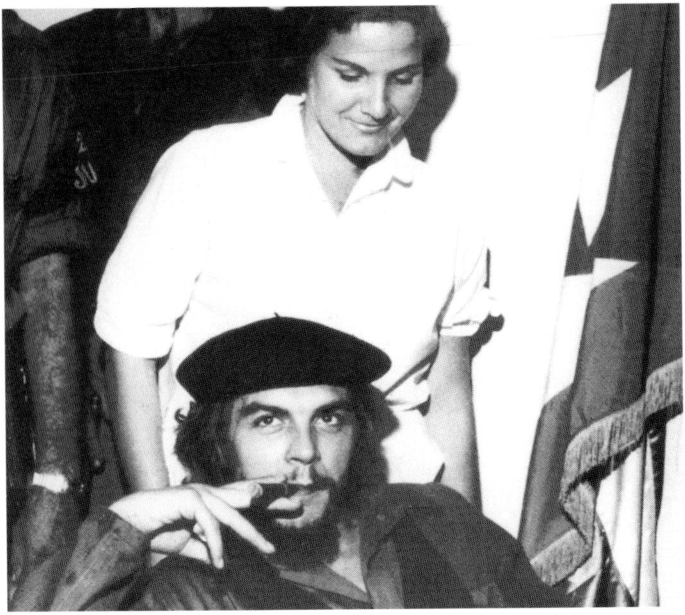

체와 알레이다. 1959년, 카바나의 사무실에서.

한 젊은 북한 여성으로부터 춤을 배우고 있는 체. 1960년 12월.

중국 정부와 첫번째 공식 만찬에서 마오쩌둥과 인사를 나누는 체. 1960년 12월 1일.

체와 흐루시초프.

체 게바라는 쿠바혁명을 성공적으로 이끈 후에도 몸소 노동의 본을 보여주었다.

볼리비아 게릴라 캠프에서 동료들과 잠시 휴식을 취하고 있는 체.

물레방아를 향해 질주하는 돈키호테처럼
나는 녹슬지 않는 창을 가슴에 지닌 채,
자유를 얻는 그날까지 앞으로 앞으로만 달려갈 것이다.

_체 게바라

두 눈을 뜨고 죽은 체의 모습.

체는 영혼의 순례자였다.

사랑이 담긴 희망을 내보였고, 투쟁을 선택하는 용기를 보였다.

체가 "모든 진실된 인간은 다른 사람의 뺨이 자신의 뺨에 닿는 것을 느껴야 한다"고 단언했을 때 이것은 '함께한다'는 것을 뜻한다.

체는 모든 것을, 다른 사람들의 고통까지 함께했다.

그는 바로 휴머니즘의 전도자였다.

"별이 없는 꿈은 잊혀진 꿈이다"라고 엘뤼아르는 말했다.

별이 있는 꿈은 깨어 있는 꿈이라고 말할 수 있을 것이다.

우리 모두 눈을 크게 떠야 한다.

체는 한 번도 눈을 감아본 적이 없었다…….

이 책이 씌어지고 난 뒤 1997년 10월 17일, 죽은 지 30년 만에 체 게바라는 쿠바의 산타클라라에 안장되었다.

쿠바 인민에게 체 게바라의 죽음을 알리는 피델 카스트로.

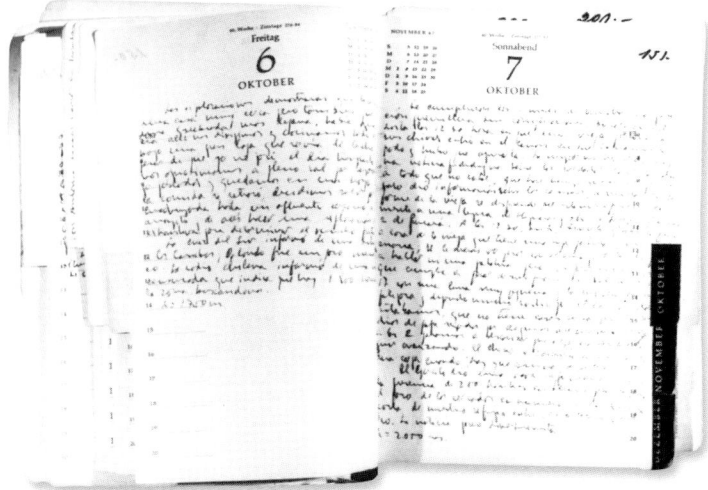

체가 1966년 11월부터 썼던 비망록. 사진은 1967년 10월 6일과 7일의 일기.

쿠바의 화폐에 담긴 체의 모습.

| 쿠바 진격도 |

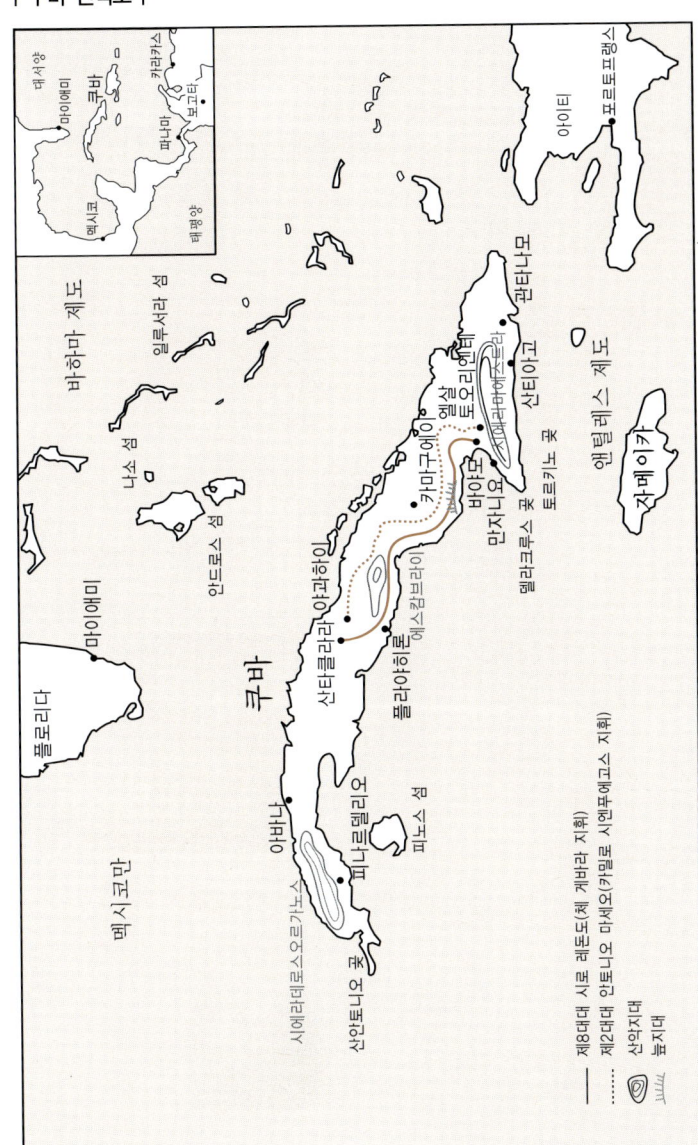

볼리비아 원정

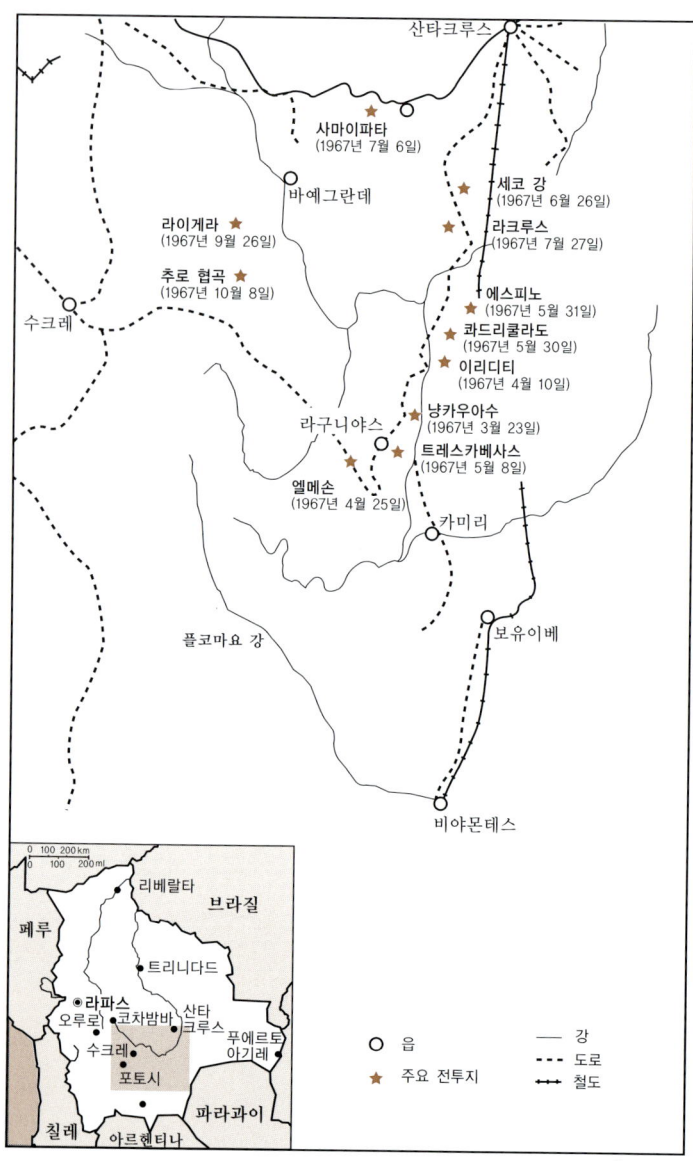

■ 차 례

서문 __ 35
프롤로그 __ 39

제1부 잃어버린 시간을 찾아서

천식을 앓는 아이 __ 45
포데로사 II를 타고 __ 63
추키카마타에서 얻은 계시 __ 84
마추픽추 __ 101
나환자들의 빛, 산파블로 __ 114
플로리다에서 __ 129

제2부 일다 가데아와 피델 카스트로

아메리카의 병사가 가야 할 길 __ 135
허니문 __ 161
마리아 안토니아 집에서의 만남 __ 174
일디타 __ 188

제3부 그란마호에 탄 여든두 사람

갑판 위의 의사 __ 202
알레그리아델피오, 선택 __ 213
미련한 군의관 __ 231
쿠바 국민에게 고함 __ 247
새로운 무기 __ 259
대장의 별 __ 277

로시난테를 탄 돈키호테 __ 302
잘 싸우기 위해서는 잘 배워야 한다 __ 315

제4부 서쪽으로

공격개시 __ 363
카밀로와의 전쟁놀이 __ 393
산타클라라 __ 407

제5부 전쟁은 끝나고

아바나에서 __ 429
이 방에 공산주의자가 있소? __ 453
마오쩌둥과의 만남 __ 486
양대 블록 사이에서 __ 512
타투 무간다 __ 560

제6부 볼리비아의 계략

체가 사라지다 __ 583
볼리비아 일기 __ 599
인간은 꿈의 세계에서 내려온다 __ 670

옮긴이의 말 __ 711

서문

 1년여 전부터 자신을 뒤쫓던 볼리비아군에게 생포된 체 게바라는 1967년 10월 9일, 볼리비아 차코의 작은 시골 마을, 라이게라(La Higuera)의 조그만 학교에서 서른아홉의 나이로 사살되었다.

 덥수룩한 수염에 비쩍 마른 체(Che)의 모습은 그 옛날 십자가에서 생을 마감한 또 다른 'Ch', 즉 그리스도(Christ)와 끔찍하리만치 닮은 모습이었다. 둘 다 평등을 위해 투쟁한 박애주의자들이었지만, 체 게바라가 선택했던 길은 팔레스티나의 유태인 예수가 걸었던 평화로운 노정과는 거리가 멀었다. 바티스타 정권을 몰아내기 전인 1956년 말, 멕시코에서 어머니에게 보낸 편지에는 이런 구절이 있다.

 "저는 예수와 전혀 다른 길을 걷고 있습니다. …… 저는 힘이 닿는 한 모든 무기를 동원하여 싸울 겁니다. 저들이 나를 십자가에 매달아두게도 하지 않을 것이며, 어머니가 바라시는 방식대로 하지도 않을 겁니다……."

 그때 체의 나이는 스물여덟이었다. 신을 믿지 않았던 그는 오직 인간만을 믿었다. 그래서 그는 늘 '새로운 것'

을 추구했다. 그것이 비록 이루어질 수 없는 유토피아를 좇는 것이라 해도 그는 자신의 신념을 위해 노력하는 강인한 정신과 용기를 갖고 있었다.

체가 죽은 지 30여 년이 지난 지금, 동시대인들의 마음속에 신화로 떠돌고 있던 그는 아직도 여전히 신선하게 다가오고 있다. 가치가 전복되고 기계가 중심이 되어버린 파편화된 세계 속에 사는 지금의 젊은이들에게 그는 새로운 길을 제시해주고 있다. 체는 심장을 가지고 있었다. 그것도 아주 뜨거운……. 그는 모든 사람들을 위해 그 뜨거운 심장을 쓰고 싶어했다. 그러나 당시의 두 강대국, 미국과 소련의 비밀경찰들은 이 영원한 돈키호테의 분신이자 우리 시대의 혁명가 체 게바라의 피를 안데스의 산맥에 뿌리도록 만들었다.

사실 최근 수년간 체 게바라를 다룬 이 책에 큰 관심을 보인 편집자는 거의 없었다.

"세상에, 제정신인가? 공산주의가 몰락한 이 마당에 누가 체 게바라에게 관심을 둔단 말인가!"

내가 이 문제를 거론할 때마다 수도 없이 들었던 말이다. 그런데 로셰 출판사의 편집진은 체 게바라라는 나무를 새롭게 재인식시키려는 이 시도에 용감하게 도전했다. 그것은 그의 생애의 본질을 다루는 일이었다. 한마디로 요약하기 어려운 폭넓은 인간에 대한 애정이 담긴 이 책에서 내가 특히 강조하려고 했던 것은 그의 온화한 인간성이었다. 사실 이 책을 탈고하기까지는 8년이라는 긴 시간이 걸렸다. 굳이 이유를 대자면, 지난 시절의 좌파들은—'체 게바라'에 대한 생각을 보존하고 싶어하는 아르헨티나의 전사들과 프랑스의 마르크스주의자들을 제외하곤—이 인물이 자기들로부터 이탈되는 걸 결코 달가워하지 않았기 때문이다. 딱한 일이었다. 하지만 그건 '에르네스토 게바라 데 라 세르나(Ernesto Guevara de La Serna)' 대장이 여전히 그들의 열정에 불을 댕기고 있다는 걸 역으로 증명해주는 것이었다.

'전사 그리스도'로까지 부르는 그의 재조명과 명예회복을 위해 지금 프랑스를 비롯한 세계 각지의 예술가와 화가, 조각가, 사진작가들은 루브르 광장에서 출발하는 자유의 행진을 계획 중이다. 그것은 전 세계 사람들이 함께 체가 던졌던 질문을 생각해보고, 이에 답해보려는 시도이다. 그의 질문은 사회의 파편화가 가속화되는 지금 그 어느 때보다도 절실한 의미를 갖고 있다고 생각된다.

장 코르미에 에이에라기벨

프롤로그

 보름이 가까워지던 어느 겨울밤, 파리에 머물고 있는 나는 1년 내내 문을 닫는 법이 없는 앙시엔코메디가의 한 빵가게로 빵을 사러 가고 있었다. 무엇에 홀린 듯 '갈증의 계곡'에 인접한 개천—생제르맹의 밤거리 사람들이 미시시피 강이라고 이름 붙인—건너편으로 정처 없이 걸어가고 있었다. 재즈 가락만이 사회의 낙오자들을 깨우는 버드랜드 뒷골목. 이 시간은 그들도 빵을 찾아 나설 때였다.

 그때 카네트가와 프랭세스가가 만나는 모퉁이, 생제르맹과 생쉴피스 성당 사이에 있는 한 건물 벽에서 열렬한 지지자들이 '전사 그리스도'라고 이름 붙여놓은, 십자가를 안고 있는 그림을 보았다. 그림 속의 인물은 바로 체 게바라였다. 고약한 냄새를 풍기는 그곳에 웅크리고 있던 한 남자가 어둠속에서 은둔하고 있는 설교자처럼 말했다.

 "그는 다시 돌아올 겁니다."

 그는 감격에 겨운 눈빛을 하고 있었다.

 "제아무리 어두컴컴한 밤일지라도 그는 저 하늘의 별

로 늘 떠 있어요. 진정한 목자, '체'라는 이름의 별로."

잠자리로 돌아온 나는 빵을 몇 조각 먹다가 그 꿈을 계속 꾸기 위해 잠이 들었다.

그 아득한 꿈 같은 경험이 있고 나서 몇 년이 지난 1981년 9월, 나는 아바나로 갔다. 함께 갔던 유럽 기자 친구들과 떨어져 나는 발라데로로 향했다. 뒤퐁 골프장이 펼쳐져 있는 해안가에는 열대의 태양에 까맣게 그을린 소련 우주비행사들이 스윙 연습을 하고 있었다. 체 게바라의 사진을 많이 찍었던 알베르토 코르다와 동행하는 것은 유쾌한 일이었다. 그는 크리스찬 디오르의 모델이자 1960년대 말 파리에서 벌어졌던 학생운동 때 나와 함께 동참했던 위대한 '여전사' 노르카의 전남편이기도 했다. 불꽃처럼 예리한 시선을 가졌던 코르다는 결코 돈과 타협하지 않았다. 어떠한 상업적 유혹에도 굴복한 적이 없었던 이 통 큰 사내는 자기만이 인정하는 대장을 기록으로 남겨두기 위해 늘 준비하는 자세를 가지고 있었다. 내가 심한 갈증과 싸우고 있을 때도 그는 자신이 존경하는 쿠바의 대장처럼 술을 마시지 않고도 포도주에 기분 좋게 취한 것처럼 행동할 수 있었다. 그런 분위기 속에서 그는 허심탄회하게 이야기를 털어놓았다.

나는 그가 1959년부터 1968년까지 피델 카스트로의 공식 사진사로 세계 각지를 동행하며 겪었던 각종 고생담을 들었다. 그는 헤밍웨이가 한창 바다낚시로 이름을 날릴 때 피델과 체가 함께 고기를 낚던 당시의 정황도 자세히 이야기해주었다. 그런 이야기를 듣는 동안 같은 일을 하는 사람으로서 우리들 사이에는 모종의 암묵적인 공모감이 싹트고 있었다.

만조가 되어 한꺼번에 들어온 배들로 어수선한 낡은 선창에서 코르다는 나에게 에르네스토 게바라의 아버지를 만나보는 게 어떻겠냐고 제안하였다. 그는 말레콘 해변을 따라가다가 혁명의 주역들과 그 인척들이 모여 살고 있다는 미라마르가로 들어섰다. 우리는 헤밍웨이가 『노인과 바다』에서 모델로 삼았다던 그레고리오 푸엔테스 노인과 함께 그 집을 찾아갔다. 아들이 친근하게 '비에호'(노인네―옮긴이)라고 불렀던 모습대로 아버지 에르네스토는 테라스에 있는 흔들의자에 평온한 모습으로 앉아 있었다. 약간의 럼과, 탄산수와 약초가 담긴 컵을 쉼없이 흔들면서 그는 마치 아들이 여전히 살아 있는 듯 생생하고 현란한 말투로 이야기를 했다. 우리는 한 집안의 가족사를 손에 잡힐 듯이 보고 있는 느낌이었다. 거의 네 시간이 넘는 긴 이야기 속에서 게바라 노인은 이 라틴아메리카에서 혁명의 불길을 다시 지피기 위해 또 다른 체들이 머지않아 나타나리라는 확신을 우리에게 인식시키려고 하는 듯했다.

사람을 끄는 이 낭만적 기질의 노인과 다시 만날 날을 기약하며 헤어졌는데, 1987년 9월, 유명한 코미디언 피에르 리샤르와 함께 체의 흔적을 찾는 다큐멘터리를 제작하기 위해 그를 찾았을 때, 그는 이미 이 세상 사람이 아니었다. 그 두 사람의 에르네스토 게바라는 우리의 작품 〈위대한 저편(Grand Ailleurs)〉에서 다시 모습을 드러내는데, 나는 그 작은 프로그램을 완성하는 과정에서 체의 딸인 일다와 체와 형제 같은 우정을 나눴던 알베르토 그라나도를 만나는 행운을 얻었다.

사랑과 우정으로 빚은 소중한 생명을 잉태시키듯, 우리의 이 책은 '엘 체'라고 불렸던, 따뜻한 마음이 깃든 강철 같은 영혼을 가진 한 거인을 기리는 우리 세 사람의 마음이 탄생시킨 결과물이다.*

아바나와 파리를 오가며

---

* 알베르토와 일다 외에도 나는 체가 서른아홉 해 동안 알고 지냈던 많은 사람들과 만났다. 나는 가급적 그들의 이야기를 솔직하게 전달하려고 노력했다. 더불어 체가 남긴 일기들이나 육필 원고, 또는 각종 문헌들을 자주 참고하였다.

제1부

잃어버린 시간을 찾아서

천식을 앓는 아이

 1928년 6월 14일, 이폴리토 이리고옌 대통령이 통치하던 시절에 아르헨티나에서는 후일 '체'라고 불리게 될 에르네스토 게바라가 태어났다. 애초부터 정착된 삶과는 거리가 먼 운명을 타고난 것일까. 만삭인 쎌리아 데 라 세르나는 부에노스아이레스에서 아이를 낳기 위해 남편과 서둘러 파라나 강을 내려가는 배편에 올라탔다. 그런데 로사리오데라페쯤에서 예정보다 빨리 첫 진통이 찾아왔다. 기겁을 한 세르나 부부는 허둥지둥 배에서 내려 가까운 곳에 사는 친척집으로 향했다. 그렇게 하여 에르네스토는 아버지와 같은 이름으로 이 세상과 첫 대면을 하게 되었다.

 에르네스토의 집안은 참으로 파란만장한 내력을 갖고 있었다. 골드러시 무렵 금광을 찾아 캘리포니아로 떠났던 할아버지는 아일랜드와 바스크의 혈통을 이어받은 사람이었다. 할머니 알베르티나 우갈데는 1871년, 황열병에 걸려 스무 살이라는 젊은 나이에 세상을 떴다. 이렇듯 바스크와 아일랜드라는 유난히 고집 세고 개성 강한 혈통이 이 유서 깊은 집안 출신의 아이에게 흐르고 있었다.

 게바라 가족은 로사리오에 터전을 잡지는 않았다. 아이가 어느 정도 여행을 견뎌낼 수 있을 것 같자 그들은 다시 대서양으로 향하는 강을 따라 여행을 시작했다. 게바라 부부는 학생 시절의 추억이 숨쉬고 있던 부에노스아이레스에 잠시 들렀다가 카라과타이 강 어귀에 있는 한 항구까지 거슬러 올라갔다. 어린 에르네스토가 말을 배운 곳은 여기였다. 토목기사 자격증을 갖고 있던 아버지 에르네스토 게바라 린치는 태곳적의 신비를 간직한 원시림 지대로 파라과이와 인접한 알토파라냐 개발현장에서 일을 하게 되었다. 그는 마테(파라과이의 차─옮긴이)를 심기도 하고 간단한 항해를 위해 조선소 건설에도 참여했다. 에르네스토는 드넓은 정원 한 귀퉁이 아버지가 손수 지은 집에 드리운 커다란 소나무 그늘 아래서 첫걸음마를 뗐다. 1929년 12월 31일, 어머니의 이름을 이어받게 되는 여동생 셀리아가 태어나면서 에르네스토 가족은 네 명으로 늘어났다.

 1930년 5월 어느 날 오전, '테테'라는 별명으로 불렸던 에르네스토의 두번째 생일이 얼마 남지 않았던 날, 셀리아는 아들을 데리고 근처 강으로 수영을 하러 갔다. 그런데 물에서 나온 아이가 심하게 몸을 떨었다. 남아메리카 지역의 심한 기온차가 아이에게는 치명적이었던 것이다. 그날 밤 내내 아이는 기침을 멈추지 않았고, 의사는 갓난아기 때 로사리오에서 앓았던 폐혈종과 관련시키며 폐렴이라는 진단을 내렸다.

아이의 천식 때문에 게바라 가족은 좀더 나은 기후를 찾아 짐을 꾸릴 수밖에 없었다. 알토파라냐의 습한 기후는 아이의 천식을 더욱 악화시켰고, 게바라 부부는 결국 부에노스아이레스로 되돌아가기로 했다. 그들은 부스타만테가에 있는 아파트 6층을 세냈다. 그러나 여기서도 아이의 건강은 나아질 기미가 보이지 않았다. 또다시 짐을 꾸린 가족은 이번에는 아주 건조한 기후를 찾아 안데스 산맥의 전방지역을 찾았다. 코르도바에 도착하자 비로소 아이가 제대로 숨을 쉬는 것 같아서 게바라 가족은 코르도바 인근의 아르게요에 짐을 풀었다. 그러나 얼마 안 가 그 온화한 공기도 천식에는 도움이 되지 않는다는 것을 알게 되었다. 게바라 가족이 짐 꾸리기와 짐 풀기를 거듭하고 있던 1930년 9월 26일, 아르헨티나에서는 우리부루(Uriburu) 장군이 쿠데타를 일으켰다.

라그루타 호텔에서 떠나온 게바라 가족이 치카스 산악지방의 알타가르시아에 도착하자 어린 천식환자는 약간이나마 기력을 찾는 것 같았다. 그러자 그의 부모들은 여기에 자리를 잡아야겠다고 결정하고 산자락에 세워진 카를로스펠레그리니라는 마을에 집 한 채를 얻었다. 예수회 선교사들이 세웠던 유서 깊은 도시 알타가르시아에는 인디오 밀집구역인 레둑시오네스(reducciones)[1]가 많았

---

1) 예수회 선교사들에 의해 17세기에 설립된 인디오 자치공동체.

다. 어느 날, 에르네스토는 길거리에서 사귄 한 친구의 집에 놀러갔다가 큰 충격을 받았다. 그 친구는 부모와 다섯 형제자매들과 함께 침대 하나만 덩그러니 놓여 있는 한 칸짜리 오두막에서 생활하고 있었는데, 겨울에는 신문지나 넝마조각을 덮고 잔다고 했다. 어린 에르네스토는 집으로 돌아와 아버지에게 따지듯이 이것에 대해 이야기했다. 이것이 아버지와 아들 사이에 오간 최초의 '정치적' 대화였다.

아버지 에르네스토는 아들에게 이렇게 설명했다. "그렇단다. 가난은 이 세상에 존재한다. 그러나 그에 대항하여 싸울 줄 알아야 한다." 그러나 권위적인 정권은 인디오들이 스스로 개혁할 수 있는 최소한의 가능성조차도 허락하지 않았다. 설령 그들이 파업을 일으킨다 해도 즉각 혹독한 탄압과 투옥이 이어졌다. 그들이 할 수 있는 일이란 그저 호화로운 시에라스 호텔의 골프장을 지저분하게 만들어서 몇 푼이나마 더 받아내는 것이었다. 그건 큰일은 아니었지만 그렇게라도 행동에 옮기는 이들에게는 대단한 일이었다.

에르네스토의 생일케이크에 여덟 개의 초가 꽂히던 1936년, 그해 들어 사람들은 부쩍 스페인에서 벌어지고 있는 전쟁에 대해 많은 이야기들을 했다. 또래들과 다름없는 개구쟁이 소년이었던 에르네스토는 다른 아이들이 도둑과 경찰로 편을 갈라 놀 때 공화파와 프랑코파로 편을 갈라 전쟁놀이를 했다. 그때 마누엘-벨그라노 학교에 입학을 앞두고 있던 에르네스토는 칠레의 시인 파블로 네루다의 시들을 암송하는 재미에 빠져 들었다.

1937년, 에르네스토의 아버지는 스페인 공화군을 지지하는 후원회를 조직했다. 소년 에르네스토 또한 자기네 집을 '민중의 집'으로 바꿔가고 있었다. 얼마 지나지 않아 이 집은 '비베 코모 키에라스(vive como quieras, 원하는 대로 지내는 곳)'로 불리게 되었는데, 소년 에르네스토가 먹여주고 재워주기 위해 하루가 멀다 하고 데려오는 굶주린 친구들이나 광부의 아이들, 호텔 노동자의 아이들로 들끓었다. 다행히도 집이 꽤나 넓고 집세 또한 비싸지 않았던 터라 동네의 어느 집보다 사람들의 발길이 잦은 곳이 되었다. 무엇에 씌었는지는 모르지만 게바라 가족은 그런 생활에 특별한 불편을 느끼지 않았다. 그리하여 그 집의 문은 언제나 활짝 열려 있었다.

이렇듯 '어린 체'는 일찌감치 인디오 친구들과 나누며 사는 법을 배우며 자라고 있었다. 두 번에 걸쳐 찾아왔던 심한 천식 발작 때문에 할 수 없이 학교를 쉬어야 했던 에르네스토는 그 기간 동안, 프랑스 문학에 조예가 깊었던 어머니가 빌려준 책을 비롯해 아버지의 서재에서 가져온 책들을 닥치는 대로 읽었다. 어느새 그는 소포클레스부터 프로이트, 그리고 『로빈슨 크루소』와 『삼총사』까지 닥치는 대로 섭렵한 게걸스러운 독서광이 되었다.

1939년, 바다 저편에서 끔찍한 전운이 감돌고 있던 그 해, 에르네스토 자신도 처음으로 '부당함'이라는 쓰디쓴 경험을 맛보았다. 그는 동생 로베르토—게바라 가족은 여섯 식구로 불어나 있었다. 에르네스토, 셀리아에 이어 1932년 5월 18일에 로베르토가 태어났고 1934년 1월 28일에 안나 마리아가 태어났기 때문이다—와 함께 몇 푼의 용돈이라도 벌어보겠다며 풀란이라는 사람이 주인으로 있는 포도농장에서 수확하는 일을 하게 해달라고 아버지께 부탁했다. 2월은 여름방학 기간이었으므로 어머니는 진작에 허락했고 아버지 또한 나름의 생각이 있어이 일을 허락했다. "자식들을 가르치는 가장 좋은 방법은 그들에게 한 사람으로서 제 몫을 할 기회를 주는 것이라 생각했다." 후일 그는 『나의 아들, 체(Mi hijo el Che)』[2]라는 책에서 이렇게 쓴 적이 있다. 그러나 두 형제는 에르네스토의 천식이 심해지는 바람에 나흘 만에 집으로 되돌아올 수밖에 없었다.

"정말 치사한 사람이에요."

에르네스토는 볼멘 목소리로 말했다.

"천식이 심해져서 아무래도 일을 계속하기가 힘들 것 같아 집으로 돌아가야겠다고 얘길 했죠. 그래서 우리가 그동안 일한 품삯을 계산해달라고 했어요. 그랬더니 반밖에 줄 수 없다는 거예요. 그 사람이 그런 식으로 행동하는 건 유명하더라구요. 이번 일도 처음이 아닌 것 같고. 그러니까 아버지가 같이 가셔서 다시는 그런 짓 못하

---

[2] Planeta sudamericana 판.

게 그를 한 방에 날려버리세요…….”

 1943년 새해를 맞이하면서 게바라 가족은 코르도바로 이사하기 위해 다시 짐을 꾸렸다. 아버지가 코르도바에 있는 건축사무소에 자리를 얻었기 때문이었다. 그해에 에르네스토의 바로 아래 누이인 셀리아는 여자중학교에 입학했고, 에르네스토는 서민층 아이들이 주로 다니던 데안푸네스 국립중학으로 옮겼다.

 칠레가 288번지에 있던 그 집에서 에르네스토의 막내 동생 후안 마르틴이 5월 18일에 태어났다. 얼마 지나지 않아 이 집 역시 전과 다름없이 ‘민중의 집’이 되어갔다. 아버지가 ‘미세리아(miseria : 가난 또는 빈곤이라는 뜻—옮긴이)’라고 불렀던 이웃동네 아이들이나, 지진으로 동네 전체가 쑥밭이 되어버려 오갈 데 없게 된 아이들이 묵을 곳을 찾아 그의 집으로 몰려들었다. 이 시기에 에르네스토는 이모부이면서 좌파적 사상이 담긴 시를 많이 쓴 코르도바 이투르부르의 시를 좋아하게 되었다. 그는 자신의 시를 직접 에르네스토에게 낭송해주는가 하면 아르헨티나의 정치 상황에 대해서도 얘기해주곤 했다.

 비록 천식이 종종 발병하기는 했지만, 에르네스토는 무럭무럭 자랐다. 그는 동생 로베르토와 함께 테니스와 골프를 쳤으며 체스에도 푹 빠져 들었다. 그가 그나마도 집안의 삼형제와 친해진 것도 이 무렵이었다. 그들은 토마스, 그레고리오, 그리고 알베르토였는데, 누구보다도 당시 그에게 가장 많은 영향을 미쳤던 사람은 학생 시위를 이끈 혐의로 감옥에도 갔다 온 전력이 있었던 여섯 살 위의 알베르토였다. 그라나도 형제들은 당시 영국에서 건너온 지 얼마 안 된, 럭비라는 낯선 운동을 하고 있었다. 어느 날 그들을 따라 리오프리메로에서 열린 럭비 시합에 다녀온 에르네스토는 알베르토에게 자기도 럭비를 하게 해달라고 졸랐다. 알베르토는 양 볼이 핼쑥하고 호리호리한 이 소년을 찬찬히 뜯어보았다.

"럭비를 하고 싶다고? 미안한 얘기지만 넌 첫번째 태클이 들어오는 순간 두 동강이 나고 말 걸……."

그러나 에르네스토의 불같은 시선을 되받은 알베르토는 일단 테스트를 해보기로 했다. 그는 에르네스토에게 헬멧을 빌려준 뒤 의자 두 개를 놓고 양쪽 등받이 위에 막대기를 걸쳐놓은 뒤 그 위를 구르듯 뛰어 넘어보라고 했다.

"두 번, 다섯 번, 열 번, 그는 가볍게 장대를 뛰어넘었어요. 어찌나 쉬지 않고 열심히 해대는지 내가 나서서 말리지 않을 수 없을 정도였죠."

그날로부터 반세기가 지난 지금, 알베르토 그라나도는 아바나의 미라마르 구에 있는 자신의 집 테라스에서 럼주가 든 잔을 홀짝거리며 마치 바로 엊그제 일어났던 일인 양 그 일을 회상하고 있다. 알베르토는 나중에 유명한 생물학자가 되었으며, 젊은 시절의 친구인 에르네스토를 따라 쿠바에 정착했다. 그 또한 나름의 방식대로 기아와 빈곤과 싸워온 사람이었다. 그는 젖소의 품종을 개량하여 우유를 다량 생산할 수 있게 하는 데 성공했다. 알베르토는 '체'가 되기 이전의 젊은 에르네스토 게바라의 모습을 어느 누구보다도 가까이에서 보아온 사람이었다.

에르네스토는 결국 럭비화를 신을 수 있었다. 그는 럭비 선수로서 자신의 예명을 푸리분도 데 라 세르나(Furibundo de la Serna)의 줄임말인 푸세르(Fuser)라 지었다. 비록 그는 돌진하는 형은 아니었지만 공격적인 태클에는 명수여서 얼마 안 가 믿음직한 윙으로서의 제 몫을 다하게 되었다. 에르네스토보다는 더 동분서주했던 알베르토는 '미알(Mi Alberto, 나의 알베르토의 줄임말)'이라는 친근한 이름으로 불렸다. 에르네스토는 여전히 갑작스런 천식 때문에 운동장에 나설 수 없는 때가 종종 있었다. 그가 호흡곤란을 겪을 때마다 친구나 식구들 중 누군가는 호흡보조기를 들고 뛰어올 채비를 해야 했다. 어느 날인가는 에르네스토가 고통스러워하는 모습을 보다 못한 부모들이 그가 선수로 뛰고 있던 부에노스아이레스의 SIC(산 이시도르 클럽)―그의 아버지가 창립 멤버였던, 아르헨티나에서 가장 널리 알려진 럭비 클럽―를 탈퇴하라고 종용했다. 하지만 에르네스토는 부모 몰래 2부 리그의 아탈라예 클럽에 등록하였고, 여전히 운동에 대한 미련을 버리지 못했다.

겸손과 복종, 무엇보다 강한 용기를 요구하는 스포츠인 럭비는 뒤마의 『삼총사』에 나오는 "모두를 위한 하나, 하나를 위한 모두"라는 구절처럼 명예를 존중하는 에르네스토의 적극적이고 도전적인 기질과도 잘 맞아떨어졌다. 그러나 알베르토의 회상에 따르면 에르네스토는 당시 럭비 이외에 다른 운동에도 관심을 보였던 듯하다.

"그는 20여 미터 아래로 무시무시한 급류가 흐르는 나무다리 난간 위에서 물구나무서기를 하며 균형을 잡곤 했었죠."

이 얘기를 하며 알베르토는 당시 신문에 실린 기사들과 여남은 장 정도 되는 사진을 탁자 위에 늘어놓았다. 그중에는 팀 동료들과 함께 찍은, 럭비 헬멧을 쓴 소년의 모습도 있었고, 깊이가 40미터는 족히 되어 보이는 아찔한 협곡 사이를 이어주고 있는 좁다란 파이프 위를 걸어가는 모습도 있었다. 그가 럭비 선수로서 얼마나 훌륭한 자질을 갖고 있었는지는 사진만 보아도 알 수 있을 정도였다. 언젠가 그는 아버지에게 이런 얘기를 한 적이 있었다. 럭비는 그에게 있어 가장 힘든 순간이었던 시에라마에스트라에서의 그 혹독한 싸움을 이겨낼 수 있도록 해주었다고.

그는 으레 후반전 중간쯤이면 운동장을 나왔다. 그럴 때마다 그는 팀 동료들에게 멘도사 포도주나 아니면 신기하게도 정신력을 북돋아주었던 마테차가 담긴 병을 남겨주곤 했다. 그는 평생을 통해 알코올을 가까이 한 적이 없었다.

1946년에 후안 페론이 권좌에 올랐다. 그때 열여덟 살이었던 에르네스토는 데안푸네스 대학에 합격해놓고 있었다. 그는 토목 분야를 전공할 생각을 하면서 한편으로는 약간의 돈을 벌기 위해 이런저런 일거리를 찾고 있었다. 아버지는 그와 친구 토마스에게 교량과 도로를 건설하는 회사 비알리다드 코르도베사의 지방 사무소에 '재료 분석' 업무 두 자리를 알선해주었다. 사실 횡령과 독직이 난무하는 그런 세계라면 에르네스토나 토마스 모두 이미 전에도 겪어본 적이 있었다. 그런데 이듬해인 1947년, 새해 벽두에 에르네스토는 식구들에게 깜짝 놀랄 결심을 알렸다. 이미 부에노스아이레스 의과대학에 지원을 했다는 것이었다. 천식 때문에 고통받았던 자신의 처지 때문이었을까? 아니면 후두암으로 고통받다 돌아가신 할머니 때문이었을까? 아무튼 의사가 된다면 주변 사람에게는 그보다 다행스러운 일이 없었다.

부에노스아이레스에 올라온 새내기 의대생은 닥치는 대로 자신의 에너지를 발산하기 시작했다. 럭비, 축구, 수영은 그가 특히 열을 올렸던 운동이었고, 제1회 유니버시아드 대회가 열릴 무렵에는 체스 선수권 대회와 장대높이뛰기 선수권 대회에도 참여했다. 그러면서도 학업을 게을리 하지 않아 그해 기말시험 세 과목을 전부 통과했다. 게다가 당시 유고 콘돌레오 등을 비롯하여 뜻이 맞는 친구 몇 명과 함께 『태클』이라는 이름으로 럭비 전문잡지를 펴내기도 했다.

"어느 날 저녁이었어요." 부에노스아이레스에서 아직도 언론인으로 활동하고 있는 콘돌레오는 당시의 일화를 소개해주었다.

"우리가 다음 호 작업을 한창 진행하고 있었는데, 글쎄 경찰들이 우리 아파트에 들이닥친 거예요. 우리가 공산당 팸플릿을 만드는 줄 알았던 거죠!"

에르네스토는 '찬초(chancho, 아기 돼지)' 또는 '찬소(chanzo)'라는 필명을 장난스레 사용했다. 엄숙함을 거부하는 이런 익살스러움은 그의 삶에서 매 순간 드러나곤 하던 재치를 보여주는 두드러진 특징이기도 했다.

그가 2학년이 되던 1948년, 그의 가족은 부에노스아이레스로 다시 돌아와 아라오즈가 2180번지에 자리를 잡았다. 총명한 학생이었던 에르네스토는 당시 알레르기학의 세계적 권위자였던 살바도르 피사니 박사에게 인정을 받아 그의 연구실에서 연구할 기회를 얻었다. 그리고 기회가 주어지느라 그랬던지 곧바로 실무를 경험할 일이 생겼다. 이미 의학박사 학위를 받은 알베르토가 자신이 일하고 있던 코르도바 북쪽에 있는 산프란시스코데차나르 나병원에서 방학 동안 일을 해보는 게 어떻겠느냐고 제의를 해왔던 것이다. 세상 두려울 것 없이 혈기 왕성했던 스무 살의 청년 에르네스토는 수도로부터 무려 8백50킬로미터나 떨어져 있던 그곳으로 가겠다며 곧장 자신의 전동자전거에 올라탔다. 그가 꾸린 짐은 갈아입을 옷가지 몇 벌과 간디의 숭배자였던 네루의 『인도의 발견』이라는 책 한 권이 전부였다.

목적지에 다다르기까지 그는 여태껏 겪지 못했던 많은

만남을 경험했다. 어느 날인가 그는 수확하는 농부를 거들어주고 난 뒤 녹초가 되어, 들판에서 자고 있던 떠돌이 행색의 어떤 사내 곁에 쓰러지듯 드러누웠다. 에르네스토가 잠시 자전거 타이어를 갈아 끼우고 있을 때 그 사내도 잠에서 깨어나 그와 이런저런 이야기를 나누게 되었다. 얘기 끝에 사내는 자기가 이발사였으며 당장에 시범을 보여주겠노라고 했다. 역시 행색이 말이 아니었던 에르네스토로서도 특별히 거절할 이유가 없었다. 사내는 호주머니에서 녹슨 가위를 꺼내더니 에르네스토의 머리를 깎기 시작했다. 마침내 그 사내가 자신의 주머니에서 한 귀퉁이가 깨져 나간 거울을 꺼내어 들이밀며 보라고 했을 때, 에르네스토는 숨이 멎는 것 같았다. 결국 그의 가운데 가마는 오간 데 없어졌고, 듬성듬성 머리가 잘려 나간 채로 놔두는 수밖에 없었다.

알베르토는 에르네스토가 나병원에 도착하던 당시의 모습이 아직도 선하다고 했다.

"그가 '황소뿔'로 만든 핸들을 잡은 채 병원 문 앞에 멈춰 섰을 때 나는 도대체 누군가 싶었어요. 챙 모자 아래로 겨우 보일까 말까 한 얼굴에 그나마 커다란 검은 선글라스까지 끼고 있었으니 말이지요. 그 정체불명의 사내가 얼굴을 드러내자 비로소 나는 놀라 소리를 질렀죠. 세상에, 펠라오!"

펠라오, 즉 펠레는 당시 에르네스토의 또 다른 별명이었다. 알베르토는 키가 작았던 까닭에 '페티소'로 불렸다.

에르네스토는 산프란시스코데차나르에서 알베르토가 일하는 모습을 보며 실제로 많은 것을 배울 수 있었다. 그러나 그는 간혹 느껴지는 병원 종사자들과 환자들 사이의 거리감을 받아들일 수 없었다. 알베르토는 이런 일화를 들려주었다.

"그때 에르네스토는 등 부위를 나병균에 침식당했던 어떤 예쁜 여자 환자에게 반했었나 봐요. 종종 그녀 얘기를 꺼냈던 걸 보면 말이죠. 그런데 그녀 역시 에르네스토에게 반한 모양이어서 병원 근무가 끝난 뒤에 내가 에르네스토를 위해 베푼 파티에 참석시켜달라고 내게 간청하기도 했어요. 하지만 나는 에르네스토에게 알리지 않고 딱 잘라 거절했습니다. 그리고 한술 더 떠 에르네스토의 눈앞에서 그녀가 진짜 환자라는 걸 보여주기 위해 그 예쁜 인디오 소녀에게 뜨거운 물 테스트를 실시했어요. 나병환자는 감염 부위에 아무런 감각을 느낄 수 없다고 알려져 있었으니까요. 실제로 그녀는 아무런 감각을 느끼지 못했으니 진짜 환자라는 사실이 입증된 셈이었죠. 하지만 에르네스토는 화가 머리끝까지 나서 나에게 달려들 듯 따지더군요. 그가 나에게 한 얘기가 아직도 귀에 선연합니다.

'형은 변했어, 그렇게 잔인해질 수가 있다니……'

나는 고개를 들 수가 없었어요. 비록 내가 한 행동이 정당했다 하더라도 그것을 떠나 내 자신이 부끄러웠기 때문이죠."

정신없이 보낸 방학이 끝날 즈음 에르네스토는 다시 부에노스아이레스로 돌아왔다. 그 여름의 긴 여행은 에르네스토의 가슴속에 이른바 '아르헨티나 기층민중'의 일상적 삶의 모습들과, 진을 들이켜고 밤새도록 모닥불 옆에서 치나들과 춤을 추는 가우초들의 모습을 선명히 각인시켰다.

에르네스토는 다시 부에노스아이레스의 번잡한 일상으로 돌아왔다. 당시의 아르헨티나는 대량의 밀과 옥수수를 미국과 유럽으로 수출하면서 번영기를 구가하고 있었다. 후안과 에바 페론 부부 역시 그들의 인생에서 절정기를 맞고 있었다. 부에노스아이레스는 라틴아메리카의 어느 도시보다도 유럽적인 냄새를 진하게 풍기는 도시였다. 카바레의 불빛은 꺼질 줄 몰랐고 카를로스 가르델이 부른 탱고와 쿠바에서 건너온 맘보 같은 카리브 해의 음악이 늘 울려 퍼지고 있었다. 도시의 거주자들인 '포르테뇨'들—어쨌든 비교적 여유 있는 계층인—에게 이 시기는 상상이 현실로 되어가는 유토피아나 다름없었다.

에르네스토라고 이런 북새통과 완전히 동떨어진 생활을 할 수는 없었을 것이다. 그럼에도 그는 부르주아지의 아들로서 안락한 생활에 빠져 들지만은 않았다. 그는 여러 계층의 친구들을 사귀고 있었다. 그는 도시 변두리 벌판에 다닥다닥 지어진 막사에서 사는 두 명의 떠돌이와도 만나고 있었다. 종종 그는 대학의 친구들과 바에서 토론을 하다가도 홀로 빠져나와 자전거를 타고 자기가 '유목민'이라 불렀던 그들을 찾아가 함께 소시지 등을 구워 먹으며 그들이 살아가는 이야기에 귀를 기울이곤 했다. 그는 부모가 주머니에 찔러주는 용돈도 받지 않으려고 했다. 그는 자립하기를 원했으므로 도서관 사서나 펌프 담당 선원으로 일하기도 했고, 혹은 구두를 팔거나, 의무요원으로 해상 상인들의 배에 승선하여 남쪽으로는 파타고니아와 화전지역까지, 북쪽으로는 안틸레스 해의 쿠라사오와 트리니다드까지 가보기도 했다. 그는 여전히 반은 호기심으로, 반은 자신에 대한 시험으로 각종 스포츠에 매달렸다. 펜싱과 권투, 그리고 바스크 지방의 민속경기인 펠로타까지……. 그는 이런 다양한 경험을 바탕으로 후일 쿠바의 시에라마에스트라 한복판에 있는 험한 강에서 접영 솜씨를 펼쳐 보임으로써 게릴라들을 놀라게 한 적도 있었다.

그런 가운데에서도 그의 왕성한 독서열은 식을 줄 몰랐다. 천식으로 쉽사리 잠을 이룰 수 없는 밤이면 손에 잡히는 대로 책을 읽으며 밤을 지새우곤 했다. 그 습관은 시에라마에스트라에서 게릴라 생활을 할 때에도 계속되어 다른 게릴라들이 단잠에 곯아떨어진 한밤중에 그는 책을 읽느라 밤을 지새우는 경우가 종종 있었다. 천식은 체 게바라의 운명과 떼어놓을 수 없었다. 그것은 어찌 보면 지나치다 싶을 만큼의 과도한 활동성과 다른 사람들보다 두 배, 세 배로 밀도 높게 살았던 날들, 그리고 그가 럭비 경기장에서 몸을 굴릴 때조차도 그를 떠나지 않았던 고통들을 모조리 설명해주는 것이었다. 그는 다른 사람들보다는 길지 않은 삶을 살았지만—한편으로는 질병이 한 이유가 됐을 수도 있을 것이다—매 순간이 마지막이라도 되는 것처럼 그 누구보다도 꽉 찬 시간을 살았다.

1951년도 저물어갈 무렵, 그는 기말시험에 통과했다. 깐깐하기로 소문난 피사니 교수조차도 가장 장래가 촉망되는 학생으로 그를 꼽을 정도였다. 그러나 당장에는 전혀 다른 계획이 에르네스토의 머릿속을 꽉 채우고 있었다. 에르네스토와 알베르토는 거대한 여행 계획을 세우고 있던 것이다. 산프란시스코데차나르까지의 긴 여행 이후 두 사람은 자주 그 계획을 상의하면서도 한편으론 많이 망설였다. 알베르토는 당시를 이렇게 이야기한다.

"비록 우리는 아르헨티나인이었지만 우리 조상들의 문명의 터전이랄 수 있는 유럽을 먼저 떠올렸습니다. 그리스와 이탈리아, 혁명의 발상지인 프랑스, 그리고 어떤 의미에선 우리의 모국이랄 수 있는 스페인에도 가보고 싶었죠. 그리고 파라오와 피라미드의 나라인 이집트도요. 아마 몇 주일을 꼬박 고민했을 겁니다. 하지만 에르네스토의 마음 깊숙한 곳에는 우리가 지금 살고 있는 이 대륙이 가장 큰 의미를 차지하고 있었습니다. 라틴아메리카인으로서 우리의 뿌리를 찾아 떠나자, 대륙 발견 이전 시대의 문명을 발견해보고, 마추픽추를 기어올라 그 비밀을 손수 풀어보자. 그리고 잉카 사람들은 어떻게 살았는

지도 알아보고……. 결국 유럽과 이집트, 그리고 나머지 세계는 나중으로 미루기로 했습니다."

포데로사 II를 타고

에르네스토와 알베르토는 칠레까지 이어지는 기나긴 여정의 계획을 짜기 시작했다. 그들은 알베르토네 식구들이 살고 있는 아르헨티나 중부의 코르도바에서 출발하여 에르네스토가 태어난 로사리오를 지나 부에노스아이레스에 들렀다가 해안지대인 마르델플라타, 미라마르, 네코체아를 거쳐 다시 내륙으로 빠져 안데스 산악지방으로 들어갈 예정이었다.

그들을 실어다줄 수단은 외형만은 그럴듯했다. 일찌감치 폐기시킨 포데로사 I에 뒤이어 알베르토가 구입한 구형의 노턴 500cc짜리 중고 오토바이에 이들은 포데로사(힘이라는 뜻―옮긴이) 도스(2라는 뜻―옮긴이)라는 그럴듯한 이름을 붙였다. 1951년 12월 29일, 두 사람은 여행에 필요한 짐을 꾸렸다. 텐트, 침낭, 도로 지도, 사진기 등이 마대 속에 담겼다. 그러고 나서 혹시 길에서 사냥감을 포획하면 구워 먹겠다며 보란 듯이 바비큐 도구까지 얹었다.

"그렇게 짐을 싣고 보니 우리 오토바이는 마치 선사시

대의 괴물같이 보였지요."

두 공모자는 가죽재킷을 걸치고 조종사용 선글라스까지 끼고 출발했다. 알베르토는 가족이 보는 앞에서 다소 허풍을 떨며 액셀러레이터를 힘껏 밟았다. 이윽고 그들은 꼬맹이들의 환성과 드문드문 지나가는 행인들의 놀란 시선을 받으며 먼지구름 속으로 사라졌다.

이틀 후 부에노스아이레스의 게바라 집에 도착하자마자 두 사람은 심상찮은 분위기를 감지했다. 에르네스토의 형제, 자매들, 이모에 사촌까지 나서서 줄줄이 우려와 한숨을 토해냈다. 특히 부모님은 더했다. 에르네스토는 대장의 결정에 따르겠다며 시치미를 뚝 뗐고, 알베르토는 묵묵히 그 포화를 견뎌내고 있었다. 마침내 어머니가 한마디 했다.

"알베르토, 네가 이 미친 짓거리에 우리 에르네스토를 끌어들였으니 최소한 두 가지는 명심해야 한다. 첫째, 에르네스토가 의사시험을 보기 전까지 돌아와야 하고 둘째, 그 아이의 흡입기를 절대로 잊으면 안 된다……."

그러고도 그들은 쉽사리 출발할 수가 없었다. 아직 옛 추억을 더듬고, 감격하고, 서로서로 눈물을 훔쳐주는 의식이 남아 있었다. 식구들은 앨범에서 사진들을 꺼내 알베르토 앞에 죽 늘어놓았다. 거기에는 여동생과 다리를 맞대고 서 있는, 너무도 허약해 보이는 에르네스토가 있었다.

"몇 살 때일 것 같아요?" 안나 마리아가 물었다.

"세 살 정도?"

"천만에요, 일곱 살이었대요."

이어 수영복을 입고 아버지 곁에 서 있는 에르네스토, 포마드를 바른 머리칼을 공들여 뒤로 넘긴 열세 살 때의 모습도 있었다. 그리고 1950년 5월 5일자 『엘 그라피코』 지에 실렸던, 엄지손가락을 들어 보이며 마이크론 모터의 우수성을 선전하는 에르네스토의 모습도 있었다. 알베르토는 재미있다는 듯 고개를 주억거리며 사진들을 들여다보았다. 이윽고 어머니가 어두운 얼굴로 앨범을 닫으며 이렇게 외쳤다.

"자, 이젠 일어나라, 정말 떠날 거라면……."

아버지는 아무 말 없이 아들을 세게 끌어안았다. 그러고는 서랍을 뒤지더니 무언가를 찾아 아들의 손에 쥐어 주었다. 바로 자신의 리볼버(회전식 연발권총)였다. 만약의 경우를 대비해서라며 아버지는 짐 속에 밀어 넣었다. 이윽고 차례차례 포옹이 끝난 다음, 두 사람은 의기양양하게 요란한 폭발음을 울리며 기나긴 여정의 첫 발을 내디뎠다.

1952년 1월 4일, 두 사람은 더할 나위 없이 쾌청한 남부 한복판에 와 있었다. 팔레르모 공원 앞을 지날 때였다. 그곳엔 시골 개장수들이 개를 파는 전통장이 들어서 있었다. 에르네스토는 그곳에서 당시 꽤나 가깝게 사귀고 있던 여자친구 치치나 페레이라에게 주겠다며 새끼 강아지 한 마리를 샀다. 치치나는 코르도바의 갑부 딸이었다. 그는 미라마르에서 자신을 기다리고 있을 치치나를 염두에 둔 듯 강아지에게 '컴백'이라는 이름을 붙였다.

나중에 서핑의 천국이 되는 휴양지 미라마르는 당시에는 상류층들이 일주일씩 묵어가는 해수욕장이었다. 치치나로서야 에르네스토의 총명함과 집중력에 반했겠지만 그녀의 아버지인 페레이라 남작은 장래 좌익분자가 될 소지가 다분한 자신의 딸과는 전혀 다른 입장이었다. 1년 전에 에르네스토는 페레이라 가문의 영지인 말라게뇨에서 벌어진 만찬에 초대되어 간 적이 있었다. 그 자리에서 그는 윈스턴 처칠이 지나치게 보수적이라는 얘기를 했다가 페레이라 남작의 분노를 샀다.

"나도 그 자리에 있었지요." 당시 에르네스토의 친구였던 호세 곤잘레스 아길라르는 그날의 분위기를 이렇게 회상했다. "치치나의 아버지는 어이없게도 그 얘기만으로 에르네스토를 공산주의자 취급하더군요. 하지만 당시 미국과 소련의 정책을 놓고 볼 때 우리로서는 소련 편을 들 수밖에 없었던 게 당연했는데 말이죠."

미라마르에서의 체류는 썩 편치만은 않았지만 두 친구는 나름의 교훈을 얻었다. 상류사회와의 접촉으로 그들의 정치의식은 오히려 강화되었던 것이다. 에르네스토는 차를 마시면서 자신의 머릿속을 내내 떠나지 않던 '평등'이라는 단어를 화제로 꺼낸 적이 있었다. 그는 까무잡잡한 피부의 하인 네 명을 가리키며 공격의 포문을 열었다.

"저 사람들이 당신들의 시중을 들고, 당신들이 어질러 놓은 것을 뒤치다꺼리하는 게 아무렇지도 않단 말인가요? 그들도 우리와 같은 인간이고 그들 역시 태양빛을 음미하며 바닷물 속에 몸을 담그고 싶어할 텐데도 말입니다!"

어색한 미소와 따가운 눈총을 동시에 받으면서도 그는 영국의 노동당 정부에서 추진하고 있는 의료 국영화 사업에 대한 자신의 지론을 밀고 나갔다. 알베르토는 망연자실해 있는 사람들 앞에서도 에르네스토가 신랄한 비판의 고삐를 전혀 늦추지 않았던 것을 생생히 기억하고 있었다.

"장사로서의 의료 행위는 폐지되어야 합니다! 도시 의사들과 시골 의사 간의 불공평한 처우도 철폐되어야 하구요. 고작해야 암호 같은 기호나 끄적거리는 것 외에 별다른 해결책을 갖지 못한 시골 의사들에게는 체념만이 퍼져 있습니다······."

나중에 에르네스토, 치치나, 그리고 알베르토 삼총사는 해변가에 앉아 속내를 드러내는 솔직한 대화를 나눴다. 알베르토는 이렇게 목소리를 높였다.

"나는 여기서 평소에 자주 접해보지 못했던 사람들을 만났어. 내가 속한 계층과는 다른 사람들 말이야. 그런데 솔직히 말해 나는 내 평범한 출신이 오히려 자랑스럽다는 생각을 하게 됐어. 그 사람들은 이상한 방식으로 자신을 합리화하려고 해. 자기들이 모든 걸 소유하는 것이 당연하다고 생각하고 있어. 신이 내려준 특권인 양 기득권을 즐기고 있는 거지. 자신들의 사회적 위치와 관계없는 세계에는 손톱만큼의 관심도 두지 않으면서 어떻게 하면 시간을 죽일 수 있나 하는 바보 같은 궁리들만 하고 있는 거야. 하지만 치치나, 너와 에르네스토의 동생인 안나 마리아가 그런 바보들과 다르다는 게 얼마나 다행인지 모른다……."

알베르토의 말에 에르네스토가 덧붙였다.

"적어도 우리는 머리가 굳어지지 않도록 노력은 하고 있지. 장기를 두든가, 형처럼 연구실에서 연구를 하든가, 아니면 문학을 논하든가 말이야. 우리는 머리를 채워줄 것들을 찾고 있지만 저 사람들은 그저 주머니를 채울 궁리만 하고 있어. 그러고 나서는 또 그걸 비울 궁리를 하느라 야단이고……."

그러나 마냥 가진 자와 못 가진 자를 비교하고만 있을 수는 없었다. 그들에게는 가야 할 길이 아직 많이 남아 있었으니까. 대서양 연안의 네코체아와 바이아블랑카를 따라 아르헨티나의 스위스라는 나우엘우아피 호수와 바릴로체 스키장으로 가야 했다. 에우스카디(Euskadi, 필레오 산 지방의 한 민족—옮긴이)족의 상징인 게르니카 숲의 새싹들이 그 두 도시에 생생하게 살아 숨쉬고 있었다. 에르네스토는 조상으로부터 물려받은 뜨거운 바스크의 피가 펄펄 끓어오르는 걸 느꼈다.

1월 16일, 어느덧 1천8백 킬로미터를 달려온 포데로사 II가 피로한 기색을 보이기 시작했다. 바이아블랑카에서 포데로사는 정비공의 손질을 받았다. 21일은 포데로사로서는 비참한 날이었다. 모래폭풍을 만나 둔덕에 빠지질 않나, 발동기 연료가 말썽을 피우질 않나, 부품까지 망가지더니 급기야 타이어마저 터져버렸다. 그러나 이런 것은 에르네스토에게 닥칠 위기에 비하면 아무것도 아니었다. 여행 초기에는 잠잠했던 천식이 마치 벼락같이 예고 없이 급습한 것이다. 잠시 길을 멈추고 마테차를 마시며 쉬고 있던 그가 갑자기 몸을 떨더니, 메스꺼움을 호소하다가 심한 토악질을 하면서 탈진해버린 것이다. 알베르토는 의학적 지식을 모두 동원하여 그의 식사를 조절해 주면서 가장 가까운 도시인 콜레코엘로 데려갔다. 그곳에서 사흘간 머물면서 그들은 당시로서는 그다지 알려져 있지 않던 페니실린이라는 약품의 덕을 보았다. 그 지방 병원의 원장은 에르네스토에게 개인적으로 관심을 보이며 두 사람을 자신의 집에 유숙시키는 호의를 베풀었다.

매번 위기를 넘길 때마다 삶의 활력이 다시금 용솟음치는 에르네스토는 이번에는 자기가 직접 오토바이의 핸들을 잡겠다고 나섰다. 내륙으로 들어갈수록 차츰 험준한 산들이 연달아 나타나면서 이런저런 사고도 잦아졌다. 첼포레와 켄켄 마을을 지나면서 에르네스토가 물었다.

"이 지도에 나타난 이름들 봤어? 그 '대지의 잠식꾼'들이 부에노스아이레스와 파리 혹은 런던으로부터 밀려들어온 이래 우리에게 남은 과거의 유일한 흔적들이지. 그들은 교활한 술수로 무장을 하고 소위 '황무지 개척'이라는 미명하에 인디오들을 마구 죽였지."

아르헨티나의 어디서나 흔하게 볼 수 있는 이탈리아식 촌락인 치폴레티에서 두 사람은 그나마 가장 나은 잠자리로 마을 경찰서 유치장을 구할 수 있었다. 그곳에서 짚을 넣은 매트 위에 피곤한 몸을 뉘었다. 건넌방에서는 두 명의 수감자들이 통닭구이에다 포도주까지 곁들인 푸짐한 식사를 하고 있었다. 이미 오랫동안 식사다운 식사를 해보지 못한 에르네스토와 알베르토는 부러운 눈으로 그들을 바라봤다. 그들은 임시 구류를 살게 된 고리대금업자들이었는데 몇 리터의 포도주를 써서 법 집행자들을 매수한 모양이었다. 음식 생각을 떨쳐버리려고 두 사람은 매트 위에 주저앉아 정치토론을 하기 시작했다. 그 일로부터 40년이 지난 뒤에도 알베르토는 그날 밤의 이념 논쟁을 또렷이 기억할 수 있다고 했다.

에르네스토가 먼저 얘기를 꺼냈다.

"어쩌면 이런 상황이 논리적으로 당연하달 수 있어. 사람들이 상인이라 부르는 저 도둑들에게 물린 벌금은 그들 가게의 금고에서 관직을 차지하고 있는 자들의 돈궤짝으로 들어가는 것뿐이니까. 그리고 또 거기에서 크레올레 과두정치의 유력자들이나 세계 은행의 금고로 들어가겠지. 늘 그렇듯 어디에나 민중의 피와 땀을 짜내어서 자기네의 배를 불리는 자들이 있지. 사실 그 돈은 알코올의 달콤함이나 삶의 즐거움이 뭔지도 모르는 민중들을 교육시키기 위한 국가의 예산을 늘리는 데 쓰여야 할 돈이지만."

알베르토도 맞장구를 쳤다.

"수세기 전부터 가진 자와 힘 있는 자들이 장악한 학교와 교회, 그리고 언론이라는 가증스런 삼각고리가 우리를 옥죄어왔지. 민중은 자신의 능력을 깨달을 기회조차 없어."

에르네스토는 고개를 끄덕이다가 돌연 약간은 설익은 이데올로기를 관통하는 감상적이면서도 거창한 지정학적 세계관을 폈다.

"형, 세상은 그런 거야. 어디에나 이면이 존재해. 아름다운 전원의 이면에는 땅을 파느라 허리조차 펼 수 없는 빈곤한 사람들이 있듯 말이야. 그리고 가난한 사람들의 선량함과 의연함의 이면에 있는, 땅 주인들과 국가를 대표한다는 자들의 불결하고 빈곤한 정신도 보라구."

건넌방에서는 이미 술에 곯아떨어진 듯 코 고는 소리가 진동했다. 에르네스토와 알베르토는 안데스의 아름다운 풍광과 가난한 인디오들, 미라마르의 포르테뇨들, 다름 아닌 라틴아메리카의 현재를 머릿속에 그리며 입을 다물었다. 그래, 모든 것에는 이면이 존재하지……. 알베르토는 깊은 잠에 빠지기 전에 이 말을 다시금 뇌까려보았다.

이튿날, 다시 기운을 회복한 두 사람은 팜파에 사는 인디오들이 일구는 화전지역을 달리고 있었다. 산으로 에워싸인 지형 때문에 생각보다 날이 일찍 저물었다. 그들의 오토바이가 웅덩이에 빠진 순간, 두 사람은 로데오 선수들처럼 그대로 바닥에 곤두박질쳐버리고 말았다. 당장에는 침낭 속에 들어가 날이 새기를 기다리는 수밖에 없었다. 다음날 아침, 망가진 부품을 철사로 대충 엮은 뒤 굼벵이처럼 엉금엉금 오토바이를 출발시켰다. 콜론쿠라 강을 건널 때는 나룻배에 오토바이를 싣고 거친 물살에 떠내려가지 않도록 매어놓은 긴 줄을 잡고 건넜다.

그들이 겨우 단단한 땅을 밟는다고 여기자마자—거의 걷는 속도로 달린 것이나 다름없었지만—땅거미가 내려앉고 있었고 근처에는 여인숙 하나 보이지 않았다. 그 대신 왼편에 어떤 부유한 지주의 소유인지, 거대한 아시엔다(hacienda, 대규모 농장 또는 농지—옮긴이)가 펼쳐져 있었다. 두 사람이 그 건물의 문을 두드렸을 때 주인인 듯한 남자가 황망히 그들을 맞아들였다. 전직 프러시아의 장교였다고 밝힌 폰 푸트 카머라는 사람은 여러모로 수상쩍은 분위기를 풍겼다. 그는 자신이 나치주의자였으며 2차대전이 끝날 무렵에 남아메리카로 도망쳐왔노라고 했다. 어쨌거나 그는 에르네스토와 알베르토에게 침실도 내어주고 심지어 다음날에는 자신의 소유지까지 방문하도록 해주었다.

"정말 믿기지 않을 정도로 넓은 곳이었죠. 그는 그의

땅에 슈바르츠발트(독일 서남부의 삼림지대—옮긴이)의 한 부분을 재현해놓고 있었어요. 전나무와 사슴들, 그리고 전형적인 건축양식의 집들로 말이지요"라고 알베르토는 기억했다.

에르네스토와 알베르토는 근처에 산다는 독일인들의 낚시 파티에도 초대받아 향수병에 걸린 늙은 독일인들과 함께 숭어를 낚느라고 한나절을 꼬박 보내기도 했다. 그러는 동안 에르네스토는 전쟁기간 동안 자신의 아버지—반나치운동을 전개했던 아르헨티나 행동당원이었던—가 코르도바에 하나둘씩 정착하고 있는 독일인들의 출현에 대해 못마땅해했던 것을 생각해냈다. 아버지에 따르면 그들은 마치 일종의 교두보처럼, 앞으로 일어날 최후의 대량 유입을 준비하고 있다는 거였다. 사실 히틀러도 『나의 투쟁』에서 남아메리카 저개발국에 대한 침략야욕을 은근히 드러낸 적이 있었다. 에르네스토도 그 무렵, 나치의 철십자 문양이 그려진 깃발이 걸려 있는 한 집에서 일단의 독일인들이 몰려나오는 모습을 목격한 적이 있었다.

2월 6일은 그 지방 정비소에서 다시 땜질을 받은 포데로사가 눈 덮인 산꼭대기에 처음 오른 날이었다. 아찔하도록 가파른 낭떠러지 발치에 얼어붙어 있는 카루에치코 호수와 카루에그란데 호수를 지나자 에르네스토는 세계의 지붕처럼 펼쳐진 이곳에서 만년설의 광채를 온몸으로 받아보고 싶은 충동이 생겼다. 두 사람은 서로를 가죽끈으로 묶고 네 시간을 엉금엉금 기어올랐다. 그러나 연신 발 아래로 떨어지는 돌들 때문에 한순간 중심을 잃어버려 콘도르들의 둥지 한복판으로 떨어지고 말았다. 결국 라마의 등에 실려 기진맥진 돌아온 그들을 돌보아준 건 산림감시원이었다. 그는 추위 때문에 이를 딱딱 부딪치고 있는 두 사람에게 뜨거운 수프도 나눠주고 눈 덮인 안데스를 배경으로 그루터기처럼 쓰러져 잠에 빠져 들도록 배려해주었다.

놀라운 경험은 여기서 끝나지 않았다. '커다란 거울'이라는 뜻을 가진 나우엘우아피 호수에서 있었던 일이다. 저녁 무렵, 두 사람이 호숫가에 텐트를 치고 있는데 근처의 꽃무덤 속에서 떠돌이 행색을 한 웬 사내가 갑자기 튀어나오더니 포데로사 앞에 버티고 서서 살벌한 눈초리로 그것을 뜯어보는 게 아닌가. 그러더니 그는 횡설수설 뭐라고 중얼거리다가 자기는 칠레 국경 근처를 꽉 잡고 있는 악명 높은 산적 무리 중의 하나이며 새로운 건수를 찾아나서는 중이라며 큰소리를 쳤다. 그러자 에르네스토는 들고 있던 마테차 병을 천천히 내려놓더니 아버지에게 받은 이래 좀체 꺼낸 적이 없던 리볼버를 꺼내 호수에서 헤엄치고 있던 오리 한 마리를 너무도 태연하게 겨냥하여 명중시켰다. 그러고는 아무 일도 없었다는 듯이 마테차 병을 다시 집어들었다. 하얗게 질린 그 강도가 뒤도 안 돌아보고 줄행랑을 친 건 당연했다.

2월 14일에 그들은 아르헨티나와 칠레의 국경지대인

푸에르토프리아스를 건넜다. 20킬로미터를 더 가면 호숫물이 에메랄드빛과 닮았다 하여 에스메랄다라고 불리는 호수 어귀에 칠레에서 만나는 첫번째 촌락이 자리 잡고 있었다. 알베르토는 그곳에서 에르네스토가 언젠가 얘기했던 '동전의 양면'이라는 말을 실감했다. 아름다운 주변 풍광과 따뜻한 주민들이 앞면이라면, 그 지역의 호텔과 자동차들, 호수 위를 떠다니는 유람선을 소유한 회사의 주도로 이뤄지고 있는 개발은 이면이었다. 이곳을 지나는 관광객치고 그 회사의 금고에 단 한 푼이라도 보태주지 않고 갈 수 있는 사람은 없었다. 지붕조차 없는 헛간에서 자거나 다 해진 흔들침대에 몸을 눕혔던 두 사람의 여행자만을 제외하고는 말이다.

오소르노 화산의 경사면을 오르는 일은 흐르다 굳어버린 용암 때문에 여간 어렵지 않았다. 오소르노 시에 도착해서는 보건소―'가족의 집'이라는 예쁜 이름으로 불리는―를 정중히 방문하여 소장과 정치적 토론을 벌였다. 에르네스토와 알베르토는 민주주의의 장래를 화제로 꺼내면서 오직 노동자들만이 이 나라를 구할 수 있다고 나름의 소신을 폈다. 그러자 소장은 그들의 말을 잘랐다.

"이 나라를 구할 사람은 단 한 사람뿐입니다. 바로 이바녜스 델 캄포 장군이죠. 칠레의 장래는 바로 단 하나의 정권에 달려 있어요. 독재정권. 나머지는 모조리 오합지졸에 불과합니다."

2월 17일에 또다시 연결 부속이 떨어져나간 오토바이

가 길바닥에 서서 꼼짝하지 않았다. 에르네스토와 알베르토는 한 농부가 몰고 가는 트럭을 세워 오토바이를 뒤칸에 실은 뒤 운전석 옆자리에 올라탔다. 덜컹거리는 트럭 안에서도 에르네스토는 토지개혁에 대해 열변을 토했다. 땅은 어디에 사는지 모르는 지주의 것이어서는 안 되며 모름지기 그곳에서 일하는 사람들에게 돌아가야 한다고. 그런데 그가 열변을 마쳤을 때, 그 농부가 고개를 설레설레 젓는 게 아닌가.

"그래야 한다고 해서 그들이 나에게 주리라고는 기대도 안 해요. 내가 바라는 건 그저 내가 일한 만큼의 삯이라도 받을 수 있었으면 하는 거죠. 그리고 그건 이바네스 델 캄포 장군님께서 해결해주실 거예요."

농부의 트럭에 이어, 포데로사와 두 사람을 발디비아까지 실어다준 사람은 상당히 진보적인 생각을 가진 학생이었다. 두 '이지 라이더'는 차츰 이름이 알려지기 시작했다. 발디비아에서 발행되는 한 신문에는 그들의 여행에 대해 상당히 부풀려 쓴 기사가 실리기도 했다. 테무코에서 발행되는 『아우스트랄』이라는 신문을 보고서야 그들은 자신들의 목적지가 태평양 한가운데에 칠레를 마주보고 있는 이스터 섬이라는 걸 새삼스레 알게 되었다. 멋지기는 하지만, 안타깝게도 실현되기는 어려운 계획이었다.

포데로사에 닥친 불운한 재앙은 끝이 없었다. 에르네

스토가 대충 연결부를 손보았지만 이번에는 쐐기못과 변속장치에 문제가 생겨 두 사람은 그대로 땅바닥에 곤두박질치고 말았다. 사실 바이아블랑카부터는 브레이크조차 없이 달려온 터였다. 수리비가 들겠지만 일단은 정비공을 부르는 수밖에 없었다. 정비공이 포데로사의 부속 더미와 씨름하는 이틀 동안, 에르네스토와 알베르토는 동네 댄스홀에 가서 시간을 보내기로 마음먹었다. 그러나 탱고와 기분 좋은 음료, 술에 취한 사내들에게는 늘 소동이 따르기 마련이다. 한 건달의 여자와 춤을 추며 에르네스토가 지나치게 몸을 밀착했던지 병을 들고 쫓아오는 사내를 막기 위해 알베르토는 몸을 날려야 했다. 그리고 그들은 더는 그 동네에 머물 수가 없었다.

철도가 놓인 다리 아래를 지나다 오토바이가 다시 섰다. 하는 수 없이 그들은 쿨리풀리라는 깜찍한 이름을 가진 마을까지 낑낑대며 오토바이를 밀고 갔다. 그곳에서 망가진 부분을 다시 손보았지만 오토바이는 꼼짝도 하지 않았다. 실망감이 엄습했다. 다시 말레코까지, 이어 칠레의 로스앙헬레스까지 트럭을 타고 이동했다. 그동안 그들은 판초(머리로부터 뒤집어쓰는 모포의 일종—옮긴이)를 입고 가장자리 올이 풀린 검정 모자를 쓴 허기진 인디오 가족들이 자신들과 몰골이 비슷한 비쩍 마른 염소의 등에 올라타고 지나가는 모습을 많이 목격했다. 로스앙헬레스에서는 붙임성 있는 두 소녀가 그들을 소방서로 데려다주었다. 뜻밖에도 소방서장은 매우 친절했고, 그들은 얼떨결에 화재진압 현장에까지 따라가게 되었는데, 자초지종은 이러했다. 그들이 소방서에서 지친 몸을 쉬고 있을 때 경보가 울렸다. 헬멧과 조끼를 내줘서 얼떨결에 받아든 두 사람은 소방차에 올라타게 되었다. 화재현장에 도착했을 땐 너무 늦은 감이 없지 않았다. 사람들은 무사했지만 소나무와 대나무로 지어진 건물은 이미 잿더미가 되어 있었다. 알베르토가 남은 불을 마저 진화하기 위해 애쓰는 동안 에르네스토는 폐허 속을 뒤적였다. 그때 아직도 연기가 피어오르는 무너진 지붕 파편 아래로부터 희미한 소리가 새어 나왔다. 에르네스토는 소방관들의 만류에도 불구하고 그 안으로 뛰어 들어갔다. 잠시 후 소방관들의 환성을 들으며 나타난 그의 손에는 작고 검은 물체가 들려 있었다. 그 검정 고양이는 이후 동네 소방서의 마스코트가 되었다.

그들이 칠레의 수도 산티아고에 도착한 것은 여행을 시작한 지 두 달이 지나서였다. 1952년 3월 2일, 결국 그들은 포데로사 II와 작별하기로 결심했다. 그들은 오토바이를 옮길 트럭이 도착하기 전에 한 시골 농부의 창고에서 마치 장례의식을 치르는 것처럼 오토바이의 동체에 흰 천을 씌웠다. 그런 다음 가슴이 저며지는 아픔으로 포데로사를 트럭에 실어 보냈다.

그들에게 출발지는 이제 버스 정류장이 되었다. 발파라이소까지 가까스로 왔지만, 이스터 섬의 라파누이를 찾아가는 것은 포기해야 했다. 6개월에 한 번씩 출항하는 정기화물선이 바로 전에 떠났기 때문이었다. 대신 에르네스토는 마테차를 얻었던 지오콘다라는 지방 선술집에서 만난, 천식을 앓는 한 노파의 집을 방문했다. 이날 방문의 느낌을 그는 이렇게 적어놓고 있었다.

그 불쌍한 노파는 앞을 거의 보지 못하였다. 움막 같은 그의 집에 들어서는 순간 땀과 먼지가 뒤섞인 시큼한 냄새가 코를 찔렀다. 노파는 심한 천식에다 심장의 대상부전(심장이 몸에 필요한 혈액을 제대로 공급하지 못하는 상태—옮긴이)으로 고통받고 있었다. 이런 환자를 앞에 두고 완전한 무력감을 느끼지 않을 의사가 있을까. 그러나 적어도 의사라면 이 상황을 조금이라도 바꾸기 위해 무언가 하길 원했을 것이다. 다만 목숨을 부지하기 위해 마지막 순간까지 싸울 이 가련한 노인이, 자신의 고통을 종식시키기 위해 삶과 정면으로 대면할 자세를 버리지 않는 한 말이다.

이처럼 생계조차 유지하기 힘든 가난한 가족들에게는 노골적인 적의가 감돌고 있다. 이들은 생존하는 데 거추장스러울 뿐인 아버지의 의무를, 어머니로서의 의무를, 형제로서의 의무를 포기한다. 정상적이고 건강한 공동체라면, 이들의 병이 이들을 돌보아야 할 자신들에게 가해진 모욕이라도 되는 것처럼 개탄할 텐테 말이다.

희망을 기대조차 하기 힘든 이런 극한 상황에서 세계의

프롤레타리아를 강타하는 비극은 가장 밑바닥부터 잠식해 들어온다. 광채가 사라진 그들의 눈동자에는 복종과 체념만이, 공허한 표정에서는 잃어버린 위안을 갈구하는 절박하고도 절실한 열망만이 읽힌다. 그들의 육신 또한 우리를 둘러싸고 있는 저 거대한 미로 안에서 길을 잃고 헤매는 듯하다. 불합리한 사회적 신분 개념에 뿌리를 둔 이러한 질서가 언제까지 이어질지는 모르지만, 정부가 통치 성과를 선전하는 데에만 급급하기보다는 공공의 이익을 증진시키는 데 더 많은 돈을 쓰는 것이 시급한 것이다.

나는 그 노파에게 가까운 곳에 있는 빈민구호소를 가르쳐주고 이뇨제와 천식을 진정시키는 가루약 약간을 처방해주는 일 외엔 달리 해줄 게 없었다. 나는 내게 남아 있던 드라마민 몇 알마저 털어주었다. 그 집을 나서는 내 등 뒤에는 노파의 감사의 말과 다른 가족들의 냉랭한 눈길이 동시에 쏟아졌다.

뱃삯이 없던 두 사람은 항구를 감시하는 경찰의 눈을 피해 행선지가 북쪽이었던 산안토니오호에 몰래 올라탔다. 배는 대서양과 호사스런 휴양지 미라마르를 지나 태평양을 항해하고 있었다. 그동안 그들은 배의 화장실에 숨어서 끊임없이 울려대는 노크 소리에 "사람 있어요"라는 대답을 해야 했다. 그나마 다행인 것이 그 배에는 화장실이 두 개 있었다는 사실이다.

결국 두 사람은 몇 시간 동안 참다못해 고약한 냄새가

풍기는 좁은 화장실에서 뛰쳐나왔다. 그런데 선장은 아량이 있는 사내였다. 두 사람으로부터 약속을 받아낸 선장은 에르네스토에게 화장실을 청소하게 하고—그들이 좋아하는 장소가 화장실이었다며—알베르토에게는 양파 껍질을 벗기는 일을 시켰다. 지루한 망망대해를 항해하는 동안 더러 만나게 되는 향유고래 떼와 수면 위로 비상하는 물고기들의 곡예가 심심찮은 구경거리가 되어주었다. 배가 안토파가스타에 기항하자 둘은 볼리비아의 살라르찰비리 근처에 있는 추키카마타 구리광산에 들르기 위해 일단 배에서 내렸다.

신기하게도 그들은 비교적 순탄하게 목적지를 향해 가고 있는 셈이었다. 두 사람을 그곳까지 데려다줄 트럭은 얼마든지 있었다. 트럭은 풀은커녕 선인장조차 자라지 않는 불그스름하고 바싹 마른 언덕을 지나 꼬불꼬불한 길을 달렸다. 잠시 멈추었던 부케다노는 황무지 위에 흔적만 남아 있는 엉성한 거리 저편으로 질산칼륨이 잔뜩 함유된 언덕 아래에 함석지붕을 이은 막사들이 기다랗게 늘어서 있는 황량한 마을이었다. 이 막사들의 대부분은 광산노동자들과 철로 작업을 하는 인부들이 '기운을 북돋으러' 찾는 선술집들이었다. 밤이 되어 쉴 곳을 찾던 에르네스토와 알베르토는 남루한 옷을 입은 한 쌍의 남녀를 만났다. 그중 남자는 공산주의자라는 혐의로 체포되어 3개월간 옥살이를 했다고 했다. 지금 그는 일자리를 찾아다니고 있지만 옥살이를 했던 전력 때문에 일자리를 얻는 것이 거의 불가능한 것 같다는 얘기였다.

달빛이 시리도록 밝았던 그날 밤, 한 양철 막사의 처마 아래서 추위에 떨고 있는 그들을 위해 에르네스토는 마테차를 내주었다. 남자는 비감한 목소리로 과치파토에서는 동료들 중 많은 수가 공산주의자였다는 이유만으로 살해당하거나 물속에 생매장되었다고 증언했다. 남자가 얘기하는 동안 곁에 앉아 있던 여인은 한없는 존경과 애정이 담긴 눈초리로 그를 지켜보았다. 비록 많이 배우지는 않았지만 자신들에게 가해진 박해와 불행에 나름의 철학을 가지고 대면하고 있는 그 가난한 남녀로부터 에르네스토는 형언키 어려운 감동을 받았다. 마테차를 마신 후 그들은 뼛속까지 시리게 하는 차디찬 어둠 속에서 가능한 한 따뜻한 잠자리를 찾아 나섰다.

이튿날, 에르네스토와 알베르토는 황량한 칼라마 고원에 도달했다. 저 멀리로 펼쳐진 거대한 신기루로부터 일직선으로 뻗어 있는 길 위로 마치 환영처럼 트럭 한 대씩이 모습을 드러내곤 했다. 고원의 가장자리에 이르자 그 아래로 펼쳐진 놀라운 광경에 두 사람은 벌어진 입을 다물 수 없었다. 콜로라도의 그랜드캐니언을 방불케 하는 거대한 공사현장이 아래쪽에 펼쳐져 있었다. 사람의 손으로 파헤쳐지고 있다는 것만 다를 뿐이지 그곳에서 일하고 있는 인부들이나 그 작업장의 규모는 파라오 시대의 건축공사를 떠올리게 했다. 수십 킬로미터에 걸쳐 있는 수십 미터 높이의 가파른 경사면에는 멀리서 보면 마치 곤충의 무리처럼 보이는 인디오들이 붙어 서서 화전의 붉은 흙을 긁어내고 있었다. 이 화전 불의 규모가 얼마나 큰지 그 붉은 기운이 눈동자는 물론 심장에까지 이글이글 타들어오는 것 같았다.

무시무시하도록 거대한 추키카마타 광산은 콜럼버스가 대륙에 발을 들여놓기 이전부터 살았던 위대한 조상의 후손들에게는 마지막으로 남은 태양사원이면서 동시에 새로운 정복자들이 밀고 들어와 만들어놓은 지옥이었다.

추키카마타에서 얻은 계시

에르네스토 게바라 데 라 세르나가 '체'가 되기 시작한 것은 추키카마타에서부터였다. 1952년 3월 13일부터 16일까지 머물렀던 그곳은 특별한 운명을 만든 특별한 공간, 즉 시간의 연속성을 끊어버린 곳이었다.

광산에 들어가기 위해서는 입구에 설치된 초소를 거쳐야만 했다. 놀랍게도 그들은 어떠한 제지나 신문도 받지 않았다. 오히려 광산의 감독위원회에서는 말 많고 상냥한 안내인까지 동반시켜 경찰용 소형 트럭으로 광산의 구석구석까지 보게 해주었다. 에르네스토는 그처럼 달러 냄새가 진동하는 곳에서 받게 된 뜻하지 않은 환대에 무척 놀랐다. 여기에는 사실 의사라는 그들의 신분이 작용했을 터였다. 날이 저물자 경찰들은 자기네들과 함께 식사를 하자고 두 사람을 초대했다. 마침 전날부터 굶주렸던 에르네스토와 알베르토는 염치 불구하고 양껏 먹었다.

14일, 동이 트자마자 그들은 광산의 관리책임자인 미국인 맥 케보이를 방문했다. 대기실에서 오랫동안 기다린 끝에 만나게 된 맥 케보이는 '덩치로 보나, 끊임없이 껌을 질겅거리던 모습으로 보나, 매사에 일말의 의심도 품지 않는 확고부동한 자신감으로 보나' 말 그대로 영락없는 미국인이었다. 서투른 스페인어로 지껄이는 맥 케보이의 얘기를 들으며 이곳이 단순히 관광을 즐길 곳이 못 된다는 사실을 이내 깨달았다. 그래도 맥 케보이는 두 사람에게 안내인을 붙여주며 광산 곳곳을 돌아보도록 했다.

추키카마타 광산은 약 50미터 너비의 채굴장들이 수십 킬로미터에 달하는 지역에 걸쳐 형성된 곳이었다. 여기저기에서 산을 깎아내기 위해 다이너마이트를 터뜨리는 모습이 보였다. 이렇게 하여 떨어져 나온 조각들이 광차에 실려 제1분쇄기까지 운반된다. 그 후 두번째, 세번째 분쇄기를 거치면서 광석은 점점 작은 알갱이로 정제된다. 거의 가루 상태가 되면 거대한 탱크에 넣고 황산처리를 한다. 이 과정이 끝나면 황산용액을 전해질용 용기로 옮겨서 구리를 분리하고 산을 재생시킨다. 과학적 발견에 대한 열정으로 들끓고 있던 두 젊은 과학도는 자신들의 눈앞에 펼쳐진 광경에 흠뻑 매료되었다. 한편 전기분해된 구리는 섭씨 2천 도가 넘는 커다란 용광로에 다시 담긴다. 용광로에서 액화된 구리는 넓은 주형틀에 쏟아 부어진 뒤 동물의 뼛가루와 섞여 냉각 시스템으로 옮겨진 후, 벽돌 모양을 가진 단단한 구리로 비로소 추출되어 나오는 것이다. 우리가 평범하게 보아 넘기는 구리는 이렇듯 정교하고 복잡한 공정을 거쳐 탄생되는 붉은 금괴였다. 찰리 채플린이 〈모던 타임스〉에서 그토록 정확히 묘사했던 모습대로 말이다.

그러나 정작 에르네스토의 흥미를 끈 것은 그 거대한 기계장치보다는 거기서 일하는 사람들이었다. 그는 노동자들과 대화를 나누는 과정에서 그들이 자기가 속한 구역에서 하고 있는 일밖에 모르고 있다는 사실을 깨달았다. 많은 이들이 이곳에서 10년 넘게 일하고 있으면서도 다른 구역에서 하고 있는 일들을 거의 모르고 있었다. 이런 상황이야말로 노동력을 쉽게 착취하기 위해 노동자들의 문화적·정치적 의식을 낮은 단계로 묶어둘 필요가 있는 회사로서는 환영할 만한 것이었다. 물론 몇몇 용감한 노조 지도자들이 에르네스토에게 설명했듯, 사용자 측에서 제시하는 계약조건을 노동자들에게 깨우쳐주기 위해 부단히 노력하고 있는 모습도 없진 않았다.

작업장으로부터 멀어지자 에르네스토와 알베르토를 안내하던 안내인 겸 사용자 측의 첩자인 사내가 냉소적으로 한마디 던졌다.

"중요한 회의가 있을 때마다 나를 비롯하여 경영진들은 광부부터 술집 작부에 이르기까지 할 수 있는 한 많은 사람들에게 참석해달라고 요청합니다. 그런데도 상정된 안건이 효력을 발휘하기 위해 필요한 정족수가 차본 적이 없다니까요."

그러고는 나지막이 이런 말을 덧붙이는 것이었다.

"사실 그들의 요구는 좀 지나치다 싶기도 하죠. 단 하루만 파업을 해도 회사 측으로서는 백만 달러의 손해를 입는다는 계산은 해보지도 않거든요!"

"대체 그 사람들이 얼마를 더 요구하는데요?"

"대략 백 페소를 늘려달라는 거죠."

당시 백 페소는 미화로 단 1달러였다.

다음 날, 그들은 또 다른 공장을 둘러보았는데, 아직 가동을 하고 있지는 않았지만 생산 벨트를 지나온 순수한 상태의 황화구리를 추출해내는 곳이라고 했다. 이곳을 가동하면 약 30퍼센트의 생산 증대 효과를 보게 될 걸로 기대하고 있었다. 역시 그곳에도 거대한 용광로들이 건설되고 있었는데, 굴뚝 하나의 높이가 남아메리카에서 가장 높아 96미터에 달했다. 끝이 아스라이 보이는 굴뚝 앞에 선 에르네스토는 굴뚝 꼭대기까지 기어오르고 싶은 마음이 생겼다. 우선 60미터까지는 엘리베이터로 올라가고 그 뒤 꼭대기까지는 작은 사다리를 기어올라야 했다. 그럭저럭 에르네스토를 따라 올라간 알베르토는 저 아득히 높은 첨탑에 이미 올라서 있는 에르네스토의 목소리를 들었다.

"이 지역은 북아메리카인들의 주머니를 불려주기 위해 죽도록 일만 하는 아로카니(칠레 동부지역—옮긴이)의 민중들 땅이야. 인디오들을 기만하고 그들이 힘들게 일궈놓은 화전을 초록색 달러로 바꾸어버리는 자들의 것이 아니란 말이야. 물론 양키들과 그 하수인들은 자기들을 위한 학교는 지어놓았지. 저 아래에 있는 건물 말이야.

자기네 자녀들을 교육시키기 위해 특별히 불러들인 교사들도 있고. 골프장도 그렇고, 자기들이 살 집들은 아무렇게나 만들지는 않지."

에르네스토는 생각에 잠긴 표정으로 안데스 사람들이 모여 살고 있는 막사 군락을 내려다보았다.

"저런 형태가 당장의 주거문제를 해결해줄 수는 있겠지. 여기 추키카마타뿐만 아니라 칠레 전역, 나아가서는 라틴아메리카 전체도 말이야. 잘 고안하고 정확히 실행에 옮겨 제대로 마무리를 하고 아름다운 색채를 쓴다면 좋을 텐데. 하지만 여기는 제공한 한 최소한의 경비로 노동자들에게 최소한의 주거만을 제공하도록 하고 있으니 지옥이나 다름없어. 그들은 하수구조차 갖춰지지 않은 저 외딴 곳에 마치 가축처럼 노동자들을 몰아넣고 있잖아."

10년 후면 개발의 손길이 미칠 드넓은 대지를 내려다보며 에르네스토는 자신이 미래 쿠바 국립은행의 총재가 되어 '체'라는 이름의 지폐에 서명하게 되리라고 상상이나 해보았을까. 아무튼 이 미래의 쿠바 국립은행 총재는 이런 계산을 하고 있었다.

"이 광산의 하루 생산량이 9만 톤이라 했을 때 어림잡아 수백만 달러의 이익이 남는다는 계산이 되지. 그러니 인간에 의한 인간의 착취가 쉽게 끝날 리는 만무하다는 게 이해가 가고도 남아."

칠레 구리광산에 대한 연구서에서 오캄포는 이곳의 생

산성이 얼마나 대단했는지를 보여주는 증거로, 최초의 투자액을 단 나흘 만에 회수할 수 있을 정도라고 분석했다. 에르네스토는 맨 처음 그 글을 읽었을 때 다소 과장이 실려 있으리라 여겼다. 하지만 막상 이곳의 현실을 직접 목격해보니 계산이 틀리지 않다는 걸 깨달았다. 새로운 힘으로 무장한 에르네스토는 다시금 대지로 내려왔다. 정의로운 인술을 펼치는 의사가 되겠다던 젊은 이상주의자는 다른 사람들을 위해, 무엇보다 가난한 사람들을 위해 행동하겠다는 신념을 굳히고 있었다. 아직 그에게는 중대한 계기, 일종의 사닥다리가 필요했지만 머지않아 찾게 될 터였다.

오래 기다릴 필요 없이 중대한 결심의 계기가 찾아왔다. 굴뚝에서 내려온 그들이 십자가로 뒤덮이다시피 한 공동묘지 앞을 지날 때였다.

"도대체 몇 명이나 묻혀 있죠?" 에르네스토는 안내인에게 물었다.

"글쎄요, 확실치는 않지만…… 대략 만 명 정도?"

대수롭지 않다는 투로 안내인은 대답했다.

에르네스토는 그를 빤히 쳐다보았다.

"대략이라구요?"

"자세히 세어보지는 않았으니까……."

"그럼, 그 미망인들과 자식들은, 어떤 보상을 받았나요?"

그러자 사내는 아무런 대답 없이 어깨만 으쓱했다. 믿

기지 않는다는 표정으로 에르네스토가 친구를 향해 고개를 돌렸을 때 알베르토는 그의 눈에 번득이는 불꽃을 보았다. 미래의 전사들, 미래의 혁명가로 단련될 사람들, 가장 많은 것을 박탈당한 사람들에 대한 애정이 녹아 있는 눈빛이었다. 더불어 그들의 피와 땀을 빨아 마시는 이들에 대한 증오도 실려 있는 눈빛이었다.

인디오 말로 '붉은 산'이라는 뜻을 가진 추키카마타는 이렇게 하여 체 게바라의 가슴속에 뜨거운 불씨로 늘 남아 있게 될 것이었다.

3월 16일, 두 사람은 광산촌을 떠나 토코피야로 향했다. 이곳 역시 황무지나 다름없는 곳이었다. 당시 가족들에게 보낸 편지에서 에르네스토는 자신을 로시난테를 탄 돈키호테와 다름없다고 묘사했다. 벌목한 나무를 실은 트럭은 두 사람을 페루 국경까지 실어다주었다. 운전수는 안데스 지방의 민속음악인 '쿠에카스'를 연신 흥얼거렸다. 그날 밤, 그들은 이키케라는 선창의 어떤 창고에서 들쥐와 더불어 새우잠을 잤다. 다음 날, 페루와 국경을 맞대고 있는 아리카라는 항구로 가는 길에 그들은 도로 한 편에서 알마그로와 발디비아라는 두 정복자를 기념하는 비석을 보았다. 이처럼 좁고 가파르며 태양이 작열하는 길 위를 기마나 도보로 행진하며 칠레 남부까지 그 무거운 거북 등껍질을 실어 날랐을 그 옛날의 스페인 병사들을 생각하며 그 길을 지나갔다.

아리카 소재 지방 병원의 연구소는 일찌감치 그들의 도착을 기다리고 있었다. 알베르토가 질-닐센사에서 개발한, 나병균을 검사하는 착색제에 대한 실험과 강연을 가질 예정이었기 때문이다. 3월 23일에 그들은 유타 강을 통해 페루의 영토 안으로 들어섰다. 그때 에르네스토는 대지에 묶인 가난한 사람들과 산과 강을 노래한 시 구절을 암송했다.

"네루다의 시야?" 알베르토가 물었다.

"아니, 마르티!"

호세 마르티(José Martí)는 19세기 쿠바혁명의 아버지로 추앙받던 시인이었다.

영사관에 들러 우편물을 넘겨받은 두 사람은 케차와 아이마라(aimará, 남미 티티카카 호수 부근의 토족―옮긴이) 문화의 색채가 흠씬 풍기는 촌락을 한가로이 거닐었다. 얼마 안 되는 경작지와 꼬불꼬불한 골목길들은 몇 그루의 나무와 담장으로 구분되어 있었다. 현란한 색채의 두툼한 드레스와 판초, 끝이 말려 올라간 검정 모자를 쓴 여인네들의 모습에서 금세 잉카에 대한 시구가 떠올랐다. 북쪽으로 계속 올라갈 계획이었던 그들에게 다행히도 의사 한 사람이 운전사가 딸린 지프를 빌려주었다. 도로 위 곳곳에 웅덩이가 패어 물이 홍건했는데, 급기야 자동차가 더 이상 올라가기 어렵게 되었다. 거의 해발 3천 미터 높이에 있는 타라타(아이마라 말로 '분기점'을 뜻하는)에서는 등 뒤로 거대한 눈 회오리가 일고 있는데도 하늘에는 뜨거운 태양빛이 작열하는 놀라운 장관이 연출되었다.

결국 지프를 돌려보낸 두 사람은 트럭을 개조한 울긋불긋하고 요란한 버스에 빼곡히 들어찬 사람들 틈에 끼어 티티카카 호수로 향했다. 얼마 안 가 라마들이 평화로이 풀을 뜯고 있는 초원이 나타났다. 그런데 해발 5천 미터를 표시하는 이정표를 지나자마자 꼭대기에 십자가가 꽂혀 있는 커다란 돌무덤 같은 것이 눈에 들어왔다. 가족과 함께 앉아 있던 한 인디오가 반가운 듯 '아파체타!'라고 외치며 그리로 뛰어갔다. 그리고 그 가족은 저마다 돌 하나씩을 집어 그 돌더미 위에 올려놓는 것이었다. 에르네스토와 알베르토는 버스에 탄 다른 승객을 통해 그곳에 피라미드 형태의 돌무덤이 생긴 연유를 전해 들었는데, 어떤 가난한 나그네가 그곳을 지나다가 돌멩이 하나를 올려놓음으로써 대지를 먹이는 어머니 신(神) 파차마마에게 자신의 고통과 피로를 맡기고 훨씬 가뿐하게 길을 갈 수가 있었다고 했다.

"그런데 저 십자가는 뭐죠?"

그러자 그 사내는 빙긋이 미소 지었다.

"인디오들을 현혹시키려고 가톨릭 신부가 꽂아둔 거죠. 아파체타와 십자가를 종교적으로 혼합시킨 것이라고나 할까요. 아마 저 십자가를 꽂아놓은 신부는 일단 아파체타의 힘을 인정한 뒤 자신의 신자들에게 아파체타도 가톨릭에 복종한다고 믿게 할 심산이었던 거였겠죠. 이렇게 하면 그 신부도 자신의 교구가 넓다고 자랑할 수 있는 거고 말입니다! 하지만 인디오들은 잉카의 신들인 파차마마와 비라코차에 대한 신앙을 버리지 않고 있어요."

선한 신의 대리인이라는 사제가 행하는 이런 식의 기만적인 수법에 에르네스토는 큰 충격을 받았다. 그는 잉카인들이 무척이나 발달된 문명을 이루었던 민족이라는 걸 알고 있었다. 비록 그들의 자긍심을 허물어뜨리고 그들이 한때는 위대한 문명을 이루었다는 의식을 망각하게 만들고 그 자손을 알코올과 콜라 맛에 길들이고 복종에 익숙하게 만드는 데는 겨우 5세기 남짓으로 충분했지만 말이다.

에르네스토와 알베르토가 다시 버스에 올라탔을 때 주변은 이미 어둑해져가고 있었다. 두 사람이 이미 잠이 든 사람들 틈을 비집고 들어가느라고 다른 사람의 몸뚱이를 밟게 되어도 어느 누구 하나 움찔하거나 비명을 내지르지 않았다. 그랬다. 그들은 마치 약물과 알코올에 길들여진 것처럼 체념과 인종에 익숙해져 있었다. 저 멀리서 온 문명—두 사람과 너무도 닮은, 흰 피부를 가진 사람들에게 말이다!—에 짓밟히는 데 익숙해진 불쌍한 인디오들인 까닭이었다.

눈부신 여명이 단잠을 깨우자마자, 파타고니아의 초원을 연상시키는 광활한 고원이 그들의 눈앞에 모습을 드러냈다. 26일, 오후가 저물어가는 시각에 티티카카 호수가 불쑥 눈앞에 나타났다. 사람들은 너나없이 버스에서 뛰어내려 해발 4천 미터의 높이에 망망대해처럼 펼쳐져 있는 거대한 호수가 연출하는 장엄한 일몰을 넋을 잃고 바라보았다. 두 사람에게는 버스를 갈아타고 북쪽으로 더 거슬러 올라가야 하는 일이 기다리고 있었다. 사실 버스에 오르기 전에 그들은 잠시 머뭇거렸다. 버스 안에는 이미 인디오들과 그들이 메고 온 스무 개도 넘는 고구마 자루들, 게다가 각종 가축들까지 빼곡히 들어차 있는 바람에 그야말로 발 디딜 틈이 없었다. 하지만 운전수는 그들을 마구 밀어 넣었고 사람들은 태연한 표정으로 거의 차곡차곡 포개져 앉아 있었다. 개중에는 닭 두 마리를 무릎 위에 안고 탄 젊은 인디오도 있었다.

훌리아카에서 잠시 쉬어 갈 때의 일이다. 어떤 떠버리 하사관 하나가 두 사람에게 술병을 들이밀며 자기 자랑을 실컷 늘어놓는 것이었다. 그 허풍선이 사내는 자신의 담력이 얼마나 큰지 보여주겠다며 급기야는 자신의 권총을 뽑아 들더니 총알을 발사하여 식당 마루에 구멍을 내버렸다. 소동을 듣고 나타난 여주인은 마룻바닥에 뚫린 구멍을 보자마자 마구 화를 냈다. 그러자 갑자기 기가 꺾인 사내는 총알이 저절로 발사되었다고 둘러댔다. 경찰이 오고 몇 번의 진술이 오간 끝에 에르네스토와 알베르토는 마침내 그 어설픈 허풍선이로부터 벗어날 수 있었다.

안데스의 북쪽지방으로 올라가면 갈수록 두 여행자는 점점 더 유럽인 취급을 받았다. 한번은 그들이 기차를 기다리고 있는 동안 폭우가 쏟아져 플랫폼이 물에 잠긴 적이 있었다. 지붕도 없는 플랫폼에서 비를 맞고 서 있는 '백인 나리들'을 본 사람들은 역무원실로 가서 비를 피하도록 권했다. 에르네스토와 알베르토는 비를 맞고 서 있는 여자들과 아이들을 보면서 당연히 거절했지만 그들은 오히려 두 사람을 의아한 눈초리로 쳐다보는 것이었다. 그 제의를 왜 거절하는지 이해할 수 없다는 표정으로 말이다.

다음 역에서 그들은 심한 시장기를 느꼈지만 수중에 남은 돈이 한 푼도 없었다. 돈이 떨어지고 배가 고플 때 심심찮게 써먹었던 애교 섞인 장난이 있었다. 그들이 그 지방 사람들의 관심을 끌기 위해 아르헨티나 억양을 유난히 강조할 때면 그들에게 선심을 베푸는 자가 늘 있기 마련이었다.

"안녕하세요, 좋은 날씨죠?" 알베르토가 일단 이렇게 말문을 튼다.

"게다가 오늘은 내 친구의 생일이기도 하거든요."

"생일 축하해요." 누군가 구석에서 인사를 던진다.

"여러분들과 건배라도 하고 싶지만 겨우 물 한 잔밖에 돌릴 여유가 없군요. 저희에겐 돈이 없거든요." 알베르토는 천연덕스럽게 말한다.

"그럼 이번엔 내가 내지. 이봐요, 청년, 뭘 드시겠소?" 당장 누군가가 대답한다.

"정말 죄송합니다." 이번엔 에르네스토가 무안하다는 표정으로 대답한다. "사실 저흰 빈속에 술을 마실 수 없거든요. 뱃속이 타들어가는 것 같을 테니까요."

결국 선심을 쓰려던 사람은 두 청년 앞에 음식이 담긴 접시부터 돌리지 않을 수가 없었다. 이 일은 세 번에 두 번 꼴로 먹혀들었다.

3월 마지막 날, 그들은 이럭저럭 쿠스코 땅을 밟았다. 케차와 아이마라족 영토의 한중간에 있는 도시였는데 잉카 사람들은 여기를 '세상의 배꼽'이라고 불렀다. 이곳을 맨 처음 찾는 사람들은 마추픽추에 오르기 전에 잉카의 정서를 흠뻑 느껴보는 첫 단계로 일단 그 지방 박물관부터 찾는 것이 순서였다. 그곳에서 둘은 메스티소 출신의 한 대학생을 만났는데, 친절하게 그곳 안내를 도맡아주었다. 고고학실에는 잉카인들이 뇌수술을 했다는 여러 증거들이 남아 있었으며 이를 통해 에르네스토는 잉카인들이 이집트인에 버금가는 수준의 문명을 누렸으리라는 확신을 다지게 되었다. 특히 그들의 관심을 끈 것은 금, 은, 구리, 주석 등을 섞어 만든 작은 조각상들이었다. 대부분이 성(性)을 익살스럽게 표현한 장면들로 그 제작자의 특출한 예술적 재능이 생생히 드러나 있었다. 금으로 만든 라마상들과 에메랄드로 깎은 추장의 모습들도 연이어 펼쳐졌다. 에르네스토는 새나 퓨마의 형상을 새긴 손잡이가 달린 술잔들이 중앙아시아 아시리아 지방의 유물들과 매우 유사점이 많다는 점을 확인했다. 나중에 그는 잉카의 조상들이 아시아로부터 이주했다는 주장에 상당한 관심을 보였다.

두 사람은 일일이 그림을 새긴 벽돌로 쌓은 성당을 찾아갔다. 화려한 봉헌대 앞에서 두 사람은 놀란 입을 다물지 못했다. 안내문에 따르면 그 성당의 감실 하나를 만드는 데에만 무려 28킬로그램의 순금이 사용되었고 2천2백 개의 보석으로 장식을 덧붙였다고 했다. 이런 호화로움의 극치 앞에서 그들과 동행했던 메스티소 학생은 특히 아연해했다.

"이렇게 비생산적으로 금이 여기에 놓여 있다니! 우리는 학교에서 사용할 책조차 부족한데……."

한편 쿠스코에 살고 있던 알베르토의 친구 마리아 막달레나의 안내로 두 사람은 알베르토가 아르헨티나에서 매독에 관한 학술대회가 열렸을 때 만나 알게 된 에르모사 박사를 찾아갔다. 박사는 너덜거리는 바지와 때에 절은 셔츠를 입은 알베르토를 보고 처음에는 모른다고 시치미를 뗐다. 그러나 알베르토가 그 회의기간 동안에 찍었던 사진 속의 의사들 이름을 일일이 주워섬기자 에르모사 박사는 구구한 변명을 늘어놓으며 이들을 맞아들였다. 아타우알파 유팡키[3]의 음악을 배경으로 몇 잔의 진을 주고받은 끝에 세 사람은 금세 흉금을 터놓는 사이가 되었다.

에르모사 박사가 빌려준 랜드로버 덕분에 둘은 오얀타이탐보 요새까지 가볼 수 있었다. 잉카인들이 살고 있는

---

[3] 진짜 이름은 바스크 혈통의 어머니 이름을 딴 차베로 아람부르이다.

계곡을 둘러싼 산악지역은 태반이 경작지로 변해 있었다. 아래쪽에서 보면 얼마나 높은지 거기서 일하는 사람들과 가축들이 작은 점들처럼 보일 정도였다. 축축하고 무겁게 내려앉은 뽀얀 대기 속으로 유칼립투스나무의 그림자가 드리워져 있고 한껏 꽃망울을 터뜨린 꽃들이 오솔길을 따라 다투듯 얼굴을 내밀고 있었다. 산꼭대기는 구름 속에 숨어버려 아득하고 산허리에는 당나귀들이 길게 늘어서서 한가로이 풀을 뜯고 있었다.

마침내 그들은 깎아지른 듯한 절벽 위에 세워진 오얀타이탐보에 도달했다. 몇 톤이나 나가는 화강암 벽돌들이 공중에 삐죽이 걸쳐 있는 것이 참으로 아슬아슬해 보였다. 전해 내려오는 이야기에 따르면, 잉카 사람들은 단단한 바위를 무르게 만드는 신비한 식물의 즙을 이용하여 마치 찰흙처럼 자유자재로 그 큰 바윗덩어리들을 다룰 수 있었다고 한다. 그리고 이런 전설까지 더하여 전해져온다. '유독 단단한 바위 속에만 둥지를 트는 새가 있었다. 그 새도 그 신비의 풀을 알고 있었기 때문이다. 새는 그 풀을 한 움큼씩 물어와 바위에 구멍을 뚫은 다음 그 안에 둥지를 지었다.' 그 건축물은 평화시에는 옥수수 경작에 사용되었고 전시에는 난공불락의 요새로 변했다. 감탄에 감탄을 거듭하면서 요새 곳곳을 돌아본 두 사람은 다시 쿠스코로 돌아왔다. 잉카인들에게 운동경기와 오락의 장소로 사용되었던 이우카이를 거닐던 에르네스토는 가방에서 노트를 꺼내더니 의료요원으로 항해하면서 적어두었던 일기를 알베르토에게 읽어주었다.

밤이면 밤마다 수많은 별똥별이 우주를 가르듯, 선뜻 형언키 어려운 사실들이 인간의 마음을 뒤흔들고 일상으로부터 쫓아낸다. 한 예로 우리는 방사능의 위험을 전혀 의심도 않을 수 있고 우리의 건강이 위협받고 있다는 사실도 모른 채 어떤 집에서 살 수도 있을 것이다. ……망망하고 거친 대해를 항해하는 내 영혼은 고뇌에 휩싸인다. 과연 얼마나 더 많은 날을 견뎌야 하나. 그런데 오늘, 위험이 어느 정도 지나가자 나는 갑자기 커다란 희망이 샘솟는 걸 느끼며 나를 감싸고 있는 대기를 크게 들이마셨다. 나는 꿀 속에 달라붙어 옴짝달싹 못하는 개미처럼 소박한 카페의 탁자 앞에 웅크리고 앉아 내가 겪었던 일들과 그 결과들을 분석해보았다. 그리고 깨달았다. 단 한 사람이나, 단 한마디의 말이 순식간에 우리를 끔찍한 심연으로 떨어뜨릴 수도, 혹은 도저히 닿을 법하지 않던 정상으로 올려놓을 수도 있다는 것을.

얼마 안 가 그들은 우연히 한 농부를 만나 그의 슬픈 경험담을 듣게 되었다.

"10년 전에 나는 결혼을 하기 위해 사람의 손길이 미치지 않는 곳에 집을 한 채 지었습니다. 나무를 베어내고 그루터기도 태워 없애고 땅을 골라 농사짓기 알맞은 땅으로 다듬어놨죠. 그렇게 하는 데만 꼬박 3년이 걸렸습니다. 그동안에 땅 소유권이 문제되지도 않았구요. 그런데 이게 웬일입니까. 마침내 수확을 거둬들일 때가 되니까 땅 임자라는 사람이 나타나 경찰을 불렀습니다. 하는 수 없이 나는 아내와 아들 둘을 데리고 그곳을 떠나 좀더 높은 지역으로 올라갔습니다. 4년 정도 되니까 그럭저럭 수확을 기대해볼 수가 있었죠. 그런데 이번에도 기다렸다는 듯 땅 임자가 다시 경찰을 불러와 우리가 가진 것을 몽땅 뺏어가버렸습니다. 이제까지 뼈 빠지게 일한 대가를 단 한 푼도 건지지 못한 거죠."

에르네스토와 알베르토는 그 불쌍한 농부를 희생시킨 부조리에 발끈하며 서로를 바라보았다. 무엇보다 안타까운 건 불행이 그 농부에게 심어준 운명론적 체념이었다. 에르네스토는 이런 심정으로 그 글을 쓰지 않았을까. "나는 깨달았다. 단 한 사람이나 단 한마디의 말이 순식간에 우리를 끔찍한 심연으로 떨어뜨릴 수도, 혹은 도저히 닿을 법하지 않던 정상으로 올려놓을 수도 있다는 것을."

마추픽추

 1952년 4월 3일, 에르네스토와 알베르토는 그토록 오랫동안 꿈꾸어왔던 마추픽추에 올랐다. 마추픽추에 가기 위해선 우선 지그재그로 산길을 오르는 지방 열차를 타야 한다. 한편에서는 기관차가 객차를 끌고 한편에서는 객차를 밀면서 오르는 산악 기차는 빌카노타로부터 흘러들어온 포마탈레스 강을 끼고 달렸다. 고도가 점점 높아질수록 주변의 식물군도 달라졌다.
 두 사람은 여행일지에 푸쿠이라, 이라쿠차카, 우이로 콘도 등 자신들이 지나쳐 온 마을의 이름을 기록해놓는 일을 잊지 않았다. 에르네스토는 열네 살 무렵 배워두었던 데생 실력으로 시골 사람들의 일상을 능숙하게 스케치하여 두기까지 했다. 기차가 멈출 때마다 콜라(메스티소를 이렇게도 부른다)들과 인디오들은 향토색 짙은 음식이 담긴 그릇을 그들에게 내밀었다. 덕분에 그들은 톡 쏘는 맛이 나는 인디오식 수프나 염소젖으로 만든 치즈, 옥수수 이삭, 붉은 피망을 얹은, 타피오카로 만든 팬케이크 등을 맛보았다. 주위의 나무들이 차츰 바뀌면서 여주나

고사리, 베고니아 따위가 눈에 많이 띄었다. 강물이 차츰차츰 급류로 변하더니 어느덧 광폭한 폭포수처럼 거세졌다. 기차가 마침내 '마추픽추'라고 씌어진 팻말 앞에 멈춰 섰다. 알베르토를 따라 내린 에르네스토는 통상적인 관광 코스를 따르지 않기로 했다.

흰색 화강암으로 만들어진 구조물이 가파른 산을 양옆에 낀 좁은 협곡을 포효하며 흐르는 강물을 내려다보고 있었다. 땅거미가 지기 시작하자 낮게 깔린 몇 점의 구름이 마치 회색빛 수의처럼 구조물의 꼭대기를 휘감았다. 인간의 손이 남긴 걸작은 자연과 기막힌 조화를 이루고 있었다. 이 지역은 젊은 산인 우아이나픽추와 장엄한 위용을 자랑하는 늙은 산 마추픽추로 이루어졌다.

구조물은 마치 사람들이 수평선으로 늘어서서 만든 것처럼 거의 수직으로 보였다. 전망대에 오른 에르네스토와 알베르토는 그 장엄함에 넋을 빼앗겼다. 좀더 아래쪽에는 동쪽 계곡을 통치했던 왕국의 수도가 사원과 함께 펼쳐져 있었다. 하나하나 쌓아 올려진 화강암 벽돌은 완벽하게 아귀가 들어맞아 절대로 그 연결이 흐트러지지 않을 것처럼 보였다. 벽이 높아질수록 벽돌의 크기를 작게 하여 사원의 벽을 더욱 견고하게 만든 솜씨가 놀라웠다. 사원은 반원형의 모양이었다. 창문에는 지름 30센티미터가량의 구멍들이 뚫려 있었는데 여기에 태양을 상징하는 원반을 고정시켰었다고 한다.

마추픽추에 관심이 많았던 에르네스토는 나중에 이런

글을 썼다.

 맨 처음 이 유적을 발견한 고고학자 빙엄[4]은 이곳을 침입자로부터 몸을 숨기는 장소라기보다는 케차족의 기원과 관계있는 일종의 성지일 것이라고 추측했다. 나중에 스페인의 정복이 시작되면서 이곳은 패주한 병사들의 피난처가 되었다. …… 이런 형식의 건축물에는 으레 존재하기 마련인 태양사원이 저 유명한 인티와타나와 함께 그 당당한 위용을 자랑하고 있다. 지극히 정교하게 쌓아 올려진 돌들로 보아 이곳이 상당히 중요한 장소였으리라는 걸 짐작할 수 있다. 빙엄은 케차의 전통 건축양식인 사다리꼴 모양으로 강을 쳐다보고 있는 세 개의 창문을—이것은 나의 생각과도 일치하는데—잉카의 신화에 나오는 아이야르 삼형제의 이야기와 연관시킨다. 선택된 민족에게 약속의 땅을 보여주기 위해 그들이 이곳에서 나타난다는 것이다.

 그날 밤—그의 생애에서 가장 아름다운 추억 중 하나라고 그는 썼다—을 에르네스토는 베네수엘라를 해방시켰던 시몬 볼리바르의 서간집을 읽으며 하얗게 지새웠다.
 이튿날, 동이 트자마자 에르네스토는 알베르토와 함께 우아이나픽추를 올라갔다. 빌라캄파 요새가 불쑥 튀어나

---

[4] 빙엄(Hiram Bingham) : 미국인, 1911년에 마추픽추 유적을 발견.

제1부 잃어버린 시간을 찾아서

와 있는 4백 미터 정도의 깎아지른 듯한 바위벽을 기어오르는 일은 운동으로 단련된 두 사람에게 그다지 어려운 일이 아니었다. 그들은 정상에서 사진을 찍은 뒤 언젠가는 이곳에 다시 찾아오겠다는 글을 쪽지에 적어 병에 담았다. 에르네스토는 이미 흘러간 시간의 망망대해 속으로 돌려보내듯 그 병을 조심스레 내려놓았다. 그가 여기서 발견한 과거, 인간들과 돌들이 만들어낸 과거, 그것은 그에게는 또한 미래가 될 터였다. 그는 그 자리에서 파블로 네루다의 시를 큰 소리로 암송했다.

돌계단 위에서 멈추어버린 도시여,
땅에 남은 모든 것의 최후의 보루는
생명 없는 옷조차 입고 있지 않네.
그대 가슴팍에서 흔들리고 있는 두 개의 선들은
하늘의 불 요람과
실을 에는 바람 속에 선 인간의 요람.
돌의 어머니여. 콘도르들의 잔해여,
태고의 모래 속에 창백하게 묻혀버린
인간의 새벽의 드높은 암초여.

잠시 후, 그들은 임시 망루로 쓰이는 희생의식의 방에서 한때는 처녀들이 제물로 바쳐졌을 바위 위에 앉아 마테차를 마셨다. 알베르토는 희생자의 판석 위에 길게 드러누워 생각나는 대로 지껄이기 시작했다.

"나는 쿠스코에 사는 마리아 막달레나와 결혼할 거야. 그녀는 망코 카팍 2세의 후손이니까 나는 망코 카팍 3세가 되어야지. 그리고 정당을 하나 만들어서 우리 부족의 표를 모아 투팍 아마루 혁명을 이루는 거야. 진정한 의미에서 아메리카 인디오 혁명을 실현하는 거지."

그때 에르네스토가 고개를 설레설레 흔들었다.

"무기도 없이 혁명을 이룰 수 있다구? 형은 제정신이 아닌 모양이군."

쿠스코로의 귀환은 생각보다 오래 걸렸다. 기차가 멈추는 일이 점점 잦아져 숫제 걷는 속도나 매한가지였다. 사람들은 월요일에 행해질 잉카의 축제행렬인 카인-카아 때 쓸 거라며 뉴추꽃만 보면 내려서 꺾으려 들었다. 기차가 멈춰 있는 동안 두 사람은 가족들에게 편지를 썼다.

알베르토는 에르네스토가 희생자들의 방에서 했던 얘기를 곰곰이 생각했다. 그리고 거의 10년 전에 있었던 어떤 일을 다시 떠올렸다.

"1943년 말, 그러니까 코르도바에 있을 때 에르네스토는 나를 비롯하여 옥에 갇힌 학생들의 석방과 민주화를 요구하는 항의 데모에 참여해달라는 부탁을 받았습니다. 에르네스토는 내가 재판도 받지 않은 채 구금되어 있던 중앙형무소로 면회하러 왔지요. 내가 열심히 입장을 설명하자마자 겨우 열다섯 살밖에 안 되었던 에르네스토가 대뜸 이렇게 묻는 것이었어요. '그러니까 나더러 경찰들한테 얻어맞으러 거리로 뛰쳐나가란 말이지? 무기가 있다면 모를까, 나는 빈손으로는 행진하지 않을 거야.'"

에르네스토는 훨씬 나중에도 이와 비슷한 말을 다시 한 적이 있었다. "반동적인 폭력에는 혁명의 힘으로 맞서는 수밖에 없다!"라고.

라틴아메리카 각지를 도는 여행은 에르네스토에게 일종의 계시 역할을 했다. 추키카마타와 마추픽추를 지나면서 그는 '혁명의 부화기'를 보내고 있었다.

두 사람은 쿠스코로부터 페루의 내륙지방으로 들어가 보기로 했다. 리마 북쪽의 너른 벌판에 세워져 있는 아반카이를 지나 안데스 산맥을 끼고 달리는 여행이었다. 더러는 트럭으로, 더러는 도보로, 그리고 더러는 노새 따위를 빌리기도 하면서, 기타라도 손에 잡으면 금세 잉카의 노랫가락이 흥얼거려질 것 같은 정감 있는 이름들인 우안카람, 안다우아이라스, 아이야쿠초, 루리코차, 옥사팜파 등을 지났다. 두 사람은 종종 의사가 되어 아이들에게 BCG 접종을 해주기도 하고 더러는 부상당한 노동자들과 결핵에 걸린 아녀자들을 돌봐주기도 했다. 4월 13일, 새벽 4시경, 알베르토는 에르네스토에게 갑자기 닥친 천식 발작을 누그러뜨리기 위해 아드레날린 분비를 촉진하는 칼슘 주사를 놓아주어야 했다.

5월 1일, 메이데이. 이체 1세의 도시에 도착한 두 사람은 길가의 벤치에 털썩 주저앉자마자 안도의 한숨을 내쉬었다. 얼마나 오랫동안 걸었던지 발은 피투성이였다.

누더기가 다 된 너덜너덜한 옷에, 오랫동안 깎지 않은 수염 등, 행색이 영락없는 부랑자 꼴이었다. 그날 저녁, 페스체 박사 댁의 식탁에 앉고서야 그들은 그나마 사람 꼴을 되찾은 듯했다. 식사는 참으로 화기애애한 분위기 속에서 진행됐다. 손님들은 최근의 과학적 발견으로부터 국제정세, 스포츠, 그리고 문학에 이르기까지 폭넓은 대화를 주고받았다. 이 자리에서 에르네스토는 그들의 확고한 신념과 절충적 사고방식, 그리고 활기찬 모습에 깊은 인상을 받았다.

주인인 페스체 박사는 꽤나 고초를 겪은 사람이었다. 오드리아 장군이 정권을 잡을 무렵, 그는 리마 의과대학의 학장이었다. 그러나 정치적 입장으로 말미암아 리마에서 8백 킬로미터나 떨어진, 해발 3천 미터의 오지인 우암보로 쫓겨나다시피 전근하게 되었다. 그와 비슷한 불이익을 받은 동료들은 대개 술이나 도박, 아니면 여색에 빠져 인생을 망쳐버리곤 했다. 하지만 페스체 박사는 달랐다. 그는 저울과 체온계, 그리고 혈압계 같은 기초적인 기구만 가지고 연구에 몰두하기 시작했다. 그는 오지에서의 체류를 지역 주민들의 위생에 대한 중요한 논문을 쓰는 계기로 삼았던 것이다. 그리하여 페스체 박사는 발진티푸스를 진단하고 자락도를 세 가지로 분리하는 연구 업적을 쌓았다. 의사들이 사용하는 메스로 상처에 감염되는 현상은 오늘날에도 그의 이름으로 불리고 있다. 페스체 박사는 그 지역에 소규모 나병원도 세웠다. 그의 연구결과들은 국제적인 학술잡지에 속속 실렸고, 그 외딴 산간마을에는 전 세계로부터 엄청난 양의 우편물들이 밀려들기 시작했다. 이런 명성 덕택에 군부 통치의 기세가 어느 정도 누그러지자 그는 다시 예전의 직책을 되찾을 수 있었다.

그날 밤, 다른 손님들과 작별한 뒤 페스체 박사는 두 사람에게 자신이 쓴 『침묵의 땅』이라는 책 한 권씩을 건네주었다. 그들은 책을 내미는 박사에게서 은근히 풍겨 나오는 자긍심을 읽을 수 있었다. 그러나 그 책을 읽고 난 뒤의 감상은 한마디로 실망스럽다는 게 두 사람의 공통된 결론이었다. 저자의 열정적인 어투에도 불구하고 그가 적은 경험담은 하나같이 허풍으로 포장되어 읽기가 곤혹스러울 지경이었다. 그는 '3천 미터 고지'를 자신의 스타일로 잔뜩 과대포장해놓은 것 같았다. 그래서 알베르토는 책에 관한 이야기는 먼저 입 밖에 꺼내지 말자는 약속을 에르네스토에게서 받아냈다.

그런데 마지막 날 저녁식사를 하는 도중, 페스체 박사가 자신의 책에 대한 감상을 넌지시 묻는 것이었다. 에르네스토가 허겁지겁 자신의 접시에 얼굴을 묻는 동안 알베르토는 엉겁결에 이렇게 대답했다. "아주 아름다웠습니다. 특히 고지대를 묘사한 부분은 말이죠, 마치 직접 보는 듯한 느낌이었습니다. 그리고 인디오들의 생활상과 농부들의 노동, 참 그 적막감이랄까, 대단히 인상적이었습니다……. 모든 게 아주 적절히 표현되어 있었습니다."

그런데 페스체 박사가 이번에는 에르네스토에게 시선을 돌렸다.

"그렇다면, 게바라 군, 자네의 생각은 어떤가?"

에르네스토는 제아무리 그럴듯한 명분이 있더라도 거짓말에 대해서는 거의 병적인 공포심을 갖고 있었다. 그는 교수의 눈길을 얼른 피하더니 시선을 어디에 둘지 몰라하다가 다소나마 시간을 벌려는 듯 페루식 스튜를 한 숟갈 가득 떴다. 알베르토는 부랴부랴 이 위기 상황에 끼어들었다.

"특히 제 마음에 들었던 부분은 말입니다, 교수님께서 우루밤바의 발전상을 묘사하신 부분이었습니다. 아주 생생하면서도, 감동적이었습니다."

이어 페스체 부인의 몇 마디 치사가 곁들여지고 대화는 그럭저럭 다음 주제로 넘어가게 되었다. 그런데 문제는 여기서 끝나지 않았다. 작별의 시간이 되어 서로의 등을 껴안고 토닥거려주는 남아메리카식 인사를 주고받는 동안 페스체 교수가 다시 에르네스토에게 그 얘기를 꺼낸 것이다.

"그런데 게바라 군, 자네는 내 책에 대한 감상을 얘기 않고 설마 그대로 떠나려는 건 아니겠지……."

에르네스토는 크게 심호흡을 하더니 목차를 펴 보이며 그 책의 여러 단점들 가운데 단 한 가지만을 지적했다. 알베르토는 에르네스토의 얘기가 계속되는 동안 인정한다는 듯 고개를 끄덕거리고 있는 교수의 딱한 모습을 지켜볼 수밖에 없었다. 결론을 대신하여 에르네스토는 최후의 일격을 가했다.

"교수님처럼 진보적인 사고를 가지신 분이 인디오나 메스티소에게 아무런 대안도 제시하지 않는 이런 비생산적인 책을 쓰셨다는 사실이 저는 믿어지지 않습니다."

낭패스러운 표정으로 페스체 박사는 이 말만을 연신 되풀이했다.

"자네 얘기가 옳네, 게바라 군. 그래, 자네가 맞아."

교수와 어색한 작별인사를 마치고 다른 숙소에 도착할 때까지 누구도 먼저 입을 열지 않았다. 참다못해 포문을 연 건 알베르토였다.

"정말 너처럼 뻔뻔스러운 애는 처음 봤다. 그 교수가 우리에게 한 걸 생각해보면 어떻게 그런 짓을 할 수가 있단 말이야? 그는 우릴 재워주고 먹여주고 지프까지 빌려줬어. 그런데 그가 자신을 소설가로 착각했다는 이유만으로 그렇게 몰아붙여야 했니, 정말 대단하더구나!"

이미 얼굴이 하얗게 질려 있던 에르네스토가 띄엄띄엄 대답했다.

"하지만 형도 봤잖아, 내가 떠날 때까지 절대 입을 열려 하지 않았다는 걸 말야. 대답하지 않으려고 내가 무진 애를 썼다는 것도……."

누군가를 판단하는 것으로 상처를 주는 일을 에르네스토는 무척 싫어했다. 하지만 그를 더욱 고통스럽게 하는 것은 거짓말이었다.

리마에서 3주일을 지내는 동안 그들은 호의적인 두 사람의 도움을 받을 수 있었다. 페스체 박사와, 다른 한 사람은 조라이다 불라르테였다. 아름답고 친절했던 그녀는 마음씨 착한 요정처럼 두 사람을 상냥하게 감싸주었다. 그녀의 어머니가 맛있는 저녁을 준비하는 동안 세 사람은 한가로이 카를로스 가르델의 음반을 들었다. 리마를 떠날 때 조라이다는 그들에게 작은 풍로 한 개를 주었다. 나중에 그들은 그 풍로를 켤 때마다 조라이다의 따뜻한 마음을 다시 떠올리곤 했다.

5월 17일, 두 사람은 리마와 작별을 고하고 아마존 지역으로 향했다. 그러나 이 지구상에서 가장 거대한 강에 도달하기 위해선 많은 운전자들의 도움이 필요했다. 리마를 출발한 지 이틀 만인 5월 19일, 페루에서 가장 규모가 큰 세로데파스코 광산지대를 지났다. 금과 구리, 철, 주석 등을 생산하는 그곳 역시 양키들의 수중에 있을 것이라고 알베르토는 확신했다. 팅고마리아를 지나 '잠자는 미녀'라는 뜻의 '라베야두에르미엔테'를 지났다. 마치 옆으로 드러누운 여인의 형체를 닮았다 해서 그 지방 사람들이 그렇게 부르고 있었는데, 그 덕분인지 산맥을 넘는 트럭 운전수들은 마치 여인의 배 위를 기어오르는 듯한 상상을 하게 된다고 했다.

그들이 산맥을 넘을 무렵부터 내리기 시작한 비로 곳곳에 진창이 생겨 차의 전진을 방해했다. 브라질 국경이 가까워지는 듯 커피농장의 모습이 드문드문 눈에 띄기 시작하자 두 사람은 차에서 내렸다. 저 멀리 지평선으로 수십 대가량의 기나긴 차량 행렬이 보였다. 비로 유실된 도로를 복구하러 가는 행렬인 듯했다. 에르네스토와 알베르토는 그 행렬의 맨 선두 차에 사정하여 푸칼파까지 갈 수 있었다. 그리하여 세네파 어귀에서 배를 타고 유카얄리를 한참 내려가 아마존에 닿는 여행을 시작할 예정이었다.

그 여행 중에 에르네스토는 그물질을 하다가 새끼 악어를 잡아서 다시 물속으로 돌려보낸 적이 있었다. 이때의 경험을 그는 부모에게 익살스럽게 썼다. "사랑하는 두 분께. 혹시 한 달이 넘도록 제 소식을 받지 못하시면 제가 악어들에게 잡아먹혔거나 아니면 지바로족에게 잡혀갔다고 생각하세요. 그들은 잡아온 사람들의 머리 가죽을 벗겨 말려서 미국인 관광객들에게 판다고 해요. 어쩌면 부모님은 플로리다의 토산품 가게에서 제 모습을 보실 수 있을지도 모르겠군요."

이윽고 그들은 전쟁기간 동안 폭주하던 고무 수요로 한창 호황을 누리던 이키토스를 지나 벨렘에 도착했다. 그동안 에르네스토에게는 천식과 황열병까지 덮쳤지만 다행히도 잘 이겨냈고 시스네호를 타고 다시 여행을 시작할 수 있게 됐다. 인디오들과 아낙네들, 아이들, 그리고 개들까지, 사람 열여섯에, 물물교환하기 위해 메고 온 담뱃잎 부대 등은 사실 뗏목이나 다름없는 네 칸짜리 배가 감당하기엔 무리였다. 게다가 산마테오에 이르자 인원은 두 배로 늘어났다. 어느덧 아마존으로 접어든 이 작은 배는 알타카루아리 강이 합쳐지기 전 지점에 있는 산파블로 검역소로 다가갔다.

나환자들의 빛, 산파블로

 1952년 6월 8일, 일요일 새벽 3시. 달조차 자취를 감춘 시간, 험한 격류를 헤치고 온 시스네호는 두 명의 아르헨티나 청년을 산파블로에 내려놓았다. 회색 덮개를 쓰고 있는 듯, 어두컴컴한 주변은 윤곽을 짐작하기가 어려웠다. 그런데 이곳에도 '과학자들'이 있다는 사실을 알게 된 건 브레스치아니 박사가 그들 앞에 불쑥 나타나 자신의 방갈로로 안내하고서였다.

 갑자기 달빛이 구름 틈새를 비집고 나오자 대략 세 부분으로 나뉜 주변지역이 눈에 들어왔다. 시스네호가 정박해 있는 작은 반도. 아마존으로부터 튀어나온 그 지역에는 수녀들과 수사들, 사제들, 의사들, 치과의사들, 그리고 인디오들까지 합하여 대략 2백여 명이 거주하고 있다고 했다. 그곳에서 조금 들어간 강 어귀에 닿아 있는 작은 호상(湖上) 마을에는 병원 관계자들의 휴대품 보관소와 탈의실 구실을 하는 곳이 있었다. 일종의 위생실로서 나병원에 가기 전에 챙겨야 하는 장갑과 마스크 등이 구비되어 있었으며, '치유 불가능한' 나환자들을 만나고

와서는 간단한 샤워를 할 수 있는 시설이 마련되어 있었다. 그리고 거기서 약 1킬로미터쯤 더 들어가면 이름 그대로 나환자들의 마을이 나온다. 지속적으로 늘어난 수량 덕분에 거대한 하구의 늪지를 형성하고 있는 그곳에는 병세의 정도와 상관없이 약 1천여 명의 환자들이 지내고 있었다.

잠깐 눈을 붙이고 나서 두 사람은 작은 모터보트에 올라타고 제1구역으로 향했다. 그곳에서 다시 한 번 허가를 받은 뒤 '치유 불가능'이라는 판정을 받은 진짜 나환자들이 있는 곳으로 들어갔다. 그런데 정작 그곳에서 맨 처음 받게 된 인상은 그곳이 아마존의 여느 마을과 특별히 다르지 않다는 것이었다. 말뚝 위에 지어진 나무 오두막들도 그렇거니와 카누들, 그리고 각종 뿌리와 파파야, 갓 잡았거나 말린 생선들을 가득 실은 소형 보트들은 '여기도 다른 곳과 같이 사람이 사는 곳이다'라는 걸 말해주는 듯했다.

그런데 점점 마을 깊숙이 들어가다 보면, 사지가 온전치 않은 사람들이 눈에 많이 띄었다. 그들을 그렇게 만든 건 악어가 아니라 나병이었다. 손가락이나 엄지발가락은 물론이고 신체의 한 부분이 아예 없거나 코나 입의 흔적이 희미하게 남아 있는 사람들이 대부분이었다. 그런데 그들은 부모와 자식이 떨어져 사는 걸 받아들이지 못하여 온 가족이 함께 지내는 경우가 태반이었다. 나환자들의 대부분은 나병이 풍토병처럼 일상화된 우카얄리아야

제1부 잃어버린 시간을 찾아서

라비 강 어귀에서 살던 사람들이었다. 시간과 습관에 길들여지듯 그들은 나병과 함께 살아가고 있었다.

나병에 걸린 인디오들은 가족들과 헤어지는 일을 거부하고 자기들만의 공동체를 조직하여 살아갔다. 그들 가운데는 생필품을 만들어 팔거나 낚싯바늘, 혹은 그물 따위와 교환하는 사람들도 있었다. 더러는 땅을 갈아 식량을 마련하기도 했다. 그리고 좀더 요령이 좋고 억척스러운 사람들은 모터보트로 돈을 벌었다. 그러나 그들도 중증인 경우엔 전염된다고 믿었기 때문에 증세가 심한 이들은 외따로 격리되다시피 하여 살고 있었다. 그런데 에르네스토와 알베르토가 찾아가는 곳은 바로 그곳이었다. 감염 정도가 가장 심한 환자들을 진찰해본 알베르토 그라나도 박사와 조수인 에르네스토는 그 병이 아무리 고통스럽다 해도 쉽사리 전염되지 않는다는 사실을 확신했다. 그 점을 증명하기 위해 그들은 몸소 환자들을 만지고 미라처럼 칭칭 감고 있는 그들의 붕대를 벗겨주었다. 그렇게 며칠쯤 지낸 뒤 두 사람은 환자들과 병원 관계자들로 짜인 축구팀을 만들었다. 에르네스토와 알베르토는 당연히 환자 팀에 끼었다.

얼마 안 가 에르네스토는 알베르토의 지도로 팔꿈치를 다친 환자를 직접 수술하게 되었다. 팔 관절을 잘 움직이지 못하는 환자의 팔꿈치에 생긴 종양을 제거하는 간단한 수술이었지만, 수술을 받고 난 환자가 마음대로 팔을 움직일 수 있게 되자 게바라 박사의 명성은 인디오들 사이에 삽시간에 퍼져갔다. 쾌활한 알베르토조차도 갖지 못한 에르네스토만의 솔직한 눈빛은 금세 인디오들과 형제처럼 진한 우정을 나누게 만들었다. 에르네스토는 직접적인 치료보다도 따뜻한 말 한마디로 환자들에게 위안을 줄 줄 알았다. 그는 그들과 함께 휴식을 취했고 별다른 힘을 들이지 않고 스스럼없이 어울리고 있다는 걸 느끼게 해주었다.

그로부터 수년이 지난 후에 산파블로 병원을 방문했던 앤디 드레슬러라는 기자는 에르네스토 덕분에 목숨을 구했다는 실비오 로자노라는 남자를 만났다. 그는 자신이 직접 경영하는 술집에 '체'라는 이름까지 붙여놓고 있었다. 그는 자신의 경험을 이렇게 얘기했다.

"1952년 그해에 나는 얼마 살지 못할 중증 나환자들 중 한 명이었습니다. 나와 같은 처지에 있었던 사람들치고 살아남은 이가 거의 없었죠. 요즘에야 좋은 약이 많이 나와 있지만 그 시대만 해도 별다른 도리가 없었으니까요. 그런데 아주 어두컴컴한 어느 날 밤—그 순간은 두고두고 잊을 수 없을 겁니다—처음 본 의사가 산파블로로 찾아왔습니다. 겨우 스물다섯 살이나 되었을까, 호리호리한 체격에 인상이 아주 좋은 청년이었죠. 그는 매우 의욕적인 모습을 보였지만 가끔 체력이 달리는 것 같기도 했습니다. 사람들은 그가 아르헨티나 사람이라고 하더군요.

당시 나에게는 온전한 살점이라곤 거의 남아 있지 않았습니다. 나병은 내 왼팔을 뺏어갔고 나머지 부분도 야

제1부 잃어버린 시간을 찾아서 117

금야금 먹어 들어가고 있있습니다. 게다가 높은 열과 여기저기 곪아 들어간 상처로 극심한 통증에 시달리고 있었습니다. 병원의 의사들도 이미 가망이 없다는 판정을 내린 뒤였으니까요.

그날 아침에도 고통으로 눈물을 흘리면서 나는 아주 작은 위로라도 받기를 간절히 바라고 있었습니다. 그런데 새로 온 그 의사가 내 옆에 쭈그리고 앉아 있는 거였습니다. 마치 요가를 하고 있는 사람처럼. 그는 그때 영어로 된 의학책을 읽고 있었습니다. 나는 그에게 손을 내밀 기운조차 없었지요. 그런데 그가 먼저 내 손을 잡더니 한참을 그 상태로 있다가 갑자기 벌떡 일어서는 거였어요. 그리고 어안이 벙벙해진 나를 두고 방을 나가는 것이었습니다. 잠시 후에 다시 돌아온 그는 나에게 이렇게 말했어요. '아직 신경이 살아 있으니 수술을 받아야 합니다.' 펄펄 끓는 내 이마 위에 얹혀진 그의 손은 서늘했지만 나는 당장에라도 기절할 것처럼 겁이 왈칵 솟아올랐어요. '아무런 조치도 취하지 않는다면 이대로 죽고 말아요……' 그는 끈질기게 나를 설득했습니다. 사람들이 내 상처 부위에 두 대의 주사를 놓을 때 나는 그 의사의 눈만을 찾으며 미친 사람처럼 비명을 질러대다 곧 기절하고 말았어요.

그렇게 그는 내 목숨을 구했습니다. 이 일은 그 병원의 역사에 신기원을 이룬 일이었답니다. 그 후로 병원의 수술도구들이 사용되는 일이 제법 많아졌으니까요! 그로부터 한참 후, 쿠바의 장관이 된 그가 내 안부를 묻는 편지를 보내왔지 뭡니까."

그러나 에르네스토와 알베르토는 산파블로에 마냥 머물 수만은 없었다. 죽음에 이르게 하는 것은 마음을 좀먹는 병이라는 걸 깨닫게 된 나환자들은 그들이 떠나야 한다는 사실도 받아들였다. 그들은 두 사람이 여행을 계속할 수 있도록 뗏목을 만들어주기로 했다.

6월 14일, 에르네스토는 스물네 번째의 생일을 맞았다. 환자든 아니든 간에 그곳의 처녀들은 에르네스토를 각자 스물네 번씩 포옹했다. 그리고 댄스파티장의 반복되는 춤곡에서 사람들은 뗏목의 이름을 생각해냈다. '맘보-탱고'라고. 맘보는 당시 한창 유행하던, 쿠바에서 건너온 리듬이었고, 탱고는 무엇보다 아르헨티나의 정신을 잘 나타내는 음악이었다. 병원의 브레스치아니 박사는 색소폰을 불던 요리사와 함께 즉석에서 뗏목에 이 이름을 붙였다. 그날 저녁, 에르네스토도 자신이 유일하게 가사를 기억하고 있는 '랜코르'라는 탱고곡을 자신을 좋아했던 한 간호사의 아름다운 눈동자에 바친다며 잔뜩 멋을 부린 목소리로 불러 젖혔다.

닷새 후인 19일, 이번에는 환자들끼리 손수 작별 파티를 준비했다. 추적추적 내리는 빗줄기에도 불구하고 그들이 조직한 축구팀을 중심으로 아녀자들과 어린아이들까지 모여들었다. 에르네스토와 알베르토가 다가오자 그들은 함성으로 두 사람을 맞이했다. 이윽고 그들을 환영하는 노랫소리가 울려 퍼졌다. 왁자지껄한 음악과 노래로 밤이 깊어갈 무렵, 세 명의 환자 대표가 나와 비록 어눌한 말투였지만 자신들의 애정과 존경을 담은 환송사를 했다. 세번째 환자가 연설을 마쳤을 때, 에르네스토와 알베르토의 눈가에도 이슬이 맺혔다. 에르네스토에 떠밀려 환자들 앞에 선 알베르토는 미처 감격이 가시지 않은 목소리로 그처럼 인간적인 사람들을 알게 된 기쁨과 감사를 표현할 적당한 말을 찾느라 더듬거렸다. 음악이 다시 울려 퍼지고 이번엔 그 공동체의 대표가 나와서 다시금 환송의 말을 전했다. 에르네스토와 알베르토가 뗏목─강 위를 떠도는 나쁜 정령들과 쉼 없이 싸워야 할─위로 올라가는 동안 이별의 합창은 아마존의 강가로 고적히 울려 퍼졌다.

맘보─탱고는 곧 그들의 시야로부터 멀어졌다. 두 사람도 한참 동안이나 입을 뗄 수 없었다. 알베르토가 키를 잡고 있는 동안 에르네스토는 희미한 랜턴 불빛에 의지하여 어머니에게 편지를 썼다. 산파블로의 나환자들이 베풀어준 환송연의 뜨거운 열기가 채 가시기 전에 어머니에게 그 생생한 열기를 전해주려는 듯.

우리에게 작별인사를 하기 위해 환자들이 악단을 조직했습니다. 아코디언을 켜던 사람은 오른손의 손가락을 모조리 잃은 사람이었는데 손목에 막대기를 고정시켜 손가락을 대신했답니다. 또 노래를 부르던 사람은 앞을 볼 수 없는 장님이었고, 거의 모든 사람들이 제 나름의 장애를 몸에 지니고 있었습니다. 그 모든 사람들이 희미하고 음침한 랜턴 불빛 아래에 모여 있는 모습을 상상해보세요. 마치 공포영화의 한 장면 같을지도 모르겠지만 이 장면이 저에게는 이제까지 보았던 가장 아름다운 장면들 중의 하나로 남게 될 것입니다. 게다가 알베르토의 환송사는 얼마나 멋졌는지 듣는 사람을 거의 까무러치게 만들 정도였죠. 페론의 완벽한 후계자가 여기 있는 줄은 미처 몰랐다니까요!

그로부터 40년이 지난 1993년 9월, 알베르토는 아바나를 방문했던 프랑스 화가 프레데릭 브랑동과 미셸 브리덴에게 부탁하여 자신의 생애에서 가장 강렬한 감동을 주었던 그 순간을 그림으로 남겼다. 에르네스토가 어머니에게 묘사했던 그 장면을 화폭 위에 영원히 남겨 알베르토는 여전히 보관하고 있다.

맘보-탱고에는 상당량의 식량이 실려 있었다. 파인애플과 고기, 말린 생선, 버터, 소시지, 이집트 콩 등이 뗏목의 선실이라고 할 수 있는 작은 오두막 안에 차곡차곡 쌓여 있었다. 한쪽에는 '맘보', 다른 쪽에는 '탱고'라고 쓴 깃발도 달려 있었다. 갑판 위에는 조라이다가 선물한 풍로와 등잔, 모기장에 암탉 두 마리까지 타고 있었다. 그처럼 물살이 센 넓은 공간을 항해하기 위해서는 방향타 구실을 하는 노를 단단히 부여잡고 있어야 하는 수고가 따랐지만 두 뱃사공은 마치 뱃놀이 나온 어린 학생들처럼 즐거웠다. 그래도 인디오들이 알려준 사실을 명심해야 했다. 아마존 강물에 휩쓸려 내려오는 커다란 나무둥치를 어디서 만나게 될지 몰랐다. 혹시 그 괴물 같은 나무와 충돌하기라도 하면 그 순간 발사나무[5]로 만든 뗏목 여행은 끝장날 터였다.

사흘간에 걸친 뱃길은 다행히도 별 탈 없이 이어졌다. 낮에는 원숭이와 앵무새의 울음소리를 벗 삼고, 밤에는 악어들이 꾸륵거리는 소리를 들으며 그들은 세 나라(페루, 콜롬비아, 브라질)의 국경이 하나로 합쳐지는 하상도시 레티시아까지 흘러갔다. 그들은 새로운 물살에 더 잘 적응하기 위해 브라질령의 한 섬에서 맘보-탱고를 포기하고 다른 카누로 옮겨 탔다. 레티시아에는 군대가 주둔하고 있었는데 에르네스토와 알베르토는 자신들이 왕년에 축구를 가르쳐본 적이 있다고 둘러댔다. 에르네스토는 가족들에게 보낸 편지에서 이 일의 내막을 이렇게 설명했다.

우리를 보고타까지 실어다 줄 군용비행기는 2주일 후에나 도착한다는데 우리를 이 위기에서 구해준 것은(그때 우리의 수중에는 한 푼도 없었거든요) 우리가 축구 코치였다는 거짓말이었어요. 처음에는 직접 경기에 나서라고 할까

---

[5] 미세한 구멍이 많이 뚫린 가벼운 나무.

봐 은근히 불안했는데, 그래도 운동장 밖에서 기술이나 가르치기만 하면 되려니 여겼죠. 그런데 막상 시합을 직접 시켜보니 선수들의 실력이 얼마나 형편없던지 결국 우리가 직접 뛰지 않을 수 없게 되었답니다. 한데 가장 약체라고 알려진 우리 팀이 예상 밖의 선전을 거듭하여 결승에까지 진출한 거예요. 비록 페널티킥으로 지기는 했지만요. 알베르토는 정말 신들린 사람처럼 잘 뛰었어요. 페데르네라[6]처럼 공을 몰고 가서 자로 잰 듯한 패스를 해 팀의 기둥으로 떠올랐죠. 그리고 저로 말할 것 같으면, 제가 기록한 골이 레티시아 시청 연감에 두고두고 남게 되겠지요.

아마존 지역 특유의 황톳빛 운동장에서 에르네스토와 알베르토는 코치 실력을 유감없이 발휘했고 그 결과 적잖은 보상을 얻었다. 그러나 그 일만이 전부는 아니었다. 축구연습이 끝나면 그들은 집단심리에 대한 분석에 열중했다. 한 선수만 잔꾀를 부려도 영향을 받는 하나의 작은 사회인 팀의 구성원들을 더 잘 이해하기 위해서였다. 비록 그들은 잠시 동안만 축구를 가르쳤지만 콜롬비아의 아마추어 축구선수들에게 저 유명한 '전체를 위한 하나, 하나를 위한 전체'라는 의미를 심어주었던 것이다.

브라질의 타바팅가까지 카누를 타고 여행한 뒤 7월 2

---

[6] 당시 마라도나만큼 이름을 날리던 스트라이커였음.

일, 그들은 불안하게 흔들리던 콜롬비아군의 수상비행기에 실려 보고타로 향했다. 그들은 우편 행낭과 군인들 틈에 끼어 오전 7시 비행기에 올라탔다. 마침내 마드리드 공항[7]에 내린 두 사람은 콜롬비아군 트럭에 실려 한 병영으로 가서 그곳에 짐을 내려놓았다. 그리고 아르헨티나 대사관을 찾아가 자기들의 우편물을 전달받고 대학기숙사의 침대 하나씩을 배정받았다.

보고타에 대한 느낌은 썩 유쾌하지 않았다. 알베르토는 이 도시에 대한 인상을 이렇게 표현했다. '어둡고 음침했으며, 지옥을 방불케 할 만큼 끊임없이 울려대는 교통소음, 매연과 공해가 하늘을 뒤덮은, 정말이지 믿기지 않을 정도로 끔찍하게 오염된 도시였다! 우리가 아무리 나무 내음과 꽃내음이 풍기는 맑고 투명한 곳을 주로 지나왔다고는 하지만 말이다. 아마존과 보고타를 갈라놓은 그 몇 세기는 라틴아메리카 각국에 국토를 개발할 수 있는 기술상의 발전을 가져다주기도 했지만 동시에 자연과의 진정한 교감을 잊게 만드는 퇴보를 가져온 시간이기도 했다.' 에르네스토도 알베르토의 의견에 전적으로 찬성하였다. 그의 천식은 무엇보다 공해에 치명적으로 약했으니까.

보고타는 답답한 대기만큼이나 정복당한 도시의 착잡함을 느끼게 했다. 콜롬비아를 통치하고 있던 라우레아

---

[7] 보고타 공항의 이름.

노 고메스 정부의 공포정치가 전국을 휩쓸고 있었다. 조그만 반대의사조차 표명할 수 없는 억압적 분위기의 이 나라 상황에서 그나마 유일한 희망은 학생연합밖에 없었다. 실제로 그 두 사람도 경찰로부터 봉변을 당할 뻔한 사건을 겪기도 했다. 어느 날, 여느 때처럼 꾀죄죄한 행색의 두 사람은 미로처럼 꼬불꼬불한 길거리에서 방향을 잃고 헤매고 있었다. 에르네스토는 가방에서 가우초들이 쓰는 단도처럼 생긴 페이퍼 나이프를 꺼내 땅 위에다가 지나온 흔적을 표시하려고 했다. 그 순간, 눈치 채지 못한 사이 어디선가 제복을 입은 경찰이 나타나 에르네스토로부터 나이프를 빼앗으려 했다. 에르네스토는 본능적으로 방어를 한다는 것이 오히려 그 경관의 총을 뺏어버리고 말았다. 결국 경찰서까지 가게 되었지만 양측 모두 피해가 없었으므로 사건은 매듭지어졌다. 이 이야기를 전해들은 콜롬비아의 친구들은 그저 놀라서 입을 다물지 못했다.

박물관이나 자전거 경주를 구경한 것 빼고는 보고타에서 지낸 일 주일은 따분하기 그지없었다. 의학도로서 그들은 인술을 베풀 기회도, 또 그들과 뜻을 같이할 동료 의사들을 만날 희망도 없었다. 그 혼란스런 나라에 근무하고 있던 사람 좋은 아르헨티나 영사 덕택에 그들은 베네수엘라로 출발할 수 있었다. 7월 11일 새벽 5시, 그들은 베네수엘라행 합승버스에 몸을 실었다. 그동안 두 번의 천식이 에르네스토를 덮쳤다. 말라가에서의 첫번째는 그럭저럭 넘어갔지만 콜롬비아와 베네수엘라의 국경지대인 쿠쿠타의 한 요란한 선술집에서 그들은 두번째로 아드레날린 주사를 놓기 위해 허겁지겁 빠져나와야 했다. 쿠쿠타는 온갖 직업에 종사하는 세계 각국의 사람들이 모이는 국제 여객터미널 같은 독특한 분위기를 풍기는 고장이었다.

카라카스까지 뻗어 있는 긴 도로에서 처음 만나게 되는 마을, 산크리스토발에서 에르네스토와 알베르토는 프랑스혁명 기념일을 기념하는 축배를 들었다. 기력이 어느 정도 회복된 에르네스토에게 7월 14일은 희망이 넘치는 날이었다. 반은 걷고, 반은 차를 얻어 타는 식으로 메리다와 바르키시메토를 거쳐 두 사람은 18일, 마침내 수도 카라카스에 입성했다. 에르네스토의 가족이 보내온 소액환 덕택에 그들은 오랜만에 식사다운 식사를 할 수 있었다. 대사관에서 그들은 광견병에 걸린 개 취급을 받았다. '소똥 냄새가 코를 찌른다구요!'라며 여기저기서 수군댔다. 그러나 마르가리타 칼벤토라는 아주머니만은 그들에게 친절했다.

그런데 두 길동무에게도 작별의 시간은 다가오고 있었다. 무려 7개월에 걸쳐 거의 모든 것을 함께 나눠온 두 사람도 각자의 미래에 대해 생각해보지 않을 수가 없었다. 알베르토는 카라카스에 있는 한 연구소에 남아서 연구를 계속할 생각이었고 에르네스토는 일단 부에노스아이레스로 돌아가 대학을 마치기로 했다. 에르네스토의 삼촌 중 한 사람이 마침 카라카스에 있는 미국계의 경주마 거래회사에 다니고 있었다. 에르네스토는 마이애미로 말을 이송하는 비행기 편으로 플로리다를 경유해서 아르헨티나로 귀국할 계획을 세웠다.

헤어지기 전날, 그들은 인심 좋은 마르가리타 아주머니가 주최한 만찬모임에 초대되어 갔다. 그 자리에서 UPI 통신사에서 일한다는 아르헨티나 출신의 기자가 영국과의 관계에 초점을 맞춰 라틴아메리카의 후진성을 신랄히 비판했다. 에르네스토와 알베르토는 그의 발언에 발끈하지 않을 수 없었지만 주인의 체면을 보아서 꾹 참고 있었다. 그러나 그 기자가 다음 얘기를 꺼내는 대목에 이르러서는 에르네스토의 인내심도 한계에 다다르고 말았다.

"1806년에 아르헨티나 사람들이 영국을 몰아낸 게 결과적으로 큰 실수였죠. 중남미대륙이 영어만 썼더라도 미국처럼 발전했을 터인데 말입니다."

더는 참지 못한 에르네스토가 퉁명스럽게 대꾸했.

"하지만 저 같으면 백만장자 미국인이 되는 것보다 알파벳 모르는 인디오로 있는 편이 더 낫겠는데요!"

이어 알베르토도 거들었다.

"혹시 우리가 인도처럼 되지 말라는 법도 없지 않습니까. 인구의 90퍼센트가 알파벳을 모르고 기근과 영양실조에 허덕이는……. 2백 년이나 영국의 지배를 받았는데도 말입니다."

1952년 7월 26일, 화창하게 갠 아침, 에르네스토 게바라는 말들을 가득 태운 비행기 구석에 자리를 얻어 마이케티아 공항을 떠날 채비를 하고 있었다. 에르네스토와 알베르토는 아쉬운 심정을 숨기려고 짐짓 딴청을 부리고 있었다.

"시험에 합격하면 날 만나러 와라. 그래서 다음번에는 멕시코까지 가보자." 목멘 소리로 알베르토가 말했다.

비행기의 사닥다리를 오르며 에르네스토는 애써 뒤를 보지 않으려 했다. 자신의 얼굴에 드리운 슬픔을 보이고 싶지 않았으므로.

플로리다에서

 에르네스토는 비행기의 엔진 고장으로 뜻하지 않게 마이애미에 내려야 했다. 한 번도 와본 적이 없었던 미국 땅에 혈혈단신으로, 그것도 얼마가 걸릴지 모르는 기간 동안 주머니엔 단 한 푼도 없이. 말을 이송하는 목적지까지는 어떻게 왔지만 비행기가 다시 뜨게 될 때까지 무얼 하며 보내야 할지 참으로 막막한 노릇이었다. 일단 그는 한 식당에 접시닦이로 취직해 최소한의 숙식을 해결하게 되었다. 그리고 남은 시간을 이용해 '세상이 어떻게 돌아가는지' 알기 위해 마이애미 시내 곳곳을 어슬렁거리며 쏘다녔다.

 무엇보다 그는 달러의 위력에 놀라지 않을 수 없었다. 모든 것이 그 초록색 지폐를 중심으로 돌아가고 있었다. 당시만 해도 인구 3만에 불과했던—지금은 2백만에 이른다—작은 도시를 거닐면서 그는 이 도시에 얼마나 극심한 분리 현상이 존재하고 있는지를 실감했다. 흑인 노예의 후손들이 백인 '형제들'과 같은 권리를 누리는 건 여전히 요원한 일처럼 보였다. 극장에서 상영되는 서부

영화에서는 늘 선한 카우보이가 야만적인 인디언들을 혼내주었다. 그렇다고 그가 그 '미국인'들에 대해 증오만을 보이는 이분법적인 눈으로 미국을 바라본 것은 아니다. 그는 이들이 달러를 숭배하면서 실제적인 정치의식이라곤 거의 갖고 있지 않은 그저 유쾌하기만 한 아이 같다는 생각을 했다. 물론 그는 보통의 미국 사람들을 증오하진 않았다. 그가 증오했던 건 자신들의 이익을 위해 눈 하나 깜짝 않고 라틴아메리카에 멍에를 지우는 미국의 정치 지도자들과 기업가들이었다.

그렇게 한 달가량을 지내던 8월 31일, 더글러스기는 마침내 플로리다 공항을 이륙했다. 이번에는 말 대신에 과일상자를 실은 채였다. 비행기는 카라카스에 잠시 기착한 다음 부에노스아이레스에 도착했다. 일찌감치 공항에 나와 있던 가족들의 기쁨은 이만저만이 아니었다. 팔레르모구에 있는 아레날레스 거리의 그리운 집에 돌아온 에르네스토는 식탁에 앉기 전에 목욕탕으로 쫓겨났다. 식탁에는 그가 평소 좋아했던 음식들과 엠파나다스[8], 구운 고기, 그리고 무엇보다 그의 이름이 새겨진 은잔에 담긴 마테차가 준비되어 있었다. 그의 여행담을 듣는 식구들은 하나같이 입을 다물지 못했다. 그러나 그의 표정에는 굳건한 의지 이면에 고뇌의 흔적, 그리고 미세한 불안

---

8) 고기로 만든 과자의 일종.

감까지 엿보였다. 그는 더는 예전의 에르네스토가 아니었다. "에르네스토의 표정이 굳어 있어요. 뭔가 변한 것 같아요." 그의 동생 로베르토의 약혼녀인 마틸다가 안나 마리아에게 조심스럽게 속삭였다.

에르네스토는 가능한 한 빠른 시간 안에 의학박사 학위를 취득하리라 마음먹었다. 일단 결심이 서자 그는 무섭게 공부에 매달렸다. 공부에만 전념하기 위해 베아트리스 이모 댁으로 거처를 옮기고, 이듬해인 1953년 5월까지 모든 과목에 합격하리라는 거의 실현 불가능한 목표를 세웠다. 그리고 그해 11월, 그는 비뇨기학, 안과학, 피부학 등 세 과목을 통과했다. 그해가 가기 전에 그는 위생학과 정형의학, 폐질환 그리고 감염의학 등을 더 통과했다. 그리고 얼마 후에 열네번째 과목을 통과하고, 마침내 1953년 4월 11일, 신경학 시험마저 통과함으로써 길고도 긴 레이스 끝에 의학박사 학위를 취득하였다. 어머니가 기뻐하시는 모습에 그는 마음이 놓였다. 피사니 교수는 언젠가 자신의 뒤를 이을지 모를 수제자의 손을 부여잡았다. 피사니 교수 역시 아마존의 나병원에 대한 이야기에 큰 감명을 받았던 터였다.

에르네스토도 잠시 여유를 찾았다. 그는 친구들도 만나고 오랫동안 찾지 못했던 럭비 경기장도 찾았다. 카라카스의 어느 연구실에서 현미경과 씨름하고 있을 알베르토를 생각하면서.

제2부

일다 가데아와 피델 카스트로

아메리카의 병사가 가야 할 길

 스물다섯 살의 생일을 이틀 앞둔 날, 에르네스토 게바라 데 라 세르나는 카를로 A. 반카랄리 교수의 서명이 든 의학박사 학위기를 수여받았다.
 이렇게 하여 그는 여행을 떠나기 전 어머니와 했던 약속을 지켰다. 이제 그는 또 다른 약속, 카라카스로 가서 알베르토와 다시 여행을 떠나는 일을 생각하고 있었다.
 에르네스토의 두번째 여행에는 게바라 집안의 친척뻘인 카를로스 페레르가 동행했다. 칼리카라는 별명으로 불리던 페레르 역시 의대생이었다. 1953년 7월 7일 오후, 두 청년은 헤네랄벨그라노 역으로 서서히 미끄러져 들어오는 열차를 기다리고 있었다. 에르네스토의 어머니 셀리아는 눈물을 비치지 않고 최대한 냉정함을 유지하려 애썼다. 그녀도 아들의 결심을 막을 수 없으리라는 것을 잘 알고 있었다. 이제 아들이 나름대로 자신을 돌보는 방법에 익숙하다는 것을 알고 있었기 때문이기도 했다. 에르네스토는 알레르기학의 전문가였고 자신의 천식에 대해서도 누구보다 잘 알고 있지 않은가.

그러나 막상 기차가 미끄러지기 시작하자 셀리아는 돌연 불길한 느낌에 사로잡혔다. 그녀는 뛰는 가슴을 누르며 점점 속력을 높이는 기차를 따라 뛰기 시작했다. 미소를 머금고 있는 에르네스토의 얼굴이 유리창으로 얼핏 비쳤다. 음침하고 매서운 바람이 몰아치던 그 겨울 저녁, 셀리아는 역사라는 바람결에 실려 오는 아들의 목소리를 들었다.

"아메리카의 병사로서 떠납니다!"

콘도르의 서식지인 라파스에서 에르네스토 일행은 유나쿠초가에 있는 허름한 집 한 채를 빌렸다. 화창한 날이면 그는 7월16일가에 있는 카페에 나와 코코아를 마시며 떠도는 소문에 귀를 기울이곤 했다. 호화찬란한 팔레스 호텔의 테라스에 가보면 부유한 호텔 고객들과 길거리 가난한 사람들의 대비가 너무도 뚜렷이 느껴졌다. 등에 아이를 업은 인디오들, 콜라 열매를 연신 씹어대고 있는 이 빠진 늙은이들, 그리고 물건 하나라도 더 팔기 위해 저마다 외국인들의 관심을 끌려고 애쓰는 젊은이들이 거리에 널려 있었다. 위풍당당한 호텔 기둥에 기대서서 에르네스토는 어느덧 환한 미소를 잃어버린 지 오래인 안데스 사람들의 누추한 행렬을 바라보곤 했다.

이토록 조용한 사람들만 보다 보면 볼리비아가 격동의 한복판에 있다는 사실이 믿어지지 않을 정도였다. 그러나 이 나라에서는 바야흐로 새로운 계급이 봉기하고 있었다. 내전의 와중에 정권을 잡은 개혁 성향의 파즈 에르네스토 정부에 에르네스토는 나름의 기대를 걸고 있었다. 그러나 시간이 흐르면서 차츰 그들은 대중의 기대를 저버리기 시작했다.

번잡하고 번화한 카마초 시장은 열대과일에 입맛을 들인 에르네스토 일행이 자주 찾던 곳이었다. 알베르토와 여행할 때 에르네스토가 확실히 터득한 것이 있다면, 기회가 닿는 대로 배불리 먹어두자는 것이었다. 그래서 아르헨티나에서 망명하여 이곳에서 사탕수수농장을 경영하고 있던 누헤스라는 사람의 집에 초대받아 간 김에 그는 긴 사막 횡단을 앞둔 낙타처럼 한껏 포식했다.

그런데 라파스로 돌아오던 차 안에서 그들은 일련의 총성을 들었다. 혁명군 수비대라고 해봤자 허름한 옷을 걸친 인디오였지만 연기가 피어오르는 총을 쥔 세 명의 사내들이 에르네스토 일행에게 다가와 신분을 확인하려 했다.

"평화를 사랑하는 사람들입니다." 에르네스토는 나직이 대답했다.

그런데 오브라헤스로부터 몇 킬로미터쯤 지나자 '황금 수탉'이라는 간판을 내건 한 술집에서 떠들썩한 소음이 바깥으로 흘러나왔다. 얼어붙은 듯 꼼짝 않고 서서 도로를 감시하고 있는 인디오들은 염두에 두지 않고 MNR(민족혁명운동)의 유력자들은 한껏 여흥을 즐기고 있었다. 이들의 혁명은 갑자기 주어진 자유를 감당하지 못하는 우매한 민중을 희생시켜 소수만이 독점하는 혁명임이 분명했다.

그해 1953년 7월 26일, 쿠바 섬에서는 피델 카스트로 루스라는 젊은 혁명가가 이끄는 학생들이 동부의 산티아고에 있는 몬카다 병영을 습격하는 사건이 발생했다.

볼리비아 혁명 수뇌부의 입장을 좀더 확실히 알고 싶은 욕심에 에르네스토와 칼리카는 농업장관에게 면담을 신청했다.

장관 집무실 입구에는 끝도 보이지 않는 긴 줄로 인디오들이 늘어서 있었다. 하나같이 샌들에 재킷과 바지를 갖춰 입었고, 고원의 거친 바람을 맞아 거칠어진 얼굴은 무표정했다. 그들은 개정된 토지법에 따라 혁명정부가 약속한 땅을 나눠주기를 바라고 있었다. 안내대를 지키고 있던 사내가 이 묵묵한 군중들을 향해 분무기로 디디티를 마구 뿌려대고 있었다. 그래도 이 참을성 많은 사람들은 차례차례 허연 가루를 뒤집어쓰는 서로의 모습만을 묵묵히 지켜볼 뿐이었다.

찬초라는 이름으로 어머니에게 보낸 편지에서 에르네스토는 이 광경을 보고 느낀 절망을 이렇게 토로했다.

비록 볼리비아에 무서운 기세로 자유의 바람이 몰아치고 있기는 하지만 제가 보고 있는 이 혁명의 미래는 암울하기만 합니다. 권력을 쥔 자들은 인디오들의 머리 위로 살충제를 마구 뿌려대지만 이런 식으로는 끊임없이 증식하는 해충들을 퇴치하기 위한 근본적인 해결책을 얻을 수 없습니다.

동포들에게 가하는 무례한 폭력에 수치심마저 느끼고 있었던 에르네스토에게 장관의 발언은 곱게 들릴 리 없었다. 그의 확신은 단호했다. 즉, 인디오들이 정신적 고립감에서 탈피하지 못하고 인간으로서의 자긍심을 얻지 못한다면 이 혁명은 실패할 것이라는 거였다.

정치라는 장기판에서 에르네스토의 말들이 아직은 제자리를 찾고 있지 못했다. 다만 그는 차츰 이론가들을 믿지 않게 되었다. 그에게는 약속을 지키지 않는 자들과 싸울 태세가 되어 있는 혁명가로서의 싹이 움트고 있었다. 그가 페루 쪽으로 출발하는 트럭의 차표 두 장을 살 때의 일이다. 매표원이 그에게 이렇게 물었다.

"파나그라로 드려야죠?"

"파나그라가 뭔데요?"

"파나그라 석 말입니다. 운전석 옆에 있는……."

"천만에요. 우리는 다른 사람들처럼 뒤에 타고 갈 것입니다."

그가 자신의 대륙을 불렀던 이름, '우리의 위대한 아메리카(Nuestra Mayuscula America)'를 알아가는 방식은 늘 이랬다.

페루로 가는 길목에 자리 잡고 있는 티티카카 호수의 정경은 참으로 아름다웠다. 작은 배에 서서 에르네스토는 바다처럼 드넓은 호수 위에 점처럼 떠 있는 섬에 세워진 태양사원의 아름다움을 새삼 음미하고 있었다. 두번째로 페루를 찾은 그는 자신이 본 것을 좀더 본격적으로 연구하기 위해 아예 책들을 싸가지고 마추픽추에 왔다. 이 여행을 바탕으로 그는 후일 '마추픽추, 아메리카의 돌의 신비'라는 제목의 글을 쓰기도 했다.

나중에 에르네스토의 아내가 되는 일다 가데아의 증언에 따르면 그가 리카르도 로호(Ricardo Rojo, 정치에 관심이 많던 학생운동 지도자)—나중에는 에르네스토와는 달리 온건노선을 택하지만—를 만난 곳도 라파스였다고 한다. 로호의 권유로 에르네스토는 카라카스로 출발하려던 일정을 변경하여 과테말라로 가기로 결심했다. 과테말라에서는 혁명의 열기가 한창 달아오르고 있었으니, 그가 그 제안을 물리칠 리 없었다.

그는 볼리비아와 페루를 거쳐 에콰도르의 과야킬에서 니카라과로 가는 배를 탔다. 그리고 파나마에서 내려 코스타리카로 들어가는 버스로 갈아탔다. 길동무였던 사촌 카를로스 페레르와는 이미 과야킬에서 작별하였고, 이번에는 별명이 '엘 괄로'인 에두아르도 가르시아라는 또 다른 아르헨티나인과 동행하는 중이었다. 넝마가 다 된 옷에 피투성이 발로 에르네스토는 자신의 목적지에 차츰 다가가고 있었다.

호세 피게레스 정권이 들어선 첫 해, 코스타리카의 산호세에는 라틴아메리카 각지에서 모여든 망명자들의 캠프가 있었다. 에르네스토는 그들 사이에서 '엘인테르나시오날'이라는 이름으로 통용되던 소다 광장에 있는 한 카페에서 쿠바의 망명객들과 만날 기회를 얻었다. 그는 그곳에서 후일 베네수엘라의 대통령이 되는 로물로 베탕쿠르나 도미니카 공화국의 수반이 되는 후안 보쉬 등을 만나 자신이 원하기만 한다면 정치적 행동에 뛰어들 만한 충분한 역량을 갖고 있음을 보여주었다. 12월 초, 에르네스토는 몬카다 병영 습격사건의 당사자들이었던 칼릭스토 가르시아와 세베리노 로셀 등을 만났다. 두 사람은 나중에 각각 혁명군의 사령관과 혁명의 주역이 된다. 그들은 실패로 돌아간 몬카다 병영 습격사건으로 카스트로가 체포된 뒤 산호세로 도피해온 터였다.

카스트로의 동료들로부터 전해 들은 얘기에 깊이 고무된 에르네스토는 당장 베아트리스 이모에게 편지를 썼다.

티아, 티아, 티아(베아트리스 이모의 애칭), 유나이티드 프루트(그는 북아메리카의 체제를 한마디로 이렇게 불렀다)의 영토를 여행하는 동안, 저는 그들의 위력이 얼마나 막강한지를 새삼 확인할 수 있었습니다. 그리고 이런 문어발 같은 자본가들이 전멸되는 날까지 결코 포기하지 않을 것이라 맹세했습니다. 저는 진짜 혁명가가 되겠다는 뜻을 실현시키기 위해 과테말라로 갈 것입니다.

그는 이어 자신의 근황을 이렇게 적었다.

종종 의료 업무를 수행하기는 하지만 제가 수입을 얻는 것은 대부분 신문 등에 투고한 글의 원고료입니다. 아울러 대륙 발견 이전 시대의 문화에 대해 강연도 종종 하고 있구요······.

그의 편지는 아주 씩씩하게 끝맺고 있다.

이모에게 키스를 보냅니다. 이모를 사랑해요. 배가 고프지만 쇠처럼 건강하며, 동시에 깨어 있는 미래의 사회주의자인 조카로부터.

그리고 그해가 지나기 전 12월, 과테말라 땅을 밟은 에르네스토는 어머니에게 이런 편지를 썼다.

사랑하는 어머니,
마침내 이곳에 와서야 모든 것이 준비되었다는 걸 느낍니다······. 하지만 일단 지난 여정을 말씀드려야겠지요. 가르시아와 함께 머물렀던 산호세를 떠나 우리는 길이 닿는 곳까지 굴러 왔습니다. 이 표현을 쓸 수밖에 없는 것이, 가르시아와 저는 족히 50킬로미터는 걸어와서 니카라과 국경 부근에서 작별을 고했거든요. 저의 발뒤축은 엉망이 되었어요. 우리를 태워주었던 트럭이 강 바닥에서 뒤집히는 바람에 발을 다쳤거든요. 그리고 이곳에서 저는 베베라기-아옌데 형제를 알게 되었는데 그들은 자기들이 골수 페론 반대자들이라고 하더군요. 그들이 우리를 태워 준 덕분에 우리는 다시 여행을 시작했습니다. 보스턴대학이라는 커다란 마크만 본다면 그들을 미국인들로 착각할 거예요! 아무튼 우리는 아르헨티나 영사가 기다리고 있는 마나과에 도착해 부모님들로부터 온 전보를 받았어요. 영사는 자기가 늘 이런 식의 선도자 역할을 하지 않을 수 없다고 믿고 있는 것 같더군요. (영사는 부모님한테 돈을 부탁하라고 제안했습니다.) 사실 그 영사는 제가 완전히 녹초가 되어도 부모님께는 한 푼도 요구하지 않으리라는 걸 알았어야 해요. 어쨌든 부모님께서 전보에 썼듯 제 건강을 위해서 건배나 하세요. 그 편이 훨씬 더 유익하니까요……

예전의 포데로사 II 시절을 방불케 하는 행색으로 베베라기 형제의 차를 얻어 타고 가는 길은 그래도 신바람 나는 것이었다. 에르네스토와 뚱뚱한 몸집의 괄로 가르시아가 그 커다란 미제 차에 올라타고 보니 그 안에는 이미 각종 잡동사니들이 가득 들어차 있었다. 랜턴, 타이어, 온갖 종류의 먹을 것들과 고양이 세 마리까지. "어떤 식으로든 생계를 꾸려나가야 했기 때문에 얼마 못 가서 우리는 한 가지씩 팔아야 했어요, 고양이들만 빼놓고 말이지요……. 도대체 녀석들을 사겠다는 사람은 없었거든요!"

과테말라에 도착한 에르네스토는 한 나병원에서 간호사직을 얻었다. 보수는 2백50케찰 정도였지만 무엇보다 오후 시간을 자유로이 사용할 수 있다는 장점이 있었다. 모든 것이 빠듯했지만 그는 희망을 버리지 않고 있었다.

어쨌든 만사가 잘 해결될 거예요. 이곳에는 의사들이 부족하거든요. 혹시 더 나아질 기미가 보이지 않는다면 이 도시를 떠나 고대문명 연구에 좀더 몰두해볼 생각도 있구요. 바이아블랑카보다 썩 크지도 않은, 과테말라의 수도인 이곳은 바이아블랑카 못지않게 평온한 곳이면서도 적잖은 외국인들과 더불어 민주주의에 대한 강한 연대감이 감돌고 있습니다.

머지않아 에르네스토는 첫번째 부인이 될 일다 가데아 아코스타(Hilda Gadea Acosta)를 만나게 된다. 페루의 리마에서 1925년 3월 21일에 태어난 일다는 인디오의 핏줄을 이어받은 탓에 눈두덩이 두툼했다. 이것을 보고 친구들은 '치나'라고 부르기도 했다. 경제학을 전공한 그녀는 일찌감치 아프리스타 청년동맹[1]에 가입했다. 두뇌가 뛰어난데다 빼어난 연설가였던 그녀는 CCN(국민행정위원

---

[1] 비공산계열 좌익운동단체 APRA(Alianza Popula Revolucionaria Americana, 미주 민중혁명동맹)의 후신.

회)의 가장 젊은 멤버로서 지도위원으로 일했다.

1948년 10월 3일, 페루에서는 마누엘 아폴리나리오 장군이 주도하는 쿠데타가 일어났다. 일다는 군사독재하의 조국에서 살 수 없어 과테말라로 망명하기에 앞서 리마 주재 과테말라 대사관에 먼저 피신했다. 그녀는 과테말라에서 풍성한 지적 양분을 섭취하며 지냈다. 나머지 마른 빵은 다른 페루 망명객들과 함께 나누면서.

비록 체구는 작았지만 일다는 자신의 주변 사람들을 매료시키는 보기 드문 신념과 활력이 있었다. 그녀가 발산하는 매력에 에르네스토도 단번에 끌렸으니 말이다. 게다가 그녀는 구혼자인 에르네스토의 다소 허름한 옷차림과 비교되는, 보기 드문 우아함이 있었다. 일단 결심이 서자 먼저 접근한 쪽은 에르네스토였다. 실제로 일다는 그의 삶에서 상당한 비중을 차지했다. 그들이 처음으로 만났던 1953년 12월 20일, 에르네스토는 일다의 활달함과 솔직 담백함에 단번에 매료되어버렸지만 일다로서는 다소 머뭇거리지 않을 수 없었다. 에르네스토가 지적인 사람으로 보기엔 너무 미남이라고 생각했던 것이다. 무언가 석연치 않은 점이 있다고나 할까. 그러나 그가 과테말라 시에 있는 라틴아메리카 좌익인사들의 중요한 조언자였던 일다의 마음을 얻는 데는 시간이 그리 오래 걸리지 않았다.

첫 만남 이후 에르네스토와 일다는 몇 번의 만남을 더 가졌다. 그 명분이라는 것이 참으로 그럴싸했던 게, 서로의 책을 교환해 본다는 것이었다. 두 사람 모두 러시아의 문호 톨스토이와 고리키, 그리고 도스토예프스키 등을 좋아했다. 에르네스토는 일다가 빌려준 크로포트킨의 『어느 혁명가의 추억』이라는 작품에 흠뻑 빠져 들었다. 그들의 토론은 주로 거창한 질문들, 이를테면 '이 세계는 어디로 가고 있는가? 인류를 위한 진정한 해결책은 무엇일까? 자본주의의 종말은 언제쯤일까?' 등으로 모아졌다. 소유의 기원이라든가 마르크스의 『자본론』도 빠트릴 수 없는 논쟁 주제였다. 에르네스토는 자신이 닥치는 대로 포식하듯 읽었던 책들이 자신에게 어떤 영향을 미쳤는지 얘기했다. 그는 자기가 읽었던 살가리, 쥘 베른, 스티븐슨 등에 대한 소감들을 기억나는 대로 들려주곤 했다. 한편 일다는 그에게 마오쩌둥의 『새로운 중국』을 빌려주는 등 그의 정치학습을 도왔다. 그 책을 읽은 뒤 크게 감동을 받은 에르네스토는 일다에게 이런 말을 했다고 한다.

"나는 중국의 현실이 라틴아메리카와 크게 다르지 않다는 걸 깨달았습니다. 중국의 민중들도 우리의 토착민들과 비슷한 문제들을 갖고 있더군요. 오직 전 세계에 걸친 정치적 평등만이 문제를 해결할 수 있겠지요."

『새로운 중국』에 자극받은 에르네스토는 일다에게 그들만의 대장정에 동참하자고 제의한다. 중국의 위대한 정치가에게 흠뻑 매료되어버린 것이다. 일다는 자신의 동포인 페루 출신 망명객들에게 에르네스토를 소개한 뒤 쿠바인들과도 연결시켜주었다. 에르네스토는 코스타리카에서 칼릭스토 가르시아와 세베리노 로셀을 만났던 사실을 이미 밝힌 바 있었다. 1953년의 마지막 날, 니카라과의 망명객의 딸인 미르나 토레스의 집에서 그는 마리오 달마우와 아르만도 아렌시비아, 그리고 안토니오 다리오 로페스와 인사를 나눴다. 그는 또한 껑충하고 마른 체형 때문에 '엘 플라코'라고 불렸던 니코 로페스와도 인사를 나눴다. 몬카다 병영 습격이 벌어졌던 1953년 7월 26일에 동시에 바야모 병영을 습격했던 로페스는 쿠바혁명의 성공에 대한 꺼지지 않는 신념을 가지고 있었다. 에르네스토는 그에게 카스트로라는 인물에 대해 샅샅이 물었다. 이미 그는 세계적인 인물로서 카스트로의 중요성을 간파하기 시작했던 것이다.

그 외에도 그는 부자가 모두 라울이라는 이름으로 불린 로아 부자, 그리고 그 어머니인 심장병 전문의 아다 코우리도 만났다. 아버지 라울은 당시 정치적 이유로 망명한 사람들이 참여한 『우마니스모(휴머니즘)』라는 책자를 발행했다. 그는 후일 혁명 이후 공화국의 초대 대통령에 오르게 되며, 『우마니스모』의 부주간이었던 그의 아들 라울은 현재 파리 주재 쿠바 대사이다.

멕시코의 아르헨티나인들 사이에서 '체'라는 이름이 앞질러 알려지고 있었다. 이제 그는 에르네스토라는 이름보다는 엘 체 게바라라는 이름으로 우선 떠올려졌다. 니코 로페스나 로아 부자, 또는 다른 쿠바인들과 자주 만나면서 그는 이미 이 별명에 익숙해지고 있었다. 좀더 간편하게 불리도록 그의 이름은 체로 굳어졌다. 'e' 모음에 강세를 둔 이 음절은 원래 아르헨티나에서는 말을 시작할 때나 강조할 때 쓰는 일종의 감탄사였다. 실제로 에르네스토 자신도 말미에 유난히 '체'라는 말을 붙이는 습관이 있었다. 그 단어는 그와 떨어지려야 떨어질 수 없는 관계였다. 이 감탄사의 원형은 바로 이탈리아어로 "케 코사 체?(Que cosa c'e?)", 곧 "무슨 일이야?"라는 말이었다. 아르헨티나로 대거 유입해 온 알프스 산맥 지방의 사람들은 언제부터인가 이 'c'e'를 'che'로 바꿔 썼다. 아르헨티나 북동부와 파라과이에서 통용되는 과라니어에서 '체(che)'는 '나' 또는 '나로서는'이라는 뜻으로도 쓰인다.

미르나 토레스의 집에서 열린 파티에서 에르네스토는 일다에게 춤을 신청했다. 마치 스케이트를 신은 것처럼 그는 미끄러지듯 발을 옮기며 춤을 췄다. 이런 식으로 발을 떼지 않고 추는 탱고는 일다에게 환한 웃음을 안겨주었다.

쿠바인들이 대부분인 그 모임에서는 열다섯 명가량이 모여 야유회를 가거나 시간이 허락되면 가끔 말을 타러 가기도 했는데, 말타기에 비교적 능했던 에르네스토로서는 춤보다는 말타기가 훨씬 편했다. 일단 말 등에 올라타면 그는 알타가르시아에서 가우초들을 따라 말을 타던 어린 시절을 떠올리곤 했다.

이미 일다의 친구이자 공모자가 된 이 아르헨티나 출신의 미남 청년은 이제 그녀의 반려자가 되고자 결심을 굳힌 듯했다. 두 사람이 들판을 거니는 동안 그는 자기만의 방식으로 그녀에게 청혼했다.

"당신은 건전한 부모를 가진 건전한 여자요. 그러니 내가 당신에게 구혼의 손을 내민다 해도 반대할 이유가 하나도 없을 것이오……."

비록 에르네스토는 자신의 원대로 승낙을 받아내지는 못했지만 꽃이 만발해 있는 들판 한복판에서 매몰차게 거절당하지는 않았다.

"좀더 생각해볼 시간을 주세요. 그리고 당신은 당신이 하는 진지한 얘기에 대해 확신을 가져야 해요."

당장에 일다는 그의 정치적 신념에 우선순위를 두고 있었다.

화창한 어느 날, 에르네스토는 갈로와 함께 약간의 재정 지원을 부탁하러 일다를 찾아왔다. 그들은 당장 길거리로 내쫓길 형편이었던 것이다. 인스티투토 데 포멘토 데 라 프로둑시온의 경제학부 강좌에서 받는 급료로는 자신의 생활비와 매달 부모님께 보내드리는 돈을 빼면 일다 자신도 생활하기에 빠듯한 형편이었다. 일다에게도 여분의 돈이 남아 있지 않았다. 그러나 그녀는 작은 상자에서 금으로 된 메달과 반지를 꺼내 에르네스토에게 주었다. 일다에게 도움을 청했다는 건 에르네스토가 그녀만은 유독 특별히 신뢰하고 있다는 의미였다. 심지어 자기 아버지에게조차도 도움을 청하지 않던 그의 성격으로 미루어볼 때 말이다.

에르네스토와 갈로는 일다에게 진 신세를 갚기 위해 나무로 깎은 예수상, 또는 성상이나 성화 등을 파는 가게에서 일했다. 그리고 기록적으로 빠른 기간 안에 목표를 달성했다. 에르네스토는 빚을 갚기 위해 공립병원에서 하는 무보수 일 이외에도 많은 일을 해야 했다. 그 와중에도 어느 때보다 왕성하게 독서를 했고, 쿠바인들과도 꾸준히 교류하면서 쿠바 섬의 정세만은 놓치지 않고 귀를 기울였다. 그렇게 하여 그는 자신의 혁명 기반을 다져가고 있었다. 그는 이미 싸움에 뛰어들 태세를 갖추고 있었다. 추키카마타 광산이 일종의 계시였다면 몬카다는 그에게 하나의 강박관념이었다. 그들은 그곳에 있지 않았던가. 내가 아니라…….

마야인들의 땅인 과테말라는 메스티소들이 확고하게 뿌리를 내리고 있는 유일한 나라이기도 했다. 중앙아메리카의 심장부로서 멕시코, 엘살바도르, 온두라스와 국경을 접하고 있는 이 조그만 나라의 북쪽은 달러에 기반을 둔 세계 질서에 차츰 빠져 들고 있었지만, 남쪽에서는 서럽고도 고통스런 혼돈 속에서 여전히 무언가를 모색하는 중이었다. 카리브 해와 태평양을 양쪽에 둔 이 나라에서 에르네스토는 체 게바라로서의 변신을 행하고 있었다.

알베르토 그라나도의 말처럼 '인간을 위한 늑대처럼, 억압받고 힘없는 사람들을 위한 싸움에 나서게 될 터'였다.

그는 어쩌면, 아니 분명 낭만주의자였을 것이다. 그러나 이성을 가진 낭만주의자, 뜨거운 심장을 가진 '체'와 같은 사람들이 역사라는 공간에서 버림받은 적이 얼마나 많았던가.

과테말라에서 에르네스토가 추호의 거리낌도 없이 누구를 자신의 편으로 선택했을지는 불을 보듯 뻔했다. 잉카와 아스텍, 마야, 그리고 북미 인디언들 모두가 진정한 아메리카 사람들이라고 생각한 그는 당연히 인디오들의 편이었다. 이런 식으로 그는 이미 '늑대와 함께 춤을' 추고 있었던 것이다.

그즈음 에르네스토는 세스페데스 가족이 주최한 바비큐 파티에서 카를로스 마누엘(Carlos Manuel)의 후손이라는 인물을 소개받았다. 마누엘은 제1차 독립전쟁 이후 쿠바의 초대 대통령이 된 사람이었다. 루이스 라반데이라(Louis Lavandeyra)는 어머니가 '파리 여인'이었기 때문에 쿠바혁명 기간 동안 '프랑스인'이라고 알려져 있었다. 라울의 말에 따르면, 그는 피델 카스트로와 체 게바라가 쿠바에 상륙하기 이전에 비밀리에 '정부편'에 박아둔 인물이었다. 나중에 라반데이라는 산타클라라에서 체 게바라와 협력하여 전투를 벌였으며 혁명 성공 이후에 아바나 경찰의 제2인자가 되었다.

1954년 하코보 아르벤스 대통령이 통치하던 이 조그만 자유국가에도 심상찮은 바람이 불어오기 시작했다. 북부 지방인 블랑카 해안으로부터 작은 충돌이 터져 나왔다. 이 나라가 전쟁에 휩싸일지 모른다는 근심스런 소문이 나돌기 시작했다. 에르네스토는 당시 정부 측 인사들을 많이 알고 있었다. 그가 과테말라로 올 수 있었던 것도 대통령의 측근 중 한 사람인 후안 앙헬 누네스 아길라르의 소개장 덕택이지 않았던가? 따라서 필요하다면 당장에라도 총을 쥘 듯이 에르네스토는 당시의 정세에 무척이나 들떠 있었다. 2월 21일, 극도의 공포감이 도시를 휩쓸기 시작할 무렵, 에르네스토는 일다에게 전화를 걸어 니카라과의 혁명전사였던 아우구스토 세사르 산디노(Augusto Cesar Sandino)의 탄생기념 파티에 초대했다. 그는 괄로가 아르헨티나로 떠나기 전에 선물한 회색 양복을 말쑥하게 차려입고 나와 그녀를 깜짝 놀라게 했다. 그런데 이틀 후, 새로운 절망이 그를 덮쳤다.

"천식 때문에 침대에서 한 발자국도 움직일 수 없소……."

에르네스토가 살고 있던 허름한 집에 찾아온 일다는 큰 충격을 받았다. 사랑하는 남자가 고통받는 모습을 지켜보는 건 형언키 어려운 형벌이었다. 그는 문 앞에 놓인 소파 위에 시체처럼 핏기 없는 얼굴로 널브러져 있었다. 들릴락 말락 희미한 숨소리만이 새어나오고 있었다. 하지만 일다는 이 남자를 감싸고 있는 본질이 어떤 것인지

금세 알아차렸다.

"협탁 서랍 안에 유리병과 주사기가 있을 거요. 거즈와 알코올도." 그는 일다에게 침착한 어조로 말했다.

일다는 그가 시키는 대로 약과 기구를 갖고 왔다. 그녀는 에르네스토가 열 살 이래 익혀온 대로 스스로에게 주사 놓는 모습을 지켜보았다. 그는 부축을 거절하고 램프를 간신히 붙잡고 쓰러지듯 자리에 누웠다. 그 강인한 정신력과 자기 억제에 일다는 커다란 감동을 받았다. 그는 쌀과 사과밖에 가져다줄 게 없다는 그녀에게 이렇게 말하는 것도 잊지 않았다.

"고작 그것뿐이라니요. 그것도 너무 과한 거지요."

일다는 뭉클한 무언가가 울컥 치밀어 오르는 것을 느꼈다.

"그처럼 능력이 뛰어나고, 사회를 위해 많은 일을 할 수 있는 사람이 그토록 위축되어야 하다니 얼마나 안타까운 일인가요! 내가 만약 그런 처지에 있었다면 나는 그런 고통을 견뎌내느니 차라리 자살하고 말았을 거예요."

사실 어떤 면에서는 그가 그런 식으로 자신의 죽음을 앞당겼다는 점을 ─비록 그의 딸인 일다타는 극구 반발하지만─ 부인하긴 어렵다. 일다가 얘기하는 총알 대신 그는 볼리비아의 차코라는 오지를 택했던 것이다. 나세르 대통령이 감지했던 것처럼 체는 일종의 자살을 택한 것이었을까? 그 문제는 쉽게 속단할 수 있는 문제는 아니다. 그러나 에르네스토 게바라가 천식으로 더는 고통을 받지 않고 남은 여생을 살 수 있었다고 해보자. 안락의자에 앉아 편안히 여생을 마치는 그의 모습을 상상하는 건 쉽지 않은 일이다. 그는 승리가 불가능하다고 판단되는 그 순간까지는 자신의 싸움을 믿었던 사람이었기 때문이다.

사흘 저녁을 일다는 토리엘로의 허름한 방으로 환자를 보러 왔다. 두 사람이 가까워질 수 있었던 그 귀중한 시기 동안 일다는 에르네스토의 밑바탕에 깔린 심성을 새삼 발견할 수 있었다. 특히 시에 대한 그의 사랑을. 그래서 그녀는 그에게 페루 시인인 세사르 바예호(Cesar Vallejo)의 책을 비롯하여 지방 출판사에서 출판된 다른 시인들의 시집도 함께 가져다주었다. 에르네스토는 그중 하나인 「그대의 이름(Tu Nombre)」이란 시를 특별히 좋아했다. 그는 그 시를 외워 일다에게 직접 낭송해주기까지 하였다. 그가 네루다의 작품을 알고 있다는 것이 두 사람을 더욱 가깝게 하는 계기가 되었다. 에르네스토가 좋아했던 스페인어권 작가들은 페데리코 가르시아 로르카, 미겔 에르난데스, 가브리엘라 미스트랄, 그리고 아르헨티나에서는 그가 거의 다 외울 정도로 좋아했던 『마르틴 피에로』의 저자인 호세 에르난데스가 있었다. 물론 호르헤 루이스 보르헤스나 레오폴도 마레찰, 알폰시나 스토르니, 그리고 우루과이의 후아나 데 이바르부루와 사라 데 이바녜스 등도 빠뜨릴 수 없었다. 특히 영국의 키플링은 두 사람 다 감탄하는 작가였다. 에르네스토는 일다와 함께 프랑스 문학에 대해서도 많은 대화를 나누었다. 볼테르, 루소, 랭보, 보들레르, 그리고 아폴리네르 등이 자주 화제에 올랐다. 그는 일다에게 쿠르지오 말라파르테의 『살가죽』이라는 작품과, 과야킬에 머무는 동안 알게 된 에콰도르 작가 호르헤 이카자의 『우아시풍고(Huasipungo)』라는 책을 선물하기도 했다.

에르네스토가 웬만큼 기력을 회복해갈 무렵, 일다는 자기가 알고 있는 정통 혁명주의자라면서 미국인인 해롤드 화이트(Harold White)를 소개시켰다. 화이트는 유타대학에서 마르크스주의를 강의하기도 했다. 두 사람은 스페인어와 영어가 섞인 묘한 대화 속에서 금세 동병상련을 느꼈다. 세상을 다시 만들고픈 꿈을 꾸고 있던 그들은 프로이트와 파블로프, 엥겔스의 『반 듀링론』에도 똑같이 열광하고 있었다.

"우리들은 인간의 사고가 진보한다는 데에 인식을 같이하고 있었죠"라고 일다는 당시의 분위기를 얘기했다. "우리는 유물론과, 개인을 사회의 한 요소로 파악하는 사회주의적 관점에 동의하고 있었어요. 마찬가지로 우리는 모두를 위한 사회 발전에 기여하기 위해서는 개인이라는 개념은 포기해야 된다는 데도 생각이 같았습니다. 왜냐하면, 결국은 승리자가 될 개인에게 모든 게 영향을 미칠 테니까요."

하지만 사르트르와 특히 프로이트에 관해서는 그들의

입장이 쉽게 일치하지 않았다. 에르네스토는 성(性)이야 말로 생명력의 바탕이라고 믿고 있었지만 일다가 보기에 이 생각은 지나치게 단순했다. 어느 날, 그들은 장 폴 사르트르의 〈존경스러운 창녀〉라는 연극을 함께 관람했다. 민족문제와 실존철학의 문제들을 아우른 그 희곡을 두고 벌어진 그들의 논쟁은 시간이 지나도 쉽게 합일점을 찾지 못했다.

또 어느 날인가 일다는 자신이 알고 있던 동독 사람 헤르베르트 차이시히를 초대한 적이 있었다. 그 젊은 공산주의자는 에르네스토가 멕시코행 비자를 발급받을 수 있는 방법을 안다고 했다. 에르네스토의 안전을 염려하고 있던 일다는 그가 가급적 빨리 도피하기를 바라고 있었다. 과테말라 정부가 전복되는 날엔 아르벤스 정부와 가까웠던 그에게 어떤 위험이 닥칠지 모를 일이었다. 우선은 정식 체류허가부터 받는 일이 중요했다. 머뭇거리는 일다는 아랑곳없이 차이시히는 대뜸 이런 조건부터 내세웠다.

"당신이 당에 가입하면 체류허가가 나올 겁니다."

에르네스토 게바라에게 얘기해서는 당연히 안 될 일이었다. 그는 남의 손에 억지로 이끌려가는 걸 죽기보다 싫어했다. 설령 그가 당에 가입하기를 원한다 해도 그건 자기 스스로 결정하고 행동할 일이었다. 일다도 그가 사회주의 사상을 거부했던 건 아니라는 것을 알고 있었다. 다만 에르네스토는 그런 식으로 동조자를 늘리는 방식에 화가 났던 것이다.

그리하여 에르네스토는 불법체류자가 되었다. 한 사회주의자로부터 받은 제안이 그에게는 마치 안데스에서 보았던 돌무덤에 꽂아놓은 십자가와 다를 바 없는 기만으로 보였던 것이다. 합법적인 문서를 소지하고 있지 않다는 사실조차 그에겐 아무런 문제가 되지 않았다. 그 일이 있고 나서 일 주일 후, 니코 로페스 일행과 함께 에르네스토는 열두 사도들의 이름을 딴 마을들이 주변을 에워싸고 있는 아티틀란이라는 호숫가에서 한나절을 보낸 적이 있었다. 외출할 때면 로페스는 에르네스토에게 이렇게 묻곤 했다.

"체, 오늘 저녁에 집에 돌아갈 텐데 침낭은 왜 가져왔어?"

에르네스토는 입장을 명확히 하고 싶어했다. 과테말라와 자기 자신이 처한 상황, 그리고 일다와의 앞날에 대해. 그래서 그는 호숫가에서 밤을 보낼 생각이었다. 일다는 그를 찾아올 때마다 그의 생각의 진전을 알게 되었다.

"아르벤스 대통령은 무장하고 산으로 싸우러 들어가는 민중들을 지지해야 할 거요. 그 일이 얼마가 걸릴지는 중요하지 않지."

1954년 6월 중순, 그는 과테말라에서 가장 명성이 자자했던 두 정치가 마르코 안토니오 비야마르와 알폰소 바우에르 파이스를 만날 수 있었다. 비야마르에 따르면, 자기는 무기를 확보하기 위해 일단의 노동자 그룹과 함께 병기창에 갔는데, 군대가 그들을 저지하면서 총을 발사하겠다고 위협했다고 했다. 대통령은 어느 정도 결심이 선 것 같아 보인다고도 했다. 결국 대통령이 항복하겠다는 것이었다. 군인들이 보인 태도도 바로 그 때문이었던 것이다.

7월 26일, 아르벤스 정부가 공식적으로 투항을 선언했다. 과테말라에 피해 있던 라틴아메리카인들 사이에는 극도의 공포가 감돌았다. 대사관들은 반란군에게 접수됐다. CIA의 사주를 받은 카스티요 아르마스 대령을 따르는 군대가 과테말라 정부를 전복시킨 것이다. 이즈음 베아트리스 이모는 이런 편지를 받았다.

루스벨트가 씌워준 '선한' 얼굴의 가면을 쓴 양키들이 마침내 그 가면을 벗었습니다. 공군력과 현대적인 장비로 무장한 그들의 군대와 재래의 방식으로라도 싸워야 한다면 우리는 그럴 것입니다. 지금 과테말라에서는 민중의 정신과 진정한 투쟁의 열기가 하늘을 찌르고 있습니다. 저도 이미 의사 자격으로 긴급 구호대에 지원했습니다만, 아무래도 군사훈련이 필요할 것 같아 청년여단에도 역시 지원했습니다. …… 들리는 바에 따르면 미국이 파견한 군사 고문단이 아르벤스 대통령을 만나 만일 하야하지 않으면 이 나라가 쑥밭이 될 때까지 폭격해버리겠다고 으름장을 놓았다고 합니다. 설상가상으로 미국에 동조하는 온두라스와 니카라과의 선전포고까지 가세하였고, 이 소식을 전해 들은 과테말라 군부는 결국 대통령에게 사임 압력을 가했구요. 저는 이제 멕시코로 떠날 준비를 하고 있습니다. 무슨 일이 생기더라도 저는 머지않아 발발할 무장혁명에 뛰어들 것입니다.

그의 색깔은 확실해졌다. 사회주의를 상징하는 붉은색은 또한 쿠바혁명의 승리를 위해 그가 쏟아야 할 피의 색깔이었다.

아르벤스 대통령의 목을 죄기 위해 과테말라에 퍼부어지는 폭격 아래에서 의협심 강한 의사 에르네스토는 '체'로 다시 태어났다. 그는 폭격으로 엉망이 된 거리를 성큼성큼 걸으며 도리어 알 수 없는 희열이 엄습해옴을 느꼈다. 밤에는 비행기에서 번쩍이는 기관총의 섬광을 바라보며 뜨거운 힘이 솟는 걸 느꼈다. 나는 결코 정복당하지 않으리라는.

1954년 6월 말에 가서야 어머니의 손에 전해질 편지에서 그는 이렇게 썼다.

온두라스에서 날아온 것이 분명한, 해적 같은 비행기 한 대가 수도 위를 선회하다 가는 일이 며칠 동안(6월 15일까지) 계속되었습니다. 그리고 그 다음날부터 돈으로 고용된 용병들이 포격을 개시했습니다. 그 와중에 두 살 먹은 여자아이가 희생되는 사건이 발생했습니다. 국민과 군대를 하나로 단결시키기 위해서 이 사건을 철저히 파헤칠 필요가 있다고 봅니다…….

허니문

 1954년 6월 24일, 폭격으로 엉망이 되어버린 도시에서 에르네스토 게바라는 일다 가데아에게 다시 청혼했다. 유황 냄새가 채 가시지 않은 과테말라에서 일다도 청혼을 받아들였다. 물론 결혼을 감행하기에는 너무도 위험하고 유동적인 상황이어서 '그러나'라는 단서가 붙지 않을 수 없었다.

 결국 활동가로서의 생활은 그들의 운명을 결정짓는 계기가 되어주었다. 일다는 정치 상황이 좀처럼 개선되지 않는 페루보다는 아르헨티나로 돌아가서 에르네스토의 부모님께 의탁을 해볼까 하는 생각도 있었다. 당장에 시급한 건 주소를 바꾸는 문제였다. 그런데 믿을 만한 친구 집으로 자신의 짐을 옮겨놓을 준비를 하고 있던 어느 날 저녁, 일다는 잠복해 있던 사복경찰에게 끌려갔다.

 마구 흩어져 있는 사진과 편지들, 나동그라져 있는 서랍들. 일다의 방은 샅샅이 수색되었다. 그녀는 경찰차에 태워져 여죄수 감방으로 끌려갔다. 에르네스토가 이사를 도와주기 위해 나타나기로 약속한 날이었지만, 그는 가족들에게 썼듯 신이 도왔는지 천만다행으로 위기를 모면한 것이다.

감옥에 수감된 일다는 각종 범죄를 저지르고 온 여죄수들에게 읽기와 쓰기를 가르치다가 급기야 단식투쟁을 시작했다. 무히카 알베레스 칼데론과 후안 피게로아라는 두 페루 친구가 그녀가 기다려 마지않던 소식을 전해주었다. '체'는 무사하다고. 에르네스토는 아르헨티나 대사관에 피신해 있었다. 그는 일다를 구하기 위해 대사관을 나오고 싶어했으나 동료들이 극구 말렸다. 이미 그는 불법체류자가 아니었던가?

그런데도 페루 대사관은 이 사태를 못 본 체하고 있었다. 일다는 하루에 죽 한 그릇만을 배급받는 죄수의 신분으로 수감되어 있었다. 그녀는 예전에 만난 적이 있었던 새 대통령 카스티요 아르마스와 전화 통화를 한 후에야 겨우 감옥에서 풀려날 수 있었다. 조국으로 돌아가기를 원치 않는 정치적 망명자 신세였지만 적어도 과테말라를 떠날 수는 있었다. 일다의 열성은 생각 이상으로 빨리 효력을 발휘했다. 감옥 책임자는 대통령의 집무실 문을 두드리는 일도 서슴지 않을 이 페루 여자를 오랫동안 데리고 있어 보았자 좋을 게 없다는 생각을 했던 것이다.

그녀는 풀려나자마자 아르헨티나 대사관으로 달려갔다. 일단의 경비병들을 태운 트럭이 정문을 가로막고 있었다. 그 경비선을 뚫기가 어렵다는 걸 깨달은 일다는 우선 친지 집에서 휴식을 취한 뒤, 출입증을 발부해달라는 부탁을 에르네스토에게 어렵사리 전달했다. "대사관 안으로 절대 들여보내주지 않네요. 내가 당신에게 모종의 명령을 전달할까 두려운 모양이에요. 적어도 내가 정치적 망명처를 요구할지도 모른다는 생각 때문에 몸을 사리는 거죠."

더 이상의 기대를 버리기로 마음을 비울 무렵, 일다는 대통령 궁으로 초대를 받았다. 할 수 있는 한 예의에 벗어나지 않는 차림새로 초대에 응한 그녀는 살롱에 들어서자마자 아르벤스 대통령의 후계자라는 남자에게 소개되었다. 일다는 방탄조끼를 입은 칙칙한 낯빛의 카스티요 아르마스 대령을 전혀 알고 있지 않았지만 그날 저녁의 대화를 통해 그가 꽤나 화통한 성격의 소유자라는 걸 느꼈다. 대령과 면담하는 동안 두 명의 장교가 내내 자리를 뜨지 않았다. 그녀가 다른 망명자들의 신분 보장을 요구하자 그는 이렇게 대답했다.

"경우에 따라 개별적으로 검토될 겁니다. 당신에게 혹시 문제가 생기거든 날 찾으십시오."

일다는 반역자의 말을 믿지 않았다. 에르네스토도 자국민을 보호하기 위한 조치로 페론 정부가 급파한 비행기에 올라타는 걸 거부했다. 대신 그는 아르헨티나로 망명하는 과테말라인들을 보살펴주도록 부탁하는 편지를 가족들에게 썼다.

제가 흙먼지가 풀풀 새는 구둣바닥으로 과테말라 땅을

밟았을 때 한 사람이 저에게 튼튼한 구두를 주어서 덕분에 여러 곳을 가볼 수 있었습니다. 저는 그저 그에게 감사하다는 말밖에 할 수가 없었어요. 이제 제가 진 신세를 갚아야 할 차례인 것 같군요.

알베르토 그라나도와의 여행을 끝낸 지 어느덧 2년이 지난 1954년 9월 초순경, 에르네스토는 아무도 그의 신분을 모르는 아티틀란 호반의 한 마을로 피신했다. 그는 달갑지 않은 이 휴가를 마야의 역사에 대한 지식을 쌓는 계기로 삼았다. 또한 그는 '나는 아르벤스의 몰락을 보았다'라는 긴 제목의 기사를 써서 반역자들에 대한 울분과 증오를 토로했다.

일다가 멕시코행 기차를 타려는 그를 배웅하러 역까지 나왔다. 에르네스토는 쿠바 친구들이 만들어준 서류를 갖고 있었다. 일다도 함께 차에 올라탔다. 그리고 기차가 맨 처음 멈춰 서는 비야 카날레스에 이를 때까지 내리지 않았다. 그동안 에르네스토는 일다의 손을 잡고 '그들만의 시'인 바예호의 시를 큰 소리로 암송했다.

"멕시코에서 다시 봅시다. 당신을 기다리겠소."

여권도 없이 가능한 일일까? 플랫폼에 혼자 남겨진 일다는 그의 키스가 마지막이 아니기를 바랄 뿐이었다.

과테말라에 돌아온 체의 약혼녀 일다는 곧장 자신이 신세 지고 있는 친구 집으로 향했다. 그런데 정문 앞에서 그녀는 역에서 지나치며 본 듯한 자전거병의 모습을 다시 보게 되었다. 현관에 들어서자마자 남자 두 명이 앞을 가로막았다. 그들은 신분증을 요구했고, 일다의 이름을 확인한 다음, 체포하면서 멕시코로 추방할 것임을 알렸다. 그 비밀경찰들이 일다의 얼굴에 얼핏 스친 미소의 의미를 알 리가 없었다.

추방이 이루어지기 전까지 일다는 그녀의 귀환을 반기는 여죄수 감방으로 다시 보내졌다. 하지만 일다가 여죄수들 곁에서 잘 수 있었던 건 단 하룻밤뿐이었다.

에르네스토가 앞서 지났을 말라카탄이라는 국경도시로 이송된 일다는 다시 그곳 감옥에 수감됐다. 그곳은 그야말로 톡톡히 오염된 곳이었다. 이 감옥에 수감된 다른 한 명의 스페인 사람은 그 지저분한 구덩이에서 나가기 전에, 예전에 경영하던 식당마저 몰수당했다.

간수 사내는 음흉한 저의를 드러내며 악어 사냥에 함께 가지 않겠느냐고 일다를 꼬드겼다. 일다는 당연히 거절했다. 한 간수는 자신의 상관이 거절당한 걸 알자 이번에는 위험천만한 제의를 했다.

"우리 둘만 멕시코로 도망칠까? 내가 너를 통과하게 해주면 대신 넌 내 일자리를 잡아주는 거야."

말도 안 되는 소리였다. 일다는 이 부패한 사내들의 제안을 일거에 거절했다. 그런데 이 궁지에서 벗어날 궁리를 하고 있는 일다에게 이번에는 수프 한 접시와 데킬라가 내밀어졌다.

"당신들 두 사람이 도망가도록 해주지. 각자 50케찰씩만 내놓는다면 말이야."

그 불쌍한 스페인 사람은 한 푼도 가진 게 없었다. 그리고 일다의 수중에는 60케찰밖에 남아 있지 않았다. 그러나 그녀는 애써 태연한 척하며 도리어 이렇게 제안했다.

"40케찰 어때요? 일인당 20케찰씩. 더는 없어요."

'거만한 인디오 여자'와 '징징 짜는 스페인 사람'을 보내버리는 게 오히려 홀가분했던 법의 수호자들은 결국 두 사람을 풀어주었다. 그리고 일다는 한 뱃사공의 도움으로 한창 물이 불어 위험한 강을 무사히 건넜다.

멕시코로 들어온 일다는 부모님이 부쳐주신 돈으로 비행기를 타고 에르네스토를 찾아나섰다. 마침내 두 사람은 로마 호텔에서 재회했다. 당시 에르네스토는 기차에서 알게 된 훌리오 카세레스 바예라는 과테말라 청년과 함께 호텔에서 멀지 않은 한 오두막에 기거하고 있었다. 에르네스토는 이 청년을 만나자마자 청년의 부모도 자신이 '좋은 시절'이라 부르던 아르벤스 정권의 열렬한 지지자였다는 사실만으로 단번에 호감을 느낄 수 있었다고 했다.

에르네스토는 오전 중에는 한 병원에서 무보수로 일을 했다. 그가 생계를 꾸려갈 수 있었던 것은 자신의 카메라로 아이들과 산책 나온 엄마들을 찍어주고 버는 얼마간의 수입 덕분이었다. 개수대에서 필름을 현상해서 집으로 배달해주고 수금을 하는 일은 훌리오의 몫이었다. 종종 에르네스토는 나비를 채집하러 나가곤 했다. 그 몇 개월 동안 그는 「라틴아메리카에서 의사의 임무」라는 소논문을 쓰는 데 필요한 자료들을 수집할 수 있었다. 자신의 연구가 어느 정도 끝나가자 그는 파리에 가서 연구를 계속할 수 있도록 장학금을 받고 싶다는 희망이 담긴 편지를 아버지에게 써 보내기까지 하였다.

일다로부터 감옥 생활을 전해 들은 그는 네번째로 그녀에게 청혼했다. 그가 기대했던 '승낙'은 이번에는 '어쩌면'이라는 수식어로 대체되었다. 에르네스토는 말을 돌려 물었다.

"그렇다면 레알 극장에서 하는 〈로미오와 줄리엣〉을 보러 가는 게 어떨까?"

그 영화는 차이코프스키의 발레곡을 배경으로 한 소련 영화였다. 무척 감동한 두 사람은 이번에는 셰익스피어를 두고 얘기를 나눴다.

1954년 10월 어느 금요일, 에르네스토는 그저 일다를 다시 만난 것으로만 만족해야 했다. 그래도 그날 체는 자신이 일하는 병원에 우연히 들른 니코 로페스와 뜻밖의 재회를 할 수 있었다.

과테말라에서의 그 좋았던 시절을 그리며 일다와 에르네스토, 그리고 쿠바 사람들은 다시 뭉쳤다. 에르네스토가 '시가 중독자들'이라고 불렀던 쿠바인들—시에라마에스트라에서 자신도 한패가 될—은 몬카다 병영사건으로 투옥된 피델 카스트로와 그의 동생 라울이 한시바삐 풀려날 날을 기다리고 있었다. 바야흐로 반(反) 바티스타 운동사상 최초의 중요한 시발점이 된 1953년 7월 26일의 정신을 기리는 M 7-26(7-26운동)이 태동하고 있었다.

체와, 당시 그의 분신과도 같았던 훌리오 카세레스는 일다와 한집에 살던 여류시인 루실리아 벨라스케스가 주최한 크리스마스 파티에 초대받았다. 조촐한 파티가 끝나자 에르네스토는 훌리오가 밤 시간 동안 일하던 서점으로 함께 갔다. 모두들 들떠 있는 크리스마스 밤에 훌리오를 혼자 있게 하고 싶지 않아서였다.

에르네스토는 후일 그의 충실한 동무에 대해 이렇게 얘기한 적이 있다.

"파토호(훌리오의 별명)는 멕시코대학에서 저널리즘을 공부하는 한편 생활을 위해 일을 계속했다. 예민하고 총명한데다 강인한 심성까지 겸비한 청년이었다. 무엇보다 놀라웠던 건 비교적 내성적이던 그가 피델에게 원정대의 일원으로 끼워달라고 부탁을 한 것이다. 하지만 피델은 더는 외국인들을 데리고 갈 수 없다며 그의 제의를 거절했다."

후일 쿠바혁명이 성공하자 훌리오는 체를 따라 쿠바로 건너와 멕시코에서처럼 다시 한지붕 아래에서 지내게 된다. 그는 과테말라에서 수행해야 할 자신의 임무를 깨닫게 될 때까지 쿠바에 머물다가 조국을 해방시켜 아르벤스 시절과 같은 시대를 만들기 위해 조국으로 되돌아갔다. 그리고 얼마 지나지 않아 과테말라 동지들과 함께한 그의 죽음이 아바나에 전해졌다. 단지 그가 혁명과 조국, 그리고 쿠바에 남겨둔 여인을 향해 쓴 시만이 그가 보낸 편지 속에 남아 있었다.

> 가져라, 오직 심장만을,
> 그대의 손으로 그것을 부여잡아라.
> 언젠가 그날이 오거든 그대의 손을 다시 펴라.
> 태양을 다시 뜨겁게 달구도록.

훌리오가 일했던 산업부의 많은 동료들은 그를 기리는 뜻으로 나중에 통계학교를 세워 훌리오 로베르토 카세레스 바예라는 이름을 붙였다.

늘 빠듯한 수입을 늘려볼 요량으로 에르네스토는 1955년 초, 미국의 주요 도시에서 열리는 범미주지역 체육대회에 사진사로 지원했다. 이 미니올림픽에서 특히 미국 육상선수들은 가장 멋진 장면들을 연출했다. 에르네스토가 속한 라틴아메리카 에이전시의 연감을 보면 당시 에르네스토가 했던 일을 알 수 있다. 애초에 그는 혼자 모든 일을 해내야 한다는 사실을 알지 못했다. 다행히 훌리오와 쿠바 친구들의 도움으로 경기를 모두 취재할 수 있었을 뿐 아니라 호텔에서의 육상선수들의 일상과 훈련 모습까지 취재할 수 있었다.

재정 상태가 어느 정도 나아지자 에르네스토는 다시

일다를 찾았고 그녀도 마침내 결혼을 승낙했다. 결혼식은 두 달 후인 5월에 치를 예정이었다. 에르네스토의 나이 스물일곱, 사랑하는 여인의 손에 반지를 끼워주기에 적당한 나이였다.

그들이 신혼여행지로 선택한 곳은 바로 중국이었다. 여행사에 다니는 친구가 파격적으로 헐값에 표를 구해주기로 했기 때문이다. 그러나 출발 날짜가 공교롭게도 예식 날짜와 일치하는 바람에 마오쩌둥의 나라로의 여행은 후일을 기약할 수밖에 없었다. 비록 훗날이지만 그 두 사람의 여행은 이루어졌다. 그러나 함께는 아니었다. 체는 쿠바혁명이 성공한 다음 '쿠바'의 목소리를 대변하는 전권대사의 자격으로 베이징을 방문했고, 일다는 일본에서 열린 원폭에 관한 회의에 참석한 후 만리장성을 거닐어보게 된다.

일다의 뱃속에는 이미 에르네스토의 아이가 자라고 있었다. 그들의 신혼여행지는 결국 쿠에르나바카로 정해졌다. 예정보다 식이 늦어져서 신혼의 첫날밤은 미리 보낸 셈이 되었지만. 그동안 에르네스토는 평소의 긴장된 분위기는 깡그리 버리고 다만 행복에 겨운 새신랑의 모습이었다. 그는 호텔 방을 꽃으로 잔뜩 치장해놓고 시를 써서 낭송하기까지 하였다. 자신의 앞길에 도사리고 있을 위험에 무심한 듯한 초연함과 '애정과 감성'이 넘치는 기질이 뒤섞인 복잡한 면모가 후일 그가 겪게 되는 싸움 속에서 빛을 발하게 되는 것인지도 몰랐다.

다른 한편으로 그의 기질을 나타내는 일화 중에 흥미를 끄는 것은 학창 시절 그가 프랑스어로 된 몰리에르의 작품에서 죽음을 선고하는 마지막 구절을 여러 차례 베껴 쓰곤 했다는 사실이다.

나는 고개를 꼿꼿이 들고 교수대를 올라가는 이 장면에 이르면 힘이 솟는 것 같았다. 비록 내가 그 당사자는 아니었지만. 약간의 피로써나마 프랑스 땅을 비옥하게 만들 수 있다면. 나는 유린당한 민중을 위해 죽어야 하기 때문에 죽는 것이다.

필기시험을 보는 학생 시절의 글이 기질상의 발전을 드러내준다는 점을 고려해본다면, 이 글은 참으로 시사해주는 바가 많다.

의사이며 고고학자, 작가, 언론인, 사진사, 시인, 체스 선수였고, 거기에 운동까지 열심히 했던 그는 머지않아 게릴라, 국립은행의 총재, 장관, 그리고 대사직까지 수행하게 될 것이었다. 체가 다면적인 인물이었다는 사실은 이견의 여지가 없다. 다만 그의 '나'는 집요하고 어김없이 바로 '우리'로 향하고 있었다. 즉, 그는 각각의 면이 다른 쪽을 보고 있다가도 결국은 한데로 모이게 되는 만화경 같은 인물이었다.

의사로서 에르네스토 게바라 박사가 알레르기학과 심장 계통의 질병에 관심이 많았으리라는 점에는 의심의 여지가 없다. 그는 독재자들이나 어떤 방식으로든 남의 땀과 노력을 수탈하는 자들을 가장 큰 적으로 삼고서, 자신의 가슴이라는 철장 속에 늘 그 사실을 가두어놓고 그 노예가 되지 않기 위해 부단히 싸워왔기 때문이다. 매일 아침마다 병원에는 기나긴 환자의 행렬이 그를 기다리고 있었다. 그는 환자의 폐를 청진하고 그들을 간호하는 일에만 그치지 않았다. 그는 환자들의 얘기를 듣고 함께 의견을 나누는 시간을 많이 가지려 했다. 그것은 그가 수행하고 있는 '라틴아메리카 사람'이라는 방대한 테마의 연구작업 중 일부였기 때문이다.

5월 27일이라는 날짜가 쓰어진 편지에서 그는 이러한 확신을 아버지에게 담담히 전하고 있다.

아바나는 아주 특별한 방식으로 저를 끌어당기고 있습니다. 저는 레닌의 글 몇 장과 아주 교묘히 뒤섞여버린 그 풍경으로 제 가슴을 채우고 싶습니다.

과테말라에서 니코 로페스를 만난 이래, 그의 머릿속에서 한시도 떠난 적이 없는 쿠바에 가고 싶다는 열망이 무르익고 있었다. 아직은 가슴 한구석에 깊숙이 묻어둔 계획이었지만 구체적으로 드러낼 계기만을 기다리고 있었다.

그로부터 며칠 후, 그는 어머니에게 이런 편지를 썼다.

저는 포포카테페틀 산에 올라가 잉카의 혼인 파차마마의 내장을 속속들이 볼 수 있었습니다. 이곳 멕시코에는 산 카를로스[2]의 계명을 계시받은 내 모험에 고무된 청년들이 기적처럼 나를 둘러싸고 있습니다.

실제로 그 무렵, 에르네스토는 쿠바로 들어가겠다는 자신의 생각을 가족들에게 은근히 주입시키기 시작했다. 그리고 그는 그것을 단순한 여행으로 만들지 않으리라는 각오를 단단히 다지고 있었다. 그 편지가 배달되기 며칠 전, 그는 피델 카스트로의 동생인 라울 카스트로를 만났다.

"아주 학구적으로 보이는 스물네 살의 청년이었죠." 라울 카스트로에 대한 일다의 첫인상은 이랬다.

'체'에 대한 동료들의 평가를 확인해보기도 전에 라울은 피델이 멕시코에 도착하는 즉시 그를 소개시켜주겠다고 약속했다.

---

[2] 칼 마르크스를 일컬음.

마리아 안토니아 집에서의 만남

 1955년 7월 9일 밤 10시경, 매섭도록 추운 그날 밤 피델 카스트로와 체 게바라가 처음으로 만났다. 장소는 마리아 안토니아 산체스 곤잘레스라는 여인의 비좁은 아파트였다. 멕시코인과 결혼하여 그곳에 살고 있던 쿠바 출신의 마리아 안토니아는 갈색 눈동자와 갈색 머리를 가진 아름다운 여인이었다. 레푸블리카 광장 근처 엠파란가 49번지에 있는 그 집에 1백90센티미터가 족히 되는 껑충한 키에 윤기 있는 검은 머리와 콧수염을 기른 강인한 인상의 피델 카스트로가 나타났다. 스물일곱 살의 체는 몬카다 병영 공격의 주인공을 처음 본 순간부터 강한 인상을 받았다.

 혁명을 완수하기 위해서 정통 게릴라들이 필요했던 피델은 상대방을 꿰뚫는 듯한 에르네스토의 그 솔직한 시선이 맘에 들었다. 긴 얘기도 필요 없이 두 사람은 제국주의의 억압으로부터 라틴아메리카 민중을 해방시켜야 하는 절대적 필요성에 뜻을 같이하고 있음을 알게 되었다.

 피델은 쿠바에는 20만 호에 달하는 보이오[3)]가 있으며,

시골과 도시의 40만 가구 이상이 비위생적인 움막 등에서 살아가고 있고, 그곳에 사는 아이들의 90퍼센트가 구걸을 하며 살아가고 있음을 알려주었다. 그날 밤을 하얗게 지새우며 나눈 대화를 통해 에르네스토가 특히 강한 인상을 받았던 건 사회문제에 관한 카스트로 형제의 철저한 분석력이었다. 새벽이 밝아올 무렵이 되어서야, 카스트로는 요트 한 대를 무장시켜 쿠바에 재상륙하려는 자신의 계획을 슬쩍 비쳤다. 과테말라에 있을 당시, 에르네스토와 일다는 이미 피델이 콜롬비아에 머물면서 가예탄 대통령이 암살되었을 때 학생들의 리더로서 민중들의 투쟁을 이끌었다는 사실을 알고 있었다.

에르네스토는 M 7-26에 가입했다. 이제부터 그는 '체'로 불리게 될 터였다. 체는 이미 쿠바인이 된 것처럼 느껴졌다. 한시라도 빨리 그 섬으로 출발하고픈 생각에 온몸이 근질근질할 지경이었다. 그의 상상력을 더욱 부채질한 건 물론 피델이었다. 그는 직접 손에 무기를 들고 싸웠으며 포로가 되기도 했다. 피델의 찬란한 혁명적 경험에 비하면 자신이 너무도 보잘것없이 여겨졌다.

"피델은 정말 위대한 정치지도자입니다. 그는 자신이 어디를 가야 하는지 알고 있고, 강인함으로 무장했으면서도 온화한, 전혀 새로운 스타일의 소유자이지요." 당시 그는 한 동료에게 피델을 이렇게 평했다고 한다.

---

3) 보이오(bohio) : 밀짚으로 지붕을 얹고 짚을 섞은 점토로 지은 오두막.

피델은 에르네스토와 일다의 집에 정기적으로 들러 식사를 하곤 했다. 그들은 바티스타 측 비밀경찰의 눈을 피해서 주로 늦은 밤시간에 만나는 일이 많았다. 어느 날 저녁, 바다를 통해 상륙하려는 계획이 다시 논의되었다. 일다는 논의만이 아닌 실제 원정대에 끼고 싶은 열망이 간절했다. 그녀는 피델에게 자신도 원정선에 태워달라고 졸랐다. 그러나 뱃속에는 이미 체의 아기가 자라고 있었으므로, 그녀는 상륙선의 유일한 여자 대원이 될 기회를 가질 수 없었다.

계획은 점점 구체적으로 짜여갔다. 출발시기, 노선, 상륙일정……. 그러나 막상 피델이 집을 떠나자 미래의 혁명가들은 이런 의문을 갖지 않을 수 없었다.

"엄청난 무장병력이 버티고 있는 그 섬을 침공한다는 저 쿠바인들의 생각은 얼토당토않은 객기가 아닐까?"

에르네스토가 물었다.

일다는 에르네스토가 자신의 생각을 알고 싶어한다는 걸 깨달았다. 그들은 아직 결혼식조차 올리지 않고 있었으니…….

"의심할 바 없이 미친 짓이죠. 하지만 그럴 수밖에 없는 일이에요……."

"내 생각도 그렇소. 난 다만 당신의 의견을 알고 싶었을 뿐이오. 원정대에 합류하기로 결심했소. 일단 준비과정에 참여한 뒤 의사의 자격으로 그들과 함께 떠나고 싶소."

에르네스토는 피델의 제안을 받자 단 일 초의 머뭇거림도 없이 승낙했다. 단 한 가지 조건이 있었다. 쿠바혁명이 성공한 뒤에는 바로 유랑 혁명가로서의 자신의 자유를 보장해달라는 것이었다. 물론 혁명이 성공하였을 때를 가정하고서였다. 그가 그 거대한 계획의 위험성은 물론, 자신의 출발이 어쩌면 일다와의 영원한 이별이 되리라는 것을 모를 리가 없었다. 그리고 자식이 자라는 모습을 볼 수 없을지도 모른다는 것도. 그러나 '쿠바혁명을 돕는다'라는 대의명분이 우선이었다. 그리고 탁월한 조언자였던 일다는 그 점을 충분히 이해하고 있었다.

그즈음 부모님께 보낸 편지에서 그는 당시의 심경을 이렇게 토로했다.

냉랭하고 무뚝뚝한 멕시코가 저에게는 그리 가혹하지만은 않습니다. 저의 글 몇 편이 세상의 빛을 보게 되었습니다. 개중에 쓸 만한 것도 있었는지 모르지만(제 이름을 직접 서명한) 제 머릿속에는 가끔 성운처럼 번득이는 열망과 생각이 웅크리고 있습니다. 저는 훌륭한 의사가 되고 싶다는 희망을 품어왔습니다. 하지만 지금은 그것이 한순간의 꿈에 불과했다고 생각됩니다. 순전히 개인적인 이런 야심보다 우선하는 또 다른 계획이 저를 끌어당기고 있기 때문입니다.

라틴아메리카 전체를 장악하려는 제국주의의 물결에

대해 피델 카스트로는—물론 에르네스토의 생각과도 완전히 일치하지만—지난날 볼리바르와 마르티가 보여주었듯 쿠바인들의 투쟁이 대륙 전체의 행동의지에 불을 댕길 것이라는 신념을 간직하고 있었다. 실제로 1953년부터 1955년 사이, 몬카다 병영 공격은 멕시코에도 만만찮은 영향을 미쳤다고 볼 수 있다. 그러나 쿠바 내부의 두 세력은 너무도 첨예한 대립을 보였다. 한쪽은 바티스타의 편을 드는 정부였으며, 다른 한쪽은 카스트로파의 민중이었다. 미국조차도 이 상황에서는 선뜻 마음을 정하지 못하고 있었다. 어느 쪽을 밀어야 하나? 바티스타의 경우 지나친 요구가 성가셨고, 카스트로라면 당장은 독재자보다는 덜 탐욕스러우니까 상대해볼 만한 협상 상대자인 것도 같았다. 그런데 한편으로 1955년 7월의 아르헨티나 정국 또한 심상찮은 기운이 감돌고 있었다. 마리네가 주축이 된 군부 쿠데타의 기미가 보이자 에르네스토는 심각한 고민에 빠졌다. 그다음에 벌어질 일이 뻔하기 때문이었다. 페론이 몰락하면 결국 미국이 접근해 올 것이었다.

그러나 당장 그가 모든 기력을 쏟아 부어야 할 곳은 쿠바였다. 피델이 공세를 개시하기로 예정한 쿠바 동부의 산악지역인 시에라마에스트라에서 벌어질 험난하고 위험한 전투에 대비하기 위해서 우선은 강인한 체력을 기르는 일이 시급했다. 미래의 게릴라들에게 엄하고 치밀한 훈련일정이 짜였다. 그 방면의 전문가였던 마리아 안토니아의 남편으로부터는 육탄공격술을 훈련받았다. 그러는 한편 민첩성와 협동심, 순발력과 인내심 등을 기르기 위해 농구와 축구도 빼놓을 수 없었다. 또한 차풀테펙 호수 위에서는 힘든 노젓기로 체력을 단련시키기도 했다. 에르네스토는 주말이면 5천 미터가 넘는 포포카테페틀 산과 이착키후아틀 산 정상에 올라 산에 대한 유난스런 열정을 녹이는 한편 시에라마에스트라의 험준한 산세에도 끄떡없이 견디기 위한 대비를 하곤 했다.

그는 매번 정상까지 오르는 무모한 등반으로 완전히 녹초가 되어 집에 돌아오기 일쑤였다. 게다가 체력단련 훈련에, 병원 근무, 자기만이 하고 있는 연구, 정치 관련 칼럼 집필과 대륙 발견 이전 시대에 관한 고고학적 연구 등에 매진하다 보니 하루 다섯 시간을 자기도 어려웠다. 한때는 끝없이 이어질 것 같던 일다와의 대화, 더 나은 세상을 만들기 위해 이 세상을 해체할 수밖에 없으리라던 신념, 두 사람의 사랑과 낭만이 깃들던 아름다운 시간이 자연스레 줄어들어갔다. 에르네스토 자신만의 생활은 자취를 감추었다. 그의 인생은 점점 혁명에 바쳐지고 있었다.

8월 8일, 피델 카스트로는 M 7-26의 이름으로 쿠바 국민에게 고하는 제1차 성명서에 서명했다. 여기서 내세운 토지개혁은 「역사가 나를 용서하리라!」에서 발표했던 그의 초기 제안들을 다시 언급한 것이었다. 그는 위대한 혁명가 호세 마르티의 이름을 걸고 미국에 대한 직접적인 비판을 퍼부었다. 이 제1차 성명은 이후 각종 명령과 코뮤니케를 통하여 카스트로의 말이 쿠바 전역을 강타하도록 하는 도화선이 되었다.

8월 18일 오후, 테포조틀란이라는 마을에서 마침내 에르네스토와 일다는 결혼식을 올렸다. 에르네스토는 피델이 증인으로 참석해주기를 바랐겠지만 보안상의 문제로 이루어질 수 없었다. 대신 라울 카스트로와 혁명의 또 다른 주역인 헤수스 몬타네 등이 이 작은 예식에서 자리를 지켜주었다. 축하연은 멕시코에서 열렸다. 피델이 신중하게 선별한 초대손님들은 에르네스토가 준비한 고기구이와 메즈칼로 오랜만에 잔치 분위기를 즐겼다.

피델도 자신의 특기인 열대과일을 얹은 스파게티를 선보이겠노라고 약속한 적이 있었다. 7월 26일, 몬카다 습격 2주기를 맞이하던 날 그는 그 약속을 지켰다. 차풀테펙 공원의 호세 마르티 동상 아래에서 조촐한 기념식을 가졌던 때였다. 멕시코 경찰은 물론 바티스타의 끄나풀이 눈치를 채지 못하도록 극도로 조심스레 가진 모임이었다. 피델이 몬카다 사건의 재판정에서 '역사가 나를 용서하리라'라는 감동적인 자기 변론을 공표하기로 마음먹었던 것도 이 스파게티를 앞에 두고서였다고 한다.

8월 19일, 피델은 쿠바인들이 모금한 자금을 가지고 무기를 구입하기 위해 멕시코만을 넘어 미국으로 떠났다. 출발 전 그는 자신에게 전달되는 우편물을 나폴레스 40

번지에 있는 게바라 부부 집으로 보내도록 조치했다. 그는 경제적인 사정으로, 또는 바티스타의 탄압 때문에 북부지방에 피신해 있던 쿠바인들이 이동하기를 원했다. 1955년 10월 30일, 뉴욕의 팜가든 호텔에서 피델 카스트로는 미국 내에 있는 세 개의 반정부단체들의 모임을 개최했다. 약 8백 명가량 모인 이 모임에서 전직 변호사였던 피델 카스트로는 역사적인 선언을 했다.

"1956년, 우리는 자유를 얻거나 아니면 순교자가 될 것입니다!"

마이애미에서는 쿠바의 전 대통령이었던 프리오가 그들의 명분에 동참하는 뜻에서 거액의 기부금을 선뜻 내놓았다. 바티스타는 그들 모두의 적이었기 때문이다.

1955년이 저물어갈 무렵, 아르헨티나에서 페론이 실각했다. 체는 아르벤스 대통령의 역사가 재현될 거라고 확신했다. 당시 어머니에게 보낸 편지에 그는 이렇게 썼다.

페론의 실각에 저도 적이 놀랐습니다. 그가 좋아서라기보다 그곳이 아메리카 전체의 눈을 대표하고 있다는 점에서입니다. 북쪽에 적을 두고 있는 아르헨티나에서는 그나마 그가 있어 우리의 철학을 지켜낼 수 있었으니까요. 공산당은 시간이 지나면 사라질 겁니다. 중요한 건 진정한 싸움을 꿈꾸는 것이겠지요…….

그해 가을 일다의 배가 불러올 무렵, 게바라 부부는 오랜만에 오붓한 시간을 가져보리라 계획했다. 그리하여 두 사람은 유카탄 반도를 비롯하여 파팔로아판과 팔렌케 등지에서 마야인들이 남긴 사원들, 피라미드, 그리고 비석 들을 둘러보았다. 그러나 팔렌케의 습한 공기는 에르네스토의 천식을 도지게 했다. 덕분에 팔렌케에서의 체류는 망치게 되었지만 언제나처럼 그는 스스로를 치료했다.

여행 중에 들른 베라크루스의 한 싸구려 식당에서 있었던 일이다. 두 사람이 사원의 멋진 모습에 감탄하고 있을 때 옆자리에서는 일단의 수병들이 왁자지껄하게 술을 마시고 있었다. 그런데 그들의 우두머리인 듯한 자가 게바라 부부에게 다가오더니 에르네스토에게 술을 권했다. 그리고 대뜸 이렇게 외치는 것이었다.

"당신과 영국 여왕을 위해 건배!"

그러자 역시 쾌활했으나 단호한 에르네스토의 대답이 뒤따랐다.

"여왕이 아니라 나만을 위해 건배!"

어안이 벙벙해진 그 수병은 머쓱한 표정으로 제자리에 가서 앉았다. 그런데 그가 또다시 한 잔을 부으며 큰 소리로 외치는 것이었다.

"나는 여왕을 위해 건배하겠다!"

그 순간 에르네스토의 턱이 굳어졌다. 그는 그 수병의 멱살을 잡아끌고 그 자리에 주저앉히더니 동료들의 어리

둥절한 표정에도 아랑곳없이 다그치는 것이었다.

"다시 말하지만, 나만을 위한 거야, 여왕이 아니라."

이 뒤늦은 신혼여행은 모캄보의 한 배 위에서 끝이 났다. 사이클론으로 고생하던 일다가 예정보다 빨리 진통을 느꼈기 때문이다. 남편의 천식과 사원 방문, 게다가 사이클론의 강타를 정신없이 겪은 일다는 멕시코로 되돌아오자 안도의 한숨을 내쉬었다.

에르네스토는 베아트리스 이모에게 이렇게 썼다.

지금 저는 블라디미르 에르네스토 아기(한창 사회주의 사상에 고취된 에르네스토가 블라디미르 레닌의 이름을 따서 아기의 이름을 미리 부르고 있는 듯함—옮긴이)의 탄생을 기다리고 있습니다. 물론, 아내 역시 무척이나 아기를 기다리고 있답니다. 지난 며칠 동안, 좀처럼 비가 새지 않던 우리 집 천장이 흠뻑 젖을 정도로 많은 비가 왔습니다.

그해의 막바지에 접어들 무렵, 에르네스토는 피델을 비롯한 쿠바인들과 부쩍 잦은 만남을 가졌다. 준비가 착착 진행되어가고 있었다. 에르네스토는 체중을 더 줄여야겠다고 결심했다. 그는 예리한 단검처럼 날렵하게 전투에 임하고 싶었다. 비록 의사의 신분으로 가담하고 있지만 언젠가는 전투에 직접 참여하리라는 은밀한 욕심이 마음 깊숙한 곳에 도사리고 있었다. 그는 아침마다 먹던 고기 한 조각도 과감히 피하고 병원에서도 샌드위치 한 조각으로, 오후 시간에도 약간의 요기만으로 버텼다. 덕분에 그는 차츰 진정한 특공대원으로서 손색없는 신체를 갖게 되었다. 1956년 새해를 맞아 어머니에게 보낸 편지에서 그는 자신의 근황을 이렇게 썼다.

성난 정복자 같은 제 발 아래서 화산이 내내 꿈틀거리고 있습니다. 아기는 2월 마지막 주쯤에야 태어날 것 같습니다. 그리고 3월이 지나면, 저는 제 장래를 결정지을 중대한 결심을 할 것입니다.

그해 2월은 멕시코 교외에 있는 로스가미토스 사격연습장에서의 훈련으로 시작되었다. 사실 어린 시절 알타가르시아에서 리볼버 권총으로 사격연습을 많이 해본 에르네스토로서는 정확한 사격수로서의 면모를 과시할 기회였다. 준비는 착착 진행되고 있었지만 피델은 로스가미토스에서의 사격연습으로는 불충분하다고 판단했던 모양이다. 그는 스페인 내전에 참전했던 스페인 출신의 알베르토 바요 장군에게 좀더 안전하면서도 넓은 훈련장을 찾도록 지시했다. 수도에서 겨우 40킬로미터 떨어진 곳에서, 운 좋게도 판초 비야(Pancho Villa : 멕시코의 혁명가—옮긴이)의 편에서 양키들과 대항해 싸웠다는 왕년의 전사를 만날 수 있었다. 어찌된 셈인지 엘살바도르의 부유한 지주의 대리인인 그 멕시코인은, 땅을 다시 경작하기 위해 50명가량의 중앙아메리카 출신 노동자들이 올 것이라는 말을 순순히 믿었다. 물론 이들은 미래의 특공대원이 될 사람들이었다. 그렇게 하여 피델은 한 달에 겨우 8달러라는 명목상의 임대료만 내고 그 장소를 빌릴 수 있었다.

에르네스토가 훈련생도의 대표라는 최초의 임무를 부여받은 곳이 바로 그곳이었다. 그날의 각오를 에르네스토는 일기에 이렇게 적었다.

조직력이나 규율 등으로 보아 처음으로 나는 우리가 성공할지도 모른다는 느낌을 가졌다. 혁명군의 대장인 카스트로에 이끌려 이 일에 몸담은 뒤 지금까지도 강한 회의를 떨쳐버리지 못했던 건 사실이다. 그러나 나는 마치 모험소설에서나 읽을 법한 우정과 그처럼 순수한 이상을 위해 타국의 해변에서 죽어도 좋다는 확신을 그들과 함께 나누고 있는 것이다.

밤낮에 걸쳐 나침반에 의지하는 행군이 끝나면 바요 장군은 이들을 땅바닥에서 자도록 했다. 그동안 체는 자신의 애독서이기도 한 『카리브 해의 폭풍』을 쓴 이 백전노장과 체스를 두기도 했다. 에르네스토는 바요 장군을 주인공으로 하는 서사시를 짓기도 했다.

가자
새벽을 여는 뜨거운 가슴의 선지자들이여

감춰지고 버려진 오솔길 따라
그대가 그토록 사랑해 마지않는 인민을 해방시키러.

가자
우리를 치욕에 떨게 했던 자들을 정복하러
분연히 봉기하여 마르티의 별들이 되어
승리를 다짐하며 죽음을 두려워 말고.

세상 모든 처녀림에 동요를 일으키는
총성의 첫 발이 울려 퍼질 때
그대의 곁에서 싸우니
우리 그곳에 있으리.

토지개혁, 정의, 빵, 자유를 외치는
그대의 목소리 사방에 울려 퍼질 때
그대 곁에서 하나된 목소리로
우리 그곳에 있으리.

압제에 항거하는 의로운 임무가 끝날 때까지
그대 곁에서 최후의 싸움을 기다리며
우리 그곳에 있으리.

국유화라는 화살로 상처 입은
야수가 옆구리를 핥게 되는 날

그대와 함께 강건한 심장으로
우리 그곳에 있으리.

선심으로 치장한 압제자들도
우리의 강건함을 약화시킬 수는 없으리.
우리가 바라는 건 총과 탄약, 그리고 몸을 숨길 곳
더 바랄 것 없네.

아무리 험한 불길이 우리의 여정을 가로막아도
단지 우리에겐
아메리카 역사의 한편으로 사라진 게릴라들의 뼈를 감싸줄
쿠바인의 눈물로 지은 수의 한 벌뿐.

일 디 타

 아이는 여자아이였다.
 미리 지어놓은 블라디미르 에르네스토라는 이름은 일다 베아트리스로 바뀌었다. 일다는 예정보다 일 주일 빠른 1956년 2월 15일, 멕시코 시 산토리오 병원에서 태어났다. 아버지가 된 에르네스토는 갓난 딸을 위하여 「가장 깊은 사랑의 꽃잎(El petalo mas profundo del amor)」이라는 시를 지었다.

> 아르헨티나의 얼굴과
> 안데스에 자라는 나무의 단단함을
> 부여받은 강인한 기질
> 페루 민족이 준 부드럽고 섬세한 갈색 피부
> 더불어 멕시코의 대지는
> 넘치도록 풍요로운 온화함을 베풀었네.

 나폴레스 거리처럼 번잡한 곳에서 아이를 키우는 것은 무리였다. 게바라 부부는 거리로 향해 있는 아파트 2층을 서둘러 얻었다. 병원에서 두 사람의 일다가 퇴원하자 집을 방문한 피델은 이런 말로 그들을 환영했다고 한다.

"이 아이는 쿠바에서 자라게 될 거요!"

에르네스토는 그즈음 어머니에게 쓴 편지에서 이런 말을 했다.

사회주의에 대한 저의 신념은 하염없이 깊어져만 가고 있답니다. 우리의 통통한 귀염둥이는 마치 마오쩌둥을 쏙 빼닮은 듯하다니까요!

5월 둘째 주부터 에르네스토는 찰코 훈련장에 합류했다. 상륙 조건을 좀더 치밀히 확인해야 하는 중요한 단계였다. 그런데 훈련장을 떠난 지 이틀 만에 피델 카스트로가 다른 네 명의 쿠바인들과 함께 체포됐다. 형식적으로는 체류허가 기한을 넘겼다는 혐의였다. 언론에서도 대서특필한 피델의 체포사건은 멕시코 경찰과 FBI, 그리고 바티스타 비밀경찰의 합작품이었다. 도저히 빠져나가기 어려운 교묘한 그물망에 걸려든 것이다.

피델에게 일정한 거처가 없기는 혁명 후의 아바나에서도 마찬가지였다. 그는 1956년 6월 20일 거리 한복판에서 체포되었는데, 경찰은 막 붙잡은 라미로 발데스와 우니베르소 산체스를 방패막이로 이용했으니, 총을 쏘면서 대항할 수도 없는 상황이었다. 이 검거태풍으로 열다섯 명의 대원들이 잇따라 걸려들었다. 그들 모두는 미겔—슐

츠가에 있는 내무성 감옥에 수감되었다. 라울 카스트로만이 무사히 그 그물망을 피해갈 수 있었다.

상당한 주저 끝에 멕시코 정부는 M 7-26의 조직망을 와해시키려는 바티스타 정부에 협조하기로 결정을 내린 듯했다. 아바나에서는 가급적 조속히 범인들을 쿠바로 송환해달라고 요구했다. 그럴 즈음 마이애미에서 프리오 전 대통령의 편지가 멕시코의 루이스 코르티네스 대통령 앞으로 전달됐다. 또한 피델의 동료 변호사들은 멕시코 혁명의 최후 투사였던 전 대통령 라자로 카르데나스의 중재로 자유의 수호자들을 석방해야 한다면서 코르티네스 대통령에게 압력을 가했다.

카스트로의 구금 사실을 알게 된 일다는 한시도 지체할 수 없었다. 그녀는 그와 관계된 모든 문서들을 도나 라우라라는 친구 집에 맡겼다. 아니나 다를까, 이튿날 오전, 두 명의 사복경찰이 집에 들이닥쳤다.

"당신이 일다 가데아요?"

"아니요, 나는 일다 가데아 데 게바라입니다."

"혹시 우편물을 받은 적 있소?"

"그럼요. 페루에 계신 부모님으로부터요."

"우리 얘기는 그게 아니요. 혹시 다른 나라로부터 전보를 받은 적이 없냐는 얘기요."

"없어요."

"일단 우리랑 같이 가줘야겠소. 당신이 정말 그 전보에 대해 모르고 있는지 확인해봐야 하니까."

"집에는 이제 겨우 4개월밖에 안 된 딸이 있어요. 아이한테 젖도 물려야 하고 아이를 혼자 둘 수 없어요."

"할 수 없군. 지금은 안 되지만, 어쨌든 집 밖으로 한 발짝도 나설 생각은 마시오. 우리가 지켜보고 있으니까."

그들이 가자마자 일다는 얼른 미장원으로 향했다. 머리를 자르기 위해서가 아니라 그들이 정말로 미행하는지를 알아보기 위해서였다. 한 시간 후, 그녀는 쿠바 사람들이 자주 드나드는 한 술집에 들러 원정대의 일원인 크레스포를 만났다.

그날 오후, 두 경찰이 다시 왔다. 이번에는 일언반구도 없이 다짜고짜 두 모녀를 경찰차에 실었다. 연방경찰국으로 끌려간 그녀 앞에 그들은 쿠바에서 온 전보를 내밀었다. '누군가가 알레한드로를 방문할 것이다'라는 내용이었다. 피델의 전시명이 알레한드로라는 것을 모르고 있었던 일다는 이 전보가 그에게 전달되는 것이 아니라고 진심으로 항변했다. 신문이 다시 시작됐다.

"나폴레스 40번지 아파트에서 누구랑 살고 있소?"

"남편인 에르네스토 게바라 박사와요."

"그는 지금 어디 있소?"

"베라크루스에요."[4]

"베라크루스 어디 말이오?"

"호텔에 머물고 있어요. 가서 찾아보면 될 거 아녜요."

---

4) 만일의 경우를 대비하여 에르네스토와 미리 짜놓은 대답이었다.

"당신 둘이 함께 베라크루스에 간 적이 있었소?"

"그럼요. 여행을 갔었죠."

"남편은 무슨 일로 그곳에 갔소?"

"알레르기 연구차요. 남편의 전공 분야니까요. 병원에 확인해보세요."

이번에는 방을 바꿔서 어두침침한 곳에서 신문은 계속됐다.

"중앙 아메리카인들을 초대한 적 있었소?"

"그런 적 없어요, 페루 사람들만 빼구요."

"당신은 정치에 관여하고 있소?"

"그래요, 난 아프리스타예요. 페루의 아프라 운동단체죠. 하지만 왜 그걸 묻죠? 변호사를 부르게 해줘요!"

경찰은 아기를 넘겨주면서 진술서에 서명하도록 했다. 그녀는 자신이 완전히 풀려날 것으로 믿었다. 그러나 사실은 그렇지 못했다. 두 명의 경찰이 그녀를 줄곧 따라다니다 못해 아예 소파 위에 진을 치고 앉아 일거수일투족을 감시하는 것이었다. 차례차례로 그들은 창문 옆에 배치되었다.

"남편은 언제 돌아올 것 같소?"

"이번 주말이나 되어봐야 알겠죠."

일다는 크레스포가 움직일 수 있는 시간을 벌고 싶었다. 그녀는 되도록 늦게 잠을 잤다. 혹시 에르네스토가 나타날지 모른다는 두려움에 떨며.

7시가 되자 경찰들이 그녀에게 통보했다.

"즉시 떠나야겠소. 애를 데리고 얼른 나오시오."

세번째 심문자는 그녀의 심리 상태부터 질문했다.
"당신도 알다시피 우리는 요 몇 년 동안 쭉 당신네들을 주시해왔소."
아니나 다를까 그는 즉각 그들의 최대 관심사로 질문을 돌렸다.
"게바라 박사가 과테말라에 있을 때 혹시 소련 사람들과 알고 지내지 않았소?"
"그런 얘기는 전혀 들은 바 없어요."
이어 그는 두 부부가 어디서 돈을 벌어 생활을 꾸려가고 있으며 여행 경비 등은 어디서 충당하는지 집요하게 따져 물었다.
"난 국제보건기구에서 꽤나 많은 보수를 받고 있고 남편 역시 병원에서 벌고 있어요."

그 무렵의 대량 검거로 많은 사람들이 연방경찰국 감방으로 끌려갔다. 우선 피델 카스트로와 라미오 발데스, 우니베르소 산체스 등을 포함한 쿠바인들, 그리고 일다 모녀와 훌리오도 있었다. 일다가 어린 딸과 함께 연행되어 왔다는 소식을 전해 들은 피델은 두 모녀에게 적절한 식사가 제공되도록 여러 경로를 통해 손을 썼다. 그는 형무소의 책임자들에게 '아르헨티나 의사와 결혼한 이 페루 여인'은 석방되어야 한다는 입장을 전했다. 당시 피델은 에르네스토를 만났을 때의 인상을 이렇게 표현한 적이 있었다. '그는 보는 즉시 호감을 끌어내는 사람이다. 담백하고 조용하며 친근함이 느껴지는 품성뿐 아니라 그의 인격과 독창적인 면모 등에서도 그랬다.'

그동안 에르네스토는 산타로사의 농장에서 훈련을 받고 있었다. 그의 대담성과 의지, 인내심은 모든 동료들로부터 존경과 찬사를 얻었다. 그가 스물여덟번째 생일을 맞은 지 열흘 지난 1956년 6월 24일, 이들에 대한 정보를 입수한 경찰들이 야음을 틈타 농장 주변을 에워쌌다. 경찰은 발포태세를 갖추고 있었다. 그러나 이 대규모 유혈사태를 막고자 감옥에서 허가를 받아 이곳에 급히 도착한 피델이 마지막 순간 이들을 제지했다.

"우리가 싸워야 할 곳은 여기가 아니라 쿠바입니다"라며 그는 신음하듯 내뱉었다.

그리고 그는 에르네스토를 비롯한 서른 명의 동료들에게 피를 흘리지 말고 투항할 것을 권했다. 그들 모두는 연행되었고 비밀문건들도 압수되었다. 에르네스토도 신문관 앞에 섰다.

"너는 네 여자와 딸이 이미 우리 손 안에 있는 걸 알겠지? 만약 우리가 묻는 바에 제대로 대답하지 않으면 우리는 네 처자식을 고문할 수도 있다."

에르네스토는 담담한 표정으로 앉아 있었다. 그는 지극히 짧은 대답만을 했다.

"소련에서 온 자들과 만났나?"

"그런 적 없소!"

"절대로?"

"절대로!"

에르네스토는 어둠 속에서 앉아 있는 수상쩍은 사내의 기척을 느꼈다. 그 사내는 신문을 하는 자들에게 영어로 무언가를 얘기했다. '그래, FBI 아니면 CIA요원이겠군. 쿠바 혁명가들이 공산당의 영향을 받고 있는지 알고도 싶겠지…….' 별다른 소득을 얻지 못한 채 신문이 끝나자 에르네스토는 아버지의 친구인 울리세스 프티 뮈라와 협력하여 그를 석방시킬 방안을 강구하던 과테말라인 알폰소 바우에르 파이스와 면회하게 되었다. 파이스는 변호사의 충고를 거듭 강조했다. 그러나 일다는 남편이 이런 식의 개입을 원치 않으리라는 것을 알고 있었다. 한편 피델은 에르네스토가 모국인 아르헨티나 정부를 통해 궁지에서 벗어나길 바라고 있었다. 그러나 에르네스토는 꿈쩍도 하지 않았다.

"나는 쿠바인들의 운명과 하나입니다. 그들과 함께 있겠어요."

그 사건을 통해 에르네스토는 카스트로가 멕시코에서 중요한 정치적 끈을 갖고 있다는 걸 알게 됐다. M 7-26이 계속되기 위해서는 그걸 알려야 했다. 멕시코에 먼저 본부를 설치한 ORIT[5]로부터 마르크스주의를 추종하는 조직까지, 피델은 좌익계 정당들과 광범위한 관계를 맺

---

5) 미주 노동기구.

고 있었다.

감옥 안에서 단식 투쟁을 전개할 무렵, 에르네스토는 어머니에게 이런 편지를 썼다.

저는 예수와 전혀 다른 길을 걷고 있습니다. 저는 힘이 닿는 한 모든 무기를 동원하여 싸울 겁니다. 저들이 나를 십자가에 매달아두게도 하지 않을 것이며 어머니가 바라시는 방식대로도 하지 않을 겁니다.

제3부

그란마호에 탄 여든두 사람

부대 조직표

■ **참모본부**

총사령관	피델 카스트로 루스
참모본부장	후안 마누엘 마르케스 대위, 파우스티노 페레스 대위
지휘대장	파블로 디아스
참모	펠릭스 엘무자, 아르만도 우아우
의무대장	에르네스토 게바라 중위
참모부장교	안토니오 로페스 대위, 헤수스 레예스 중위, 칸디도 곤잘레스 중위
그 외	오넬리오 피노, 로베르토 로케, 헤수스 몬타네, 마리오 이달고, 세자르 고메스, 롤란도 모야

부대는 각각 22명으로 구성된 세 개의 부대로 편성되며 다음의 대장들이 지휘한다.

전위대	호세 스미스 코마스 대위
본대	후안 알메이다 보스케 대위
후위대	라울 카스트로 루스 대위

이 세 부대는 각각 세 중대로 나뉘며 중위가 각 중대의

선두에 선다.

■ 각 중대의 중대장

1중대   오라시오 로드리게스, 호세 폰세 디아스, 호세 라몬 마르티네스

2중대   페르난도 산체스 아마야, 이르투로 쇼몽, 노르베르토 코야도

3중대   히노 돈네, 훌리오 디아스, 레네 베디아

■ 각 중대의 구성원

에바리스토 몬테스 데 오카   움베르토 라모테
에스테반 소톨롱고   산티아고 이르젤
안드레스 루한   엔리케 쿠엘레즈
호세 푸엔테스   마리오 차네스
파블로 우르타도   마누엘 에체바리아
에밀리오 아르벤토사   프란시스코 곤잘레스
루이스 크레스포   마리오 푸엔테스
라파엘 차오   노엘리오 카포테
에르네스토 페르난데스   라울 수아레스
아르만도 메스트레   가브리엘 힐
미겔 카바냐스   루이스 아르코
에두아르도 레예스   기엔 젤라야
미겔 사바드라   칼릭스토 가르시아
페드로 소토   칼릭스토 모랄레스

아르세니오 가르시아   레이날도 베니테스
이스라엘 카브레라   레네 로드리게스
카를로스 베르무데스   호세 모란
안토니오 다리오 로페스   헤수스 고메스
오스카르 로드리게스   프란시스코 치콜라
카밀로 시엔푸에고스   우니베르소 산체스
힐베르토 가르시아   에피헤니오 아메이헤이라스
레네 레이네   라미로 발데스
하이메 코스타   다비드 로요
노르베르토 고도이   아르날도 페레스
엔리케 카마라   시로 레돈도
라울 디아스   롤란도 산타나
아르만도 로드리게스   라몬 메히아스

갑판 위의 의사

 특별한 혐의를 잡을 수도 없었거니와 지지자들의 개입도 만만치 않았던 까닭에 피델 카스트로는 7월 24일 석방되면서 아울러 신분증명서도 다시 발급받았다. 그러나 에르네스토 게바라는 칼릭스토 가르시아와 마찬가지로 체류기한을 넘겼다는 이유로 여전히 철창 안에 갇혀 있었다.

 피델이 면회한 자리에서 에르네스토는 자기를 두고 쿠바로 떠나라고 종용했다.

 "체, 우리는 자네를 기다리겠네. 가능한 한 조속히 자네가 석방되도록 애쓸 걸세."

 피델은 석방 첫날 밤을 파우스티노 페레스 박사(그는 그란마호의 원정대 중에서 살아남은 많지 않은 생존자 중 한 사람이다)와 함께 게바라 부부의 집에서 보냈다.

 에르네스토가 감방에 갇힌 지 한 달이 지났다. 그동안 그는 가족들에게 편지를 써서 비밀리에 전달했다. 그는 아버지에게 보내는 편지 속에 자신의 계획을 밝히며 쿠바라는 대의명분에 집착할 수밖에 없는 깊은 뜻을 설명했다.

쿠바의 젊은 혁명가들로부터 그들의 혁명운동에 참여해달라는 권유를 받은 것은 꽤나 오래전 일입니다. 물론 저는 그 제의를 받아들였구요. 이제 저의 미래는 쿠바혁명과 떼려야 뗄 수 없게 되었습니다. 그것과 함께 승리하든가, 아니면 그것과 함께 죽는 길밖에는요. 저로서는 당장 이 감옥에서 나가는 일이 급선무입니다. 일다는 페루에 들어선 새 정부로부터 특별사면을 받아 조국으로 돌아가게 될 것 같습니다. 여러 가지 이유로 앞으로 연락을 자주 못 드릴 것 같군요. 멕시코 경찰이 남의 편지를 몰래 읽는 데 재미를 붙이고 있는 것 같으니 아주 일상적인 얘기 외에는 쓰지 마세요. …… 이 글을 작별인사쯤으로 여겨주세요. 지나친 과장일지 모르지만 어쨌든 제 솔직한 심정입니다. 돌이켜보면 이제까지는 진정 제가 원하는 게 뭔지 모르고 엉뚱한 길만 걸어왔다는 생각이 듭니다. 그 도중에 저를 영원케 하는 한 여자와 함께 다시 원점으로 돌아왔습니다. 이제부터는 제가 죽더라도 슬퍼하지 마세요. 나짐 히크메트(Nazim Hikmet, 1902~1963. 터키의 작가이자 혁명시인—옮긴이)의 시구처럼 말이지요. "나는 끝나지 않는 노래를 부르며 슬픔을 무덤까지 가져가리." 여러분 모두를 사랑합니다.

일다와 아기는 일 주일에 두 번씩 그를 면회할 수 있었다. 어린 일디타를 무등 태우고 그는 감옥 운동장을 한 바퀴씩 돌곤 했다. 더러는 농구를 하면서 땀을 흘리거나 하면서 그는 자신의 생각을 가다듬었다. 아내와 아이 생각을 하면서도 대망의 출정은 그의 뇌리에서 결코 떠나지 않았다. 그는 쿠바로 항해하는 꿈을 꾸고 있었다.

마침내 피델이 방책을 세웠다. 그는 에르네스토와 칼릭스토를 위해 엘살바도르 정부의 비호권을 얻어냈다. 그는 적잖은 돈을 써서 부패한 엘살바도르 정부의 서명을 얻어냈던 것이다. 알베르토 바요가 그들을 과테말라까지 데려간 후 남의 눈을 피해 어딘가로 숨어버린다는 계획을 짰다. 실제로 일단 감옥에서 석방된 뒤—피델이 석방된 지 일 주일 후인 7월 31일—에르네스토의 행방이 묘연해졌다. 어린 일디타가 태어난 지 6개월이 되는 8월 15일을 앞둔 때였다.

그로부터 대략 2주쯤 지난 어느 날, 알다마라고 자신을 밝힌 남자가 게바라 부부의 집에 찾아왔다. 그는 일다에게 콰우틀라라는 호텔의 주소를 주면서 '세뇨르 곤잘레스'가 기다리고 있다는 말을 전했다. 곤잘레스는 바로 에르네스토를 지칭하는 것이었다. 일다는 아이를 데리고 허겁지겁 출발했다. 그리고 두 모녀는 돈 많은 미국인들과 그들에게 속속들이 착취당한 멕시코인들이 공존하는 아카폴코의 한 호텔에서 에르네스토와 재회했다. 그러나 만나자마자 작별이라던가. 그는 사랑스런 '꼬마 마오'에게 다음과 같은 산문시를 지어주었다.

나는 내게 혁명의 불길을 발견할 수 있게 해준 마야와 과테말라를 지나 아메리카라는 길을 걸어왔네. 그곳에서 나는 안내자가 되어줄 길동무를 만났네. 우리는 양키들로부터 이 작은 나라를 지키자는 생각으로 함께했네. 이제 내가 싸움에 나서야 할 순간. 그것은 또 하나의 작은 나라, 우리 아메리카의 한 귀퉁이를 차지하고 있는 그곳에서 착취와 빈곤을 몰아내기 위한 싸움이라네. 그것은 장차 네가 더 나은 세상에서 살도록 하고 싶은 아버지의 의지이기도 하지.

눈물을 글썽이고 있는 아내에게 이 글을 주며 그는 이렇게 덧붙였다.
"울 일이 뭐가 있소, 해야 할 일만 생각하면 돼. 목숨을 잃을 수도 있겠지. 하지만 중요한 건 혁명의 승리가 아니겠소."

일다는 딸과 함께 페루로 돌아갔다. 그리고 그곳에서 M 7-26 지지위원회를 조직했다. 그러나 혁명이 성공한 후, 1959년 1월에야 쿠바 땅을 밟을 수 있었던 일다에게는 가혹한 현실이 기다리고 있었다. 에르네스토의 재혼이라는……. 그녀에게는 견디기 힘든 시련이었다. 그러나 혁명과 딸아이가 그녀에게 힘이 되어주었다. 결국 두 사람은 1959년 5월 22일, 정식으로 이혼한 뒤 좋은 친구 사이로 남았다. 일다는 나중에 쿠바 출신의 화가인 미겔

닌 차콘과 재혼했고, 1974년 2월 11일, 암으로 세상을 떠났다.

멕시코 경찰이 내린 광범위한 검거령은 M 7-26에도 큰 타격을 주었다. 물론 바티스타는 피델 카스트로 루스라는 폭도들의 괴수가 재공격을 준비하고 있다는 걸 알고 있었다. 쿠바에서는 해안으로 접근하는 일체의 시도를 막고 있었다. 더불어 산타로사에 주둔하고 있는 막대한 병력을 동원하여 반군이 보유하고 있던 무기를 몰수하도록 했다.

더는 준비만 하고 있을 수 없었다. 바야흐로 행동으로 옮겨야 할 시간이었다. 이제는 피델에게도 치기 어린 모험이 아니라 피나는 노력과 집중력이 요구되는 시기였다. 그는 '할머니'라는 뜻인 '그란마'라는 이름의 요트 한 대를 구해 왔다. 그는 그 요트를 로버트 B. 엘기슨이라는 미국인으로부터 사서 툭스판 강 어귀에 정박시켜놓았다. 1943년에 제조된 그 목제 요트는 13.25미터의 길이에 폭이 4.79미터로서 6실린더짜리 그레이 제너럴 디젤 모터 두 대로 움직이는 것이었다. 기름탱크 네 개에는 총 8천 리터의 연료를 주유할 수 있었다. 원 주인의 말에 의하면 배의 적정 승선 인원은 대략 스물다섯 명가량이라고 했다. 피델의 동료들 중 유일하게 해양기술을 좀 알고 있는 추추 레예스는 승선 인원을 세 배나 초과하는 여든두 명을 태울 수 있도록 그란마호를 개조하는 임무를 맡았다.

그에 앞서 혁명가들은 멕시코 각지로 분산되었다. 그중 서른여덟 명은 멕시코 북동부에 있는 아바솔로라는 마을로 은신했다. 그런데 11월 21일, 그들 중 두 사람의 행방이 묘연해짐으로써 밀고의 위험성이 제기되자 그들은 출발을 앞당기기로 결정했다. 멕시코에서는 이미 한 배신자가 운동본부 측에 잡혀 재판을 받고 있었다.

멕시코 시를 비롯하여 베라크루스, 알라파, 혹은 빅토리아 등지에서 도로와 뱃길을 통해 대원들이 속속 집결했다. 막상 모두 모이고 보니 최대 정원인 여든둘보다 세 명을 초과한 여든다섯이었다. 피델은 하는 수 없이 몸무게가 많이 나가는 순으로 잘라냈다. 1백73센티미터에 70킬로그램이었던 에르네스토는 크게 걱정하지 않아도 되었다.

비가 추적추적 내리던 늦은 오후, 원정대원들은 그란마호에 무기와 연료, 식량 및 물을 싣기 시작했다. 검정 망토로 몸을 감싼 피델이 승선 명령을 내렸다. 배 안에는 숨조차 제대로 쉬기 힘들 정도로 대원들이 빽빽이 들어찼다. 그중에는 몬타다에서 살아남은 스무 명과 네 명의 외국인도 끼어 있었다. 이탈리아 출신의 지노 돈네, 멕시코 출신의 기엔, 도미니카 출신의 파일럿 라몬 메이하스, 그리고 아르헨티나 출신의 에르네스토 게바라였다.

1956년 11월 25일 오전 1시 30분, 하얀색의 그란마호에 마침내 시동이 걸렸다. 여든두 명의 몽상가들은 자못 비장한 표정으로 서로의 얼굴을 응시했다. 그들은 얼마 지나지 않아 전 세계적으로 유명해질 올리브그린색 군복을 입고 있었다. 모든 불을 끈 채 요트는 강을 따라 내려가기 시작했다. 마치 유령선처럼 어두컴컴한 배가 항만과 세관 건물 앞을 지났다. 한밤중이라는 것과 때맞춰 내려 준 비가 도움이 되었다. 머지않아 그들은 피델의 말처럼 '해방군 아니면 순교자'가 될 터였다.

한편 쿠바에 있는 M 7-26 본부는 배가 상륙할 남서 해안의 몇 군데에 병참기지를 만들 준비를 하고 있었다. 이 준비의 주체는 주로 농민들이었다. M 7-26의 국내 행동 본부장이었던 프랑크 파이스는 이들을 맞이할 준비를 셀리아 산체스 만둘레이에게 일임했다. 그러나 바티스타 정부라고 팔짱만 끼고 있을 리는 만무했다. 정부군은 해안수비대에게 보낸 공문을 통해 해안에 접근하는 선박들 중 요주의 감시대상 선박 리스트를 보냈다. 막달레나호, 코린트야호와 더불어 그란마호도 그 가운데 끼어 있었다. 또한 C-47기와 B-25기가 해안선을 따라 일찌감치 초계비행에 나서고 있었다. 수상쩍어 보이는 모든 선박은 일단 제지되었으며, 그와 더불어 동부지역에 대한 경계가 더욱 강화됐다. 그보다 앞서 11월 24일, 원정대의 대원들이 툭스판에 집결하고 있을 무렵, 정부군의 페드로 로드리게스 아빌라 장군은 특급 경계령이 내려진 카바나에서 아바나에 이르는 지역에 포병부대를 급파했다. 그렇게 긴박하게 돌아가고 있는 상황을 아는지 모르는지 그란마호를 감싸고 있던 안개 속에서 바다를 응시하던 에르네스토는 돌연 이마를 탁 쳤다. 자신의 약을 싣지 않았던 것이다. 흡입기와 벤톨린은 덜 중요한 물품으로 분류된 상자 안에 담겨 포구에 남아 있을 것이었다. 그것들이 없을 때 앞으로 어떤 위기를 겪게 될지는 상상하지 않아도 뻔한 일이었다.

마침내 멕시코 해군의 경계등이 희미하게 멀어졌다. 그러나 멕시코만을 통과할 무렵, 뜻하지 않게 불어온 바람이 그란마호의 순항에 훼방을 놓았다. 예상대로라면 10노트로는 달려야 했지만 7.2노트밖에 속력을 내지 못했다. 이런 식으로라면 다음날까지 유카탄 섬에 인접한 트리앙굴라르 등대까지 도달하기는 어려울 것이었다. 거센 풍랑은 선체를 마구 흔들어댔고 승선한 사람들의 정신력과 뱃속까지 흔들어놓았다. 11월 29일 아침, 멕시코 국적의 어선 두 척이 요트를 지나쳤다. 대원들은 발포 준비까지 하며 법석을 떨었으나 어부들은 돈 많은 미국인의 요트라고 생각했던지 별 관심을 두지 않았다.

이제 그란마호는 유카탄 해협을 지나 쿠바의 북부 해안이 멀지 않은 카리브 해를 항해하고 있었다. 닷새 만에 식량은 거의 바닥났다. 오렌지 몇 천 개, 우유 마흔네 통, 햄 여섯 개, 계란 두 상자, 초콜릿 몇 개와 빵 열 조각이 거의 소비되었다. 군복도 짠 내 나는 바닷물에 빨아야 했다. 그 어두침침하고 광활한 공간에서 〈관타나메라〉의 가락을 퉁기는 기타 소리만이 그나마 이들의 사기를 북돋아주고 있었다. 아니나 다를까, 천식이 에르네스토를 곧바로 덮쳤다. 그처럼 협소한 공간에서는 남의 눈에 띄지 않을 수가 없었다. 그러나 그는 위기를 넘겼고 허기에 지친 대원들은 그런 그를 보고 많은 힘을 얻었다.

그랜트케이만 섬과 리틀케이만 섬을 통과하자마자 그란마호는 쿠바 쪽으로 방향을 고정시켰다. 쿠바의 해안선이 곧 눈에 들어올 터였다. 물도, 연료도, 단 1그램의 식량도 남지 않았다. 그런데도 카요크루스 등대의 모습은 여전히 오리무중이었다. 선실 지붕을 오르내리며 망을 보던 로베르토 로케가 그만 발을 헛디뎌 물속으로 떨어지고 말았다. 다행히 그는 몇 분 후 쿠바 해안에 도착하기 전에 물속에서 벗어날 수 있었다.

12월 2일 새벽, 그란마호는 라스콜로라다스 해안가에 있는 벨릭이라는 늪지에 좌초되고 말았다. 좋지 않은 전조였다. 그들이 과카나야보 만에 있다는 건 확실했지만 니케로로부터 너무 남쪽으로 치우치는 바람에 그들을 기다리고 있는 지원군과 합류하기가 어려울 것 같았다. 게다가 선체는 수렁 안에 박혀버렸으니 하는 수 없이 무게가 나가는 무기들은 포기해야 했다. 날이 새면서 대원들은 무기와 각종 짐을 머리에 이고 망그로브 숲 속으로 들어갔다. 가뜩이나 질퍽거리는데다 모기들과 썩은 칡뿌리, 날이 선 나뭇잎들 틈에서 제대로 몸을 가누기 위해서는 젖 먹던 힘까지 쏟아부어야 했다. 어느 정도 단단한 땅을 밟게 되자 점호를 실시한 결과 여덟 명의 인원이 비었다. 끔찍한 망그로브 숲 속에서 그만 길을 잃어버리고

만 것이다.

'책이 다 떨어져서 더 주문함 : 디불가시온 출판사.'

산티아고에 있는 프랑크 파이스에게 전달하도록 피델 카스트로가 출발 전에 아르투로 두케 데 에스트라다에게 보낸 전보 내용이었다. 그는 그란마호가 닷새 안에 쿠바 해안에 다다를 것으로 예상하고 부탁한 것이었다. 그러나 악천후와 적재물 초과, 경험 부족 등으로 이 악몽은 일 주일하고도 여섯 시간이나 계속되었다. 지칠 대로 지친데다 정부군에 들키지 않아야 했던 대원들은 땅바닥에 바싹 붙어서 목이 빠져라 지원군을 기다리고 있었다.

'따지고 보면 그건 상륙이라고도 할 수도 없었다. 그건 좌초였다'라고 나중에 에르네스토는 토로했다.

한편 정부군은 더는 지체하지 않았다. 그란마호의 선체를 발견한 어부의 신고를 받은 당국은 바싹 긴장했다. 지휘관들은 그들을 향해 언제든지 포를 쏠 수 있도록 만반의 태세를 갖추었다.

대원들은 먼 거리를 와서야 겨우 그들을 찾는 지원대를 만났다. 갑자기 섬 주변이 왁자지껄해지더니 2백 명이 넘는 무장한 남자들이 해안으로 올라오는 것이었다.

캄페시노스[1]와의 최초의 접촉은 이렇듯 성공적이었다. 그들 중 한 사람인 페레스 로사발이 대원들을 자기 오두

---

1) 캄페시노스(Campesinos) : 시골 사람들.

막으로 데려가 기력을 회복하도록 도왔다. 대원은 일흔네 명으로 줄어 있었다. 후안 마누엘 마르케스 외 일곱 명은 여전히 연락이 두절된 상태였다.

겨우 한숨을 돌리는가 싶었는데 해안경비함정 쪽에서 갑자기 요란한 폭음이 들렸다. 이어 라스콜로라도스의 망그로브 숲 위를 날고 있던 쿠바군 소속의 비행기에서 총알이 쏟아지기 시작했다. 기겁을 한 대원들은 어찌할 바를 모르고 배후 지역인 시에라마에스트라 쪽으로 움직였다. 얼마 후 그들은 엘란촌에 도달했다. 로사발이라는 농부는 긴요한 안내자였다. 그는 길을 가르쳐준 뒤 대원들을 떠났다.

알레그리아델피오, 선택

한 농부의 밀고로 프랑크 파이스의 지휘본부가 발각되었지만 원정대원들은 가까스로 급박한 위험에서 벗어날 수 있었다. 12월 3일과 4일, 그들은 라트로차 언덕 정상에서 이틀 밤을 지샜다.

이윽고 대원들은 타토 베가라는 사람의 안내를 받아 엉금엉금 기다시피 앞으로 나아갔다. 4일은 화요일이었다. 이제 막 수염이 자라나기 시작한 바르부도스(Barbudos, 수염이 덥수룩한 사람들. 게릴라들의 별명—옮긴이)들은 동쪽으로 방향을 바꿨다. 지평선처럼 기다랗게 펼쳐진 시에라마에스트라를 통과하기 위해서 카스트로는 야간행군을 택했다. 그들은 필론 개간지의 과르다라야스(guardarrayas)[2]를 건넜다. 그리고 쿠바에서 가장 큰 지주인 훌리오 로보의 사탕수수밭 여기저기로 흩어져서 사탕수수 이삭으로 허기진 배를 채웠다.

12월 5일 새벽녘, 기진맥진한 대열은 카보크루스 산의

---

[2] 사탕수수밭 사이에 밭을 일주할 수 있도록 나 있는 길.

지맥에 있는 알레그리아델피오라는 사탕수수농장 근처에서 멈췄다. 대원들은 믿기지 않는 정적 속에서 휴식을 취하고 있었다. 그 틈을 이용해 타토 베가라는 안내인이 바티스타군에게 밀고를 하러 갔으리라고는 생각조차 못한 채 말이다. 이어 정부군과 내통하고 있던 라우레아노 노아양이라는 자가 베가의 임무를 넘겨받았다. 경비행기들이 왔다 갔다 하는 가운데에도 대원들은 별다른 주의를 기울이지 않았다. 대원들이 조용히 옥수수 가루로 만든 팬케이크를 베어 문 순간 갑자기 총성이 울렸다. 정부군의 공격이었다.

해안 주둔 포병부대 1대대 3중대장이었던 후안 모레노 브라보 대위의 기관총이 불을 토해내기 시작했다. 놀란 토끼들처럼 대원들은 허겁지겁 수숫대 사이로 숨어들었다. 에르네스토 게바라도 두 번의 포탄 세례 속에서 피를 흘리고 있었다. 그날의 경험을 그는 일기에 이렇게 적고 있다.

경비행기들이 우리의 머리 위를 선회하고 있었다. 우리들 중 몇 명인가가 사탕수숫대를 자르러 자리를 떴을 것이다. 그때 헤수스 몬타네와 나는 나무 둥치에 기대앉아서 얘기를 나누고 있었는데 갑자기 고막을 찢는 듯한 요란한 총성이 울렸다. 아무리 대항하려 해도 내게 총은 별 소용이 없었다. 산을 건너오는 동안 천식이 다시 발병했고 나는 체력이 많이 떨어졌음을 느꼈다. 훌륭한 무기는 그것을 충분히 사용할 수 있는 사람들에게 돌아가야 한다고 여기는 것도 이 때문이다.

피델이 사탕수수밭에 우리들을 다시 집결시키려고 했으나 허사였다. 내 곁에서도 누군가가 총알과 약품이 든 상자들을 내버리고 도망치기에 바빴다. 나는 거의 신음에 가까운 목소리로 그에게 그걸 지적했다. 그러나 그는 지금 그것에 신경 쓸 때냐고 오히려 되물었다. 상자 두 개를 한꺼번에 옮기는 건 불가능한 일이라 나는 그 앞에서 고민에 빠지지 않을 수 없었다. 약품인가, 아니면 탄약인가? 나는 과연 누구인가? 의사인가, 아니면 혁명가인가? 결국 나는 탄약상자를 선택했다.

내가 상자를 안고 뛰는 쪽으로 총알들이 날아왔다. 돌연 가슴과 목 부위에 불에 덴 듯 화끈한 감각이 느껴졌다. 내 곁에서 아르벤토사가 코와 입에서 피를 쏟고 있었다. 정확히 알아들을 수는 없었지만 그는 이렇게 울부짖고 있는 것 같았다. '놈들이 나를 죽였어……!' 그 순간 나는 가장 멋지게 죽는 방법을 생각했다. 잭 런던의 책에서 읽었던 이야기가 갑자기 떠오른 것이다. 아마 알래스카의 어디쯤이었으리라. 얼어 죽을 때까지 놔두는 사형집행이 이루어지고 있다는 것을 안 주인공은 고결하게 죽음을 맞기 위해 커다란 나무에 몸을 기댄다……. 그 생각에 빠져 있는데 일순 정신을 번쩍 들게 하는 목소리가 들려왔다. '우린 졌어. 항복해야 돼.' 그러나 즉각 카밀로 시엔푸에고스의 비장한 목소리가 들려왔다. '어느 누구도 항복할 사람

은 없다!'

'어느 누구도 항복할 사람은 없다'라는 그 말은 체의 가슴속에 뚜렷이 다가와 박혔다. 그는 시엔푸에고스야말로 진정한 '전방위 투사'라고 느꼈다.

중대장 후안 알메이다 보스케 대위는 부상자를 격려하며 힘든 행군을 하고 있었다. 그들의 뒤통수를 조여오는 무시무시한 추격을 체 게바라만큼 생생하게 묘사했던 사람이 있을까.

마치 두툼한 나무등걸이라도 되는 듯 말라비틀어진 사탕수숫대 뒤로 필사적으로 몸을 숨기고 있는 우리를 향한 사격은 좀처럼 그칠 기미가 보이지 않았다. 부상자들이 여기저기서 도움을 요청하고 있었다. 진짜 지옥이 따로 없었다. 총알이 난무하는 한복판에서 겁에 질린 대원들은 부상자들의 신음소리가 새어나오지 못하도록 그들의 입을 틀어막느라 안간힘을 썼다. 그런데 우리가 우려했던 무시무시한 예감이 현실로 닥쳤다. '놈들이 밭에 불을 질렀다!'

알메이다 대위 뒤를 따라 일곱 명은 기다시피 하며 앞으로 나아갔다. 살아 있다기보다는 죽어 있다는 편이 나았다. 상처에서 계속 피가 흐르고 있었고 체는 의식을 잃지 않으려고 무진 애를 썼다. 그란마호의 원정대는 산산조각이 난 것이다. 피해 정도가 이만저만 큰 게 아니었다. 해방의 함성을 듣기 위해 땅에 발을 디뎠다는 사실만으로도 혁명은 크나큰 대가를 치러야 했다. 이날의 공격으로 세 사람이 목숨을 잃었다. 그나마 큰 부상을 입지 않은 사람은 열네 명에 불과했다.

최종 결산을 해보니 손실은 막대했다. 포로로 잡혔던 스물한 명의 대원들은 정부군의 다음 공격 중에 처형되었다. 피델의 참모였던 후안 마누엘 마르케스도 붙잡혀 처형되었다. 헤수스 몬타네는 스무 명의 동료들과 함께 포로로 잡혀 아바나로 이송되었다. 몇 명은 민간인으로 돌아갔다가 일부는 나중에 다시 혁명에 뛰어들었다.

별들이 유난히 총총하던 그날 밤, 생존자들이 갈피를 못 잡고 우왕좌왕 헤매고 있는 동안 체는 자신이 우려할 만큼 큰 상처를 입은 게 아니라는 걸 확인했다. 그러나 니코 로페스는 그보다 운이 없었다. 그는 마닐로 카피탄이라는 농부의 감언이설에 속아 다른 대원들과 함께 어느 막사로 따라갔다. 그러나 그들을 기다리고 있는 건 군인들의 일제사격이었다. 스미스와 카바나스가 쓰러졌다. 로요스는 구사일생으로 길 바깥쪽으로 떨어졌다. 그리고 에르네스토를 '체'라고 가장 먼저 불렀던 니코 로페스는 다시 막사로 와서 합류하려고 시도하다가 생포된 뒤 몇 시간 만에 처형되고 말았다. 쿠바 땅을 밟은 첫 일 주일 동안 원정대의 모습은 신앙도, 법도 모르는 피에 굶주린 괴물들 같다고 농민들 사이에 입소문이 퍼져갔다.

그러나 시간은 그들에게 점차로 유리하게 흘러가고 있었다.

알레그리아델피오의 참극이 있은 지 얼마 지나지 않아, 아르헨티나의 게바라 가족들은 쿠바의 만자니요 우체국 소인이 찍힌 봉투 하나를 받았다. 바로 에르네스토의 어릴 때 별명인 '떼떼'라는 서명이 든 편지가 감추어져 있었다.

사랑하는 부모님, 모든 게 나아질 겁니다. 저도 동료 둘을 잃었고, 제 휘하에는 다섯 명밖에 남지 않았습니다.

에르네스토는 교묘한 방식으로 자신이 위험을 모면했다는 걸 부모에게 알린 것이다.

그 처참한 살육극에 대한 소문은 산을 넘고 동쪽의 계곡을 지나 아바나에서 8백 킬로미터나 떨어진 바야모 지방으로까지 널리 퍼져갔다. 그러나 시에라마에스트라가 혁명의 위대한 무대로 극화될 날도 머지않았다.

시에라마에스트라는 폭은 50킬로미터를 넘지 않으면서도 길이가 1백30킬로미터에 달하는 거대한 산악지대였다. 우선 이곳은 서쪽의 시에라투르키노와 동쪽의 시에라그란피에드라의 두 부분으로 나뉜다. 해발 2천 미터 높이로 솟아 있는 투르키노의 봉우리는 장엄하고도 무시무시한 광경을 한눈에 내려다보고 서 있었다. 그 아래쪽은 무엇이든 다 삼켜버릴 것 같은 깊디깊은 구덩이로 양분되어 있었다. 그 늪지대의 주인은 게와 거북이 들이었다. '개 송곳니'—걸을 때마다 사정없이 발을 할퀴는 자갈에 붙여진 이름—가 수북이 깔린 좁고 가파른 길이 구불구불 이어져 있는 주위로는 종려나무, 코코아, 선인장, 망고나무 등이 주로 자랐다. 간혹 염소나 돼지가 눈에 띄기는 했지만 젖소는 거의 찾아보기 힘들었다.

이런 고장에서 문명이란 다만 막연한 약속에 지나지 않았다. 지극히 초보적인 교육시설이나 진료시설조차 전무했다. 스페인의 무장군과 쿠바의 애국자들 사이에 펼쳐졌던 전설적인 전투의 무대인 이곳 산로렌소에서 1874년 2월, 카를로스 마누엘 데 세스페데스는 역사에 두고두고 남을 유명한 연설을 했다.

"우리는 열둘밖에 남지 않았다. 그러나 쿠바의 독립을 실현시키기 위해서는 충분하고도 남는 수이다."

'십년전쟁'이 발발하는 계기가 된 반란의 주모자였던 세스페데스는 쿠바인들로부터 국부로 추앙받고 있었으며, 따라서 시에라마에스트라 또한 혁명의 모태로 여겨지고 있었다.

1956년 12월 23일 땅거미가 서서히 내릴 무렵, 피델 카스트로는 장구한 역사가 서려 있는 이 오솔길을 걸어 올라왔다. 그의 곁에는 다시 모인 열아홉 명의 대원이 따르고 있었고, 그들 앞에는 현대식 화기로 중무장한 4천 명의 군대가 버티고 있었다.

대장이자 친구였던 피델의 행방도 모른 채 체 게바라를 비롯하여 후안 알메이다, 라미로 발데스, 라파엘 차오, 레이날도 베니테스, 카밀로 시엔푸에고스, 프란시스코 곤잘레스, 그리고 파블로 우르타도는 시에라마에스트라에서 험난한 운명의 첫 발을 내딛고 있었다.

그러나 당장 시급한 문제가 바로 식량이었다. 그들은 근 일 주일 동안 거의 아무것도 먹지 못하고 있었다. 에르네스토는 카밀로 시엔푸에고스가 게들을 잡아 날것으로 먹는 모습을 놀라서 지켜봤다. 12월 7일, 장화까지 찢겨나갈 정도로 험한 자갈길을 걸어온 뒤 상처투성이의 발을 해변에 담그고 있을 무렵이었다. 유머감각이 풍부한데다 배짱이 두둑하고 섬세하면서도 한편으로는 약은 면도 있는 카밀로를 보면서 체는 알베르토 그라나도를 떠올리곤 했다. 이후 카밀로는 시에라마에스트라에서 체와 가장 마음이 잘 맞는 동지가 된다.

며칠 뒤, 대원 두 명이 식량을 구하러 나간 사이, 그들은 매우 이상한 사람과 맞부딪쳤다. 그들보다도 훨씬 수염을 덥수룩하게 기른 오십대 남자였는데, 자신을 제칠일안식일교회 목사인 아르겔리오 로사발이라고 소개했다. 평일에는 사탕수수를 거두고 주일에는 목자로 돌아온다는, 마치 고대 그리스 시대의 회화에서 튀어나온 사람처럼 생긴 이 깡마른 남자는 신도들이 알레그리아델피오의 학살에 대해 말하는 걸 들었노라고 했다. 그리고 자기는 신도들에게 이 '새로운 정복자들'을 변호했다고 말했다. 그는 신도들에게 '그들 중에도 선한 자가 있을 것임'을 염두에 두면서 이들에게 도움을 베풀라고 타일렀다는 것이다. 사실 그들이 소문을 믿고 대원들을 두려워했다면 그들의 소재를 벌써 신고했을 것이었다. 대원들이 은신처를 찾는다는 것을 눈치 챈 그는 네 사람을 자신의 오두막집으로 데려가고 나머지는 다른 신도들 집에 숨겨주었다. 이렇게 하여 체는 뜻하지 않게 자칭 에스파냐인의 후손이라는 말라깽이 목사의 식객이 되어버렸다. 그가 대원들의 영혼을 위해 기도를 해야 한다고 할 때면 체와 동료들은 적어도 그를 따라 기도하는 시늉이나마 하지 않을 수 없었다. 체가 살아오면서 한쪽 무릎을 꿇었던 것은 이때가 처음이자 마지막이었을 것이다.

그 무렵 체는 셀리아라는 이름을 자주 들었다. 어머니와 누이에 이어 그가 아는 세번째 셀리아가 될 셀리아 산체스, 즉 알메이다라고도 불리는 여인이었다. 의사의 딸로 태어난 그녀는 그들이 그란마호를 포기했던 장소에서 멀지 않은 과카나야보 만에 있는 만자니요에서 살았다. 애초부터 정치에 관심이 많았던 젊은 처녀는 1952년 바티스타가 쿠데타를 일으키자 아바나에서 정통 좌익정당의 지도자들을 찾아갔다. 그리하여 그녀는 M 7-26과도 연관을 맺고 프랑크 파이스의 노선에 동참했다. 나중에 그녀는 혁명의 주역이자 피델의 오른팔로서 내각의 수반이자 최고행정재판소장이 되었다. 시에라마에스트라에서 셀리아 산체스는 혁명의 꽃으로 불리는 흰색 마리포사를 귀에 꽂고 다니는 것으로 유명했다. 19세기에, 카를로스 마누엘 데 세스페데스 장군은 부하들에게 보내는 명령 전달의 수단으로 '흰색 마리포사' 꽃잎 위에 깨알 같은 암호문을 써서 술잔에 붙이는 방식을 사용했다고 한다.

그즈음 피델 카스트로가 죽었다는 소문이 시에라마에스트라에까지 들려왔다. 사람들은 그 말을 믿었다. 그에 따라 12월 중순, 게릴라들을 완전히 소탕했다고 믿은 군 고위층에서는 시에라마에스트라에 포진하고 있던 병력의 주요 부분을 철수시켰다. 이 소식을 전해들은 부에노스아이레스의 게바라 가족들은 하늘이 무너지는 것 같았다. 그러나 쿠바에 있는 카스트로 형제의 어머니는 쉽사리 체념하지 않았다.

'니케로 산에 가서 내 두 눈으로 직접 보겠다. 혹시 당신들의 얘기가 사실이라면 내 몸소 자식들의 시신이라도 거두어 오겠다'라고 하면서.

하지만 시간이 흐르면서 소문의 진위에 대한 의혹도 커져갔다. 셀리아 산체스도 마찬가지였는지 그녀는 사람들을 산에 보냈다. 그리고 마침내 알프레도 곤잘레스라는 농부의 안내로 카스트로와 게바라가 각각 이끌던 두 팀이 알토 레히노에서 극적인 상봉을 했다.

재회의 기쁨도 잠시, 대원들은 셀리아가 보내준 옷으로 곧장 갈아입고 새로운 전략을 짜기 시작했다. 새 전략의 골자는 일단 농민들의 인심을 얻을 것과 공습에도 쉽사리 노출될 염려가 없는 은신처를 마련한 뒤 산중에서 계속 전투를 수행한다는 것이었다. 시일이 지나자 대원들이 속속 모여들기 시작했다. 더불어 농민들의 참여도 늘어 인원이 많이 보충되었다. 그런데 흥미로운 일은 당시로서는 귀했던 토벌군(정부군)의 주요 무기들이 만자니요로부터 흘러들어 왔다는 것이다.

바르부도들은 마에스트라 한복판의 실란트로 산 후미진 골짜기에서 새해를 맞았다. 그란마호가 좌초되었던 지점에서 고작 50킬로미터가량 떨어진 막달레나 강가에서 야영하고 있는 신세였으니, 떠들썩한 향연은 엄두도 내지 못하고 럼주 잔을 돌리는 것으로나마 만족해야 했다. 그날 밤, 에르네스토는 만자니요로부터 당나귀 등에 실려온 마르크스의 책에는 손도 대지 않고 괴테를 읽었다.

피델, 라울, 알메이다, 그리고 체는 오리엔테 지방의 남쪽 해안가인 라플라타 강 하구에 있는 라플라타 병영을 공격하는 문제를 토의했다. 엄호할 방어벽 하나 없는 상황이고 보면 무모한 계획이나 다름없었다. 그러나 이제 40여 명으로 불어나 있는 대원들의 사기를 진작시키기 위해서도 그 작전이 필요하다는 쪽으로 분위기는 기울어지고 있었다.

그러나 정부군이라고 팔짱만 끼고 있을 리는 없었다. 그들은 반란군을 모조리 진압했다고 여기고 있었지만 시신이 발견되지 않는다는 사실에 꺼림칙해했다. 정부군의 디아스 타마요 장군이 다시 수색 명령을 내렸지만 수색대는 빈손으로 돌아왔다. 따라서 반란군이 완전히 소탕되지 않은 게 분명하다는 결론에 이르렀고 언론은 이 사실을 열심히 떠들어댔다. 군대는 다시 새로운 공세를 준비했다. 이번에는 최대 2톤가량의 폭탄을 실어 나를 수 있는 B-26 폭격기 여섯 대를 미국으로부터 빌려와 공군력까지 증강시켰다. 그러나 이 조치는 바르부도들의 의지를 더욱 굳세게 할 뿐이었다.

'시에라에서 우리를 찾아내려면 무엇보다 좋은 망원경이 있어야 할 것'이라고 시엔푸에고스는 비아냥거렸다.'

알레그리아델피오의 비극을 겪은 지 한 달 만에 게릴라들은 라플라타 해군병영을 습격하는 것으로 반격의 물꼬를 텄다. 1957년 1월 14일, 반군은 야영지와 해변가를 가르고 있는 가파른 지역을 넘어 공격대열로 도열했다. 그 조촐한 군 초소를 공격하기에 앞서 이들이 작성한 무기 일람표는 다음과 같았다. 망원렌즈가 달린 총 아홉 정, 반자동식 소총 다섯 정, 구식 소총 다섯 정, 톰슨제 경기관총 두 정, 자동소총 두 정과 16구경 한 정. 합계 스물네 점이었다.

그날 동이 틀 무렵, 열일곱 살의 다리엘 알라르콘 라미네스라는 소년은 자기의 손바닥만한 경작지로 넘어 들어오는 무장한 남자들을 발견했다. 다리엘은 라플라타 병영이 있는 라플라타[3] 강가의 로스카베조스에서 농사를 짓고 사는 소년이었다. 네 살 때 고아가 된 이 소년은 혼자 힘으로 작은 농장을 꾸려가고 있었다. 그러나 그는 부족한 게 없었다. 토실토실한 돼지들, 튼실한 닭들, 그리고 남아돌 정도의 유카[4]나무들. 그런데 정체 모를 침입자들이 찾아와 돼지 한 마리를 요구하자, 소년은 지나가는 자리에는 아무것도 남기지 않는다는 악명이 자자한 정부군의 특수부대원들이라고 여기고는 감히 거절하지 못했다. 그는 당시 상황을 이렇게 기억하고 있었다.

"그들은 1백 킬로그램은 족히 나갈 큰 놈을 골라 커다란 솥에다 넣고 삶았어요. 나는 도대체 영문을 알 수 없었죠. 모두들 군복도 입지 않았지만 비슷한 류의 사람들일 거라고만 여겼어요. 왜냐하면 당시에는 총을 갖고 있는 사람들이 군인이 아니리라고는 생각할 수 없었으니까요."

그런데 그들 중 한 사람이 다리엘에게 의사를 만난 적이 있느냐고 물었다. 다리엘은 그런 적이 없다고 대답했다. 그러자 그 남자는 소년의 눈동자를 자세히 들여다보더니 건강상태가 양호하다고 말했다.

"그가 바로 체였어요."

15일, 강 반대편으로 군인들이 상륙하는 모습이 대원

---

3) 플라타(Plata)는 '돈', 또는 '은'이라는 뜻으로 이 지역의 강 상류에 있던 광산에서 유래한 지명이다.
4) 카사바 속에 속하는 열대지방의 관목, 뿌리에서 타피오카를 채취함.

들의 시야에 잡혔다. 체는 웃통을 벗은 군인들이 나무를 자르거나 옮기고 있는 모습을 망원경으로 살폈다. 아마 이들 중 누군가가 그의 첫번째 과녁이 되어 총알을 받을 것이었다. 다른 많은 이들을 자유롭게 만들 수 있다는 희망으로 한 사람의 목숨을 뺏으려는 순간이었다. 과테말라에서의 혁명이 실패하던 무렵부터 그는 마음의 준비를 단단히 하고 있었다.

배는 교대로 군인들을 실어 날랐다. 그들은 때마침 기지로부터 멀리 떨어져 나온 두 명의 기갑부대원을 생포했고, 그들로부터 그 작은 군부대의 사정을 확실히 알아낼 수 있었다. 그들이 상대해야 할 군인들은 겨우 스무 명 남짓이라고 했다. 포로들은 지방 토호인 라비티의 농장감독이자 포악하기로 소문난 치초 오소리오와 맞닥뜨릴 것이라고 미리 알려줬다.

아니나 다를까, 얼마 지나지 않아 노새 잔등에 거구를 얹은 채 코가 삐뚤어지게 술에 취한 치초 오소리오가 나타났다. 우니베르소 산체스가 그를 막아섰다.

"검문 중이다!"

게릴라들은 포로들로부터 들은 통행암호를 먼저 댔다.

"모스키토스!"

충성스런 정부군 대령처럼 짐짓 거만하면서도 분개한 표정을 지으며 앞으로 나선 피델은 반란군을 모조리 소탕하지 못한 이유를 조사하러 왔노라고 능청스럽게 말했다. 술이 덜 깬 치초는 군인들이 그 '개자식'들을 잡기는

커녕 머슴마냥 게걸스럽게 먹을 궁리만 하다 보니 그 모양이라고 떠벌였다. 그리고 딸꾹질을 섞어가며 이렇게 덧붙이는 것이었다.

"이것 보쇼! 저 게을러터진 농사꾼 두 놈을 이 손으로 직접 죽였는데도 나한테 뭐라는 놈이 없었단 말이오. 고마우신 바티스타 장군님!"

그러고는 그 버르장머리 없는 농사꾼들을 혼내준 이야기를 마구 떠벌이는 것이었다. 그때 피델이 한술 더 떠서 넌지시 물었다.

"만약 피델 카스트로를 직접 만난다면 어떻게 할 거요?"

그러자 그는 대답 대신 양손으로 목을 베어버리는 시늉을 했다. 그 우둔한 사내는 이렇게 피델 일행과 수작을 하고 있는 동안 스스로 목숨을 단축시키고 있다는 생각은 꿈에도 하지 못하고 있었다.

"이 장화를 보게!"

마침내 피델이 치초의 장화를 가리키며 말했다.

"멕시코로부터 들어온 것이구먼. 그 배에 있던 그 놈들이 신고 있었던 것 아닌가?"

병영에 점점 가까이 다가가면서 일체의 돌발적인 상황을 방지하자는 뜻에서 치초의 운명은 잠시 뒤로 미뤄졌다. 그걸 기다리는 치초의 모습은 마치 커다란 순대 같았다. 명령은 이랬다. '탄약을 낭비하지 말 것.'

일단 대원들은 네 팀으로 나뉘었다. 먼저 카밀로가 지

휘하는 팀이 주건물 가까이에 있는 종려나무 잎으로 지붕을 덮은 막사를 포위한다. 그러면 피델과 체, 그리고 칼릭스토가 중앙으로 치고 들어간 다음 라울의 팀은 알메이다 팀의 엄호를 받아 좌측을 공격해 들어가기로 했다. 1월 17일, 오전 2시 40분, 시리도록 밝은 달빛 아래에서 그란마호 생존자들의 총이 일제히 불을 뿜었다. 피델의 경기관총도 요란하게 불을 뿜었고 그 와중에 치초는 저세상으로 갔다.

그러나 정부군의 저항도 만만치 않았다. 자동소총을 손에 든 상사라는 자는 항복하라는 말에 침을 튀기며 소총으로 응수했다. 하는 수 없이 브라질산 구식 유탄의 힘을 빌려야 했다. 크레스포와 체가 다이너마이트를 던지고, 이어 라울도 힘껏 던졌지만 뇌관이 젖어 있어 불발되었다. 체와 크레스포는 연신 공격을 가하면서 옥수수와 코코넛 열매를 저장해둔 창고에 불을 지르기 위해 뛰었다. 군인들이 퇴각하는 모습을 보자 대원들의 사기는 더욱 높아졌다. 상사가 퇴각명령을 내렸고 마침내 대원들은 승리의 함성을 질렀다.

전리품. 알레그리아델피오에서의 처참한 패주 이후 참으로 간절히 원했던 것들이었다. 스프링필드 속사권총 여덟 정, 톰슨제 경기관총 한 정, 탄약통 천 개. 게다가 연료와 칼, 구급약 상자, 갈아입을 옷과 식량 등이 있었다. 정부군 편에서는 사망 두 명, 부상 다섯 명에 세 명이 포로로 잡혔다. 그러나 공격한 피델 측은 그 흔한 찰과상

하나 입지 않았다. 게다가 포로 중 한 명이 반란군에 합세하기로 해서 증원군까지 얻은 셈이었다.

'포로들을 대하는 우리의 태도가 정부군의 태도와 대조가 됐을 것이다.' 체는 나중에 그 요인을 이렇게 분석했다. 정부군은 부상당한 포로들은 물론이고 부상을 당하면 자기편까지 버리고 가는 일이 흔했다. 시간이 지나면서 이런 차이가 승리할 수 있게 하는 중요한 요인이 되었다.

체에게 있어서 게릴라전이란 정확함 그 자체를 의미했다. 그들은 재미로 살상을 하지 않는다. 적을 대할 때조차 인간을 존중하는 자세는 승리한 뒤라고 해서 변하지 않는다. 체는 이 점을 자신의 전우들에게 강조하기 시작했다. 그는 반대편, 즉 바티스타 독재체제를 지탱하고 있는 군인들 중에는 전적으로 악한 사람들만 있는 건 아니라는 걸 주지하도록 강조하였다.

대원들이 다리엘의 농장을 다시 지날 무렵, 다리엘은 시에라의 북소리인 라디오 뱀바를 통해 라스콜로라다스 해안으로 상륙한 반군이 라플라타 병영을 접수했다는 소식을 들었다.

"그렇게 하여 그들은 치초 오소리오를 대신 혼내준 거죠. 이번에는 내가 먼저 그들에게 닭을 잡아주고 쌀과 검정콩도 기꺼이 내놓았습니다. 이미 나는 내가 가야 할 길을 선택한 거지요."

다리엘의 오두막은 결국 에우티미오 게라라는 농민—

하지만 그 역시 3월 25일 반란군 편에 가입하게 된다—의 밀고로 협조 사실을 알게 된, 산체스 모스케라가 지휘하는 군인들의 방화로 재로 변해버린다.

"바티스타군이 '산적'이라고 불렀던 사람들이 어디 있는지 나에게 가르쳐준 건 아주 외진 곳에 살고 있던 농민들이었습니다. 내 농장에서 10킬로미터가량 떨어진 알투나랑할의 광산 위에 피델의 지휘본부가 있었습니다. 체는 나에게 농민들이 어떻게 살아가고 있는지를 물었습니다. 사실 그는 거의 말을 하지 않는 편이었고 엄청나게 읽고 무언가 쓰곤 했습니다."

그 후 다리엘 알라르콘 라미네스는 카밀로가 지휘하는 소대에서 기관총 사수로 쿠바 섬 대공세에 참가하였다. 그는 1965년에 체와 함께 쿠바군의 일원으로 콩고로 갔다. 또한 그 후 볼리비아의 베니뇨 전투에서 살아남은 여섯 명의 생존자 중 한 사람이 된다. 그리고 쿠바로 귀환한 뒤 다시 칠레와 타히티—드골 장군과 협력하여—로 이어지는 여정을 계속하다가 대령으로 예편하고서 한동안 평범한 농민으로 땅을 갈며 지냈다. 그러다가 결국 프랑스에서 제3의 인생을 다시 시작했다.

미련한 군의관

 5월부터 10월까지 계속되는 우기, 이어 살을 에는 듯한 매서운 겨울 추위는 체의 천식이 발병하기엔 더없이 적합한 조건이었다. 그러나 체는 그 지방의 아름다운 풍광과 토착민들의 생활상을 체험하는 새로운 경험에 들떠 있었다. 1492년 콜럼버스가 쿠바 해안에 도착했을 당시 이곳에는 크게 세 부류의 토착 인디오 종족이 살고 있었다. 그중 가장 많이 알려진 시보네예족은 동굴에서 살며 사냥과 수렵을 일삼았던 용맹스런 혈거인들이었다. 상대적으로 덜 알려진 과나후아타베예족의 흔적은 오늘날 거의 자취를 감추었다. 그중 가장 문명이 발달했던 타이노족은 밖으로 뛰쳐나와 근처 섬에 사는 사나운 인디오인 카리브 연안의 종족들과 싸웠으며 혁명의 기운이 뚜렷해진 이곳 오리엔테의 한 세력으로 자리를 잡았다. 체는 1548년 인디오 노예제 폐지 후 가속화된 흑인 노예 매매의 내력을 알 것 같았다. 이미 그는 콩고를 비롯한 요루바, 루쿠미, 카라발리, 그리고 아라라 같은 아프리카 문화에 깊은 관심을 갖고 있었다.

한편 그들에게 당장 시급한 것은 활동의 본거지를 확보하는 문제였다. 1월 17일, 포로들을 풀어주고 나서 게릴라들은 동트기 전에 시에라마에스트라의 보다 깊숙한 곳, 팔마모카로 들어갔다. 대원들의 사기는 다시 회복됐다. 고통스런 신음을 뱉게 만드는 자갈도 그들의 사기를 꺾지는 못했다. 한편 바티스타군도 나름의 반격을 준비했다. 이 폭도들을 포위하여 완전히 끝장내라는 임무를 부여받은 부대들이 속속 도착했다.

피델 일행에게는 전투 이상으로 중대한 의미를 갖는 과제가 있었다. 바로 시에라마에스트라 지역에 살고 있는 농민들로부터 신뢰를 얻는 일이었다. 만약 농민들을 혁명에 끌어들이는 데 성공한다면 그건 승리를 향한 중요한 발걸음을 내디뎠다는 뜻이었다. 이 과업이 요구하는 것은 자발성과 진지함, 그리고 지성이었다. 그런 점에서 체만큼 적합한 인물은 없었다. 일단 의사로서 그는 어린아이들을 보살펴서 농민들의 호감을 샀다.

일곱 식구가 한방에 사는 허름한 오두막에서 무시무시한 소문으로만 듣던 게릴라가 두 살짜리 어린아이를 팔에 안아 올리자 식구들은 눈이 휘둥그레졌다. 시에라마에스트라 사람들은 병원은커녕 의사의 그림자도 보지 못하고 살아왔다. 그들은 의사들이 도시에나 있고, 또 병원을 찾는 일은 돈이 많이 든다는 걸 알고 있었다. 그런데 이상한 억양을 갖고 있는 이 사람은 따뜻한 미소만을 지을 뿐 아무런 요구도 하지 않는 것이었다.

체는 이 소박한 사람들을 금방 자기편으로 만들었다. 그는 여행을 통해 농부들이 갖고 있는 지혜를 터득하였고, 정치적인 발언을 하지 않았다. 그는 사람들의 가슴에 호소하는 M 7-26의 최고 사절이었다. 지역 라디오 방송 뱀바에서도 이미 그의 이름이 오르내리고 있었다. 게릴라 중에 백인 의사가 있는데 '엘 체'라 불린다고…….

여태껏 가장 순종적이었던 쿠바의 동부지역에서 농민들이 차츰 게릴라들에게 마음을 열어가고 있는데도 아바나에서는 특별히 우려하지 않고 있었다. 시에라마에스트라는 수도로부터 8백 킬로미터나 떨어져 있지 않은가! 물론 라플라타 병영 함락은 반갑지 않은 소식임에 분명했다. 군부 내에서도 차츰 '쑥덕거리는' 일이 잦아졌다. 비록 『엘 디아리오 데 라 마리나』 같은 아바나의 보수적인 신문들에는 기사화되지 않았지만 바티스타는 외신기자들의 회견요청을 받아들이지 않을 수 없었다. 그러나 그 회견이라는 것도 미국으로부터 폭격기를 빌린 건지 구입한 건지에 대한 설명 정도로 끝이 났다.

라플라타 작전을 성공시킨 뒤 피델과 지휘관들은 '지옥의 개천'이라고 부르는 곳에 주둔하고 있는 부대를 새로운 공격목표로 삼았다. 체는 이제 지휘관으로서 확고히 자리매김하고 있었다. 의약품과 탄약상자를 든 의사의 이야기에 큰 인상을 받은 알메이다는 피델에게 이 이야기를 한 적이 있었다. 그때 피델 카스트로의 대답은 이랬다.

"그 군의관은 정말 미련하군, 그는 진짜 전사인 거지!"

쇠뿔은 단김에 빼야겠다고 생각한 피델은 첫번째 공격으로 얻은 결과에만 만족하지 않았다. 사람들은 그들이 모두 죽었다고 믿었지만 이렇게 펄펄 살아 있다는 걸 그날의 유격전이 증명하지 않았는가. 1957년 1월 19일경, 일곱 명의 정예대원들이 군부대가 막사로 쓰고 있던 오두막들을 일거에 공격할 준비를 하고 있었다. 피델과 체가 그 장소를 정탐하러 갔다.

그런데 지휘본부로 돌아오던 체는 하마터면 목숨을 잃을 뻔했다.

"나는 라플라타 공격에서 얻은 정부군 상사의 헬멧을 마치 월계관처럼 보란 듯이 머리에 쓰고 다녔다. 그런데 우리 캠프로 다가갈 무렵, 어둠 속에서 나를 분간할 수 없었던 보초들이 적군의 헬멧을 쓰고 있던 나를 추적하고 있었던 모양이었다. 다행히도 나를 맨 처음 알아본 동료가 무기를 거두었다. 그런데 이미 방아쇠를 당겨버린 카밀로가 하얗게 질린 나를 알아본 순간 지었던 표정은 지금도 눈에 선하다! 총알은 내 귓가를 가까스로 스치고 지나갔다. 행운인지 불행인지 그의 자동소총이 말을 안 들었던 것이다……."

두 친구는 서로 얼싸안았고 체는 그날로 둥근 헬멧을 벗어던졌다. 그가 챙모자를 택하게 된 내력은 이러했다.

잠들기 전 그는 자신의 수첩에 이렇게 적었다.

이 사건은 우리가 얼마나 긴장을 늦추지 않고 있는지 단적으로 말해주는 것이다. 우리는 마치 출산을 앞둔 임산부처럼 전투를 기다리고 있다. 이 순간에는 온 신경이 모조리 곤두서서 무릎조차 후들거리질 않는다. 우리는 결단코 전쟁광이 아니다. 다만 그래야 하기 때문에 행하고 있을 뿐이다.

1월 22일 아침, 바르부도들은 팔마모카 쪽에서 나는 일방적인 사격 소리를 들었다. 아침식사도 미처 못하고 하루가 시작되었다. 그들은 그 근처에서 불을 피울 수가 없었던 것이다. 체는 크레스포라는 농부와 함께 닭장을 발견했지만 달걀 프라이도 당장은 해 먹을 수가 없었다. 그날 오후, 일곱 명이 다시 모였다. 그들은 정부군 한 명이 오두막에서 나와 낮잠을 자러 가는 모습을 망원경으로 지켜보았다. 피델의 총알이 그를 영원히 잠재웠다. 또 다른 두 명은 다른 대원들의 총탄에 쓰러졌다. 체는 한 명에게 부상을 입혔으나 그의 발밖에 보지 못하였고 이어 두번째 총알로 또 다른 한 명의 가슴을 관통시켰다. 쓰러지는 군인의 총검이 땅바닥에 박혔다. 체는 처음으로 자기 손에 죽어가는 사람을 보았다. 그는 총알이 분명 그 군인의 심장에 적중하여 그 순간 고통조차 느끼지 못했으리라고 믿었다. '이미 그는 뻣뻣하게 경직되는 초기 증상을 보이고 있었다'라고 체는 그날 일기에 적었다.

전투는 끝났다. 무척 잔혹한 싸움이었다. 그러나 각자

가 알아서 해야 할 퇴각도 중요했다. 그 혼란, 무질서는 질서정연함을 선호했던 체로서는 썩 개운치 않았다. 그리고 이 문제는 매번 전투 때마다 통감하게 될 터였다. 적은 네 명을 잃었다. 빈약한 전리품 중에서 초소장이 갖고 있던 그랜드 소총이 체에게 돌아왔다. 대원들은 '지옥의 개천' 방향으로 경사져 있는 산을 우회하여 귀환했다. 다행히 정부군 한 소대가 그들이 미리 도착해 있는 능선을 따라 전진해오고 있다고 했다. 피델의 편에서는 늘 스무 명 남짓한 숫자가 기본이었다. 정면대결은 당연히 엄두도 낼 수 없었다. 바르부도들이 그 사실을 깨닫는 데는 오랜 시간이 걸리지 않았다. 그들이 한 농부로부터 전해들은 정보에 의하면, 반군들을 토벌하는 부대의 책임자라면 산체스 모스케라가 분명하다는 거였다. 필요한 걸 얻어낸 뒤 희생자들을 불태워버리는 잔인함뿐 아니라 그 대담성과 완력으로 시에라 지역에서 악명을 날리고 있던 자였다.

대원들의 사기는 하늘을 찌를 듯했다. 비록 알레그리아델피오라는 참극을 겪었지만 얼마 안 가 라플라타 병영을 공격했고, 또 적군의 전위부대를 유린했기 때문이었다. 전략과 퇴각 방식을 논하는 회의에 체가 참여하는 빈도가 점점 잦아졌다. 차츰 그는 정통 게릴라 지도자로서 인정을 받기 시작했다. 특히 빈틈없는 전략과 냉정하고 통찰력 있는 전사로서의 모습이 돋보였다. 게다가 그는 환자들과 부상자들을 치료할 수 있었고 경우에 따라서는 수술까지 할 수 있는 능력을 겸비하고 있었다.

농부들의 배신으로 알레그리아델피오에서 쓴맛을 본 이래 대원들은 경계를 늦추지 않았다. 하지만 29일 아침, 안내자였던 에우티미오 게라가 병든 어머니를 수발해야 한다며 캠프를 떠나는 걸 허락해달라고 했을 때 피델은 몇 푼의 여비까지 쥐여서 그를 보내주었다. 그러나 이튿날, 맨 먼저 눈을 뜬 대원들이 커피를 마시고 있을 때 군용비행기들이 그들의 머리 위를 선회하기 시작했다. 누군가로부터 정보를 얻은 게 분명했다. 비행기들을 이곳 라스카라카스 언덕배기로 데려오는 건 족집게 예언자가 아닌 이상 거의 불가능한 일이었기 때문이다. 이미 목표물을 조준한 폭격기들은 공중에서 선회하면서 폭격에 적합한 고도를 맞추고 있었다. 아직 잠이 덜 깬 대원들은 바지도 입는 둥 마는 둥 숨을 곳을 찾아 허겁지겁 바위 틈새로 기어들었다. 다행히 그들은 캠프로부터 약 2백 미터 후방에 불을 피우는 습관이 있었기 때문에 최악의 참사는 막을 수 있었다.

일단 폭격기가 멀어지자 은신처에서 나온 대원들은 눈앞에 펼쳐진 광경에 아연해했다. 폭격을 당한 곳은 그야말로 콩가루가 되어 있었다. 한탄하고 있을 시간도 없이 피델은 일행을 재촉하여 다시 산길을 올랐다. 오전쯤 되자 그들의 눈에 불타고 있는 농가가 들어왔다. 문 앞에는 군인들에게 협조하기를 거부한 농부의 불탄 시체가 나뒹굴고 있었다. 당시 모스케라와 더불어 카스티야스라는 정부군 지휘관이 저지르는 만행이 시에라 지역을 공포에 몰아넣고 있었다.

하지만 이틀 후인 2월 1일은 대원들에게 오랜만에 기분 좋은 날이었다. 프랑크 파이스와 셀리아 산체스가 보낸 서른 명 남짓의 지원군이 만자니요로부터 도착한 것이다. 그들은 가슴과 어깨에 M 7-26이라는 사랑스런 마크가 새겨진 산뜻한 유니폼과 베레모를 가져왔다. 게다가 애타게 기다렸던 식량과 럼주, 체가 부탁한 책들, 그리고 의약품과 외과용 도구들까지 있었다. 그날 밤 기타와 노래, 그리고 럼주가 어우러진 축제가 한바탕 벌어졌다.

그러나 폭격까지 맞은 마당에 라스카라카스 지역에서 마냥 미적거릴 수는 없는 노릇이었다. 지휘부는 일단 후방으로 다시 돌아가기로 했다. 그곳의 농민들은 대원들에게 훨씬 호의적이었을 뿐 아니라 만자니요 지역과 셀리아 산체스와도 연락이 쉽게 닿는다는 장점이 있었다. 그러면 그들의 근황도 나머지 다른 지역으로 보다 신속하게 퍼져가게 될 수 있을 터였다.

정부군과 교전을 벌인 지도 꽤나 오랜 시간이 지났다. 야영지에서 커피잔을 들고—체는 늘 설탕을 넣지 않았다—둘러앉아 있는 생활이 어느 정도 정착되어갔다. 그동안 체는 글자를 가르치기 시작했다. 그의 첫번째 학생은 마흔다섯 살가량 된 훌리오 제논이라는 농부였다. 체는 그에게 A와 O, E와 I를 구분하는 법을 가르쳤다. 훌리오 제논의 뒤를 따르는 대원이 하나둘 늘기 시작했다. 별이 총총한 밤이면 시가를 입에 물고 마테차를 손에 든 체는 선생님으로 변신했다. 그는 라울 카스트로에게 프랑스어도 가르쳤다. 수업이 끝나면 그는 늘 곁에 두고 있던 책을 펼쳐들었다. 당시 그의 주된 관심사는 대륙 발견 이전의 문화와 호세 마르티가 말년에 쓴, 지성이 숨 쉬는 정치적 산문들이었다. 그는 늘 남보다 촛불을 늦게 끈 까닭에 영내에서 가장 많은 밀랍을 소비하는 대원이 되었다. 야전램프의 숫자가 별로 많지 않았던 까닭에 캠프에는 늘 어스름한 기운이 감돌고 있었다.

전투에서는 용맹하고, 공덕심과 인정이 많았던 체도 천식이 발병할 때면 어김없이 부대 내에서 가장 약한 사람이 되곤 했다. 그래도 모기들이 달라붙을 때면 평소보다 많은 시가를 피워 무는 일을 그만두지 못했다. 그는 시가를 일부만 피우고 나머지는 물에 담갔다가 누르스름해진 물을 자신의 살갗에 바르곤 했다. 알베르토 그라나도와 아마존을 여행할 때 그곳 토착민들로부터 배운 일종의 민간요법이었다.

에우티미오는 그가 얘기한 날짜보다 일찍 귀환했다. 그러나 그의 출발과 폭격 사이의 우연한 일치에 대해 아무도 캐묻지 않았다. 그가 다시 돌아왔다는 사실이 그의 신념을 증명하는 것이라 여겼기 때문이다. 폭격은 어쩌면 그들이 불을 피웠던 연기 때문에 이루어진 것일지도 몰랐다.

하지만 실제로 에우티미오는 산체스 모스케라에게 붙

잡혀 반군들의 은신처를 일러준 장본인이었다.

"만약 네가 피델 카스트로를 죽인다면 농장은 물론이고 1만 페소의 상금과 일계급 특진을 보장하겠다."

그들은 이렇게 에우티미오를 꼬드겼다.

한편, 아바나의 바티스타는 은근히 불안해지기 시작했다. 몬카다를 공격했던 폭도들을 완전히 소탕해버리기는커녕, 이들은 아직도 시퍼렇게 살아서 정부군을 사살하는 등, 점차 군대를 혼란에 빠뜨리고 있었기 때문이다. 따라서 정부군으로서도 카스트로를 없애거나 생포하기 위해서 막대한 포상을 약속할 수밖에 없는 입장이었다.

에우티미오는 은밀한 계산을 품고 반군의 캠프로 귀환했다. 그가 어찌나 연기를 기막히게 했던지 추운 밤에 이를 딱딱 부딪치고 있는 그가 안쓰러워 피델은 자신의 담요까지 나눠주었을 정도였다. 그날 밤 그가 45구경 총으로 무장하고 있었으리라고는 꿈에도 상상하지 못했다. 하지만 양심의 갈등을 일으켰든지, 아니면 지레 겁을 먹었든지 에우티미오는 막상 그 결심을 실행에 옮기지는 못했다. 다음날 그는 식량을 구해 오겠노라고 큰소리를 치고 다시 캠프를 떠났다. 실은 적에게 새로운 정보를 알리려는 속셈이었다.

야영지에서 벌어지는 토론에서는 으레 카밀로가 가장 활발하게 의견을 내놓았으나 그날 밤은 파우스티노 산체스가 주목할 만한 발언을 했다.

"쿠바 상륙을 준비하면서 우리는 누구도 산 속에 숨어

있는 우리 같은 소규모 병력이 거의 모든 싸움을 담당하리라고는 생각지 않았을 겁니다. 우리는 운동이 전국적으로 확산되고, 총파업이 일어나고, 게릴라 부대라는 존재가 중요한 상징으로 부각되는 걸 상상했습니다. 우리 부대만이 독재자의 군대와 정면으로 맞서 그들을 쳐부숴야 한다는 건 꿈조차 꾸어보지 않았던 일이죠……."

피델도 그의 말에 수긍했다. 현실은 그들의 예상과는 전혀 다르게 흘러가고 있었다. 오히려 더욱 집중적인 탄압만 가중되고 있었으니 말이다.

1시 30분경, 점심을 준비하고 있을 때 한 농부가 헐레벌떡 뛰어오더니 적군이 멀지 않은 곳까지 와 있다는 소식을 알렸다. 뒤도 볼 것 없이 대원들은 뿔뿔이 흩어져 산 속으로 숨어 들어갔다. 야영지에 사정없이 포탄이 떨어졌다. 바위 틈새나 나무, 혹은 동굴 속에 납작 엎드린 채 피델과 동료들은 그들이 방금 도망쳐 나온 곳에서 벌어지고 있는 살육을 목격하고 있었다. 체는 어느 때보다도 초조했다. 야영지에 약품이 가득 든 배낭과 자신의 물품들, 책들이 든 상자를 놔둔 채 피해 왔기 때문이었다. 그 공격은 결국 농사꾼 제논의 목숨을 앗아갔다. 그는 자신이 배운 글자를 써볼 기회도 얻지 못했다.

이번에는 에우티미오에게로 모든 혐의가 모아졌다. 우연의 일치를 믿는 사람은 더는 없었다. 저녁 7시경, 체와 알메이다를 비롯한 여남은 명의 대원들은 에스피노 산허리에 다시 집결하여 로몬으로의 강행군을 결정했다.

"그곳은 에우티미오가 수차례에 걸쳐 우리에게 얘기했던 장소인데 경계해야 하지 않을까요"라고 카밀로가 조심스레 말했다.

하지만 지금으로서는 역시 M 7—26 전선의 일원을 형성하고 있는 야노(Llano)[5] 사람들과 합류하는 게 중요했다. 몬카다 공격의 발발지인 산티아고는 섬의 동쪽 끝으로 더 들어가는 지점에 있었다. 만자니요로부터 50킬로미터 떨어진 코로스에 있는 에피파니오 디아스라는 농부의 농장—산에 둘러싸여 고립된데다 안전한 장소인—에서 그란마호의 지휘관들과 야노의 책임자들이 마침내 회동했다. 피델과 동료들은 그날 새벽 4시경, 그 작은 농가로 불쑥 쳐들어왔다. 에피파니오의 아내였던 마리아 모레노는 마침 부엌에서 일을 하고 있던 중이었다. 환한 달빛 아래에서 프랑크 파이스와 아르만도 아르트, 갈색 눈동자의 셀리아 산체스가 모습을 드러냈다. 그녀는 오리엔테 지방에서 모르는 사람이 없는 이 유명한 게릴라를 직접 볼 수 있다는 게 무척 감격스럽고 자랑스러웠다. 게다가 후일, 라울 카스트로와 결혼하는 빌마 에스핀과 카사 데 라스 아메리카스의 사장이 될 아이데 산타 마리아까지 함께 만나는 행운을 누렸으니!

---

[5] '평지, 평원'이라는 뜻. 시에라마에스트라라는 산악지대에 대비되는 의미이기도 하다.

그러나 시에라로 대원들을 찾아온 프랑크 파이스와 아이데의 의도는 바로 피델 카스트로—그들은 그를 잘 모르고 있었다!—에게 좀더 안전하게 운동을 전개할 시기가 무르익을 때까지 쿠바를 떠나 다른 나라에서 기다리라고 설득하려는 데 있었다. 그리고 그들은 피델의 생사는 자기들에게도 중요하다는 걸 극구 강조했다. 몇 시간 가량 눈을 붙인 뒤 원기를 회복한 피델은 강 유역을 가리키며 모든 반대를 일거에 잠재울 말을 한다.

"저 아래에서 여기까지는 올라올 엄두도 못 내는 정부군들을 보시오! 우리에게 무기와 탄약을 가져다준다면 나는 여기서부터 두 달 안에 전투를 전면전으로 확대시킬 수 있다는 걸 증명해 보이겠소. 날 믿으시오. 무기만 더 있다면 스무 명 남짓한 인원으로도 바티스타와의 전쟁에서 기필코 이길 것이오."

셀리아 산체스는 암으로 죽기 전까지 23년 동안이나 든든한 친구로 남을 피델 카스트로의 눈을 뚫어질 듯 응시했다. 피델과 그 동료들은 그들만의 진지함과 열정, 그리고 단호한 결단력으로 야노 사람들에게 강한 인상을 심는 데 성공했다. 이번에는 산이 평지를 이긴 것 같았다. 프랑크 파이스와 아르만도 아르트, 그리고 셀리아는 피델이야말로 바티스타에게 타격을 입힐 수 있는 지휘관이라는 걸 수긍하면서 자리에서 일어섰다. 게릴라들은 더 많은 인원과 무기, 그리고 병참술이라는 커다란 과제를 한 단계 해결한 셈이었다.

코로스에서는 작지만 혁명의 물꼬를 트게 될 또 다른 만남이 있었다. 셀리아의 주선으로 피델과 미국의 『타임』지 기자인 허버트 L. 매튜스가 만난 것이다. 피델은 이 만남이 혁명에 가져다줄 영향을 염두에 두고 있었다. 이 인터뷰가 전 세계에 알려진다면 부메랑처럼 그 여파가 바티스타에게 돌아올 것이 분명했다. 피델은 적잖은 허풍을 섞어가며 자기들이 많은 사람들의 지지를 받고 있다고 말해 미국 기자가 그것을 믿게 만들었다. 피델이 작전을 지휘하는 라플라타의 은신처로 매튜스를 데려왔을 때였다. 이미 짜놓은 각본에 따라 전령 하나가 숨 가쁘게 뛰어오더니 이렇게 보고하는 것이었다.

"대장님, 제2중대와의 연락책이 방금 도착했습니다."
"기다리라고 해."

잔뜩 위엄을 부린 목소리로 피델 대장은 이렇게 대답했다.

이 이야기를 들은 체는 무척 재미있어 했다. 그리고 매튜스는 전 세계에 이 기사를 타전해 보냈다. 그 기사의 말미에 그는 결론삼아 이런 말을 썼다.

사태의 윤곽이 더 잡혀가면 바티스타 장군은 카스트로의 반군을 진압하는 데 어려움을 겪을 것이다. 바티스타 정권의 유일한 희망은 그의 군대가 그 젊은 반군 지휘관을 때려눕히고 그 지휘본부를 소탕하는 것이다. 그러나 그렇게 될 수 있을지는 두고 볼 일이다…….

검열이 그다지 심하지 않았던 당시 아바나에서 이 기사는 여러 매체에서 속속 다뤄져 카스트로의 예측대로 적잖은 파문을 몰고 왔다.

매튜스는 이번에는 범국민회의의 대표들을 만나기 위해 출발했다. 바티스타의 반대자들 사이에서 흔치 않은 의견의 일치가 이루어지고 있다는 점이 그의 관심을 끌었던 것이다. 야노가 시에라를 지원하고 있다는 얘기가 카스트로의 입에서 여러 번 흘러나왔던 것도 하나의 이유였다. 혁명본부의 여자 조언가들 셀리아, 빌마, 아이데는 물론이고, 야노 사람들이 피델과 게릴라들을 돕는다는 것이었다. 정작 당시 체의 수첩에는 이런 메모가 적혀 있었지만 말이다. '섬에서 동시다발적으로 봉기가 일어나리라는 걸 상상하는 건 헛된 일이다.'

시에라와 야노의 협력이 더욱 공고해져갈 무렵, 배반자인 에우티미오가 다시 모습을 나타냈다. 그러나 이번에는 알메이다와 카밀로가 그를 신속하게 체포했다. 그는 45구경 권총과 실탄 세 발, 그리고 카스티야가 발부한 통행증까지 소지하고 있었다. 이미 들통났다고 생각한 그는 피델의 발밑에 엎드려 용서를 빌었다. 에우티미오가 피델에게 손을 내미는 순간 불빛이 번쩍하더니 그는 그 자리에 털썩 쓰러졌다. 대장의 손이 더럽혀지기 전에 다른 대원의 총이 미리 불을 뿜은 것이었다. 또 다른 의사였던 마누엘 파르하르도가 그의 무덤에 십자가라도 꽂아주자고 했지만 체는 반대했다. 그 땅의 주인을 위험에 빠뜨릴 수 있기 때문이었다. 대신 그는 배신자 에우티미오가 묻힌 곳의 위치를 휴대용 칼로 나무에 표시해두기로 했다.

좀처럼 끝이 보이지 않는 행군이 계속되었다. 체는 밤이면 캠프를 한 바퀴 도는 습관이 있었다. 피곤에 지친 병사들의 어깨를 다독거려주고 위로의 말이나 밤인사를 하는 것이었다. 깊은 정적에 빠진 밤이면 그는 두 명의 일다에 대해 자주 생각했다. 어린 일다는 2월 15일이면 한 돌을 맞을 터였다. 말은 하기 시작했을까? 아니면 걸음마는 시작했을까? 유난히 별이 총총한 밤이면 그는 딸에게 주는 시들을 가만히 속삭였다.

쿠바 국민에게 고함

 정부군의 추격이 계속되고 있는 가운데 농업용 칼로 정글을 헤치며 가는 험난한 행군이 매일 이어졌다. 그 사이 알레그리아델피오에서 구사일생으로 살아남은 질, 소토롱고, 라울 디아스 등과 극적으로 재회하는 기쁨을 맛보기도 했다. 그들은 야노 측에서 보내는 지원군과 3월 첫째 주에 합세할 예정이었다.

 당시 체의 수첩에는 이런 구절이 적혀 있다. '천식의 공격!' 적절한 약을 갖고 있었다면 미리 예방할 수도 있었겠지만 공습 와중에 그는 약을 모두 잃어버렸다. 셀리아 산체스는 다시 약을 보내주겠노라고 약속했지만 설상가상으로 그는 얼마 전에 앓았던 말라리아로 인해 기진맥진해 있었다. 다행히 키니네 덕분에 말라리아는 나았지만 이번에는 천식으로 호흡곤란을 겪고 있었다. 2월 27일, 체에게 휴식을 주기 위해 그들은 잠시 행군을 멈추었다. 다음날 오후, 나무 위에 올라가 주변을 살피던 우니베르소 산체스가 퓨마처럼 잽싸게 내려왔다. 적군의 전위부대를 발견한 것이다.

"모두 몇 명인지는 잘 모르겠지만 선두의 규모로 보아 최소한 1백 명은 되지 않을까 합니다. 저들이 라스베가스 길을 따라온다면 머지않아 이곳을 통과할 겁니다."

정부군의 대규모 병력과 맞닥뜨리기에는 역부족이었던지라 일단 몸을 피해야 했다. 그 순간 호흡곤란을 겪고 있던 체는 주사기를 소독하다가 그 자리에 쓰러지고 말았다. 마치 시체처럼 땅바닥에 널브러져 있는 모습은 체를 용맹한 게릴라로 알고 있는 사람들에게 상상키 어려운 모습이었다. 그의 맥박은 빠르게 뛰고 있었다. 걷는 것은 고사하고 몸을 일으키기조차 힘들었다. 그는 두 눈을 부릅뜬 채로 쌕쌕거리며 신음소리만 내뱉고 있었다. 그란마호를 함께 탔던 동지들 중 하나인 루이스 크레스포가 산송장이나 다름없는 그를 마구 흔들어댔다.

"체, 정신 차려! 놈들이 이리로 오고 있단 말이야. 어서 일어나!"

아무 반응이 없었다. 체의 초점 잃은 시선은 그 순간 모든 걸 포기하겠다고 얘기하는 것 같았다. 입이 험했던 루이스는 이번엔 말투를 바꿨다.

"좋아, 이 빌어먹을 아르헨티나 놈아, 엉덩짝 정도는 들 수 있겠지? 무슨 수를 써서라도 널 움직이게 해줄 테다!"

바르부도들 사이에 흔한 이 말도 별다른 효과를 거두지는 못했다. 루이스는 별수가 없다고 여겼는지 체를 들쳐 업었다. 먼저 도착한 정부군들이 퍼붓는 일제사격의 홍수 속에서 그는 체의 어깨를 잡아끌며 땅바닥에 바싹 엎드려 기어갔다. 그렇게 얼마쯤 가자 다 쓰러져가는 움막이 나타났다. 루이스는 적의 정찰대가 다가올지 몰라 체를 엎드린 자세로 내려놓았다. 천만다행으로 날이 금방 어두워졌다. 차츰 체의 호흡도 안정을 찾아가더니 얼마 뒤에 의식을 되찾았다. 그는 루이스가 자기를 구해주었다는 사실을 알았다. 동료들은 그곳으로부터 꽤 멀리 있었고, 바티스타군은 더 멀리 떨어져 있으리라 짐작됐다. 몇 시간쯤 지나자 체는 기력을 많이 회복했다. 그들은 나침반을 꺼내 별자리와 대조해가며 다시 걷기 시작했다.

"왜 나를 구하려고 그런 위험한 짓을 했지?"

"우리 아버지가 천식환자셨지. 어렸을 때 아버지가 고통스러워하는 걸 보면 내 마음도 찢어지는 것 같았어. 아버지 생각이 나더군. 그게 전부야."

체는 나름의 방식으로 그에게 감사를 전했다. 반쯤은 단어를 얼버무리는 크레스포의 '사투리식' 발음을 완벽히 교정해준 것이다. 루이스 크레스포는 후일 쿠바의 혁명 기록사가이자 작가로서 일다 게바라와도 친분이 두터웠던 마리오 로드리게스에게 이런 말을 한 적이 있다.

"쿠바 섬에 상륙한 뒤 그 질퍽거리는 늪지를 탈출하기 위해 체는 많은 힘을 소모했습니다. 점점 길이 험해지자 나는 그에게 가방을 대신 들어주겠다고 얘길 했죠. 하지만 그는 단박에 거절하더군요. 자기는 쿠바에 싸우러 왔지 응석이나 부리러 온 게 아니라고."

 체가 한창 어려움을 겪고 있을 때 바르부도들은 라디오를 통해 새로운 사실을 알게 됐다. 매튜스의 기사가 몰고 온 파문으로 국방장관은 다음과 같은 담화를 발표하지 않을 수 없는 상황이 되었던 것이다.

> 항간에는 이 '테러분자들'의 행위와 매튜스와 피델 카스트로의 인터뷰에 대해 많은 소문이 떠돌고 있다. 그러나 이 인터뷰는 국민을 선동하기 위해 터무니없이 조작된 사기극일 뿐이다.

 크레스포와 체를 다시 만난 피델 일행은 이 뉴스를 상당히 고무적으로 받아들였다. 그러나 좋은 소식 뒤엔 나쁜 소식도 있었다. 프랑크 파이스가 산티아고 감옥에 수감된 것이다. 피델은 즉각 성명서를 발표했다. 「쿠바 국민에게 고함」이라는 이 유명한 성명은 쿠바 전역으로 퍼져간다. 그러나 아바나의 바티스타는 고집을 꺾지 않고 있었다. 피델 카스트로는 죽었다고!
 성명서 마지막 구절에서 피델 카스트로는 '만약 필요하다면 우리는 10년이 걸리더라도 시에라마에스트라에서 투쟁하겠다'라고 다짐했다. 그란마호의 생존자들은 이제 천식으로 체력이 약화된 체를 포함해 열여덟 명으로 줄어들었는데도 피델은 마치 능글맞은 도박꾼처럼 허세를 부린 것이다. 빈곤과 기아에 지친 쿠바 국민에게 그는 이렇게 호소했다. '내일 자유라는 빵을 쟁취할 수 있다면 오늘의 배고픔쯤이야 견딜 수 있지 않은가?' 피델은 독재자 바티스타를 궁지에 몰아넣자는 공통의 목표를 갖고 있는 다른 여러 정당들 간의 합의를 도출해내는 일에 발 벗고 나섰다. 그는 독재자를 사퇴시키는 데는 전국적인 총파업이 가장 적합하다는 생각을 하고 있었다.

고질적인 문제인 식량 부족 때문에 체는 늘 식량 분배 과정을 세심히 체크했다. 한번은 투르키노 강 어귀의 오쿠알이라는 어촌 근처에서 혁명군 가담자들이 쇠고기를 보관하려고 소금을 마련하기도 했다. 돼지는 도살한 뒤 몽땅 먹어치워버렸기 때문이다. 3월 초순 어느 날, 체는 열다섯 명가량의 대원들과 함께 식량을 구하러 산을 내려갔다. 캠프로 돌아올 때 그들은 25킬로그램가량의 식량을 등에 지고 왔다. 새로 들어온 요리사는 일인당 고기 두 덩어리와 말랑가(서인도산의 알무 속의 식물—옮긴이) 세 덩어리씩을 돌렸다. 체의 차례가 돌아오자 요리사는 그의 접시에 고기 세 조각과 말랑가 네 개를 놓았다. 그러자 접시가 마치 부메랑처럼 요리사의 가슴께로 날아왔다.
"여기서 나가라, 한심한 녀석! 어디 네가 적에게도 총을 그렇게 쏠 수 있는지 두고 보겠다. 전투병들의 식량을 준비하는 게 우선이다. 너는 그만큼 먹을 자격도 없다. 겨우 아첨꾼인 주제에!"
그리고 체는 그 사내의 무기를 빼앗은 뒤 쫓아내버렸

다. 단 한 명의 호의를 끌어내기 위해 나머지 대원들을 모독했다는 이유에서였다. 무엇보다 그는 대장이었기 때문에 더욱 철저했다. 형제처럼 평등하게 대우받아야 할 민중의 존엄을 모독한 불경죄의 대가는 가혹했다.

1957년 3월 16일은 야노의 지지자들이 파견한 지원부대가 갖은 난관을 헤치고 시에라의 바르부도들과 합류한 날이었다. 그들은 겨우 스물일곱 정의 소총을 갖고 있었지만 쉰여덟 명의 대원이 보충된 것이었다. 쉰여덟 명의 신참내기들과 열여덟 명의 노련한 바르부도들은 쿠바를 압제로부터 해방시키자는 단 하나의 목표를 위해 투지를 불태우고 있었다. 신참자들이 바르부도들의 캠프에 도착한 지 얼마 되지 않아 학생운동연합의 지도자인 호세 안토니오 에체베리아, 즉 엘 고르도가 아바나에서 살해당했다는 뉴스가 흘러나왔다. 대학에서 출발한 시위대가 대통령 궁까지 행진하려다가 경찰과 충돌한 것이다. 그 과정에서 엘 고르도를 비롯하여 40여 명의 학생운동 지도자들이 목숨을 잃었다. 그 외에 많은 사람들이 투옥되고 고문을 당했으며 적잖은 수가 군법회의에 넘겨져 총살당했다.

3월 말부터 4월, 그리고 5월은 반군에게는 '신참들'을 진정한 전사로 단련시키는 기간이었다. 그들은 우선 기지를 다시 설치했다. 알토스데콘라도까지 쉽게 갈 수 있도록 가파른 계곡에 자리를 잡은 그들은 그곳을 '엘옴브리토'라고 불렀다. 산으로 다가갈수록 사람이 길게 드러누운 형태와 닮았기 때문이다. 체는 기강이 잡혀가고 있음을 단박에 확신했다. 그는 '그란마'를 포기했을 당시의 조직을 떠올리고 미소 지었다. 그 석 달 사이에 그들은 많이 변해 있었다. 그들은 적에게 적잖은 타격을 입힐 만큼 단련되고 조직화되어 있었다. 산(피델 일행을 말함―옮긴이)은 평지(야노를 말함―옮긴이)를 알게 되었고 평지는 산을 알게 됐다. 그런데도 야노의 지원군 대장격인 호르헤 소투스는 피델 이외의 다른 누구의 명령도 들으려 하지 않았다. 그는 시에라의 모든 사람들과 의견을 나누면서도 유독 체만은 외국인으로 취급하고 멀리했다. 두 사람 사이에 편치 않은 기류가 흐르고 있다는 것을 눈치 챈 카밀로는 체를 두고 일부러 놀리듯 '엘 아르헨티노(아르헨티나인)'라고 부르곤 했다.

피델은 다시 조직을 정비했다. 라울 카스트로, 후안 알메이다와 소투스는 대위계급으로 유임됐다. 카밀로 시엔푸에고스에게는 전위부대를, 에피헤니오 아메이헤이라스에게는 후위부대의 지휘를 맡겼다. 체는 전 대원들의 건강을 책임지기로 했다. 그러나 그에게는 무엇보다 자기 자신에 대한 의무가 뒤따랐다. 대부분의 바르부도들은 바닥의 습기와 벌레들 때문에 해먹 위에서 잠을 잤다. 그러나 체는 알레르기 때문에 황마로 만든 해먹 위에서 쉬는 일이 고역이었다. 그가 천으로 만든 해먹을 할 수 없이 받아들였던 건 그물 해먹에서 오랫동안 고통을 견더낸 다음이었다. 체는 아무런 항의 없이 보편적인 법을 준수하고 싶었다. 그러나 크레스포와 대화하던 중에 체가 황마로 만든 해먹 때문에 고통받고 있다는 사실을 알게 된 피델이 그에게 천으로 된 해먹을 사용하라는 지시를 내렸던 것이다.

매튜스 기자의 르포 기사는 쿠바 반군의 존재를 미국 내에 알리는 계기가 되었다. 그 와중에 관타나모의 미군 기지에 주둔해 있던 세 명의 미국 병사가 모험을 하고 싶다며 반군에 가담해왔다. 하지만 심한 일교차와 습도, 각종 해충의 습격을 견디지 못한 두 사람은 다시 자기네 기지로 돌아가고 말았다. 그래도 끝까지 남았던 한 사람은 시에라마에스트라에서 전투를 해보고 싶다는 자신의 꿈을 결국 이루게 된다. 이어 CBS에서 파견한 제작팀이 '쿠바 밀림 속의 전사들'이라는 제목의 다큐멘터리를 찍으러 왔다. 아바나의 M 7-26본부의 조정자들인 아이데 산타 마리아와 마르세로 산체스가 방송제작팀을 수행하여 그곳에 왔다. CBS의 로버트 태버와 웬델 호프만은 두 달에 걸쳐 바르부도들의 일상생활을 찍었다. 그 다큐멘터리는 미국 국민들에게 강렬한 인상을 심어주었다. 정치적 직감이 뛰어났던 피델은 미국인의 심기를 건드릴 만한 발언은 가급적 삼갔다. 이 사건 또한 바티스타에게 적잖은 타격을 가한 셈이었다.

정부군이 퍼뜨린 소문―살인자에다 무법자라는―이 사실과 다르다는 것이 드러나면서 역으로 그들의 활약상이 신비화되어 유행가처럼 퍼져가기 시작했다. 바르부도들은 차츰 그들을 보러 오는 농민들과 대화할 기회가 많아졌고 더불어 농민들의 도움도 요구할 수 있게 됐다. 게릴라로서 훨씬 안전한 거점을 확보할 수 있다는 의미 이상으로 그들은 그 지역을 진정한 '해방구'로 만들어갔다. 반군들은 앞으로 벌어질 전투를 준비하면서 그곳의 풍경만큼이나 주민들과도 친해졌다. 그들은 그 지역을 다스리기 시작한 것이다. "5월 중순까지 우리는 예정했던 행군을 계속했다. 5월 초에 우리는 투르키노 산의 정상을 여전히 올려다보고 있었다. 우리는 산타아나와 피코베르데, 엘옴브리토를 지나 엘부로 산까지 계속 행군했다."

엘부로는 동쪽으로 치우쳐 있는 산이었다. 미로처럼 얽혀 있는 부로 산의 한 지점인 오로데기사에 산티아고에서 보내온 무기가 숨겨져 있었다. '개 송곳니'들을 밟고 지나는 고통스럽고도 머나먼 길이었다. 어느 날, 야영지에서 체의 모습이 눈에 띄지 않았다. 시간이 지나자 대원들은 점점 불안해졌다. 그런데 정작 당사자인 체는 마치 방랑자처럼 야영지를 훌쩍 벗어나 별들을 보며 거닐다가 그만 길을 잃어버린 거였다. 아침이 되어서야 그는 들에서 일하고 있는 한 농부를 만났다. 체가 자신의 신분을 밝히자—이미 그는 농부들과 비슷한 말투를 습득하고 있었다—농부는 빙긋이 웃으며 자신의 집에 와서 쉬고 가라고 권했다. 나중에 그는 바르부도들의 야영지가 있는 곳을 가르쳐주었다. 몇 주 전이라도 농부들의 태도가 과연 이러했을까? 사람을 믿기 좋아했던 체는 당연히 그러했을 거라 확신했다.

시에라마에스트라에 세워진 이 '해방구'는 나름의 질서와 법으로 다스려지고 있었다. 밀고 혐의로 기소된 세 사람의 농부는 카밀로가 주관하는 인민재판을 받았다. 물건을 훔치고 밀고한 나폴레스라는 자는 그 자리에서 총살형에 처해졌다. 게릴라들의 법은 가차 없었다. 법이 존중되기 위해서는 두려워해야 할 필요가 있다는 거였다. 또 한번은 어느 삐쩍 마른 사내가 게바라 박사를 사칭하며 동네 사람들을 '진찰'해본다며 유독 젊은 아녀자들만을 골라 옷을 벗게 한 적이 있었다. 그 사내는 체의 이름을 훔친 죄로 처형되었다.

그 일은 따지고 보면 체가 그 지역에서 의사로 알려졌기에 생긴 일이었다. 상대적으로 평온했던 그 기간에 그는 총보다 청진기를 자주 들었던 것이 사실이었다. 라디오 렘바는 각 마을이나 아니면 민간인 지역에 체가 방문했다는 것을 알리곤 했다. 대개는 다음과 같은 내용이었다. '엘옴브리토에서 5월 3일부터 6일까지 에르네스토 게바라 박사가 지역 주민들을 진료하고 주민들로부터 칭송을 받았다.'

당시의 경험을 체는 이렇게 적어놓았다.

이 산간지대의 의료 현실은 한마디로 단순하다. 주민들은 대개가 비슷한 질병을 앓고 있다. 이를테면 바라지 않은 임신을 한 아녀자들, 배만 불쑥 나온 아이들, 기생충, 설사, 구루병 등 대체로 비타민의 결핍에서 오는 증상들이다. 시에라마에스트라에는 이런 질병들이 만연해 있다.

어느 날 그는 자기 곁을 떠나지 않고 줄곧 진료하는 모습을 신기한 듯 바라보던 한 소녀에 대해서도 적어두고 있다.

거의 경건한 표정으로 나를 찾아오는 여인들은 자신들이 무엇 때문에 그렇게 아픈지를 알고 싶어했다. 그런데 내가 진찰하고 있던 오두막을 아침나절부터 내내 지키고 있던 한 소녀가 자기 엄마의 차례가 되자 엄마에게 이런 말을 하는 것이었다. "엄마, 이거 알아요? 저 의사 선생님은 내내 똑같은 얘기만 하고 있어요." 엄밀히 얘기해서 그 아이가 틀린 것은 아니었다. 내 의학지식이 미흡했는지 아니면 그들 모두가 정말 같은 범주의 질병을 앓고 있는지는 모르지만, 아무튼 나는 그들 모두에게 거의 같은 말밖에 해줄 수가 없었던 것이다…….

자신들의 병에 대한 의사의 얘기를 들으면서 환자들은 어떤 생각을 할까. "젊은 부인들은 너무 피곤해서 아픈 겁니다. 아이를 데리고 (그들은 대개 셋, 다섯, 일곱, 아니면 그 이상을 낳았다) 우물물을 떠오거나, 더러는 더 멀리 떨어진 개울까지 양동이를 들고 오가지 않습니까? 여러분들은 대부분 그런 반복되는 고된 노동 때문에 병이 듭니다."

그러나 그런 병을 고칠 수 있는 사람은 의사가 아니다. 그들의 남편들과 함께 그들의 일상생활을 개선해야 하는 것이며, 그것은 결국 그 여인들의 몫이다. 민중과 함께하는 공동체라면 탁상공론을 버리고 실제적이고 구체적으로 그들의 삶이 우리 자신의 일부가 될 때까지 살아 움직여야 하는 것이다.

체는 농민들에게 처방전을 써주었다. 그러나 셀리아와 그녀의 동료들이 의약품 구입할 돈을 보내주지 않았다면 이 처방전들은 휴지 조각에 불과했을 것이다. 시에라에서는 차츰 단결의 사슬이 엮어져가고 있었다.

새로운 무기

1957년 5월은 농민들과 게릴라들 사이에 협력이 이루어진 시기로 두고두고 기억될 것이다. 체는 그 느낌을 이렇게 적었다.

우리는 정부군이 민간인들에게 행하고 있는 갖은 만행을 징벌하고 제지할 수 있는 유일한 세력으로 인식되었다. 이 일은 농민들이 우리에게 동조하며 자신들의 안전을 위탁할 수 있었다는 것을 의미한다.

고문을 일삼던 군인이나 농장 감독의 끄나풀이 바르부도들로부터 혼쭐이 날 때면 농민들은 아낌없는 박수를 보냈다. 특히 바르부도들이 총을 놓고 커피 수확을 거들 때면 이들의 관계는 더욱 공고해졌다. 피델 일행에 대한 소문은 전설처럼 퍼져갔다. 심지어 배를 타고 온 이들이 귀에 꽃을 꽂고 다닌다거나 밤에만 행군하고 낮에는 몸을 드러내지 않는다는 등 무슨 초자연적인 존재로까지 신비화되고 있었다.

시에라마에스트라의 척박한 땅에서 게릴라와 농민들은 하나가 되어가고 있었다. 사실 이러한 상호침투 현상은 신비적인 요인보다는 현실적인 필요에 의한 것이었다. 권력을 쥐고 있는 독재자를 몰아내기 위한 투쟁을 펼치는 전사들과 자유라는 것을 비로소 알게 된 민중들의 협조가 어우러진 것이다. 그것이 바로 혁명이라는 공통적인 명사를 얻게 하였다.

라디오에서는 최초로 그란마호에 탔던 대원들이 아바나에서 열린 궐석재판에서 모조리 유죄판결을 받았다는 소식을 전했다. 그 판결에 유일하게 반대를 제기한 사람이 우루티아 판사였다. 이러한 용기 있는 행동은 혁명이 성공한 이후 공화국의 대통령으로 선출되기에 손색없는 의연한 자세로 받아들여졌다.

그러나 당장에 바르부도들을 가장 괴롭혔던 건 정치권도, 기자로 가장한 CIA 요원(그는 앤드류 세인트 조지라고 불렸다)도, 또는 모스케라와 카스티야스의 부하들도 아니었고 '마카게라'라고 불리는 벌레였다. 모기떼처럼 살아 있는 생명체만 골라 공격하는 무시무시한 이 벌레는 정신이 거의 몽롱해질 때까지 피를 빨아먹는 작은 흡혈귀였다. 이 녀석들은 5월경 '마카과'라는 나무―여기서 그들의 이름을 따왔다―에 알을 낳았다. 이들이 가장 좋아하는 부위는 일명 '마카게라 통로'라 불리는 손, 얼굴, 특히 목 부위였다. 게다가 이 녀석들에게 물린 상처가 덧나 다른 병이 감염되는 통에 체의 일은 배로 늘었다.

5월 15일, 피델 일행은 지원 받기로 약속한 무기를 기다리고 있었다. 게다가 야노 측의 지원군 한 명이 사라져 버려 인원 부족도 메워야 했다. 정부군의 대공세가 머지않아 시작될 거라는 걸 알고 있었기에 불안감도 더해갔다. 그들은 일단 척후대를 파견하여 탈영병의 뒤를 쫓았다. 돌아온 보고에 따르면 탈영병은 산티아고에서 행선지가 불분명한 배를 탔다고 했다. 어쩌면 적에게 정보를 제공하기 위해서인지도 몰랐다. 그러나 그들은 그를 일단 험한 생활을 견디지 못하는, 정신력이 약한 탈주자로 여기기로 했다. '신병들은 대개가 육체적, 이념적으로 또한 정신적으로 결핍을 겪고 있었다'라고 체도 쓰고 있었다.

피노델아구아에서 마카게라와 싸우느라 정신이 없던 5월 18일, 때맞춰 원군이 도착했다는 함성이 여기저기서 터져 나왔다. 그들은 드럼통 안에 실린 채 배를 타고 왔다. 그들이 완전히 해안으로 내려오는 데는 여덟 시간이나 걸렸다. 바르부도들에게는 대단히 감격스러운 순간이었다. 그들은 가져온 무기를 땅바닥에 늘어놓았다. 삼각대가 달린 기관총 석 정, 마젠 소형기관총 석 정, M-1 캐빈 소총 아홉 정, 존슨 자동소총 열 정, 그리고 탄약 6천 발 등이었다. 분배는 퍽 엄숙한 분위기 속에서 진행되었다. 체는 피델로부터 소형 기관총을 물려받음으로써 그로부터 두터운 신임을 받고 있음을 보여주었다. 그는 시에라에서 자신의 인생이 새로운 단계에 접어들었음을 새삼 느꼈다.

사실 그 자동소총은 낡아서 아주 좋은 상태라고는 할 수 없었다. 하지만 그건 별로 중요하지 않았다. 나는 피델로부터 그걸 넘겨받았던 그 순간을 두고두고 잊지 못할 것이다.

당시 체는 호엘 이글레시아스라는 소년에게 많은 관심을 보였다. 겨우 열다섯 살밖에 되지 않았지만 황소처럼 단단했던 호엘은 무서운 것도 없었고, 특별한 욕심도 없는 듯했다. 그는 멕시코에서 함께 기거했던 파토호를 생각나게 했다. 대담무쌍했던 호엘은 기관총 사수였다. 늘 미소를 띠고 곧잘 노래를 흥얼거리기도 하면서 그는 열심히 지냈다. 체는 이 소년을 가르치기로 마음먹었다. 그리하여 체가 개설한 야간강좌의 학생은 카밀로와 호엘, 두 사람으로 불어났다. 총명한 호엘은 하나를 가르쳐주면 열을 알았다.

음식을 섭취하고 나면 배설이 문제이듯, 지원군을 증원한 바르부도들 사이에서 적을 가장 효과적으로 공략할 수 있는 방법을 두고 격렬한 설전이 오가고 있었다. 체는 군인들을 가득 실은 트럭을 공격하자는 의견을 내놓았지만 지휘본부는 결국 우베로 초소를 공격하자는 쪽으로 의견을 모았다.

"피델의 생각이 옳았다. 그 공격은 전국적으로 큰 파장을 일으킬 터였다. 심리전의 측면에서도 그건 상당히 중요했다." 나중에 체는 이렇게 시인했다.

우베로는 투르키노에서 동쪽으로 약 20킬로미터 밖에 위치하고 있었다. 대원들은 약 50명의 야노 측 원군과 함께 정부군에게 타격을 입힐 준비를 하고 있었다. 일단은 상대할 병력의 숫자를 파악한 다음, 그들이 사용하는 통신수단과 접근통로를 알아내고, 민간인들을 가급적 많이 알아두는 일이 순서였다. 셀리아로부터 온 새로운 소식은 작전을 더욱 앞당기게 했다. 카스티야스에게 매수된 농민 두 명을 체포하여 다그쳐보니 반군들의 위치가 들통 나기 일보직전이었다는 것이었다. 밀고자들을 사전에 붙잡았다 해서 위험이 없어지는 건 아니었다. 또 다른 밀고자가 없다는 보장이 없었으니 꾸물거릴 시간이 없었다.

대원들 중에서 그 지역 출신으로 1959년에 대장의 계급을 달게 되는 칼데로는 완벽한 가이드로서 지휘본부에 귀중한 정보를 많이 알려주었다. 직선거리로는 20킬로미터인 길을 인적이 드문 길만을 골라 지그재그로 험난한 행군을 한 끝에 그들은 바분이라는 회사 소유의 제재소에 접근했다. 일단 병영이 사정권 안에 들어온 다음의 작전은 간단했다. 일제사격으로 병사들을 그 나무창고로부터 끌어낸다는 것이다. 특히 병력이 많이 모여 있는 제3

초소와 제4초소를 집중적으로 공략하는 것이었다.

1957년 5월 27일 늦은 밤부터 28일 새벽까지, 바르부도들은 공격 채비를 하고 있었다. 그들 모두는 민간인이 제발 다가오지 않기만을 바랄 뿐이었다. 라울과 기예르모 가르시아 사이에서 체는 자동소총을 장전한 채 피델의 공격신호가 떨어지기만을 기다리고 있었다. 그의 왼편에서 카밀로 시엔푸에고스의 붉은 스카프가 힐끗 시야에 들어왔다.

적들로부터 약 50미터가량 떨어져 있는 곳에서 나는 바티스타의 군인들이 병영 주변에 있는 참호에서 나오는 것을 보았다. 그들은 한 오두막으로 들어갔다. 다음 순간 신음소리와 요란하게 싸우는 소리 같은 것이 들려왔다. 처음에 나는 정부군이 당하고 있는 걸로 생각했다. 포복으로 그곳에 접근해 간 나는 우리 편인 레알이 머리에 부상을 입은 채 쓰러져 있는 걸 발견했다. 나는 재빨리 그의 상처 부위를 살폈다. 총알이 머릿속에 박혀 이미 마비가 시작되고 있었다. 붕대조차 감을 수 없었고 구겨진 휴지조각으로 피가 흘러나오고 있는 상처 부위를 틀어막는 일 외에는 별다른 일을 할 수 없었다. 이윽고 호엘 이글레시아스가 레알을 들쳐 업고 여기저기 총알이 난무하는 난장판 속을 뛰었다.

세 시간 만에 사태는 바르부도들의 승리로 결말이 났

다. 하지만 피해는 생각보다 컸다. 열다섯 명의 사상자가 발생했다. 최초의 희생자는 피델의 바로 근처에 있던 홀리토 디아스였다. 미신인지 몰라도 그는 특별히 자기가 성인의 가호를 받고 있다고 여기고 있었다. 그가 게릴라에 가담하겠다고 나설 때 그의 이웃들은 안전을 비는 포옹을 하자고 했지만 그는 아무 일도 일어나지 않을 거라고 장담하며 거절했다고 한다. 하지만 그는 그렇게 쓰러지고 만 것이다.

그 외에도 몰, 나노 디아스, 베가, 그리고 엘 폴리시아가 혁명의 천당으로 떠났다. 그리고 레알과 가슴팍을 다친 시예로스 등 두 명의 중상자 외에도 마세오, 에르메스 레이바, 알메이다, 키케 에스칼로나, 마날, 페나, 마누엘 아쿠나 등이 이런저런 부상을 입었다. 적군의 피해는 전사 열넷, 부상 열아홉, 포로 열넷, 그리고 탈주 여섯이었다. 그나마 다행인 것은 민간인이 다치지 않았다는 것이었다.

체는 그날의 승리를 모든 대원들의 공으로 돌렸다.

"오늘의 승리는 거의 맨몸으로 적을 마주한 대원들의 공이다. 따지고 보면 이것은 만용이나 다름없었다."

이 공격이 성공한 것은 다행히 조기에 적들의 통신장비를 파괴함으로써 산티아고와의 연락을 두절시키는 데 성공, 공습을 미리 막을 수 있었던 것도 큰 요인이었다. 포로들은 얼마 안 가 석방되었다. 이동하는 데 방해만 될 뿐더러 포로들을 처단하는 것도 게릴라들의 관례가 아니었기 때문이다. 이날의 전투는 곧 아바나의 대통령 귀에까지 들어갔다. 결과적으로 언론의 검열이 더욱 강화되었다.

전투가 끝나자 체는 총 대신 외과용 메스를 다시 들었다. 그는 쉰 살가량 된 또 다른 의사와 함께 침대고 탁자 위에 아무렇게나 널브러져 있는 양측의 부상자들을 막막한 시선으로 바라보았다. 머리가 벗겨진 동료 의사는 그에게 이런 말을 했다.

"젊은이, 자네의 책임이 막중하네. 솔직히 말해 나는 이런 상황에는 익숙지 못하네."

체는 방금 전까지 자신에게 총을 겨눴던 적군마저 치료해야 하는 상황에 직면했다. 그러나 그는 일단 팔을 걷어붙이고 나서 아군과 우군을 가리지 않고 피범벅이 된 상처들을 치료했다. 약 서른 명의 부상자들이 그를 기다리고 있었다. 가장 부상 정도가 심해 운반조차 할 수 없는 레알과 시예로스는 풀어준 적군들이 잘 돌보아주리라 믿고 남겨두고 가는 수밖에 없었다. 그러나 바티스타군들이 그들의 목숨을 끝장내버릴지 모른다는 걱정에 체는 두 전우에게 작별인사를 하는 것이 두려웠다. 시예로스는 결국 산티아고까지 가지 못했다. 그러나 레알은 살아남아 핀스 섬의 감옥 안에서나마 승전보를 들을 수 있었다.

전리품들을 트럭에 옮겨 싣는 일을 거들면서 요긴한 의약품을 챙겨두기 위해 체는 가장 나중까지 그곳에 남기로 했다. 적군의 반격이 곧 시작될 것이 분명했기 때문에 피델 일행은 걸음을 재촉했다. 일단 사망자들을 묻고 나서 체는 임시 조수인 세 명의 농부, 다섯 명의 바르부도들과 함께 일곱 명의 부상자들을 들것에 싣고 출발했다. 구급차도, 적십자 마크도 없는 이상한 행렬이었다. 주력부대로부터 뒤처져 있는 까닭에 체는 한시도 경계를 늦출 수 없었다. 이후 6월 한 달 동안 체는 부상자들을 치료하고 그들의 상처 부위가 덧나지 않도록 신경 쓰느라 바빴다. 두 군데에 부상을 입고 여전히 머릿속에 총알 한 개가 박혀 있는 후안 알메이다 보스케 대위는 일전에 알레그리아델피오에서 체의 목숨을 구해준 바 있는 건장하고 너그러운 흑인이었다.

체는 천식이라는 망령이 그의 흉곽을 후려치기 전까지는 잘 견디어냈다. 물론 그가 스스로 자신의 병을 다스릴 수는 있었지만 험난한 밀림 한복판에서, 더군다나 치료해야 할 부상자들을 앞에 두고 있는 현실은 가혹하기 짝이 없었다. 하지만 그는 이를 악물고 고통을 참아가면서 가쁜 호흡과 피투성이 발로 자신의 과업을 묵묵히 수행했다.

얼마 지나지 않아 또다시 반가운 지원대가 도착했다. 그중 파노 타마요라는 농부가 의무반에 무척 요긴한 보급품을 가지고 왔다. 사실 그는 안내인들의 연결을 책임지고 있는 셀리아 산체스가 체의 그룹을 지원하도록 배려하여 보낸 '특별사절단'의 일원이었다. 생존자들은 그 지방 농부인 이스라엘 파르도와 에멜리나 부부의 보살핌을 받았다. 다시 출발할 만큼 기력을 회복하기 위해 잠시 그곳에 머물 필요가 있었다. 게다가 다비드라는 별명으로 불렸던 피델 측의 정보원이 열두 명의 혁명의 사도들을 위해 자신의 소까지 선뜻 잡았을 뿐 아니라 무척 귀중한 정보들도 전해주었다.

시간이 지나자 건장한 안내인 시네시오 토레스, 호엘 이글레시아스, 멕시코의 유명한 배우를 닮아서 칸틴플라스라는 별명이 붙은 알레한드로 오냐테, 빌로 아쿠냐와 체는 다섯 명의 부상자들에게 더는 매달리기가 어렵게 됐다. 그중 회복이 더디었던 칼로나와 마날은 하는 수 없이 평지로 내려보내야 했다. 이윽고 열 명으로 줄어든 일행은 게바라 부대의 역사에서 중요한 장소가 될, 이른바 '라메사(식탁, 테이블이라는 뜻—옮긴이)'라는 부에이아리바 지역에 도착했다. 신기하게도 좁은 계곡 틈새를 비집고 나온 평평하고 너른 그 바위는 산맥의 진짜 심장부였다. 계곡 깊숙이 흐르는 물라 강을 따라 한없이 내려가다 보면 저 멀리 바다가 가까워지는 곳에서 그 이름이 투르키노 강으로 바뀌었다.

게바라 일행은 도중에 만난 이폴리토 토레스 게바라라는 농부를 붙잡고 그의 의향을 탐지했다. 그때처럼 사람을 경계했던 적도 없었던지라 체는 맨발의 농부에게 다가가 그를 차가운 눈초리로 쏘아보았다.

"우리들은 서로를 뚫어져라 쳐다봤어요. 하지만 그 눈동자 깊숙한 곳에서 그의 진실을 읽었지요. 마침내 나는 주변을 가리키며 체에게 먼저 말을 꺼냈어요. '여기를 집처럼 생각하세요.' 그건 빈말이 아니었어요. 나는 내 집을 그들에게 내어줄 각오가 되어 있었거든요. 이건 아무에게도 하지 않은 말이지만, 체가 볼리비아에서 죽었다는 소식을 들었을 때 내 생전 그렇게 울었던 적은 처음이었어요."

체 역시 이 사내가 얼마나 정직하며, 진지하고 순수한 영혼을 갖고 있는지 이내 알아차렸다. 그는 이른바 자신의 '개척사'를 체에게 들려주었다. '폴로'라고 불리었던 이폴리토는 단신으로 이곳 오지까지 배를 저어왔다. 그는 물라 강을 한참 따라가다가 이곳에 마음이 끌려 정착을 결심했다고 한다. 아주 아름다운 농장이라며 체도 감탄을 금치 못했다. 아담하고 아름다운 땅이었지만 산에 인접하고 있어 농업용 칼인 마세트가 있어야만 길을 갈 수 있을 만큼 식물이 무성했다. 이곳에는 특히 커피나무들이 무성하게 자라고 있었다. 폴로는 일단 동굴에서 해먹을 치고 자는 식으로 생활하다가 부근에서 가무잡잡한 피부를 가진 참한 아가씨 후아나를 만나 아내로 삼았다. 그리고 그는 그 땅을 개척하기 시작하여 후아나와 자신을 위한 보금자리를 가꿔나갔다.

그는 물라 강 수면 위로 불쑥 튀어나온 한 바위를 가리켰다,

"마치 식탁처럼 평평하죠. 그래서 저걸 메사라고 부른답니다."

그로부터 40여 년이 지난 1994년 4월, 우리가 그곳을 방문했을 때에도 '라메사'는 역사의 무게를 묵묵히 간직한 채 여전히 그 자리를 지키고 있었다. 그러나 이폴리토의 오두막은 뼈대만 앙상하였을 뿐 아무도 살고 있지 않았다. 그는 그곳을 퍽 오래전에 떠났다고 한다. 체가 대위 계급장을 직접 달아주었던 '맨발의 대위'는 지금은 만자니요에서 아내와 자식들, 손자들, 그리고 많은 가축들에 둘러싸여 여생을 보내고 있다. 그는 아직도 체를 흠모하는 추종자들의 맨 앞에 서서 그를 기리는 의식에도 빠지지 않고 참석하고 있다고 한다. 그들은 '체가 걸었던 길(Los caminos del Che)'이라는 단체를 만들어 약 50명가량이 배낭을 메고 체 사령관이 행군했을 시에라의 좁은 길들을 다시 따라가보는 일을 해마다 빠뜨리지 않고 하고 있다고 한다.

"언젠가는 그란마호의 대원들처럼 여든두 명이 그 일을 해보고 싶습니다. 머지않아 그렇게 되리라 믿습니다."

나 역시 폴로를 따라 체의 발길이 닿았을 그 길을 밟아보았다. 그는 나에게 반군들이 그곳에 도착했던 1957년 6월의 경험을 생생히 들려주었다. 늘 대원들에게 지급할 보급품을 걱정했던 체는 메사 위에 풍성하게 가지를 치고 있던 두 덩굴식물을 보고 무척 반가워했다고 한다. 그것들은 말랑가와 냐메였다. 일종의 감자인 누르스름한 말랑가는 시에라 지역에 넓게 자라고 있었기 때문에 아바나의 기자들은 바르부도들의 의거를 두고 '말랑가 혁명'이라고 부르기도 했다.

"다른 대원들은 흰색으로 변한 말랑가나 냐메만을 먹었지만 우리 게바라 부대는 고기도 먹었습니다. 그래서 용변을 순조롭게 볼 수 있었죠."

한편 일종의 마과 식물인 냐메는 아프리카에서 광범위하게 자생하는 식물이다. 다 자라면 거의 3 내지 4킬로그램의 무게가 나가는데 끓는 물에 넣고 삶아 수프나 퓌레를 만들거나 조각을 내서 먹기도 한다. 체가 볼 때 폴로만큼 냐마의 푸른 줄기를 잘 분간해내는 사람은 없었다. 소금과 마늘을 사용하여 그들에게 냐마를 조리해주는 건 야생생활에 익숙했던 폴로의 아내 후아나의 몫이었다. 그녀는 체를 위해 토마토소스를 곁들여주거나 볶은 바나나 요리를 만들어주기도 했다.

비교적 풍부한 자원과 산중 한복판이라는 지리상의 여건, 그리고 전투시 대원들이 숨기 좋은 은신처라는 점에서 체는 이곳 메사를 게릴라의 베이스캠프로 삼아야겠다고 결심했다. 체는 그 후 수차례에 걸쳐 이곳을 찾았다. 폴로는 체가 떠날 때마다 후아나에게 맡겨두었던 책들을 숨겨놓았던 동굴을 보여주었다.

"대략 열다섯 권쯤 되었을 겁니다. 대부분 무척 두꺼웠죠. 우리는 글을 읽을 줄 몰랐기 때문에 무슨 얘기가 씌어져 있었는지는 알 턱이 없었죠. 하지만 그 책들 중 몇 권은 마르크스주의를 다룬 것이라는 것 정도는 알고 있었습니다."

체는 다른 동료들에게 그랬듯 폴로에게도 읽기와 쓰기를 가르쳐주려고 했다. 체는 즉시 그에게서 다른 이들과 다른 독특한 특질을 간파했다. 폴로는 책으로는 도저히 배울 수 없는 생생한 지식이 몸에 밴 사람이었다. 다시 말해 그는 자연을 '알았던' 것이다. 체는 이 점을 매우 존중했다. 폴로는 그 자신만의 방식으로 시에라를, 그리고 식물들을 길들였다. 밤이면 그는 모닥불 옆에 쳐놓은 해먹에 웅크리고 앉아 별들을 향해 모락모락 올라가는 낯설고도 농밀한 소리의 근원을 따져보거나 어둠 속에서 들려오는 아주 작은 바스락거리는 소리조차 놓치지 않고 얘기해주었다.

폴로는 얼마 지나지 않아 혁명가들 사이에서 아주 중요한 역할, 즉 피델 측과 게바라 측의 연결책으로 떠올랐다. 그는 피델의 주력부대와 재회한 뒤에 일어난 얘기를 들려주었다.

"피델과 체는 각자의 얘기를 나에게 해주면서 각기 다른 장소에서 상대방이 했던 얘기를 나에게 차례로 물어보곤 했죠. 하지만 난 단 한 번도 허튼 실수를 한 적이 없었어요. 그럴 때마다 제 대답은 한결같았거든요. '글쎄요, 별 얘기를 못 들었는데요!'"

이렇게 하여 피델과 체가 그에게 모든 것을 털어놓기 시작한 날부터 폴로는 둘 사이를 잇는 중요한 가교가 되었다.

체의 일행은 차츰 기력을 회복해가고 있었다. 그들은 새로운 동지가 된 폴로의 안내를 받아 시에라의 지붕을 다시 오르기 위해 이동을 시작했다. 얼마쯤 더 가자 투토 알메이다라는 농부가 위험을 무릅쓰고 안내인의 역할을 이어받았다.

6월 26일자의 체의 일기에는 대원들의 이 뽑기에 대한 이야기가 기록되어 있다. 대원들 중 몇몇이 잇몸의 종양이나 충치 등으로 고생하고 있었다. 이번에는 체가 임시 치과의사로 둔갑해야 할 판이었다. 그는 배에서 쓰는 못을 뽑는 도구로 맨 처음 환자인 이스라엘 파르도를 맞았다. 마취도구는 꿈도 못 꿀 일이라 그는 '심리적 마취제'인 엄청난 욕설을 수술하는 동안 퍼부어댔다. 두번째 환자인 호엘 이글레시아스는 상당한 주의를 요했다. 하지만 달리 뾰족한 수가 있을 리 없었다. "호엘의 커다란 어금니를 뽑으려면 다이너마이트를 터뜨려야 할 것 같았다. 나로서는 도저히 그의 어금니를 뽑을 재주가 없었다. 그는 그대로 아픈 채 지낼 수밖에 없었다." 하지만 호엘은 체의 천식이 재발할 때 구급약품이 없는 그에게 대용물을 가르쳐주었다. 나팔 모양을 하여 클라린이라는 이름이 붙은 식물의 마른 잎사귀는 심한 기침을 할 때 그 지역 농부들이 쓰던 민간약제이다.

힘든 행군에도 부대의 사기는 사그라들 줄 몰랐다. 그러던 어느 날, 그들이 6개월 전에 만난 적이 있던 로사발이라는 재림교 목사처럼 재림론을 믿는다는 두 명의 흑인 여자가 그들을 발견하고는 도망치기 시작했다. 그러나 체의 말에 교화가 되었던지 자칭 폭력의 반대자들이었던 이들이 팔을 걷어붙이고 믿음직한 조력자가 되었다. 그리고 우베로 공격에서 살아남았던 군인들과 바야모에서 온 지원자들까지 가세해 체의 휘하는 어느덧 총 서른 명 남짓한 인원으로 불어나 있었다. 특히 나중에 위대한 게릴라로서 '양식의 왕'이라는 명성을 떨치게 될—보급품을 운반해주는 데는 그를 따를 만한 자가 없었으므로—아리스티데스 게라의 안내를 받아 힐베르토 카포테와 니콜라스라는 전직 군인들도 가세했다. 기적의 사나이 알메이다는 다시 걸을 수는 있게 되었지만 지휘관 역할을 수행하기에는 아무래도 기력이 많이 모자랐다. 결국 체의 지휘하에 어느덧 두 배로 불어난 부대는 행군을 계속하게 되었다.

그런데 그들이 라네바다에서 본대와 합류하기 위해 지나가려고 했던 마르베르데에 적이 나타났다는 보고가 들어왔다. 대원들은 결국 투르키노 산 정상 부근의 오솔길을 가로질러 가기로 결정했다. 강행군 속에서 무전기를 통해 짧게짧게 들려오는 소식은 대원들의 사기를 한풀 더 꺾어놓았다. 라울 카스트로가 에스트라다팔마에서 있었던 전투에서 심각한 부상을 입었다는 소식이었다. 체는 그 정보가 적들이 퍼뜨린 것이라며 대원들을 진정시키려 했지만 지극히 상대적인 신념만을 심어줄 수밖에 없었다. 그러나 그의 말이 옳았다. 그 소식은 순전히 조작된 심리전의 일환이었다는 것이 나중에 드러난다.

체 일행은 1936년에 쿠바로 건너왔다는 한 바스크인의 거처에 도착했다. 비스케이 지방 출신이라 엘 비스카이노라고 불렸던 그는 대원들을 재워주고 옥수수떡과 과일, 그리고 커다란 토르티야까지 내왔다. 동틀 무렵, 대원들은 산 정상을 향해 다시 길을 떠났다. 당시의 상황을 체는 이렇게 적었다.

우리는 이런 식으로 거의 엉금엉금 기다시피 하며 전진하고 있었다. 대원들의 사기도 차츰 땅에 떨어졌다. 우리는 무기도, 혁명지도부와의 연락도, 그리고 경험도 없이 적들에 에워싸여 있는 꼴이었다. 게다가 농민들의 상상력은 한없이 확장되어 아무 데서고 적들을 보았다고 할 정도였다.

험난한 행군 끝에 우베로의 생존자들인 체 일행은 라스쿠에바스 지역의 투르키노 산 서쪽 팔마모카에 이르렀다. 두 명의 농부가 염려스러운 표정으로 그들을 맞았다. 여기서도 부상자들의 치료와 이 뽑기가 계속되었다. 이윽고 그들은 엘인피에르노까지 기어올라가기 시작했다. 7월 15일, 카브레라라는 농민이 저 낯 두꺼운 랄로 사르디나스를 근처에서 보았다는 정보를 가져다주었다.

피델의 본대와의 해후는 이튿날인 16일에 이루어졌다. 피델에게 생존자들을 데려온 자신의 신원이 탄로나자 사르디나스로서도 혁명의 대열에 동참하는 것 외에 달리 선택의 여지가 없었다. 그리하여 그는 일단 자신을 지킬 요량으로 극악무도한 산체스 모스케라의 부대를 찾아내는 임무를 맡게 되었다.

"이 자는 정말 괴물 같았다. 마치 저 옛날의 파괴자 반달족처럼 우리에게 협력한 농부들을 매달고 그 시신을 불태웠다."

인피에르노 강변에 설치한 임시 야영지에서 게바라 일행을 맞이하던 피델은 소대의 공식적인 지휘관인 알메이다 대위에게 찬사를 던졌다.

"축하하네, 알메이다. 자네 대단한 일을 해냈군!"

그러나 알메이다 대위는 체를 향해 몸을 돌리더니 이렇게 대답했다.

"제가 아닙니다. 대단했던 사람은……."

대장의 별

1957년 7월 17일, 지휘본부에서의 회의 끝에 피델 카스트로는 라미노 발데스와 시로 레돈도, 그리고 체 게바라를 대위로 진급시켰다. 체는 새로 편성된 제2중대를 책임지게 되었다. 전위부대는 랄로 사르디나스가, 본대는 라미노 발데스가, 그리고 후위는 시로 레돈도가 지휘하기로 했다. 이 편성으로 누더기에 보잘것없는 무기를 든 일흔다섯 명의 바르부도들은 일단 하나의 조직으로 통합되었다. 이런 히피 같은 몰골 때문에라도 체는 일치단결된, 군기가 엄한 조직을 만들겠다는 의지를 더욱 다지게 되었다. 그는 이 부대를 자신 있게 '농민들의 엑소더스'라 불렀다.

며칠 후인 7월 21일, 기대하지 못했던 일이 일어났다. 체는 그날을 이렇게 기억했다.

"우리는 동생 카를로스[6]를 잃은 '프랑크 파이스(호수에 파이스의 전시명)'에게 보낼 애도장을 작성하고 있었다.

---

[6] 스물두 살에 암살됨.

우리는 두 줄로 각자의 이름을 서명했다. 내가 두번째 서열에 내 계급을 기재하려는 순간, 피델이 대뜸 명령했다. '대장이라고 쓰게나!' 그것은 거의 은밀하달 수 있는 비공식적인 방식이었다. 이렇게 하여 나는 나중에 '제4대대'라고 불릴 반군의 두번째 대장이 되었다."

그 진급식은 뛰어난 기억력을 소유한 체로서도 누구의 오두막이었는지는 기억해내지 못한 어느 농가―실제로는 라몬 코리아라는 농부의 집이었다―에서 거행되었다. 아르헨티나 출신의 '외국인'이었던 체 게바라가 피델의 동생인 라울보다, 알메이다 몬카다보다도 먼저 대장이 된 것이었다. 피델의 요청으로 셀리아 산체스는 특별히 준비해온 대장의 별 계급장을 꺼냈다. 금박이 둘러진 작은 별은 쿠바혁명의 아버지인 호세 마르티의 별과 같은 모양이었다. 체는 얼른 그 별을 챙모자 대신에 쓰게 된 베레모 위에 달았다. 이 모습은 1960년 3월 5일, 알베르토 코르다가 아바나에서 찍은 유명한 사진으로 두고두고 남을 것이었다. 그 별이 탄생한 내력은 이랬다. 화염병에서부터 대전차 지뢰까지 못 만드는 게 없었던 무기 제작자 오리스 잘디바르는 피델로부터 작은 별 하나를 만들라는 명령을 비밀리에 받았다. 청동조각을 다듬어 만든 체의 별은 이렇게 태어났다. 그러나 그 재간 많은 오리스조차도 그 별을 누가 달게 될지 몰랐다. 결국 체를 대장에 임명한 것은 절대로 즉흥적인 것이 아니라, 피델이 상당히 고심한 끝에 내린 결정이었다는 것을 알 수 있다.

그날 체는 피델로부터 손목시계도 받았다. 이 뜻하지 않은 진급에 그는 무척 고무되었다. 사실 천식 때문에 누구보다도 군대생활에 적합하지 않다고 여겨지던 그가 아니었던가. "누구에게나 내재해 있는 자신감은 제때를 만났을 때 완전히 발휘된다. 이 일로 인해 나는 세상에서 가장 잘난 인간이라는 자부심을 갖게 되었다"라고 그는 토로했다.

이제 자율적인 결정을 내릴 수 있는 권한을 갖게 된 신임대장 체 게바라는 자기 부대의 기지를 엘옴브리토로 옮긴다는 결정을 했다. 사실 피델은 이 결정을 썩 달가워하지 않았다. 피델은 그처럼 훤히 노출되어 있는 장소에 고정진지를 구축한다는 것이 위험해 보였던 것이다. 그러나 그는 자신의 오른팔이 내린 결정을 인정했다.

체는 수하 장교들에게 새로운 명령 하나를 추가로 내렸다. 바로 악명 높은 산체스 모스케라를 포위하는 일이었다. 하지만 모스케라는 이미 그 지역을 떠난 뒤였다. 체는 몬카다 병영 습격 4주년이 되는 7월 26일에 맞춰 무언가 그럴듯한 전공을 올릴 궁리를 하고 있었다. 피델은 신중함을 강조하면서도 특별히 그를 제지하지는 않았다. 체는 일단 에스트라다팔마[7] 병영을 야간에 습격하는 전통적인 전략을 포함한 야심 찬 계획을 세웠다. 습격에 성공한 뒤 야라와 베기타스라는 근처 마을로 향해 그곳에

---

[7] 바르톨로메 마소 시대부터 있었던 병영이다.

주둔하고 있는 군부대를 다시 습격하고서 부대로 귀환한다는 것이 주요 내용이었다. 그러나 게릴라전으로 본다면 체는 아직 수습에 불과했다. 전투는 머릿속으로만 말(馬)을 옮기는 장기판과는 달랐다. 그는 자신이 속해 있는 지휘본부도 염두에 두지 않을 수 없는 것이었다. 한편으로 투르키노 해안가에 있던 라울 메르카데르 또한 에스트라다팔마 병영 습격을 준비하고 있으며 이미 현장에 도착했다는 소식이 들려왔다. 혁명군의 동지인 또 다른 라울과 경쟁할 수는 없는 노릇이었으니 체로서는 그 계획을 포기하는 수밖에 없었다.

그리하여 그는 인구 십만의 도시인 바야모로부터 30킬로미터가량 떨어진 부에이시토 병영으로 목표를 바꿨다. 그곳은 민간인으로부터 병참지원을 기대할 수 있다는 이점이 있었다. 구리와 약간의 금이 생산되는 부에이시토 인근 광산촌에서 M 7-26은 비교적 많은 지지를 얻고 있었다. 랄로 사르디나스 대위는 캘리포니아 경계를 가르는 카냐브라바에 살고 있는 아르만도 올리베르라는 사내에게 운송수단을 징발하라는 임무를 맡겼다. 그가 모아 놓은 운송 편에 체는 흡족해했다. 콘라도 산테스테반 소유의 파워 왜건, 이스라엘 파르도가 운전하게 될 루이스 리베이로의 트럭, 과시미야 농장 주인 루벤 페르난데스의 파워 왜건, 이달베르토 게레로와 니니 오로라는 사람의 소유인 자동차 두 대, 게다가 레이날도 나바로라는 사람에게 빌린 윌리스 지프까지, 비교적 구색이 잘 갖춰진 셈이었다.

도로 모퉁이를 돌아 넓은 공간에 노란 벽을 두껍게 쌓아놓은 부에이시토 병영은 일명 '마세오'라고 불렸던 제1보병 연대 소속 13중대의 관할이었다. 19세기에 세워진 이 병영은 바야모와 만자니요 두 도시 사이를 잇는 중개 역할을 하는 곳이었다. 당시 에스파냐 병사들이 점령하고 있던 이 요새는 칼릭스토 가르시아와 안토니오 마세오 장군이 이끄는 맘비(Mambies)[8]들의 공격을 받고 함락되었다. 이렇게 하여 이 아름답고 평화로운 마을에서 역사는 또 다른 혁명의 역사와 조우한다.

바르부도들이 거점을 확보하려고 노력하고 있는 이 지역에는 바티스타 편의 장정 3만 1천5백8명이 — 게릴라전 초기에 그들 중 4만 2천 명이 쿠바군 편에 속했다 — 투르키노의 견고한 기지 주변에 배치되어 있었다. 예컨대 그들 중 1만 6천3백11명은 정규군으로, 3천4백32명은 긴급구조대로 편성되어 있었고, 건달들이나 날품팔이들까지 포함하여 다른 부대 — 해병대와 경찰, 반공연맹(BRAC), 군대에 준하는 조직, 그리고 마스페레르 대령의 사병조직은 제외하고 — 에서 온 1만 1천7백65명이 있었다. 얼마

---

[8] '맘비'는 소라고둥이라는 뜻을 가진 인디오 말로서 그들 간에 의사소통을 할 때 썼던 일종의 농무 경적을 일컫는다. 에스파냐인들은 19세기의 쿠바 병사들을 맘비세스라고 불렀다. 마치 소라고둥 소리처럼 붙잡기 힘들다는 의미였다. 실제로 섬 원주민들의 신호 소리는 그 발신지를 알아내기가 무척 어려웠다.

간은 무장이 되어 있는 이 3만여 명의 장정들을 볼 때 게릴라들은 흡사 바티스타라는 골리앗 앞에 선 다윗의 처지나 다름없었다.

체의 부대는 단잠에 빠져 있는 군인들을 공격하기 위해 부채꼴 모양의 편대를 짰다. 7월 31일 새벽 5시 20분, 공격개시 신호가 내려졌다. 그러나 겨우 '수습'에 불과한 대원들은 명령을 제대로 지키지 못했고 상황은 곧장 형클어져버렸다. 건물 주위를 돌고 있는 한 그림자가 보이자 체는 위협적인 목소리로 물었다.

"누구냐?"

상대방은 체를 자기편이라 여겼는지 금세 대답했다.

"지방 수비대다."

체가 즉시 총을 겨누자 그 군인은 가까운 건물 유리창 안으로 뛰어들었다. 어둠 속에서 식탁이 넘어지고 접시가 나뒹구는 소리가 들리더니 그는 반대편 문을 통해 도망쳐나가는 것 같았다. 그러나 그가 기지 반대편으로 도망쳤기 때문에 체는 더 추적하지는 않았다.

그 소동 때문에 요란하게 개가 짖는 소리를 들은 적의 경계병이 무슨 일인지 알아보려고 가까이 오고 있었다. 그걸 알 리 없는 체는 톰슨 자동소총을 들고, 또 상대방은 가란드 총을 들고 서로를 향해 한 발짝씩 가까워지고 있었다. 몇 미터 전쯤에서 적을 알아본 체가 얼른 "손들어!"라고 외쳤다. 상대방이 재빨리 사격태세에 들어가자 체 역시 방아쇠를 당겼다. 그러나 체의 톰슨은 작동되지 않았다. 최악이었다. 게다가 이스라엘 파르도의 22구경 소총조차도 먹통이었던 것이다.

"그가 어떻게 그 상황을 벗어났는지는 잘 모르겠다. 그리고 나도 죽지 않았다는 사실은 분명했다. 빗발치는 가란드 탄환 사이를 나는 젖 먹던 힘을 다해 뛰었다. 일단 사정권에서 벗어난 듯하자 나는 후미진 틈새로 마치 곡예하듯 몸을 날려 파고드는 이스라엘을 보았다. 나도 순식간에 그 구멍으로 몸을 날렸다." 체의 얘기였다.

다음 순간 체의 부하들이 감시초소 뒷문으로 난입했다. 그러자 사태는 급속히 결정지어졌다. 적은 다섯 명 부상에 두 명 중상, 나머지는 포로로 잡혔다. 체의 편에서는 야노에서 온 페드로 리베라가 가슴에 총상을 입어 전사했고 라파엘 라미네스가 중상을 입은 것 외엔 별다른 피해가 없었다. 무엇보다 마누엘 에스피노사가 마을 어귀에 있는 전신주에 미리 올라가서 전화선을 끊어놓았던 덕택에 경보장치가 작동되지 않았던 것이다.

1994년, 체의 행적을 따라가보기 위해 시에라마에스트라에 온 우리는 '맨발의 대위'라는 폴로의 안내를 받아 부에이시토를 지나게 되었다. 이때 체의 딸인 일다도 우리와 동행했다. 그런데 머리를 틀어 올린 한 여인이 일다를 알아보고 곁으로 다가왔다. 그녀는 감격스러운 듯 일다를 포옹하더니 목멘 소리로 이렇게 말하는 것이었다.

"마을에서 1킬로미터도 못 미쳐 있는 다리를 지나는

곳에 저 인간백정 산체스 모스케라가 자신의 노획물과 검게 그을린 시체들을 쌓아놓곤 했죠. 족히 4백 명은 되었을 거예요."

우리가 지나치는 부에이-아리바 지역 어디에서나 체는 여전히 숨쉬고 있었다.

"체는 우리 안에, 우리와 함께 숨쉬고 있어요. 우리의 목자로 영영 남아 있을 겁니다." 혁명사가인 라몬 올리바 가르시아는 이렇게 말했다.

30구경 두 정, 자동소총 한 정, 가란드 여섯 정, 45구경 리볼버 아홉 정, 탄창 열일곱 개. 그 정도면 괜찮은 결과였다. 게바라 일행은 지프 한 대와 포화 속에서 도망치지 못하고 다친 노새 몇 마리도 얻어냈다.

마을 어귀에 있는 나무다리를 지나자 체는 지프를 멈추게 한 다음, 화공병인 크리스티노 나란호에게 차에서 내려 후미를 방어하라고 명령했다. 체는 작전 중에 지나치게 흥분해 있던 부하들의 모습이 마음에 걸렸다. 그는 시에라의 험준한 지역이 아니라 평지에서 쟁취한 승리라고 우쭐하지 않았다. 그러나 이 작전의 성공은 정부군의 사기를 크게 떨어뜨렸으며 전국의 반바티스타 운동에 힘을 실어주었다. 이제 쿠바 전체에서 에르네스토 게바라를 모르는 사람이 없게 됐다. 사람들은 그를 '영웅적인 게릴라(el Guerrillero heroico)'라는 별명으로 불렀다.

그 공격 이후, 체는 피델에게 이런 전문을 보냈다. '10

시경, 우리는 공습을 받지 않고 무사히 철수할 수 있었습니다…….' 이어 그는 프랑크 파이스의 죽음이 가져올 심각한 파장을 언급한 뒤 M 7-26 본부의 핵심을 대체할 의견도 제시하였다. 더불어 새로 지원한 스물다섯 명의 신참자들—그중 열 명은 무장이 안 된—을 합하여 그의 부대가 1백 명에 달했다는 것도 명시했다. 이렇게 하여 피델의 제1대대와 체의 4대대(예전의 2대대)를 합하면 모두 3백 명이 넘는 인원이 되었다.

엘옴브리토 기지에 다시 돌아온 체는 또다시 식량이라는 골치 아픈 문제에 직면했다. 1957년 8월 초순, 그는 라몬 페레스와 함께 노새 등에 올라타고 북부의 베가그란데로 출발했다. 그는 거기서 동료 게릴라인 라몬 페레스의 아버지이자 부유한 후원자였던 세르히오 페레스 카미요를 만나 부대원들에게 필요한 보급품을 금세 확보할 수 있었다. 이런 식으로 기지의 생활은 차츰 틀이 잡혀갔다. 그동안에도 체는 대원들의 교육을 게을리 하지 않았다. 그는 멕시코 시절 산타로사 농장에서 알베르토 바요 장군으로부터 받았던 엄격한 훈련방식을 도입했다. 나무 기어오르기, 급류 건너기, 급강하, 그리고 추운 날에도 밖에서 야영하기 등등…….

8월 29일 저녁, 강력한 정부군 부대가 마에스트라 버팀벽을 따라 엘옴브리토 방향으로 다가오고 있다는 전갈이 도착했다. 그 소식을 전해준 농부는 잘 알지 못하던 사람이었기 때문에 그들은 그 정보의 진위를 따져보기로 했다. 결국 이 소식을 믿게 된 체는 적이 오는 길목에서 매복하기로 결정했다. 체가 후일 회고록에 기록한 바에 의하면, 그 부대는 메네라오 소사의 지휘를 받고 있었으며, 엘옴브리토 기지로부터 약 2킬로미터가량 떨어진 훌리오 자파테로의 사유지에 자리를 잡았다.

날이 저물자 게바라 일행은 적의 야영지 앞에 죽 도열했다. 체는 다음과 같이 작전을 지시했다.

"랄로 사르디나스의 분대는 측면을 쳐서 적들을 꼼짝 못하게 하는 임무를 맡는다. 라미노 발데스는 소수 정예요원만을 데리고 서쪽을 맡아 적에게 공포감을 심어주는 역할을 한다. 적 지원군이 그 높이까지 도달하려면 깊이 팬 협곡을 건너야 하기 때문에 그 위치는 그다지 위험하지 않을 것이다. 그들이 지나갈 길에 랄로가 미리 매복한다. 시로 레돈도는 경사진 사면에서 적들을 공격하고 나는 강한 화력으로 무장된 대원들과 함께 공격개시 신호로 첫 발을 울리겠다. 라미노 대위 중대의 라울 메르카데르 중위는 정예요원들을 데리고 공격을 가속하면서 전투를 승리로 마감한다. 적들이 바위가 직각으로 꺾어지는 지점에 도착하면 나는 열이나 열두 명 정도를 그대로 지나가게 내버려둔 다음, 그 나머지가 바위를 돌 무렵, 앞서 지나간 인원들과 차단시키도록 하겠다. 우리 편의 집중사격으로 가운데를 자르는 것이다. 그러면 라울 메르카데르 중위팀이 전진하여 무기를 걷어온 다음, 가능한 신속하게 퇴각한다. 퇴각시의 후방 지원사격은 빌로 아쿠냐 중위의 후발대가 담당한다."

　게바라 일행은 훌리오 자파테로의 커피농장이 한눈에 내려다보이는 지점에 자리를 잡았다. 체는 브라우닝 자동소총을 들었다. 날이 밝아오기 시작하면서 어슴푸레한 여명 속에서 하나둘씩 기상하는 군인들의 기척을 느낄 수 있었다. 대원들은 공격자세를 취했다.

　"그 순간이 끝없이 이어지는 것 같았다. 나의 손가락은 브라우닝 소총의 방아쇠 위에서 초조히 공격개시 순간을 기다리고 있었다."

　적들이 감시하고 있으리라고는 꿈도 못 꾼 듯 야영지에서는 고함소리와 웃음소리가 흘러나왔다. 이윽고 부대의 선두가 오솔길에 모습을 드러냈다. 하나, 둘, 셋…… 적이 지켜보고 있는 줄도 모르고 차례차례 그 운명의 바위를 돌아갔다. 체는 예상보다 시간이 더 급박하다는 결론을 내렸다. 마침내 여섯 명째를 셌을 때, 위에서 고함소리가 들렸고 군인들 중 한 명이 고개를 들었다. 체도 더 지체하지 않았다.

　"방아쇠를 당기자 여섯번째 서 있던 군인이 쓰러졌다. 이어 불을 뿜는 듯한 총격이 시작되었다."

　체는 곧장 그리로 달려온 라울 메르카데르의 분대에 공격명령을 내렸다. 그동안 바티스타군도 어느 정도 대열을 정비한 뒤 바주카포를 쏘아대기 시작했다. 그들에게 응수할 대포라고는 기껏해야 맥심밖에 없었다. 그나마 그 맥심마저도 써본 적이 없어서 훌리오 페레스는 결국 발사를 하지 못했다. 라미노 발데스와 이스라엘 파르도, 그리고 호엘 이글레시아스가 구식 나팔총을 마구 난사해대며 앞으로 나섰다. 비록 사정거리는 턱없이 짧았지만 그 무시무시한 소리는 적에게 공포심을 심어주기에 충분했다.

체는 우선 측면 부대부터 퇴각하라는 명령을 내렸다. 랄로 사르디나스의 후위에게 뒤를 맡기면서 자신 역시 퇴각했다. 빌로 아쿠냐가 호엘 이글레시아스의 사촌인 에르메스 레이바가 전사했다는 소식을 알렸다. 퇴각하는 동안 체의 부대는 피델이 보낸 부대와 만났다. 체는 이미 수적으로 비교가 안 되는 부대와의 전투가 임박했음을 미리 알려두었던 것이다.

바르부도들은 전투장에서 1킬로미터가량 떨어진 곳에서 멈췄다. 혹시 있을 적의 공격에 대비하여 경계태세를 늦출 수가 없었다. 한편 정부군의 수비대는 작은 언덕배기 위에 모여 복수하듯 에르메스 레이바의 사체를 불태우고 있었다. 멀리서 그 장면을 바라보면서 무력감을 느낀 체는 끓어오르는 분노를 참을 수가 없었다. 이제까지 진행된 상황은 결국 그의 우려를 확인시켜주었다. 그의 부대는 규율과 훈련이 부족했다. 결국 이런 것은 상대적인 열세를 증명하는 것이기도 했다. 20미터 안에 표적이 들어온 적이 몇 번 있었지만 신출내기 대원들은 거의 맞추지를 못했다.

침착성의 부족을 깨닫기는 했지만 정작 전투의 결말은

게바라 측에게 유리했다.

"우리가 우리의 실제 능력 이상으로 적군에게 위협을 주었다는 건 부인할 수 없었다. 그리고 퇴각할 수밖에 없었던 적은 우리 편 한 명을 죽이고 그의 리볼버를 뺏는 것으로 빈약한 보상을 삼을 수밖에 없었다"라고 라미노 발데스는 전투의 결과를 확인했다.

체 자신도 이런 발언을 했다.

"중요한 건 우리가 아주 형편없는 무기로 바주카포나 박격포 같은 근대적 화기로 무장한 1백40명의 정규군과 맞섰다는 것이다."

피델은 체와 그 부대가 바티스타군에게 가한 '심각한 타격'을 널리 선전했다. 따지고 보면 적의 사기를 꺾고 반군의 사기를 북돋우기 위해 그 사건을 부풀린 감이 없지 않았다. 피델 자신도 한 기지를 습격했으나 부하들을 몇 명 잃고 말았다. 그런 부풀린 무공담은 시에라 전체에 금방 퍼졌다. 흑인 대원인 필론이 한 오두막에서 '괴상하게 생긴 튜브 묶음과 그 곁에 놓인 상자들'을 발견했다고도 했다. 소심했던 그는 차마 그걸 만지지 못했는데 그것들이 바로 바주카포와 로켓탄이었다는 식이었다…….

체가 바티스타군의 부대를 유린하기 시작할 무렵은 바티스타의 부대들이 시에라를 포기하고 있었던 시기와 대략 일치했다. 시에라로 점점 깊이 들어오는 것은 그 지독한 산체스 모스케라밖에 없었다. 체조차도 그를 '바티스타 휘하의 지휘관 중 가장 용맹스럽고, 살육을 즐기는 난

폭한 약탈자'라고 표현한 적이 있을 정도였다.

8월 말, 과야보의 도스브라조스에서 다시 합류한 피델과 체의 부대는 투르키노 능선을 며칠 동안 함께 올랐다. 그들의 목적지는 부에이시토의 라스미냐스 남동쪽에 있는 피노델아구아의 제재소였다. 피델은 그곳에 주둔하고 있을 것으로 보이는 한 부대를 공격할 참이었다. 설사 그것이 어렵다 해도, 적어도 치비리코 지역으로 계속 행진하기 전에 해안지대에서 보여주는 전초전적인 행동으로 의미가 있으리라 여겼던 것이다.

"우리 부대는 바티스타군을 기다리며 매복하고 있어야 했다. 피델의 계획은 그렇게 하여 우리의 힘을 과시하고 농민들에게 우리 행동의 혁명적 성격을 부각시킨다는 것이었다"고 체도 확실하게 말하고 있다.

그런데 피노델아구아에 다다르기 전에 개운치 않은 사건들이 연달아 일어났다. 우선 마놀로와 푸포 베아톤이 탈주했다. 그 지역 출신의 농부였던 두 사람은[9] 우베로 병영 공격이 있기 전에 반군에 지원했던 자들이었다. 두 번째 안타까운 사건은 로베르토 로드리게스라는 대원이

---

9) 피델은 그들의 배신 행위를 용서해주었고 그들은 다시 반군에 가담하였다. 그러나 혁명이 성공하고 난 뒤 당시 약탈을 일삼던 마놀로는 크리스티노 나란호 대장을 살해했다. 체포되어 카바냐 감옥에 수감된 그는 탈옥하여 자신이 한때는 바르부도로서 싸웠던 마에스트라 지역에 소규모 게릴라 부대를 조직했다. 그러면서 판초 타마요를 살해하는 등 무수한 만행을 저지르다가 결국 동생 푸포와 함께 그 지방 농민들에게 사로잡혀 산티아고에서 총살되었다.

명령불복종 혐의로 무장해제된 일이었다. 그는 그 치욕을 견디지 못하고 자기의 리볼버를 접수한 대원으로부터 다시 총을 빼앗아 스스로 목숨을 끊고 말았다.

그러나 가장 골치 아픈 사건은 9월 4일에 일어났다. 시로 레돈도 대위는 라스미냐스에서 레오나르도 바로라는 정부군 한 명을 사로잡았다. 그는 수차례 애원한 끝에 체 부대의 일원으로 받아들여졌으며 무척 열성적으로 임하는 듯했다. 얼마 후 그는 체를 찾아와 자기 어머니가 몸져누웠으니 아바나로 보내달라고 청원했다. 체는 사정을 듣고 가슴이 아파 허락했다. 단 한 가지 조건이 있었다. 만일의 경우 아바나 주재 한 대사관에 피신하되 혁명군과 싸우는 걸 거부하면서 바티스타 정권을 고발하라는 것이었다. 그러나 체는 바로가 그 정권을 고발하는 것은 어려우리라는 걸 깨달았다. 그래서 그는 단지 도의적인 차원에서 첫번째 약속만은 지키겠노라는 말을 받아들였다.

바로는 네 명의 바르부도들과 함께 바야모까지 가서 아바나행 버스를 타게 되어 있었다. 그들은 신분을 숨기고 가급적 사람들을 만나지 말라는 지시를 받았다. 그런데 그들은 명령을 금세 잊어버리고 이 기회를 이용해 흥청거리는 동네에서 재미를 보기로 한 것이다. 코가 비뚤어지도록 마신 바로는 지프까지 훔쳐서 바야모까지 내달렸다. 그 과정에서 우려했던 사태가 발생했다. 그 무모한 일당은 당연히 정부군에게 제지당했고 그들 모두가 즉각 총살당한 것이었다. 게다가 목숨만이라도 건져볼 요량으로 바로는 자기가 정부군들을 위해 반군들에게 술을 먹였다고 증언했다. 겨우 풀려난 바로는 그 길로 지프를 몰아 부에이시토의 라스미냐스에 있던 산체스 모스케라를 찾아갔다. 거기서 그는 게릴라와 관계를 맺고 있던 농부들의 이름을 알고 있는 대로 일러주었다.

"내 불찰로 많은 목숨들이 사라졌다"고 체는 무척이나 안타까워했다.

바로는 혁명이 승리한 후 며칠 뒤에 체포되어 법의 심판을 받았다.

그 사건이 벌어진 다음날, 4대대는 부에이시토 위쪽에 있는 산파블로데야오에 다시 모였다. 정찰대로부터 정부군의 흔적이 거리에 보이지 않는다는 것을 확인한 다음, 바르부도들은 마을로 들어가 거기서 벌어진 축제에 참석했다. '트레스'라고 불리는 두 대의 작은 기타와 긁어서 소리를 내는 '기로', 그리고 전통적인 마라카스가 어우러져 이 전원무도회의 흥을 돋우었다. 농민들의 고정관념을 바꿀 수 있는 아주 좋은 기회였다. 그런데 유독 체의 곁을 떠나지 않는 자그만 몸집의 한 여자가 있었다. 체 역시 춤은 익숙지 않았던 터라, 주변의 시선도 아랑곳하지 않고 체 대장과 오랫동안 함께 있고 싶어하는 이 여인의 대화 상대가 되어주었다. 리디아 도체라고 불렸던 그녀는 곧 반군에 가담하였다. 아바나에서 사망할 때까지 그녀는 셀리아 산체스의 조직원들 중 가장 열성적인 연락원의 하나로 활약했다. 체로부터 엘옴브리토 기지의

M 7-26의 붉고 검은 깃발을 게양하는 일을 위임받은 사람도 바로 그녀였다. 당시 그 깃발에는 바티스타군에게 보라는 듯 커다란 글씨로 놀리는 듯한 문구가 씌어져 있었다.

'1958년 한 해도 좋은 해가 되기를.'

산파블로 축제가 끝나자 반군들은 그 지역 상인들로부터 보급품을 구해 석 대의 트럭에 실었다. 반군이 점령하고 있던 지역에서 게릴라들은 1953년 7월 26일의 거사를 기념하여 산티아고에서 비밀리에 인쇄된 쿠폰을 주고 물품을 샀다. 체 또한 이미 '체'라고 서명한 쿠폰을 사용하고 있었다. 상인들은 언젠가는 돈으로 바꿀 수 있을 것이라는 기대를 걸고 그것들을 받았다. 따지고 보면 그들로서도 그것을 받아두는 일 외에 별 도리가 있었겠는가.

일단 군수품 쇼핑을 마치면 부대는 신속하게 그 장소를 떠났다. 축제일에조차도 체는 군기가 해이해지는 걸 용납하지 않았다. 마을 입구에서 망을 보고 있던 감시병 중 하나가 술에 흠뻑 취해 있다가 부대에서 추방된 일도 있었다. 시에라마에스트라의 가파른 오솔길이 나타나면 그들은 트럭을 포기하고 기운 좋은 노새들의 등에 짐을 실었다.

그렇게 하여 부대는 차츰 피노델아구아로 접근해가고 있었다. 그동안 피델은 길을 잘 알고 있는 농민을 길목 요소요소에 한 사람씩 배치시켜놓곤 했다. 그리고 농민이 가르쳐준 길에 바티스타군이 나타나 체의 부대를 덮칠 경우를 대비하여 그는 부하들과 떨어져 나와 배후에서 공격할 수 있도록 작전을 짰다. 물론 게바라의 부대로서는 그 이중작전을 제대로 수행할 수 있을지 걱정스러웠다.

9월 10일, 정부군이 통과하기로 예정된 통행로 주변에 매복하고 있을 때 바위투성이의 산봉우리에서 내려온 감시병이 경계신호를 보냈다.

"놈들이 온다!"

커브가 심한 길 때문에 접근해 오는 적군의 대열을 알아보기는 쉽지 않았지만 트럭 소리가 들렸다. 미리 세워둔 전략은 일단 선두차량을 고립시킨 뒤 길을 가로막고 적들이 근처로 흩어지기 전에 트럭에 대고 일제사격을 가한다는 것이었다. 그러나 이런 계획은 그야말로 기가 막힌 타이밍을 요구했다. 대원들은 작은 도로 양옆에서 각자 전투위치를 잡고 대기하고 있었다. 계획대로라면 이그나시오 페레스 대위가 선두 트럭을 맡아야 했다. 그런데 예기치 않은 방해물이 끼어들었다. 갑자기 요란한 폭우가 쏟아지기 시작하더니 순식간에 한 치 앞도 분간하기 어려워졌다. 체는 곁에 있던 동료들을 독려했다.

"이 물난리로 더 곤란해지는 편은 적들일 것이다. 이 비로 그들의 주의력이 흩어질 것이고 그들은 그저 진창에 빠지지 않을 궁리만 할 것이다."

마침내 이그나시오 페레스가 예정된 각본대로 선두 트럭에 기관총을 쏘아댔지만 아무도 명중시키지 못했다.

빗줄기가 워낙 거센 탓에 총알마저 밀리는 모양이었다. 대신 군인들만 자극한 꼴이 되어 군인들은 트럭에서 뛰어내려 숨을 곳을 찾아 흩어졌다. 폭우 속에서 전투가 개시되는 묘한 상황이 발생했다. 그리고 그 와중에 젊은 시인으로 불렸던 호세 데 라 크루스가 쓰러졌다.

얼마 지나지 않아 게릴라들은 여기저기에 고립되어 격렬한 사격전이 계속되는 중에 방향조차 분간할 수 없는 지경에 이르고 말았다. 그때 타틴이라는 대원이 빈 트럭 위로 기어올라가 버럭 고함을 질렀다.

"대장은 트럭 아래에 있다! 그리로 간다! 진짜 사나이들을 거기서 볼 것이다!"

체는 그 대담한 행동으로 목숨을 단축시킬 수도 있었을 타틴 쪽으로 갔다.

"사실 우리가 대단한 위험을 무릅쓴 건 아니었다. 경기관총을 들고 있던 적은 어떻게 해도 질 것이라는 사실을 깨닫자 항복했다……."

사격이 재개되자 많은 군인들이 트럭을 버리고 도망갔다. 전리품도 알챘다. 브라우닝 자동권총, 가란드 여섯 정, 삼각대가 달린 기관총, 피스톨. 게다가 이전에 포로로 잡혔던 대원 힐베르토 카르데로가 트럭에서 탈출하여 다시 복귀할 수 있었다.

크루시토에 입성한 뒤 체의 4대대는 엘자파테에 있는 피델의 주력부대와 만나기 위해 보테야 산 정상을 지났다. 라미노 발데스가 반갑지 않은 소식을 가지고 온 것은 그때였다. 펠라데로에서 전위를 책임지고 있는 랄로 사르디나스 대위가 체의 부하들 중 한 명을 쏴 죽이는 항명 행위를 저질렀다고 했다. 당장 사건의 내막을 파악한 체는 문제가 그렇게 간단하질 않았으므로 피델에게 사정을 전했다. 라플라타 근처에 있는 인페르노 기지에서 피델은 이 문제를 대원들의 표결에 부쳤다. 결과는 랄로의 사형에 예순네 명이 찬성, 예순세 명이 반대였다. 하지만 대담무쌍한 전사로서의 랄로 사르디나스의 가치를 무시할 수 없었던 피델은 랄로에게 다시 한 번 기회를 주기로 했다. 그는 변호할 기회를 얻자 자신의 능력을 크게 떠벌였다. 다시 투표로 들어갔다. 이번에는 예순셋이 찬성, 반대가 예순넷이었다. 랄로는 목숨을 건졌지만 계급을 강등당하고 백의종군해야 했다. 일단 전투에서 무기를 획득하기 전까지는 무기도 주어지지 않았다.

훨씬 뒤에야 그는 결정적인 표가 바로 체의 것이었다는 걸 알게 된다. "나는 '무죄'에 투표하기로 결정했다. 왜냐하면 나는 집행자이면서 동시에 재판관이 될 수 없었기 때문이다"라고 체는 후일 털어놓았다.

체로서는 자신의 전위부대 대위 한 명을 잃은 셈이었다. 그 자리를 대신 맡은 건 저 용감무쌍한 카밀로 시엔푸에고스였다. 그는 그 지역에서 자행되고 있는 갖은 만행과 약탈을 통제하는 임무도 부여받았다. 엘옴브리토에서 그리 멀지 않은 카라카스 지역에서 신앙도 법도 무시하며 갖은 만행을 저지르고 있던 자가 있었는데, 사람들은 그를 '치노 장', 즉 '중국인 장'이라고 불렀다. 특히 그가 M 7-26의 깃발을 앞세우고 만행을 저질렀다는 점에 체는 분개했다. 열흘가량 지나자 그 지역도 어느 정도 안정을 되찾았다. "그곳, 어느 농부의 농가에서 농민들을 학살하고 고문하는 등 혁명의 이름을 빙자하여 공포에 떨게 한 도적떼 두목 치노 장의 재판과 형의 집행이 이루어졌다. 치노 장과 함께 우리 편 전령을 빙자하여 한 소녀를 겁탈한 농민 한 사람도 사형선고를 받았다."

한편 함께 잡힌 세 명의 도둑들은 상징적인 총살형을 받았다. 피델은 이 청년들에게 다시 한 번 기회를 주기 위해 총구는 겨누되 하늘을 향해 실탄을 발사하라고 명령했다. 사격 후, 그들 중 한 명이 아직도 목숨이 붙어 있는 걸 실감하자 감격에 겨워 체의 목을 끌어안았다. '마치 아버지를 만난 듯한 모습'이었다고 체도 그 순간의 기억을 떠올린 적이 있었다. 한편 CIA 첩보원이자 기자였던 앤드류 세인트 조지는 이 장면의 목격자로서 자신의 르포 사진집인 『룩』에 이 장면을 실었고 이 사진집은 미국에서 상을 받았다.

피노델아구아 전투 후 전리품들이 각자에게 분배되었다. 가란드 한 정이 호엘 이글레시아스에게 지급됐다. 체는 이 기회를 부대원의 사기를 높이고 그간 좀처럼 떠나지 않던 고민거리, 즉 대원 간의 단결을 확고히 하는 계기로 만들고자 했다. 로페스 중위를 비롯한 젊은 대원들—다들 채 스무 살도 되지 않은—에게는 두 가지 임무가 주어졌다. 혁명군의 전초기지가 세워진 엘옴브리토 기지를 관리하고, 사람들의 혁명정신을 단련시키라는 임무였다. 그들은 규율위원회의 명단 맨 위에 올려졌다.

체가 종종 입술이 타들어갈 만큼 짤막해진 시가 꽁초를 물고 기지 내를 거니는 모습은 대원들에게 익숙한 장면이었다. 사실 꽁초를 태우는 버릇은 한정된 보급품을 공평하게 나눠야 하는 게릴라들에게는 흔한 일이었다. 체는 공평함에 관한 한 편집증에 가까울 만큼 철저했다. 대장인 자신조차 커피 한 잔이라도 다른 사람보다 더 마시는 일은 없도록 커피 양까지 통제할 정도였다.

한편 농민이나 평지 출신의 민간인이 게릴라에 가담하고 싶다고 오면 체는 떠보듯 이렇게 묻곤 했다.

"자네는 왜 싸우려고 하나?"

대답이 흡족했을 때만 그를 받아들였다. 그러면서 신참에게 이 세계에서 싸워야 할 독재자가 바티스타뿐만이 아니라는 사실을 주지시키고 베네수엘라의 페레스 히메네스, 산토도밍고의 트루히요, 그리고 콜롬비아의 로하스 피니야 등을 언급했다.

어느 날 농민 세 사람이 기지로 찾아왔다.

"읽고 쓸 줄은 아시오?"

체가 그들에게 물었다.

그들 중 두 명은 그렇다고 대답했고 세번째 남자는 자신이 '까막눈'이라고 했다.

얼마쯤 지난 후, 그 두 동지들이 징계위원회에 넘겨졌다. 그들 중 한 사람은 경계근무 중 잠을 잤고, 한 사람은 총에 기름을 너무 많이 칠했다는 이유였다. 체는 무기를 소홀히 다룬 사람에게 나흘간 참호 파는 일을 시켰으며 피로에 항복한 사람에게는 사흘간 노역을 시키라고 했다. 어리둥절해진 그 농부(약간 읽고 쓸 줄 알았던)는 대장이 이런 판결을 내린 이유를 물었다.

"왜냐하면 그는 '문맹'이기 때문이다……."

체는 강의를 시작했다. 신입대원들은 밤이면 '인문과학 강의실'로 변신하는 한 오두막에 모여들었다. 여기서 체는 그들이 수행하고 있는 전투의 깊은 의미를 설명했다. 낮에는 전사들을 훈련시키면서 밤에는 그들의 정신을 다듬었다. 어찌 보면 어울리지 않는 일이었지만…….

엘옴브리토라는 게릴라 기지는 차츰차츰 하나의 산업 지역으로 탈바꿈해가고 있었다. 체는 그곳에 무료 진료소를 세웠다. 세르히오 델 바예라는 의사가 그를 도우려고 아바나에서 왔다. 그리고 소규모지만 유탄발사장치 같은 무기를 생산해내는 공장도 세웠다. 여기서는 불완전한 무기를 수리하는 한편 사냥용 총의 탄창 같은 것도 제작해냈다. 이 무기 제조창 외에 도살장과 빵 공장, 구두와 가방 제조장, 그리고 제철공까지 있었다. 체는 피델이 새로 시작한 군모 제작 일을 감독하였다. 완성된 군모들을 보고 게릴라들은 매우 흡족해했다. 나중에 그것들은 손에 손을 거쳐 도회지 합승버스 운전수들의 헬멧으로 쓰이기도 했다.

엘옴브리토의 게릴라 학교를 겸하는 정치학 교실은 아무래도 미흡한 점이 많았다. 우선 너무 비좁고 외져서 새로운 요구에 부응하기가 어려웠다. 그래서 체는 시에라마에스트라를 벗어나지 않으면서도 좀더 평지에 가까운 지점인 미나스데프리오에서 혁명의 기운을 상승시킬 지식을 계속 전파하기로 했다. 그 과정에서 그가 동료 부하들에게 부단히 강조했던 것은 전투는 빙산의 일각이라는 점이었다. 중요한 것은 우리가 행하는 것과, 왜 그렇게 행해야 하는지를 깨닫는 것이라고.

"몇몇의 죽음이 모두를 이롭게 할 수 있다"라고 그는 거듭하여 강조했다.

"특히 게릴라전을 핑계로 행해지는 도적질은 엄중히 처벌되어야 한다. 바티스타의 부하들이나 일삼는 그런 도적질에 오염되어서는 안 된다."

그해 10월은 좀처럼 끝나지 않을 것처럼 길었다. 엘옴브리토 기지는 더욱 보강되었다. 두 명의 대학생이 아바나로부터 좋지 않은 소식을 가지고 왔다. 바티스타가 마에스트라 지역에 대한 대규모 소탕작전을 다시 계획하고 있다는 것이었다. 체는 별로 놀라지는 않았다. 그보다 그가 더 관심을 보인 건 그 소식을 가져온 전령들이었다. 그들 중 한 명은 엔지니어, 다른 한 명은 수의사가 될 예정이라고 했다. 체는 그들에게 인근의 급류 위에 소규모 수력발전소를 세우고 싶다는 계획을 밝혔다. 그는 그들을 몸소 그 장소까지 안내했다. 그곳에 살던 차나 페레스—지금은 90세가 된 이 여인은 체에 대한 추억을 여전히 간직하며 살고 있다—라는 여인은 이들에게 '반군의 빵', 즉 베이킹파우더를 넣지 않고 만든 이른바 '돌빵'을 가마에서 꺼내왔다. 게다가 집에서 직접 만든 시가까지 내밀었다. 바르부도들은 자체적으로 담배까지 생산하고 있었다. 체는 한 모금 빨아들이다 말고 콜록거렸다. 엘옴브리토의 시가들은 유독 독한 편이었다. 그보다 좀더 떨어진 곳에 있는 무기공장에서 그들은 바티스타군이 투하했으나 불발된 폭탄들을 보여주었다. 그들은 그것들을 다시 위로 쏘아 보낼 수 있도록 개조한다고 했다.

"이것들은 더는 하늘에서 떨어지지 않을 겁니다. 대신 땅에서 그곳으로 쏘아 보내는 거지요." 그들 중 누군가가 말했다.

로시난테를 탄 돈키호테

 1957년도 저물어갈 무렵의 어느 날, 체는 '마르틴 피에로'라고 이름 붙인 자신의 노새에게 동명의 서사시를 들려주며 마에스트라의 오솔길을 지나고 있었다. 「마르틴 피에로」는 아르헨티나의 팜파 지역에 사는 가우초들의 삶을 다룬, 호세 에르난데스의 서사시이다. 그는 또한 푸에르토리코에서 전래된 〈엘 히바리토 바(El Jibarito Ba)〉라는 노래를 자주 흥얼거리곤 했는데, 어머니에게 드릴 옷을 사기 위해 자신의 수확물을 시장에 들고 나온 한 농사꾼의 얘기를 노래한 것이었다. 가끔 머리 위로 천국의 새라 불리는 토코로로가 날아다녔다. 이 새는 쿠바 국기를 이루는 하양, 파랑, 그리고 빨강의 깃털을 가지고 있어 쿠바의 새라고도 불렸다. 또 십자가 모양의 꼬리를 갖고 있다고 하여 '하느님의 새'라고 불리면서 시에라 지방에서는 함부로 포획하는 일이 금지되어 있었다.

 그즈음 그가 남긴 기록 중 당시의 심경이 솔직히 드러난 글 한 편이 후일 『유럽』이라는 잡지에 '살해당한 강아지'라는 제목으로 실렸다.

시에라마에스트라를 횡단하는 일이 얼마나 어려운가를 생각해보면 이날은 축복받은 날이었음에 틀림없다. 투르키노 산 주변에서 가장 가파르고 험준한 계곡의 하나인 아구아레베스를 지나 우리는 산체스 모스케라의 부대를 묵묵히 추적하는 중이었다. 이 냉혹한 살인마는 늘 뒤에 시체를 남겨놓고 그 일대를 완전히 불살라버리는 것으로 악명이 높았다. 그는 카밀로가 머물고 있음직한 시에라의 두세 봉우리들 중 하나로 올라가는 길을 선택했음이 분명했다. 카밀로는 자신의 전위부대원 열두 명가량을 이끌고 서둘러 출발했지만, 이 빈약한 부대조차도 1백 명 또는 그 이상이 될지 모를 정부군을 차단시키기 위해 세 그룹으로 나누어 각기 다른 장소에 배치시켜야 했다. 내 임무는 산체스 모스케라를 후미에서 공격하는 것이었다. 우리는 일단 그를 포위하는 것을 기본 목표로 잡았다. 그러나 이 일은 적의 후방부대가 불태워버린 농가들의 비극을 상기할 수밖에 없게 했다. 비록 우리는 멀리 있었지만 적들의 고함소리를 생생히 들을 수 있었다. 저들의 숫자가 모두 몇 명인지는 알 수 없었다. 우리 부대가 힘겹게 산허리를 지나는 동안 적은 좁다란 계곡 깊숙이 전진해가고 있었다. 사실 우리의 새로운 마스코트가 아니었다면 사정은 달라졌을지도 모른다. 새로운 마스코트란 세상에 나온 지 몇 주밖에 안 된 작은 강아지를 일컬었다. 펠릭스가 아무리 뒤에 있는 우리의 야영지—요리사들이 머물러 있던 집—로 돌려보내려고 해도 이 강아지는 막무가내로 우리 뒤꽁

무늬를 쫓아오는 것이었다.

시에라마에스트라에서 가느다란 길의 흔적조차 없는 산허리를 타고 앞으로 나간다는 것은 보통 일이 아니다. 죽은 나무가 새로 자라난 식물로 뒤덮여 있는 빽빽한 밀림지대를 통과하는 일은 그야말로 형벌이었다. 우리는 내키지 않는 초대에 늦지 않기 위해 덤불과 초목 사이를 경중경중 뛰다시피 하며 전진하고 있었다. 가느다란 나뭇가지가 부러지는 소리조차도 산의 일상적인 평화를 깰 수 있는 그런 지독한 정적 속에서 우리는 전진하고 있었다. 그런데 갑자기 이 무거운 정적을 깨는 소리가 들렸다. 강아지가 급하게 짖어대는 것이었다. 녀석은 우리 뒤에 처져 있다가 더는 앞으로 나가기 힘들어지자 절박함에 우리를 부른 모양이었다. 누군가가 강아지를 안아 올리자 우리는 다시 길을 재촉했다. 그런데 감시병에게 적의 동태를 파악하도록 시키고 어느 시냇가에서 잠시 숨을 돌리고 있는 사이, 강아지가 다시 짖기 시작하는 것이 아닌가. 녀석은 우리 주의를 끄는 것도 부족한지 우리가 자기를 버리고 갈지 모른다는 생각마저 했던 모양이었다.

결국 내 입에서 떨어진 명령이 얼마나 단호하였는지 지금도 생생히 기억하고 있다. "펠릭스, 이 개가 더 짖지 못하게 해라. 자네가 알아서 해. 다시 짖지만 않게 하란 말이다!"

그 말이 떨어지자 펠릭스는 멍한 표정으로 나를 쳐다보았다. 기진맥진한 채 빙 둘러서 있는 대원들 한복판에서 펠릭스는 안절부절 못하며 강아지를 안고 서 있었다. 이윽고 그는 느릿느릿한 동작으로 배낭에서 밧줄을 꺼내더니 그 어린 짐승의 목을 조르기 시작했다. 파닥거리던 꼬리가 한순간 심하게 경련하더니 차츰 움직임이 희미해져 갔다. 졸린 목구멍에서 가느다란 신음이 새어나오고 있었다. 그 순간이 얼마나 지속됐는지는 모르겠으나 우리 모두에게는 너무나도 긴 시간이었던 것 같다. 마지막으로 몸을 한 번 크게 팔딱거린 뒤 싸우기를 포기한 강아지는 나뭇단 속에 고개를 처박은 채 뒤에 남겨졌다.

누구도 그 사건을 다시 입에 올리지 않았고 우리는 길을 재촉했다. 산체스 모스케라의 부대는 우리를 앞질러갔음이 분명했다. 잠시 후 우리는 총성을 들었다. 우리는 재빨리 산비탈을 내려와서 후위와 가장 빨리 합류할 수 있는 길을 찾기 시작했다. 카밀로의 후위가 작전을 개시했음이 분명했다. 산등성이까지 오르려면 한참은 더 가야 했기에 경계를 늦추지 않고 앞으로 나가면서도 우리는 적과 마주칠 만일의 상황에 대비하고 있었다. 총성은 요란했지만 그다지 오래 지속되지는 않았다. 우리 모두는 적과 전투를 벌이게 되기를 은근히 고대하고 있었다. 오르막길 끝에 있는 농가도 비어 있긴 마찬가지였지만 적군의 흔적은 보이지 않았다. 정상까지 올라갔던 두 명의 척후병이 돌아와서 이렇게 보고했다.

"저 위쪽에 무덤이 하나 있습니다. 거길 파보았더니 군인 한 명이 묻혀 있었습니다."

그들은 그 군인의 호주머니에서 발견했다는 종이쪽지를 가지고 왔다. 적의 기지에서 싸움이 있었고, 사망자와 희생자가 있었던 모양이었다. 그러나 그 이상은 알아낼 수 없었다.

날이 어둑해졌다. 우리는 녹초가 되어 역시 사람이 떠나간 어떤 민가 앞에 멈춰 섰다. 우리가 그나마 휴식을 취할 수 있었던 곳은 바로 이 마르베르데 지역이었다. 우리는 신속히 돼지고기와 감자 몇 알을 준비했다. 음식은 순식간에 동이 났다. 잠시 후 누군가가 집 안에 남아 있던 기타를 집어 들고 노래를 부르기 시작했다. 대부분의 농가에는 얼마간의 가재도구들이 남아 있게 마련이었다.

그때 우리를 감싸던 묘한 분위기가 노래 때문이었는지, 아니면 어둠과 휴식이 가져다주는 나른함 때문이었는지는 모르겠다. 그런데 펠릭스가 뜯고 있던 뼈다귀를 던졌을 때 그 집에 남아 있던 강아지 한 마리가 다가오더니 잽싸게 뼈다귀를 물었다. 펠릭스가 그 개의 머리를 쓰다듬기 시작했다. 개도 그를 바라보았다. 이번에는 펠릭스가 개를 바라보았다. 우리는 그의 눈빛 속에 어른거리는 죄책감을 읽었다. 갑자기 무거운 정적이 우리를 덮쳤다. 다들 형언키 어려운 감상에 젖어 있는 것 같았다.

가까이에서 반짝거리고 있는 또 다른 개의 부드러운 눈동자에서 우리는 우리 손에 죽은 어린 강아지의 원망 섞인 눈빛을 설핏 보았다.

11월 24일, 체는 소각된 지역에서 작전을 수행하기로 한 계획대로 사탕수수 몇 센트랄[10]을 불 지르게 했다는 내용의 전문을 카스트로에게 보냈다. 그리고 그날, 카냐브라바의 한 농장에서 그들은 적을 향해 매복해 있었다. 그러나 정부군들이 여남은 명 되는 농민들을 인간방패로 앞세우고는 그곳을 빠져나가는 바람에 섣불리 방아쇠를 당길 수 없었다.

게릴라 생활에서 단련된 육감이 발동했는지 한밤중에 체가 벌떡 일어났다. 그는 그 즉시 정보원을 찾았고 아니나 다를까 한 농부가 그곳에서 멀지 않은 곳에 정부군이 야영하고 있다는 소식을 알려주었다. 정부군의 주력부대로부터 멀리 떨어진 이 마르베르데 지역에 감히 발을 디딜 수 있는 자라면 산체스 모스케라 말고 누가 있을까. 실제로 모스케라가 이끄는 1백여 명의 군인들이 엘옴브리토를 향해 진군해 오고 있었다. 날이 밝자 적의 전위가 투르키노의 지평선에 도열했다. 체는 엘옴브리토에 원군을 청하기 위해 전령들을 그리로 보냈다. 이미 알토스데콘라도에서 적군에게 본때를 보여준 적이 있었던 카밀로 일행이 때맞춰 합세해주었다.

그리하여 그들은 네바다 지역의 한 공동묘지에 매복한 채 적이 다가오기를 기다리고 있었다. 체는 한 망고나무

---

[10] 수확해 모아서 설탕으로 정제하는 과정이 끝난 사탕수수를 가리키는 쿠바어.

를 방패삼아 호엘 이글레시아스 등과 함께 몸을 숨기고 있었다. 그날의 전략은 일단 그가 첫번째 적을 쓰러뜨리고 나면 나머지가 그 뒤를 맡는다는 거였다. 하지만 적군 세 명이 예상치 못했던 지점에 모습을 드러내는 게 아닌가. 그들은 게바라 측이 매복하고 있는 곳보다 높은 언덕배기에서 발소리를 들었는지 방향을 튼 것이었다. 예상치 못한 방향으로 향하고 있는 적군에게 사격을 하기에는 체가 매복하고 있는 위치가 적합하지 않았다. 그래도 그는 먼저 방아쇠를 당겼고 예상대로 목표는 빗나갔다. 그러자 전투는 몹시 치열해졌다. 많은 군인들이 모여 있던 농장 전체가 사격으로 들썩거렸다. 호엘 이글레시아스는 팔과 다리에 총을 두 발씩이나 맞았으나 다행히 목숨은 건질 수 있었다.

신병기로 무장한 군인들에게 게릴라들은 나팔총으로 열심히 맞섰다. 그래도 모스케라가 순순히 함정에 빠질 리는 없었다. 그는 재빨리 뒷문으로 빠져나가 사정권 바깥으로 도망쳤다. 간헐적이나마 사격은 한낮까지 이어졌다. 정부군과 반군은 근처의 숲에 몸을 감추고서 쫓고 쫓기는 죽음의 숨바꼭질을 계속했다. 군인들 몇 명이 함석 지붕 위에 배를 깔고 엎드린 자세로 사격을 하고 있었다. 이 와중에 시로 레돈도가 목숨을 잃었다. 처음에 그란마 호를 탈 때부터 함께했던 전우인 시로 레돈도는 1957년 11월 29일, 지붕 위에 숨은 적군들을 퇴격시키려다가 목숨을 잃은 것이다. 후일 쿠바 섬 횡단에 성공하게 되는 체의 '제8대대'는 시로 레돈도를 기리는 뜻에서 그의 이름을 붙이게 된다. 체의 부대로서는 재수 없는 날이었다. 산체스 모스케라는 언제나처럼 용케 달아났고 최정예요원을 한 사람 잃기까지 했으니 말이다. 그리고 단 몇 십 센티미터 차이로 체도 머리가 박살날 위기를 넘겼다.

12월 2일, 그란마호의 생존자들은 목이 메인 가운데 쿠바 섬 상륙 2주년을 기념하는 술잔을 들었다. 럼주가 든 잔이 한 사람 한 사람의 손에 넘겨졌다.

12월 8일, 또다시 모스케라를 상대한 작전 중에 세 명의 적을 사살했으나 체 자신도 발뒤꿈치에 M-1 한 방을 맞았다. 적군의 통행로 측면에 자리 잡고 있던 카밀로의 분노가 폭발했다. 덕분에 적들이 우왕좌왕하고 있는 사이 체는 한 발을 질질 끌며 기어가 2킬로미터쯤 떨어진 한 오두막에 몸을 숨길 수 있었다. 그 후 겨우 말을 얻어 타고 캠프로 귀환하자마자 마차도 박사가 면도칼로 총알을 제거해주었다. 며칠 후 체는 새로운 캠프가 세워지고 있는 라메사에서 잠시 휴식을 취하기로 했다. 엘옴브리토 기지는 이제 모스케라의 공격과 공습의 제1표적이 되고 있었다.

라메사를 둘러싸고 있는 가장 높은 보테야 봉우리는 좁다란 협곡으로부터 약 1천6백 미터까지 솟아 있었다. 여기서 체는 휘하의 게릴라들을 시에라의 지붕 위에 적들의 공격을 도발시키는 표적으로 더는 드러내놓지 않겠다고 다짐하였다. 대신 가장 깊숙한 곳, 공습에도 안전한 곳으로 숨길 작정이었다. 이번에는 피델 카스트로도 찬성했다.

그즈음 피델마저도 펄쩍 뛸 소식이 마이애미로부터 전해졌다. '바티스타 독재에 반대하는 쿠바전선 연합(Pacto de unidad de la oposicion cubana frente a la dictatura de Batista)'이 '자유연맹(Junta de liberacion)'을 구성하자는 합의문에 서명했다는 것이었다. 그란마호의 대장이었던 피델에게 이 합의문은 1952년 바티스타의 쿠데타에 동조한 관료들과 옛 공모자들이 모아 만든 협잡문서로밖에 보이지 않았다. 그리하여 12월 4일, 피델은 신랄하고도 명쾌한 입장을 담은 성명을 발표한다. '공화국의 군대는 재편되어야 하며 마누엘 우르티아 에오 박사가 국가수반이 되어야 한다'는 내용을 포함하고 있는 이 성명에는 피델 카스트로 루스 자신을 포함하여 혁명정당의 지도자들, 정통파 연합, 학생연맹, 혁명회의와 혁명적 노동자회의가 서명했다.

이 성명의 주요 내용은 다음과 같다.

1. 우리는 군대가 재편성되기를 바란다. 우리는 전국적으로 조직된 의용대와 농촌수비대 등과 함께 20회 이상의 작전에 성공한 세력을 보유하고 있다.
2. 우리 부대원들은 정부군에 대해 적개심을 갖기보다는 포로들을 존중하며 부상병들을 치료해주고 중요한 정

보를 숨기고 있는 자라 하여도 고문하지 않는 등 기사도 정신의 본을 보여주고 있다.
3. M 7-26운동이 휘하의 병사들에게 심어놓은 정의와 숭고한 정신이 국민의 군대에도 심어져야 한다.
4. 우리는, 명예로운 군대는 혁명을 두려워하지 않으며 인간의 존엄성에 대한 존중을 바탕으로 행여 오판으로 군복을 더럽힌 자들에게도 보복하지 않는다는 것을 전투를 통하여 실천하고 있다.

게릴라군 총사령관 피델 카스트로는 결론을 대신하여 다음과 같은 비장한 각오로 끝을 맺었다.

우리는 승리 아니면 죽음밖에 모른다. 우리는 단 열두 명이었을 때에도 전투를 치렀다. 우리에게는 조직화되고 훈련된 주민의 지원도 없었고, 아직도 강력하고 규율 잡힌 부대조차 갖고 있지 않다. 우리는 국민의 전면적인 지지에 기대지는 못했으나 저 잊을 수 없는 프랑크 파이스의 죽음을 상기하며 확신을 다졌다. 고결한 죽음보다 더 가치 있는 것은 없다.

이 성명을 작성한 뒤 피델은 체에게 선언하듯 말했다. "정치권 원로들 중 한 명의 관심이라도 끌 수 있다면 우리의 전략이 어느 정도 먹혀들어가고 있다는 걸 의미하지……. 당면한 목표는 노동조합의 지원을 얻는 거네.

머지않아 총파업과 도시지역에서의 사보타주 등을 선언할 걸세. 이 부분에서 자네가 날 도와줄 일은, 혁명신문을 만들어주었으면 하는 것이네."

"누구랑 말입니까?"

"이보게, 자네는 학교도 만들었고 그 험한 시에라 지역에 병원도 만들었잖나. 어떻게 그런 질문을 할 수 있나?"

그렇게 하여 체는 한 오두막에서 낡은 타자기를 두 손가락으로 두드려가며, 역시 낡은 등사기와 어디서 갖다 주는지도 모르는 몇 백 장의 종이로『엘 쿠바노 리브레(El Cubano libre, 해방된 쿠바인)』라는 지하신문을 만들었다. 이 인쇄물에 그는 자신의 혁명적 사상과 신념을 한꺼번에 쏟아 부었다. 이 신문들이 과야베라[11] 속에 숨겨져 아바나에까지 전달되는 것은 그리 오래 걸리지 않았고, 바티스타와 비밀경찰들의 분노는 극에 달했다.

혁명신문의 전파와 더불어 그 안에 담겨 있던 사상은 노동자전선의 형성을 가열시켰고, 사보타주 등의 행동이 급속도로 증가했다. 특히 아바나의 중앙발전소에서 일어난 사보타주로 전기는 물론 가스와 전화가 54시간 동안 끊기는 사태가 발생했다.

피델 카스트로는 이제 'M 7-26의 통합자'로 인식되기에 이르렀다. 그는 쿠바 국내는 물론이고 기타 라틴아메리카 국가, 심지어 미국 내에서도 특히 지식인층을 비롯

---

11) 허리 위에 걸치는 쿠바식 덮개옷.

한 변호사나 정치인으로 이루어진 세력이 자신의 입장을 지지하고 있다는 점을 강조하는 성명서를 찍어냈다. 체도 밝혔듯 그것은 아주 중대한 동인이었다.

"시에라마에스트라의 산중에 틀어박혀 우리의 의지를 알린다는 것이 불가능하다는 것을 우리는 알고 있었다. 따라서 우리는 우리의 많은 '친구들'이 우리가 군사적 힘을 사용하길 기대하고 있으며 또한 국민들도 이미 피델에게 신뢰를 보이고 있다는 사실을 주지시키면서 영향력 있는 인사들의 개인적인 지명도를 이용해야 했다."

그런 맥락에서 볼 때 피델 카스트로가 반대파—그중에는 야노의 M 7-26 내의 지도자들도 일부 있었다—의 주도하에 마이애미에서 합의된 내용, 즉 자신의 혁명군이 미래의 정부군의 단순 구성원으로 복귀되어야 한다는 내용에 얼마나 분노하였을지는 불을 보듯 뻔하다. 그 일은 그가 되도록 빨리 산에서 내려와 쿠바 섬 전체를 장악해야 한다는 것에 대한 필요성을 절실하게 깨닫게 하는 계기가 되었다.

게다가 미국이 양편을 저울질하고 있다는 것 또한 드러났다. 미국 정부는 무기 구입 약속을 받아내는 조건으로 협상 테이블에서는 바티스타를 갖고 놀았다. 한편으로 CIA는 모종의 지원을 반군에게 제공하면서 그 지원의 실제 기원을 알지 못했을 M 7-26 본부의 깊숙한 부분에까지도 은밀하게 손길을 뻗치고 있었다. 따라서 피델로서는 사태를 더욱 급박하게 만들어 미국의 지원을 더 많이 끌어내는 한편 진지한 정치적 파트너를 확보하는 일이 중요했다.

 그동안 모스케라는 엘옴브리토에 도착하여 별다른 수고를 들이지 않고 진지를 초토화시켜버렸다. 그러나 체가 이미 라메사로 기지를 옮긴 뒤였다. 분을 못 이긴 모스케라는 미친 듯 약탈을 자행하고, 불을 지르고, 사로잡은 농민들을 죽였다.
 12월 16일, 정부군이 엘옴브리토에서 철수하고 난 뒤 제 모양을 갖추고 있는 것이라곤 빵 굽는 화덕밖에 없었다. 철수하면서 모스케라는 가구부터 커피자루까지, 쓸 만한 것이라면 무엇이든 걷어 갔다. 그런 식으로 그는 집단적인 공포를 조직적으로 심어갔다.

잘 싸우기 위해서는 잘 배워야 한다

 피델 카스트로의 정치적 목표가 점점 선명하게 굳어가고 있는 동안 체의 혁명의식은 날로 고양되어갔다. 그는 자신의 모든 것을 혁명에 걸고 있었다. 그의 가장 큰 고민은 책임 있는 병사들을 조직하고, 자신들의 의무를 자각하고 있는 병사들을 키우는 일이었다. 그러나 그는 쿠바만을 바라보고 있지 않았으며 무력에 목말라하지도 않았다. 아르헨티나에서 왔지만 그는 자신을 세계의 시민으로 생각하고 있었으며, 그런 만큼 범세계주의자로서 싸우고 다른 인간들의 투쟁을 격려하는 일을 자신의 임무라 여겼다. 미나스델프리오에 개설했던 게릴라 학교에서 그는 나름대로 게릴라에 대해 다음과 같이 정의했다.

 "게릴라란 흔히 여겨지듯 소규모 전투를 벌이는, 강력한 군대에 대항하는 소수 과격파만을 얘기하지 않는다. 게릴라전이란 압제자에 대항하는 전체 민중의 싸움이다. 게릴라는 민중 군대의 전위에 지나지 않는다. 작게는 어느 한 지역, 크게는 어느 한 나라에 사는 모든 주민들이 형성한 군대의 주력이 게릴라이다. 아무리 심한 탄압 아래에서도 소멸되지 않고 언젠가는 이기게 되어 있는 게릴라의 힘도 여기서 나온다. 일반 민중이야말로 게릴라전의 바탕이자 본질이다."

농민들과의 관계에서도 경제적인 이해관계를 무시할 수는 없었다. 반군은 농민들로부터 강낭콩이라든가 옥수수, 쌀, 적지 않은 양의 돼지고기 외에도 여러 수확물들을 구입했다. 당시 시에라의 언덕배기에서는 등에 온갖 짐을 잔뜩 싣고 줄지어 오르는 노새 떼의 행렬이 자주 목격되곤 했다. 1월 14일자로 체가 피델에게 보낸 전문 내용은 이랬다.

우리는 엘옴브리토에 세웠던 병원을 대신하려고 산길에서도 훨씬 떨어진 산중인 이곳 라메사에 함석지붕을 올린 건물을 세웠습니다. 우리의 기지에는 보데가[12]도 하나 있고 빵 공장과 신발 제조소도 있습니다.

시에라의 혁명정부는 농민들의 지지를 업고 차츰 아바나를 대신하기 시작했다. 1958년 1월 말에는 안토니오 릴리브르라는 법률가가 시에라로 들어오면서 부동산 등기 같은 문제를 다루는 등, 자치법률의 초기 개념이 자리를 잡기 시작하였다. 사실 그때까지 게릴라들의 법은 한마디로 속전속결이 원칙이었다. 판사도 변호사도 신부도

---

12) 지하 저장실.

없었으니, 감옥도 없다는 얘기였고, 배반자는 으레 총살형에 처해지는 것이 관례였다. 1세기 전, 쿠바 독립전쟁 당시에는 '과시마'라고 불리는 커다란 나무에 배반자들의 목을 매달았다. 그러나 릴리브르가 반군에 투신해오면서 상황은 바뀌기 시작했다.

그즈음 시에라에는 보기 드문 평온이 감돌고 있었다. 마치 휴전협정이 조인되기라도 한 듯 게릴라들조차도 느긋했다. 단 하나 산체스 모스케라만은 정기적으로 반군에게 타격을 입히며 아바나 정부의 가려운 곳을 긁어주는 일을 계속하였다.

"모스케라는 맨손이나 다름없는 농민들을 죽이고 그들의 시체를 가지고 자신의 업적을 자랑하곤 했다."

체의 일기에도 이런 구절이 보인다.

한편, 그때까지도 유랑생활을 계속하던 피델도 이번에는 무차별적인 공습을 피해 투르키노 산의 서남쪽에 있는 라플라타 지역에 자리를 잡았다. M 7-26의 정신이 지배하는 해방구의 전선에서 피델은 급속도로 세력을 확장해가고 있었다. 그는 친동생인 라울에게 '세이스(6이라는 뜻—옮긴이)' 혹은 '프랑크 파이스'라고도 부르는 부대를 맡겼다. 사실 이 '6'이라는 숫자는 카스트로가 다소 부풀린 것이었다. 6대대라는 말을 들으면 정부군 측에서는 약 1천 명의 게릴라들이 있다고 여길 것이었다. 실제로 싸울 준비가 되어 있는 대원들은 기껏해야 3백 명 안팎이었는데도 말이다. 여든두 명—그란마호에 탑승했던 숫자이다—으로 무장된 라울의 대대는 시에라 크리스탈과 오리엔테 북부까지 새로운 전선을 개척할 임무를 부여받았다. 그 지역은 카스트로 형제가 태어난 곳이기도 했다. 그리고 고참인 후안 알메이다가 이끄는 3대대는 마에스트라 지역의 동쪽인 산티아고까지 평정할 임무를 부여받았다. 카밀로와 그의 부대는 4월로 예정되어 있는 선거에 대비하는 임무를 부여받았다. 피델은 장차 모부대인 제1대대, 즉 '호세 마르티 부대'의 지휘를 맡게 될 터였다. 체는 여전히 자신의 부대와 함께 시에라마에스트라의 한복판에서 활동하고 있었다.

라메사로 이동해온 체의 부대가 첫번째 표적으로 선택한 건 15킬로미터 떨어진 피노델아구아였다. 왜 다시 그곳을 택한 것일까? 결과적으로 그들의 첫번째 공격은 되레 바티스타의 사령부만 강화시켜주는 결과를 초래했기 때문이었다. 검열과 단속이 더욱 강화되면서 언론은 바티스타가 반군에게 새해 들어 최초의 공격을 감행할 것이라는 예상을 전하고 있었다. 체의 부대가 피노델아구아 병영을 공격하기에 앞서 사용 가능한 무기들을 세어보니 모두 292개였다. 사실 폭격기의 지원까지 받는 정부군의 화력에 비하면 새 발의 피라 할 만했다. 그러나 이 정도만으로도 그들의 작전은 많이 달라질 수 있었다. 이제까지는 상대편의 무기들을 탈취하는 데 급급하였다면 피노델아구아는 새로운 화력의 시험장이 될 터였다.

그들이 준비한 회심의 병기는 양철로 만든 소형폭탄을 작살에 장착하여 발사시켜 목표물에 맞는 순간 폭발하도록 만든 해저 잠수총 M-6이었다. 기발하지만 늘 효력이 만족스럽지만은 않았던 이 비밀병기를 그들은 소련이 발사했던 우주선 이름을 빌려 '스푸트닉'이라고도 불렀다.

2월 초부터 공격 준비와 함께 위치 탐색이 시작되었다. 피노델아구아는 각종 참호와 방어벽이 겹겹이 보호하고 있는 곳이었다. 게다가 약 12킬로미터 떨어진 산파블로데야오에 산체스가, 그리고 6킬로미터 떨어진 지점에는 시에라 오로 대위의 부대가, 또 25킬로미터 떨어진 지점인 우베로에는 해군이 주둔하고 있다는 점도 걸렸다. 이런 조건에서 공격을 감행한다는 것은 정부군의 후속 도발을 자극하는 셈이었다. 그 작전의 총지휘관은 피델 카스트로 자신이었다.

2월 16일, 체, 라울, 알메이다, 카밀로 등이 제자리에 배치되었다. 공격은 관례대로 한밤중에 개시될 예정이었다. 적으로부터 빼앗은 박격포 여섯 대가 상대방의 저항력을 일단 시험해보는 역할을 맡았다. 제1선에 선 카밀로의 부대가 먼저 무기를 탈취해 오기 위해 병영 안으로 잠입했다. 그런데 두번째 건물에서 적들의 저항이 개시되면서 게릴라들이 밀리기 시작했다.

전투는 생각보다 오래 끌었다. 화염병과 스푸트닉 등은 소리는 요란했지만 효력은 그에 미치질 못하였다. 동이 터올 무렵, 피델과 체는 적의 진영에서 울리는 함성을 들었다.

"야호! 우리가 시엔푸에고스의 기관총을 갖고 있다!"

앞에서 누군가가 무기를 들고 흔들어 보이고 있었고, 그가 쓰고 있는 챙모자도 바로 카밀로 시엔푸에고스의 것이라는 걸 알아본 그들은 가슴이 철렁했다. 시엔푸에고스는 심각한 타격을 입었을 것이라는 보고가 들어왔으나 그의 복부를 측면에서 관통한 총알이 다행히 장기를 비켜가서 그럭저럭 은신처까지는 옮길 수 있었다.

그동안 라울의 부대는 정부군의 지원군이 도착하는 길목에 매복하고 있었는데, 바티스타군에 매수된 농민 두 명이 적군에게 이 함정을 미리 알려줘버렸다. 이렇게 하여 라울의 대대는 싸울 기회를 놓쳐버렸다. 그렇지만 그는 적의 차량을 간접적이나마 우회하게끔 했던 까닭에 결국 적의 원군이 전투가 끝난 뒤에야 도착할 수 있도록 하는 데 기여한 셈이었다.

한편 체도 전투에 끼어들 태세를 하고 있는데 한 전령이 피델 사령관의 서명이 든 종이를 가져왔다.

체,
혹시 카밀로나 기예르모 가르시아의 지원 없이 자네 편에서 전투가 마무리된다 하더라도 나는 자네가 그런 자살 행위를 저지를 필요는 없다고 보네. 그것은 우리가 목표를 달성한다는 확신도 없이 숱한 손실만을 덧붙이게 될 소지가 있기 때문이지.

각별히 조심하게. 이건 단호한 명령일세. 자네는 직접 전투에 가담하지 말고 대원들을 지휘하는 것으로만 그치게. 이 순간 중요한 것은 바로 그것이네.

전투에 뛰어들고 싶어 어쩔 줄 몰라 하던 체에게 피델은 신중함을 요구하였다. 규율을 중시했던 체는 상관의 명령을 따르지 않을 수 없었다. 피델의 말마따나 전투가 끝나는 순간까지 대장의 목숨은 소중한 것이었다. 그해 9월 19일, 체는 카밀로와 라울, 알메이다, 셀리아 산체스를 비롯한 대원들 54명의 서명이 담긴 청원서를 피델에게 제출했다.

조국에 대한 사랑과 우리의 신념과 과거, 현재, 그리고 다가올 세대의 이름으로 우리는 당신이 전투에서 목숨을 잃는 것을 무릅쓰지 않기를 청원합니다…….

첫 대결에서 정부군 측은 약 20명의 전사자를 냈고, 경기관총 다섯 정, 권총 서른세 정, 그리고 탄약 한 상자를 놓고 도망쳤다. 게릴라들로서는 비교적 만족할 만한 전투였다. 제2차 피노델아구아 공격은 게릴라전에 새로운 전기를 마련해주었다. 그러나 양측에서 출판된 기관지나 코뮤니케 등은 이 전투를 각기 다른 관점에서 과장하여 기술했다.

『엘 쿠바노 리브레』는 혁명 전쟁에서 이미 주요한 역할을 담당하고 있었다. 체와 피델은 라메사 캠프에서 다시 만나 오랜 숙원이던 방송시설을 설치할 수 있는 장비 일체를 가지고 온 에두아르도 페르난데스를 맞았다. M 7-26에 동조했다는 혐의로 수감되었다가 밀림으로 탈출한 이 기술자의 노력으로 자동차 모터를 돌려 시에라의 목소리는 머지않아 쿠바 전체에 울려 퍼질 수 있게 되었다. 안테나는 아바나에서 활동하던 기자 출신의 오를란도 로드리게스가 담당했다.[13] 그는 일찍이 『라 카예(La Calle, 거리라는 뜻)』라는 신문을 만들어 바티스타의 전제에 대담하게 대항하는 용기를 보인 바 있었다. 당시 공산당 기관지였던 『오이(Hoy, 오늘)』조차도 사태의 윤곽이 잡혀가는 모습을 관망하며 조심스레 중립을 지키고 있을 때였다. 나중에 체는 볼리비아에서 모스크바의 원격조종을 받는 공산당의 수동성을 다시 한 번 통감하게 된다.

라메사 기지에서의 생활도 웬만큼 틀이 잡혀갔다. 평지에서 올라온 신참들은 산체스 모스케라가 태워버린 오두막을 수리하거나 근처에 있는 바위 위에 자신들의 거처를 직접 지었다.

부대원들은 낮 시간에 주로 훈련을 받았다. 그들은 군사 지식을 배우고 진짜 총 대신에 나무로 만든 총으로 모

---

13) 체를 다룬 다큐멘터리를 만들었던 그는 1987년에 프랑스 코미디언인 피에르 리샤르와 저자를 인터뷰 한 적이 있다.

의 전투훈련을 하였다. 미나스델프리오 '군사학교'에서 체는 인간에 대한 자신의 신념에 근거하여 훌륭한 혁명가들을 키워냈다. 신참이 들어올 때마다 그는 선배들에게 수없이 되풀이하였을 얘기를 했다.

"글자를 모르면 왜 총을 잡는지도 이해하지 못한다."

그의 생도들은 그저 '부패한 적군을 죽이러 온' 자신들에게 그토록 읽기와 쓰기를 가르치려는 대장의 집념에 혀를 내둘렀다. 체의 강의실은 바로 시에라마에스트라 전체였다. 다니엘 알라르콘 라미네스라는 농민은 의사이자 대장이며 또한 교사이기도 했던 체로부터 얻은 교훈을 이렇게 간직하고 있었다.

"시에라마에스트라의 기지에서 그는 먼저 읽고 쓸 줄 아느냐고 물었습니다. 그때 그는 교장으로서 우리를 가르치기로 작정한 것이었습니다. 나는 호엘 이글레시아스와 칸티플라스, 빌라 쿠나 등과 함께 공부를 시작했습니다. 내가 공부를 시작할 즈음에는 대부분의 행군이 밤에 이루어졌기 때문에 수업은 낮 동안에 받았습니다.

빈둥거리며 시간을 죽이는 일을 체질적으로 거부했던 체는 우리에게 글자까지 가르치겠다고 하며 우리를 가만히 놔두지 않았습니다. 우리가 카드놀이를 하거나 라디오에서 흘러나오는 음악을 듣고 있게 내버려두질 않았죠. 하지만 그의 명령은 의무였고 우리는 그렇게 훈련받았으니 어쩌겠습니까?

1958년 4월 초반으로 기억되는데, 라메사 기지에서 나는 체에게로 다가가 약간의 파이프 담배를 부탁한 적이 있었습니다. 그런데 얘길 하다 보니까 여덟 살 무렵부터 담배에 손을 대기 시작한 이래 담배를 놓은 적이 없어서 이미 폐도 많이 상해 있다는 얘기까지 털어놓게 되었습니다. 그러자 그날 이후, 체는 나에게 담배를 아주 조금밖에 주질 않는 거였어요. 내심 불만스러워하니까 어느 날 그는 이 말을 하더군요. '나는 담배를 더 갖고 있기도 하고 없기도 하다.' '그게 도대체 무슨 뜻입니까?' '그건 나에게 서면으로 요청해야 한다는 얘기다.'

정말이지 옴짝달싹 못하게 잡힌 거죠. 그래서 나는 카밀로를 찾아가 바나나를 주고 대신 써달랬죠. 그는 이렇게 써주었어요. '체, 담배.' 나는 그 종이쪽지를 들고 책을 읽고 있던 체를 찾아갔죠. 그는 고개를 들더니 나를 보고 빙긋이 웃더군요. '자네가 나에게 이런 식으로 부탁하면 담배를 더 주려고 했었네.' 그때부터 담배가 필요할 때마다 나는 바나나를 들고 카밀로를 찾아갔어요. 그런데 얼마쯤 지나자 체가 나에게 더 복잡한 문장을 써보라는 겁니다. '체, 나에게 담배를 주세요'라고. 카밀로에게 가져다줄 바나나도 더 없어서 나는 결국 공부를 시작할 수밖에 없었어요. 체가 이긴 거죠. 몸을 망가뜨리는 담배가 한편으로는 나를 읽고 쓰게 만든 겁니다."

날이 저물면 미나스델프리오의 학생들과 교사는 모닥불 주위에 둘러앉아 특히 신참자들을 겨냥한 체의 강의를 들었다.

"게릴라는 잘 훈련된 병사라는 점 외에도, 육체적으로나 정신적으로 민첩해야 한다. 그렇지 않으면 전술적인 측면에서 게릴라전을 이해할 수 없다. 모든 것은 밤에 행해진다. 자기 분야에 대한 지식으로 무장한 게릴라들은 밤에 행군을 하더라도 적의 위치를 파악하며 공격과 퇴각을 행한다. 마치 야생 고양이처럼 신속하게 말이다."

또한 그는 농민들에 대해 훨씬 직접적인 연설을 했다.

"농민들은 정보원이자 간호사, 보급자, 그리고 무엇보다 전사들이다. 농민들이야말로 진정한 전위부대일 수밖에 없다. 그것은 그들이 어느 누구보다도 잘 알고 있는 그들의 대지 위에서 모든 병참술을 펼칠 수 있는 주체이기 때문이다."

결국 그의 말은 다음과 같은 중요한 질문에 대한 대답으로 귀결되곤 했다. 우리는 왜 싸우는가라는……

"게릴라는 그 사회의 개혁자이다. 그들은 힘없는 형제들을 치욕과 빈곤으로 내몰고 있는 정권을 타도하기 위해 싸운다. 게릴라는 그 바탕도 그렇고, 무엇보다도 농지의 혁명가이다."

그리고 그가 무엇보다 중요하게 생각했던 토지개혁에 대한 자신의 변함없는 신념도 밝혔다.

"오리엔테 산악지방으로부터 에스캄브라이, 카마구에이 평원을 지나 쿠바 전역에까지 급속도로 확산되고 있는 혁명의 불길 속에서 토지개혁의 칼자루를 쥐고 있는 쪽은 바로 해방군이다. 개인 소유제가 깊숙이 뿌리박고 있는 만큼 싸움은 꽤 오래 걸릴 것이다. 유사 이래 땅은 더 나은 삶을 위한 분쟁의 중심이었다. 지금 우리 운동은 토지개혁 프로그램을 구체적으로 제시하고 있지는 않지만, 결국에는 땅을 갖지 않은 농민이 한 사람도 없게 할 뿐 아니라 놀고 있는 경작지도 없애는 법을 정하지 않을 수 없게 될 것이다."

그러한 연설은 늘 복종하는 일에 길들여진 농부들에게는 대단한 감동이 아닐 수 없었으리라. 종종 빠진 이를 드러내놓는 그들의 미소가 그것을 증명했다. 그들은 그의 말을 믿었다.

젊은이들은 성숙해갔다. 체는 그중에서 쓸 만한 장교감 몇을 점찍어두고 있었다. 그는 그들에게 진정한 혁명가가 되기 위해선 거짓말을 해서는 안 된다는 것을 거듭 강조했다. 그들이 그 말을 이해하게 되는 날, 그들에게 왜 복종이 필요한지를 깨닫게 되는 날, 빈곤으로부터 벗어나야 한다는 공통의 목적도 깨닫게 될 터였다.

체는 그들이 쳐부수어야 할 대상인 바티스타가 대체 어떤 인물인지에 대한 정보를 수집했다. 셀리아 산체스로부터 들은 바에 따르면, 이 혼혈 출신의 독재자는 1934년 1월 그라우 산 마르틴 정부를 전복한 전력이 있었다. 1938년에 루스벨트의 집요한 압력으로 하야하지만 1940년 선거를 통해 다시 쿠바공화국 대통령에 올랐다. 그러나 임기를 채우지 못하고 4년의 통치 후 미국으로 물러났으나 집요한 권력욕을 버리지 못하고 결국 1952년 3월

10일, 쿠데타로 다시금 정권을 장악했다. "그때부터 그는 독재정치를 공고히 했지요"라고 셀리아는 결론지었다. 체는 조사를 통해 미국의 압력단체가 쿠바 니켈광산의 90퍼센트를 통제하고 있을 뿐만 아니라 공공서비스의 80퍼센트, 철도의 50퍼센트를 장악하고 있다는 걸 알게 되었다. 게다가 영국인들까지 합치면 석유산업의 대부분과 대형농장 대부분이 외세의 손에 놓여 있는 셈이었다.

이런 막강한 권력 앞에서 피델 카스트로는 차츰 자기네의 힘을 증명해야 할 필요성을 느꼈다. 그는 전국적으로 확대된 봉기를 시에라마에스트라에서 통제할 수 있는, 그런 정부를 꿈꿨다. 이를 위해 그는 정치, 군사 부문을 가리지 않고 가능한 모든 방법을 모색했다. 이를테면 반군 방송 '라디오 레벨데'를 통해 납세거부운동을 펼치는가 하면 라울의 6대대와 알메이다의 3대대를 시켜 오리엔테 지방의 북쪽과 남쪽을 공격하도록 했다. 그중 가장 극적인 순간은 카스트로의 어릴 적 친구이자 몬카다의 동지이기도 했던 페드로 미레가 박격포탄과 50구경 경기관총, 그리고 포탄 8만 개 등의 자동화기를 잔뜩 실은 C-46기를 몰고 코스타리카로부터 날아온 일이었다.

이 비행기에는 운동의 지도자 중 한 사람이었던 파우스티노 페레스가 함께 타고 왔다. 페레스는 1958년 2월 23일, 아르헨티나의 유명한 자동차경주 선수인 후안 마누엘 판지오를 납치한 적이 있었다. 쿠바 정부가 그런 불상사를 미연에 방지하지 못했다는 것을 보여줌으로써 행여나 정부에게 비난의 화살이 돌아가지 않을까 하는 기대로 벌인 일이었다. 그러나 페레스의 행동은 기대한 수확을 얻기는커녕 주변의 압력만 심해져 그는 얼마 안 가 인질을 풀어줄 수밖에 없었다.

이번에 페레스가 마에스트라로 들어온 이유는 전국적인 규모의 총파업이라는 피델의 거대한 복안을 조직화하기 위해서였다. 날짜만 구체적으로 잡히지 않았을 뿐이지 이 계획은 이미 『라 레시스탄시아』, 『라 레볼루시온』, 『반가르디아 오브레라』, 『시에라마에스트라』는 물론이고 『엘 쿠바노 리브레』 등의 지하언론매체 등을 통해 기정사실화되어 있었다.

3월 8일, 트럭 한 대가 리에고, 이사벨, 리디아 세 자매를 마을에 내려놓았다. 여기서 그들은 안내인을 따라 라메사까지 들어갈 예정이었다. 산티아고 근처의 산루이스 농장 출신인 이들은 그 즈음 M 7-26에 가담한 많은 젊은이들 중 일부였다. 이틀간의 행군 끝에 마침내 체 대장 앞에 선 자매들은 완전히 기진맥진해 있었다. 체는 이들이 가져다줄 두 가지 소식을 은근히 궁금해하며 기다리고 있던 차였다. 그는 반군 측이 계획하고 있는 파업의 전망을 어떻게 보는지 그녀들의 의견을 물었다.

"체는 그 문제를 끈질기게 물고 늘어졌어요." 시에라가 원산지인 식물들이 무성하게 자라고 있는 아바나의 아파트 테라스에서 리디아가 당시를 회상하며 이렇게 입을 열었다.

"그는 파업의 성공을 믿고 있는 눈치가 역력했어요. 온 국민이 한꺼번에 반응을 보일 거라고 생각하고 있었던 거죠. 그가 마음속에 품고 있는 이 계획에 대한 우리들의 열광이 그에게 더욱 확신을 품게 했겠죠. 그는 곧장 우리가 해야 할 일을 확실히 정해주었어요. 이사벨은 간호사였고 나는 교사였지요. 나는 낮에는 근처 농민들의 아이들에게 읽기와 쓰기를 가르쳤고 밤이 되면 역시 글을 모르는 대원들을 가르치곤 했어요.

얼마 지나지 않아 나는 미리 수업준비를 하는 일이 거의 무의미하다는 걸 깨달았어요. 왜냐하면 문맹의 정도가 너무 심하여 대체 어느 기준에 맞추어야 할지 알 수가 없었거든요. 우리는 일종의 소우주 안에 살고 있었지만 쿠바라는 거대한 섬 한복판에서 외따로 살고 있는 이곳 주민들은 바깥세계에 대해 도통 아는 것이 없었죠. 체의 규율은 너무 엄격해서 처음에 나는 잔뜩 주눅이 들어 있었어요. 그런데 나중에 보니 땟국이 줄줄 흐르는데다 배는 불룩 튀어나오고 콧물이 쉴 새 없이 흐르는 깨복쟁이 아이들이 걸핏하면 그의 무릎에 앉아 있는 거였어요. 그 모습을 보며 나는 그가 참으로 따스한 마음을 가진 사람이라는 걸 깨달았지요. 그는 금세 나를 동료로 받아들였다는 표시처럼 '마에스트루카(maestruca)'[14]라고 불렀습

---

14) '선생님' 등의 뜻을 갖고 있다.

니다. 그는 시간이 허락하는 한 수업을 참관하려고 했습니다. 기지에서 우리는 그를 '아르헨티나 사람'이라고 부르기도 했어요. 내가 아는 한 그는 이 세상에서 가장 순박한 산간지방의 농민들을 무척이나 사랑했습니다. 그는 그들의 빈곤과 배고픔까지도 함께 나누고 싶어했습니다.

그 시기의 우리들은 공습을 피해 막사를 빠져나와 숲속이나 동굴 등에 몸을 숨겨야 하는 일이 잦았습니다. 늘 반복되는 시나리오였어요. 일단 소형 비행기 한 대가 주변을 정탐하고 가면 곧이어 B-26기가 와서 우리에게 무차별 폭격을 가하는 식이었지요. 그래서 우리는 정찰기 엔진소리만 들렸다 하면 숨을 곳을 찾느라 바빴어요. 비행기들은 심지어 밤에도 폭격을 가해오곤 했어요.

바티스타 군대의 공격이 더욱 강화되면서 우리는 다시 기지를 포기하지 않으면 안 되었습니다. 이사벨이 일하고 있던 병원도 동굴 안으로 옮겨졌어요. 우리는 이 동굴을 시에라에서 자주 볼 수 있는 새의 이름을 따서 '조르잘'이라고 불렀어요."

나중에 리디아는 언니를 도와 간호보조 업무를 맡게 됐다고 한다.

"아마 그 시기야말로 내 인생에서 가장 힘든 시기였을 겁니다. 나는 모미토라고 불리던 게릴라 한 명을 간호했답니다. 내장은 고름 덩어리로 차 있었고 구멍이 숭숭 뚫려 있었죠. 하지만 모미토는 결국 조르잘이 지저귀는 소리를 다시 들을 수 있었답니다. 우리는 많은 부상자를 그곳에서 치료했어요. 그런데 놀라운 건 죽어 나가는 사람이 한 명도 없었다는 겁니다.

당시 스물다섯 살이었던 이사벨 언니와 열아홉이었던 나는 무기를 들고 직접 전투에 나서고 싶었답니다. 하지만 체는 우리의 생명이 위태로워질지도 모를 행동은 허락하지 않았어요. 우리가 계속해서 졸라대며 목소리를 높이니까 그는 시에라에서 그가 기르고 있던 개들 중 하나인 옴브리토보다 우리가 더 시끄럽게 짖어댄다고 하지 뭐예요. 그 당시 그는 산타나라고 불리던 고양이 한 마리도 키우고 있었죠.

적이 통과하기를 기다리며 매복하기 위해 라메사를 떠난 우리는 피델의 사령부가 있던 라플라타로 이동했었어요. 피델은 우리 두 자매가 꼭 붙어 앉은 채 집채만 한 가방에 깔려 있다시피 하면서도 불평 한마디 하지 않는 모습이 딱해 보였던 모양이에요. 그는 우리를 다른 열한 명의 여자대원들로 구성된 부대에 넣어주었어요. 우리를 이끌었던 사람은 에디 수뇰이라고 불렸는데 성한 곳이 없어 보일 정도로 상처투성이였어요. 우리 열세 명은 '라스 마리아나스 그라할레스'[15]라고 불렸어요. 우리 열세 명의 여자들은 더는 회계나 교육, 또는 기타 하급 업무에 매달리지 않을 뿐 아니라 남자들을 보조하는 데 머무르지 않고 진정한 게릴라가 되리라고 결심을 다졌답니다."

---

15) 해방의 주역 마세오의 어머니 이름을 따서 지음.

그들 중에는 눈부신 미모로 시에라의 비너스라고 불렸던 리디아 외에 레아나 로데라는 여자가 있었다. 그녀는 카밀로의 시선을 단번에 사로잡아버렸다. 또한 글도 읽을 줄 알았던 게오르히나는 게릴라들에게 '선머슴 같다'는 말을 들었다. 공부보다는 전투를 더 좋아했던 카르멘시타, 필론 인근의 소도시 출신의 세비야 알리다가 있었으며, 아바나의 엘리트 출신의 사격수 올기타 게바라는 리디아가 대원들 앞에서 노래를 부를 때면 늘 기타 반주를 넣어주곤 했다.

일단 이들의 훈련이 웬만큼 마무리되자 피델은 이 부대를 이끌 지휘자를 뽑아야겠다고 생각했다. 그들 중에서 가장 뛰어난 사격수가 적임자일 것이었다.

"이사벨 언니는 50미터 밖에서 M-1 기병총으로 정확히 표적을 명중시켰죠. 그래서 언니가 우리의 대장이 된 겁니다. 약학을 전공한 이사벨은 지휘관으로서 요구되는 카리스마와 강건한 의지를 두루 갖춘 여성이었어요. 때로는 남자들을 이끌기도 했지요. 그만큼 그녀는 천부적인 지휘관이었고, 그녀의 지휘를 받은 남자 대원들도 실수하는 법이 없었답니다. 우리는 더러 남자들로부터 짓궂은 칭찬을 듣곤 했지요. '당신 여자들은 싸움을 하기엔 무언가가 부족한데 말이야.' 하지만 누구나 죽음 앞에선 평등한 법이죠. 그리고 1958년 8월의 전투에서 우리는 적들에게 우리의 능력을 보여주었어요. 당시 우리는 정말 황소처럼 먹어댔지요. 마치 낙타처럼 미리 먹어두어야 했거든요. 그리고 노새처럼 짐을 가득 지고 행군을 해야 했으니까요.

저녁에 캠프에 모이면 우리는 바로 얼마 전까지만 해도 풋내기에다 겁쟁이에 지나지 않았던 그 시절을 떠올리며 깔깔거리곤 했어요. 당시 우리 가방 속에 생쥐나 도마뱀, 또는 개구리 따위를 슬쩍 집어넣어 두는 악동이 늘 있었거든요. 그래서 우리는 복수를 해야겠다고 벼르고 있었죠. 사실 남자들 중에서도 무기를 지급받지 못한 사람이 많았지만 우리는 무기를 갖고 있었답니다."

8월 초에 있었던 라스메르세데스 전투를 치르고 난 뒤 에디 수놀은 게릴라전의 전술을 어느 정도 터득하게 되었다.

"사실 나는 과연 전투를 지휘할 수 있을지 내심 걱정하고 있었어요. 하지만 나는 그녀들이 자랑스러웠답니다"라고 수놀은 회고했다.

시에라의 비너스였던 리디아도 이 일을 회상하며 미소 지었다. 그녀의 언니 이사벨은 1987년, 암으로 세상을 떠났다. 1993년 여름에는 피델 카스트로가 마리아나 그라할레스 부대의 생존자 여덟 명을 초대하여 하루 동안 즐겁게 지낸 적이 있었다.

"거의 일곱 시간 동안 우리 모두는 이야기보따리를 가득 풀어놨죠. 우리 모두는 여태껏 살아온 얘기를 털어놓고 웃기도 참 많이 웃었어요. 피델 사령관도 무척 즐거워하며 많이 웃었답니다."

4월 9일에 고대하던 파업이 결행되었으나 결과는 참혹했다. 작전의 운영자였던 파우스티노 페레스가 최후 순간까지 일정을 비밀에 부쳤던 게 문제였다. 하나의 실패에서 늘 긍정적인 교훈을 끌어내려 했던 체는 이 경험을 다음과 같이 분석했다.

조직위원회 측의 오류로 파업은 실패했다. 근본적인 요인은 일반 노동자들과 지도부 간의 연결이 잘 이루어지지 않았다는 점이다. 요지부동한 지배정권은 별다른 타격을 입지 않았다. 그러나 이 경험은 유익한 것이었다. 이 속에서 우리는 운동의 방향에 대한 이념적인 논쟁은 물론이며 이 나라의 현실에 대한 보다 근본적인 인식의 변화를 유도할 수 있을 것이기 때문이다. 운동은 오히려 파업 실패에서 얻은 소중한 경험으로 더욱 단련되었다. 지도부는 혁명이 일부 그룹의 전유물이 아니라 쿠바 국민 전체의 합작품이라는 소중한 진실을 깨달았을 것이다. 그리고 이 목표야말로 야노나 시에라를 막론하고 우리 운동의 모든 힘을 하나로 결집시킬 동인이다.

실패한 파업(참여율이 30퍼센트 미만이었던)은 적잖은 반향을 불러일으키며 거의 1백여 명에 이르는 지지자들의 목숨을 앗아가는 결과를 가져왔다. 카스트로는 사태의 발전을 위해서는 결국 무기를 손에 쥘 수밖에 없는 현실을 깨달았다. 때를 기다리면서, 동요하고 있는 게릴라들의 전설을 가능한 빨리 회복하는 일이 필요했다. 피델은 라디오 레벨데를 통하여 부단히 바티스타의 끄나풀들의 만행을 고발하고 반군의 행위를 찬양하는 한편, 적들의 거짓공세에 맞서 심지어는 치르지도 않았던 전투까지 지어내곤 했다.

한편 체 역시 새로운 작전의 필요성을 느끼고 있었다. 모스케라는 늘 그의 마음 한구석을 집요하게 짓누르고 있었다. 3월 중순경 그는 라미로 발데스에게 기지를 맡기고 단신으로 노새를 타고 엘 마시오─우니베르소 산체스가 장악하고 있던 부에이 근처의 작은 부락─까지 갔다. 18일, 피델은 체를 도와주라며 안내인을 보냈다. 그 18일과 19일 이틀 밤에 걸쳐 체와 그 안내인은 모스케라가 먼저 지나간 산후안데부에나비스타를 지났다. 그들을 기다리고 있는 광경은 내장을 다 드러내놓고 죽어 있는 아흔아홉 마리의 노새들과 곁에 엎어져 있는 한 농민의 주검이었다. 이 끔찍한 장면에 겁을 집어먹은 안내인은 그 자리에서 체를 두고 도망쳐버렸다. 혼자 남은 체는 그 빈 오두막에서 잠을 잤다.

25일, 그는 자신의 부대원들을 그곳으로 불러온 뒤 피델에게 다음과 같은 전갈을 보냈다.

우리는 미나스델프리오에서 몇 킬로미터가량 떨어진 라오티야라는 황량한 지역에 캠프를 설치했습니다. 비교적 덜 가파른 언덕배기에서 넓은 지역을 내려다볼 수 있어 산체스 모스케라의 움직임을 지켜보기에 안성맞춤입니다.

일다와 우리 일행은 프랑스 해적의 후손이라는 엘리오 비티에라는 사람의 안내로 그 장소를 가보았다. 사령부 구실을 했던 작은 집은 이제는 작은 기념관으로 변해 있었다. 커피나무들이 내뿜는 강렬한 냄새 속에 노랗고 붉은 쿠바산 난초들과 일명 빵나무인 마펜, 커다란 과시마 등이 주변을 둘러싸고 있었다. 몇 장의 사진과 그 유명한 흰색 흔들의자가 체 대장의 추억을 되살려주고 있었다. 그곳에서 만난 마날과 알히미로라는 늙은 농부가 저마다 간직하고 있는 체의 기억을 들려주었다. 마날은 게릴라들에게 길을 열어주었고 알히미로는 그들에게 먹일 가축을 찾아 나서곤 했다.

"체는 자기보다 더 배고픈 대원들을 생각해서 종종 식사를 거절하곤 했어요. 그는 자신이 피우던 시가를 마치 전쟁담뱃대(선전을 표시하는 백색과 회색의 담뱃대—옮긴이)처럼 모두가 한 모금씩 돌려가며 빨게 했지요.

그때 마치 예언자처럼 기다랗게 수염을 기른 알히미로가 끼어들었다.

"체의 머리에 손을 댈 수 있었던 유일한 사람 우발도 샤콘이 바로 여기 라오티야에 살고 있어요. 그는 이발사였거든요! 체는 종종 파이프를 입에 문 채 우리가 알아듣기 쉽도록 참을성 있게 한마디 한마디를 강조하며 말하곤 했지요. 그리고 흰색 노새를 타고 이동하곤 했구요."

28일, 카밀로 일행이 북쪽 지역으로 임무 수행차 떠난 뒤 피델과 라미로는 체가 그토록 흡족해하는 그 지역을 답사해보러 왔다. 사흘 후, 체의 부대원 중 20명가량이 엘도라도 기지에 있던 알시바이데스와 리디아를 지원하러 떠났다.

4월이 시작되자 체는 피델에게 이런 전문을 보냈다.

비록 지금은 부대원이 40명가량으로 줄었지만 저는 제 위치를 사수할 것입니다.

한편 산체스 모스케라도 체의 부대원이 감소했다는 소식을 용케도 들었는지, 전투를 개시할 적기라고 판단한 듯싶었다. 4월 18일 아침, 체는 흰색 노새를 타고 라메사를 들르지 않은 채 라오티야로 방향을 틀었다. 그런데 엘 마시오쯤에 도달했을 때 갑자기 요란한 총성이 정적을 갈랐다. 마침 바르부도들이 가 있던 로스 곤잘레스의 한 농장으로 산체스 모스케라가 가축을 약탈하러 난입했던 것이다.

이번에야말로 사생결단을 내야겠다는 생각에 그의 가슴은 마구 뛰기 시작했다. 전략상의 고려는 무시하고 그는 싸움이 벌어지고 있는 곳으로 힘껏 달렸다. 그 순간 가란드와 30구경 경기관총의 총알이 그의 곁을 스쳤다.

그가 몸을 돌렸을 때 그의 부대원들은 훨씬 뒤편에서 싸우고 있었기 때문에 뒤로 물러서기에도 너무 늦은 상황이었다. 그 순간은 그가 살아오면서 가장 비참함을 느낀 순간 중의 하나였다. 바위 뒤에 몸을 숨기고 있던 그는 이렇게 외치는 소리를 들었다. "흰 노새를 탄 게릴라를 끌어내려라!" 지니고 있던 베레타 총도 제대로 작동이 안 되었다. 겨우 피스톨 하나로 방어해야 할 판이었다. 게다가 초조함 때문에 숨이 가빠지고 있었다. 나중에 그는 이 순간을 한마디로 이렇게 얘기했다. "그날처럼 내 자신이 한심했던 적은 없었다."

이렇게 포위된 상태에서는 무슨 수를 써서라도 빠져나가는 것이 급선무였다. 이윽고 그는 지그재그로 마구 내달리기 시작했다. 나지막이 파인 구덩이가 눈에 띄자마자 그는 일단 그 안으로 몸을 날렸다. 그러나 이제는 죽는 순간까지 싸우는 일만 남았다고 결심하고 있는데 첫 번째 기적이 일어났다. 총이 다시 작동하기 시작한 것이다. 연이어 두번째 기적도 일어났다. 후퇴하던 반군이 놔두고 간 총을 집어 들고 있던 젊은 농부 한 명이 눈에 띈 것이다. 체는 그에게 가까이 오라고 손짓을 했다.

"이제부터 나를 도와주게. 내가 체일세."

그런데 체라는 이름에도 그 청년은 멀뚱한 얼굴이었다. 정말로 그는 체라는 이름을 한 번도 들어본 적이 없었던 것이다.

"총 쏠 줄 아나?"

청년이 모른다고 고개를 젓자 체는 다급하게 총을 쏘는 법을 설명해주었다. 몇 발의 견제사격을 가하며 그들은 몇 미터를 나아갔다. 열여섯 살 된 어린 소년이 길을 가르쳐주어 마침내 두 사람은 아과이욘으로 기어오를 수 있는 안전한 길에 도달했다. 그리고 산미겔 방향으로 곧장 내려가서 그곳에 있는 반군기지에 합류할 수 있었다.

이날 체의 목숨을 구해준 에스테반 푸엔테스 오티스는 혁명이 성공한 후 아바나 멀지 않은 곳에 내려가서 가축을 키우며 살았다.

5월 19일부터 25일 사이, 절반 이상이 박격포와 탱크로 무장하고 공군과 해군의 지원까지 받은 정부군 14개 대대가 마에스트라의 지맥으로 넓게 포진해오기 시작했다. 그때까지 잠정적인 평온 속에서 피델 카스트로는 커피를 수확하는 농민들의 일손을 도울 궁리를 하고 있었다. 그는 궁지에 몰려 있던 3백 명의 농민들에게 시에라에서 통용되는 화폐를 만들어서, 조합을 조직할 생각을 품고 있는 품삯 노동자들에게 지급하는 것이 어떻겠느냐고 제안했다.

5월 24일, 피델은 지휘관들을 재차 소집해서 각자에게 임무를 부여했다. 체는 미나스델프리오가 있는 리오히바코아 지역에서 작전을 수행하기로 했다. 피델은 주요 지역의 정찰결과를 놓고 전력에 신경 쓰지 말고 이 지역에 대한 중요한 전략임무를 맡은 대원들을 파견하라는 점을 명시했다. 계산상으로 보자면 게릴라들은 한 명당 서른다섯 명을 상대해야 할 판이었다.

몬카다 병영과 바야모 기지를 출발한 정부군의 셔먼 장갑차들은 가장 덜 가파른 길을 찾고 있었다. 나중에 카밀로는 이렇게 회상했다.

"우리들은 나무등걸이나 땅속에 몸을 숨기고 적이 지나가기를 기다리고 있었다. 이미 곳곳에 함정을 파놓았고 다리나 철도도 신경 쓰면서 나무 뒤에 숨어서 방아쇠를 당길 순간만을 고대하고 있었다. 그곳은 숲과 바위들, 그리고 사탕수수의 고장인 바로 '우리의' 시에라였으니 말이다."

"먼저 폭격기들이 날아와서 네이팜탄을 마구 투하했다. 이어 지상군이 곧장 우리 영토로 밀고 들어왔다. 그 상황에서 우리가 할 수 있는 일은 그저 눈에 들어오는 것에 방아쇠를 당기는 일이었다. 그래도 통쾌했던 건 우리가 먼저 서둘러서 저들의 통신장비를 탈취할 수 있었던 까닭에 폭격기들이 자기편에게 폭격을 하도록 유도할 수 있었다는 것이다!"

시에라를 길들이기 위해서는 시간이 필요하다. 시에라는 낯선 자들의 방문을 쉽사리 허락하지 않는 땅이다. 시간은 게릴라들에게 유리하게 흘러갔다. 그들이 위험을 무릅쓸 때마다 불운한 군인들은 놀란 토끼처럼 도망치기에 바빴다. 적십자 의료캠프는 밀려드는 부상자로 넘치고 있었다. 상황이 이 지경인데도 아바나에서 결정권을 쥐고 있는 관료들은 여전히 고집만 피우며 시에라에서 들려오는 소식을 귀담아 듣기를 거부했다.

첫번째 전투 뒤에 게릴라 측은 박격포는 물론이고 탱크까지 포함한 5백 정이 넘는 각종 무기를 차지할 수 있었다. 게다가 적십자에서 치료받고 있던 포로들 중 몇 명은 반군 측으로 귀순했다. 그들 중 사관학교 생도였던 라파르테는 나중에 미나스델프리오 군사학교의 가장 엄한 교관들 중 하나가 되었다.

반군들로서는 가장 전방까지 진출한 라스메르세데스 전투의 결과는 상당히 고무적이었다. 5월 25일, 매복하고 있던 반군들에게 무장해제당한 정부군은 패주했다.

"앙헬 베르데시아 대위가 이끈 우리 대원들은 그 이틀 동안 말 그대로 죽기 아니면 살기로 싸웠다. 일인당 열 내지 열두어 명을 상대해야 되는데다 탱크와 폭격기까지 상대해야 했으니 말이다"라고 체는 그 전투를 평가했다. 특히 반군들에게는 최소한의 병력을 희생시키게 하는 전략의 의미를 깨닫게 해준 전투였다.

한편 체가 직접 지휘했던 미나스델프리오와 히바코아 전투 역시 적에게 큰 타격을 입혔다. 체는 '생각하는 인간으로서 행동하되 행동하는 인간으로서 생각하라'는 베르그송의 멋진 말을 몸소 실천한 것이다. 7월 20일은 공격자들이 방어자가 되는 종말의 서곡을 알린 날이었다. '산사나이들'이 바야흐로 전황을 장악해가고 있었다. 거의 전 지역에서 전투가 벌어지고 있었고 대지의 여신은 게릴라들의 편이었다. 산토도밍고에서는 저 악명 높은 산체스 모스케라의 부대조차도 혼쭐이 났다.

정부군으로서는 사상자가 속출하고 4백30명가량이 포로로 잡힌데다 이 '해방구'에 1천여 명가량을 남겨두고 도주해버린 완벽한 패배였다. 살롱에서 짠 전략으로 자신들의 부대를 죽음으로 몰아넣은 아바나의 관료들에게는 곤혹스러운 일이 아닐 수 없었다. 대통령 궁의 바티스타는 자신의 권좌가 흔들리는 걸 느꼈다.

체는 당시의 전황을 이렇게 요약했다.

"산토도밍고와 메리뇨, 엘히게, 제2차 산토도밍고 전투, 라스베가스, 히바코아, 라스메르세데스 등지에서 수개월에 걸쳐 쉴 새 없이 전투가 벌어졌다. 그대로 있다간 완전히 궤멸할 수밖에 없었던 정부군이 시에라에서 퇴각하지 않을 수 없을 때까지 말이다."

피델 카스트로는 체야말로 게릴라전을 예술의 경지까지 끌어올린 인물이라며 극찬했다. 체는 이동하는 전투를 일컬을 때 프랑스어의 'menuet(미뉴에트)'라는 단어를 쓰곤 했다. 마치 적 주위에서 춤을 추듯 적을 포위한다는 것이 미뉴에트의 핵심이었다.

정부군의 대공세는 결국 실패로 돌아갔다. 군인들에게 게릴라들은 도무지 눈에 띄지도 않고 붙잡을 수도 없는 유령 같은 존재였다. 사실 지형에 대해 완벽하게 알고 있는데다가 자기들끼리만 통하는 연락용 암호 덕분에, 마구 고함을 질러대기만 하는 적들에 비해 훨씬 더 신중함을 가질 수 있었다. 마구 고함을 질러대고 자신들의 위치를 무전기로 알리고 처음부터 불을 피우는 군인들의 모습은 게릴라들을 안심시켰다. 그에 비해 게릴라들은 낮은 소리로 중얼거리거나 속닥거리기만 해도 되었다. 또한 그들은 숲 속에서 훤하게 드러나는 공간이 나타나면 일렬로 서서 각각의 간격을 가급적 멀리 두고 행진하는 태도가 몸에 배어 있었다. 이것은 혹시 있을 적의 공습에 대비하여, 뭉쳐 있지 않음으로써 표적을 흐트러뜨리려는 계산에서였다.

아무리 기다려도 고대하던 승전보를 들을 수 없었던 바티스타는 마키아벨리가 살아 있었다면 코웃음 쳤을 생각을 하고 있었다. 1958년 8월, 피델의 부대는 바티스타의 군대를 비웃듯 관타나모의 미군기지와 물길로 연결되어 있던 야테리타스 수로를 방어하던 정부군의 항복을 받아냈다. 이 일을 빌미로 바티스타는 미국에 군사지원을 요청하기로 했다. 바티스타와 절친한 사이였던 아바나 주재 미국대사인 얼 스미스는 본국으로부터 파병이 가능하도록 손을 썼다. 그러나 영리한 피델 카스트로가 반란의 교사자라는 함정에 빠질 리가 없었다. 그는 야테리타스 수로를 재빨리 포기하여 성조기의 후원 아래 게릴라들을 단숨에 박살내버릴 수 있기라도 할 것처럼 큰소리를 치는 아바나 정부를 안심시켰다. 바티스타는 이 일을 통하여 피델 카스트로라는 게릴라가 한편으로 얼마나 정교한 전략가인지를 역으로 증명한 셈이었다. 그리고 그 일은 가볍게 지나칠 일이 못 됐다.

그해 6월 14일, 체는 삼십 세가 되었다. 혁명의 냄새가 그때처럼 향긋하게 다가오던 때는 없었다. 전투에서 진동하는 화약 냄새도, 시에라의 대기도, 혁명의 꽃가루도 아랑곳 않고 천식환자인 에르네스토 체 게바라는 한껏 숨을 들이마셨다. 그리고 그 무렵부터 마테차를 마시고 있는 그의 모습이 자주 눈에 띄었다.

그런데 어떻게 시에라의 산중에서 그가 마테차를 마실 수 있었을까? 체에게는 구원의 식물이랄 수 있는 이 마테가 그에게 공수되어 오기까지는 참으로 기나긴 사연이 있었다. 그가 부에노스아이레스를 떠나올 무렵부터, 체의 아버지는 마테 잎을 정기적으로 2~3킬로그램씩 사들였다. 그리고 그는 이 마테 잎을 항공기 조종사나 여행객, 또는 기자 등에게 부탁하여 페루의 리마로, 멕시코로, 심지어 마이애미까지 보냈다. 이처럼 임시변통의 릴레이를 거쳐 이 '예수회의 차'[16]는 아바나까지 도착하여 M 7-26 측을 통해 시에라에 있는 체에게까지 전달되는 것이었다. 그 덕분에 고향으로부터 점점 멀어져가면서도 자신만의 묘약을 가져다주는 심부름꾼이나 배달인을 만나는 일은 체에게 뜻하지 않은 즐거움을 가져다주었다.

---

16) 남아메리카에 있던 예수회 선교사들이 그들의 음료로 삼았다 해서 마테라는 이름으로 불렸다.

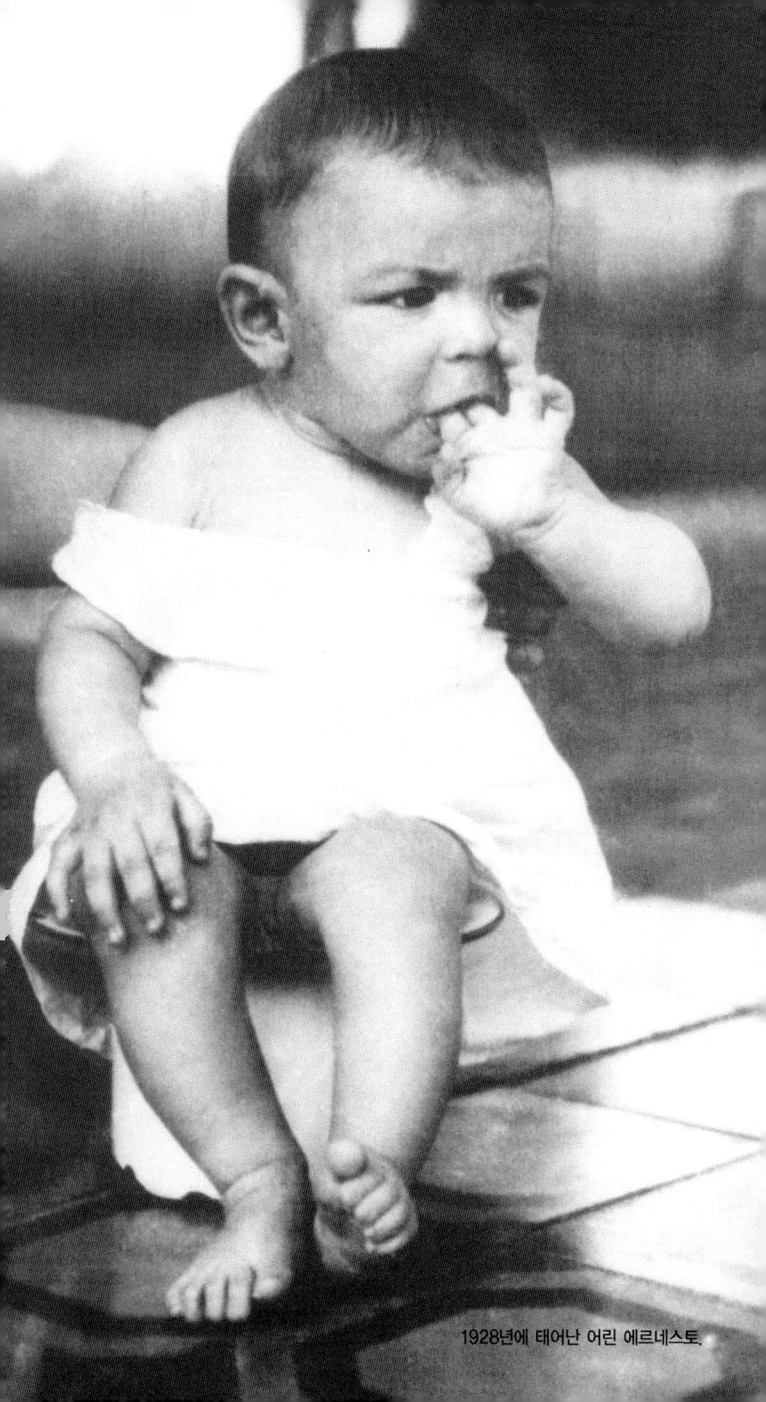

1928년에 태어난 어린 에르네스토.

에르네스토 게바라 린치와 셀리아 데 라 세르나의 첫 아기, 에르네스토. 로사리오, 1928년.

대담한 현대 여성이였던 어머니 셀리아 데 라 세르나와 에르네스토.

맨발의 체 게바라. 첫 걸음을 내딛은 미시오네스 지방에서.

1930년 5월 어느 날 오전, 셀리아는 아들을 데리고 근처 강으로 수영을 하러 갔다. 그런데 물에서 나온 아이가 심하게 몸을 떨었다. 그날 밤 내내 아이는 기침을 멈추지 않았고 의사는 갓난아기 때 앓았던 폐혈종과 관련시키며 폐렴이라는 진단을 내렸다. 갓난아이 때부터 심한 천식을 앓았던 에르네스토는 매우 병약한 아이였다. 그러나 셀리아는 의사들의 반대에도 불구하고 에르네스토를 집 밖에서 활발히 활동하는 아이로 길렀다. 수영을 가르치고 말 타는 법을 가르치는 등 에르네스토를 강하게 키우려고 노력했다.

자녀들과 함께 선 셀리아.

부모와 함께 수영장에서 자세를 취한 에르네스토, 셀리아, 안나 마리아, 그리고 로베르토.

에르네스토와 오빠를 응원하는 안나 마리아.

인간은 태양을 향해 당당하게 가슴을 펼 수 있어야 한다. 태양은 인간을 불타오르게 하고, 인간의 존엄성을 드러내준다. 고개를 숙인다면 그는 인간으로서의 존엄성을 잃게 되는 것이다.

16세가 된 에르네스토. 그의 삶이 극적이었던 것은 언제나 '지금, 여기'의 삶을 살았기 때문이었다.

에르네스토와 막내동생 후안 마르틴.

의과대학 시절, 강의실에서. 뒷줄에 서 있는 에르네스토가 미소를 짓고 있다.

젊은 공산주의자의 의무는 본질적으로 새로운 인간형의 완성입니다. 새로운 인간형의 완성이라는 말은 최고의 인간에 접근해야 한다는 뜻입니다. 그 최고의 인간은 노동과 학문, 이 세계 모든 민중과의 부단한 연대를 통하여 정제된 인간입니다. 이 지구상 어디선가 무고한 목숨이 꺼져갈 때 함께 고통을 느낄 수 있으리만치 감성이 계발되어 있으며, 자유라는 깃발 아래 분연히 일어설 줄 아는 인간입니다.

알베르토에게서 럭비를 배운 에르네스토는 곧 공격적인 태클의 명수로 활약한다.

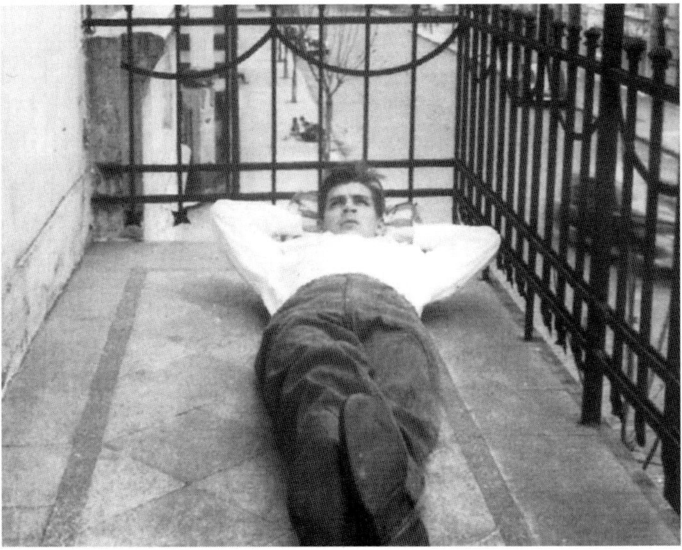

부에노스아이레스 아파트의 발코니에서. 1950년.

엘팔로마르 비행장에서 삼촌 호르헤 데 라 세르나와 함께. 1950년.

여행은 에르네스토의 가슴속에 라틴 아메리카 민중의 일상적 현실을 각인시켰다.

칠레의 수도 산티아고에서 '포데로사 II'는 그들과 운명을 달리했다.
이제 그들은 '운송수단이 전혀 없는 떠돌이'가 된 것이다.

1952년 4월, 산티아고에서.

뗏목 '맘보-탱고'는 나환자들이 아르헨티나 젊은이들에게 준 선물이었다. 1952년 6월 20일.

어쩌면 언젠가 이 세상에서 방황하는 것에 지쳐버리면,
그때는 다시 아르헨티나 땅에 정착할지도 모르겠다.

__체 게바라, 「여행일지」

에르네스토 게바라와 알베르토 그라나도의 여로. 1951년 12월에서 1952년 7월까지.

제4부

서쪽으로

공격개시

 1958년 8월 21일, 쿠바 섬에 전면적인 공세가 시작되었다. 라플라타에서 체는 피델 카스트로의 부대와 안토니오 마세오 부대를 이끌고 전위부대로 출발한 카밀로 시엔푸에고스와 합류했다. 피델 카스트로는 8백여 킬로미터나 떨어진 아바나를 접수하기 위해서는 되도록 신속하게 출정준비를 해야 한다는 걸 강조했다.

〈군사명령〉

 에르네스토 게바라 대장은 휘하부대를 이끌고 시에라마에스트라를 출발, 라스비야스 지방까지 전진하여 그 지역에서 반군 전체의 전략에 상응하는 작전을 펼칠 것을 위임한다. 이 임무를 부여받은 제8대대에는 장렬하게 전사한 치로 레돈도 대위를 기리는 의미에서 그의 이름을 붙이며 그를 대장 계급으로 특진시킨다. 제8대대인 치로 레돈도 대대는 8월 24일부터 30일 사이에 라스메르세데스를 출발한다.

에르네스토 게바라 대장을 M 7—26 반군 연합군의 대장으로 임명한다. 이 연합군은 라스비야스 지역의 도시와 농촌을 막론한 전 지역에서 작전을 펼치는 임무를 갖는다. 전투를 수행하며 군을 유지하는 데 필요한 자원을 모으고 활용하는 것은 물론이며 그 휘하부대가 작전을 펼치는 지역에서 형법과 토지법을 집행할 권한을 전적으로 대장에게 위임한다. 혁명군의 협조세력으로 통합되어야 할 지역의 반군세력과 합동작전을 세우는 것과 이에 따른 행정조치 및 군사조직에 관한 권한도 위임한다. 따라서 전투세력을 각 지역 단위로 조직하고 각 분대의 지휘관 계급까지 임명할 권리를 부여한다. 제8대대는 쿠바 중부지역에서 적에게 지속적으로 타격을 가한다는 전략적 목표를 세우는 한편 상부명령이 있을 때까지 대기하면서 서부지역의 부대들에 가해지는 적들의 테러행위를 전면 무력화시키는 일에 주력하도록 한다.

총사령관 피델 카스트로 루스
시에라마에스트라, 1958년 8월 21일 21시

이 명령서는 체를 해방군의 진정한 주역으로 인정하면서 그에게 막강한 권한을 위임한 것이었다. 그는 당시의 정황을 이렇게 설명했다.

"바티스타군은 타격을 받을 대로 받은 상태에서 출발했다. 하지만 쉽사리 전멸되지는 않았다. 우리로서도 전투는 계속 치러야 했고 최종 전략이 명확히 세워져야 했다. 우리의 공격은 세 부분에서 행해졌다. 먼저 비교적 쉽게 무너뜨릴 수 있으리라 예상되는 산티아고(피델과 라울, 알메이다가 담당한 오리엔테 지역), 내가 맡은 라스비야스(중부지방), 그리고 섬의 반대편 끝인 피나르델리오였다."

체는 모든 인원을 다 데리고 이동할 수는 없었으므로 그란마호의 상륙 때처럼 비교적 숙달된 병사들을 뽑았다. 그가 주관한 선발과정은 엄격하기 그지없었다. 왕년의 고참들은 '뚱보는 안 된다'라는 구호를 기억해냈다. 가느다란 장딴지에 배가 불룩 튀어나온 한 40대의 사내는 출정에서 제외되자 다시 체를 찾아왔다.

"저는 'O'라고 하며 의사입니다. 저는 나무를 잘 타지 못하지만 손톱이 닳아 없어질 때까지 노력할 수 있는 골수 혁명주의자입니다. 그러니 제발 총을 쥐게 해주십시오. 몸소 실천해 보이겠습니다!"

O라는 사내의 각오에 감동받은 체는 마침내 그를 데려가기로 했다.

8월 25일부터 27일까지 8대대는 시에라의 지맥 위에 펼쳐져 있는 작은 부락인 히바로까지 이동했다. 그곳에서 체는 보급품을 실어다줄 비행기를 기다리라는 명령을 받았다. 동시에 체의 부대원들은 군복과 신발 외에도 여러 장비들을 가득 싣고 산타클라라 방향으로 이동하는 트럭을 기다리고 있었다. 28일 저녁, 8대대는 야간 활주로로 이용하는 카예에스피노 벌판에 도착했다. 저녁 8시 30분, 마침내 파란색 쌍발기가 모습을 드러냈다. 그러나 쌍발기는 이미 적군에게 탐지되어, 보급품을 반길 틈도 없이 부랴부랴 전투준비에 들어갔다. 적군은 땅에 내려 앉은 동체를 발견함과 동시에 포탄공격을 시작했다. 체는 보급품을 적의 손에 넘겨주느니 차라리 불태워버리라고 명령했다. 오전 6시 30분까지 엘히베로의 정상에 적의 악착같은 포화가 퍼부어졌다. 그러나 천만다행으로 보급품 인양작전은 성공했다. 하지만 계획했던 대로 트럭으로 수송하는 일은 포기해야 했다. 진창에 빠져 옴짝달싹 못하는 트럭을 놔두고 우선 적의 공습부터 피하는 일이 급선무였다.

"큰 손실이었다. 하지만 옷가지 따위보다는 다른 보급품을 확보하는 게 우선이었다." 호엘 이글레시아스는 『시에라마에스트라로부터 에스캄브라이까지』라는 책 속에서 이 사건을 이렇게 언급했다.

29일, 금요일. 대원들에 대한 총동원령이 8대대에 떨어졌다. 의복은 물론이고 식량도 얼마 남지 않았기에 시간이 다급했다. 오후쯤이면 출발할 수 있으리라고 기대했지만 연료가 부족했던 탓에 그 일도 쉽지 않았다. 결국 30일 아침, 무슨 일이 있더라도 캠프를 철수해야 된다는 명령이 체로부터 떨어졌다. 그런데 플로리다 해안으로부터 태풍이 다가오고 있다는 기상예보가 전해져 왔다.

같은 날 해질 무렵, 제8대대는 과일 껍질 하나도 남기지 않고 이동을 시작했다. 행군대열은 다음과 같았다.

마누엘 에르난데스[1]가 지휘하는 전위가 앞장서고, '아반자다(Avanzada)'라고 불리는 2중대는 18세가 채 되지 않은 호엘 이글레시아스 대위가 이끌고 필요할 경우 전위를 지원하기로 했다. 그리고 체와 라미로 발데스가 이끄는 본대가 뒤따랐다. 이어 호세 라몬 실바 대위가 이끄는 3중대가 뒤따랐다. 그리고 여러 다른 그룹들을 연결시키는 대단히 중요하고도 힘든 중개역은 레오나르도 타마요[2]가 수행하게 되어 있었다. 체가 말로 하달하는 명령을 전달할 수 있는 사람은 그밖에 없었다.

"연료가 바닥났기 때문에 우리는 트럭도 없이 침공을 개시해야 했다."

바티스타군이 '마오-마오(마오쩌둥을 추종한다는 의미에서 붙여진 별명임—옮긴이)'라고 불렀던 제8대대의 1백48명의 게릴라들은 흐린 날씨 속에서 겨우 말 네 마리만 데리고 도보로 길을 떠났다. 그들에게 남겨진 쓸 만한 무기란 고작 기관총 여섯 정과 바주카포 한 대, 그리고 자동소총 50정이었다. 게다가 대원들의 대부분은 미나스델프리오의 신참들이었다. 한편 길을 먼저 개척하는 임무를 맡은 카밀로는 이미 22일, 71명의 숙련된 전사들을 데

---

1) 나중에 '볼리비아의 미겔'로 불렸던 인물.
2) '볼리비아의 민병'으로 불렸다.

리고 산토데프로비덴시아를 출발한 뒤였다. 그러나 1만 명에 달하는 정부군과 맞붙기 위해서는 체와 카밀로의 부대원들 2백20명은 말 그대로 야수가 되지 않으면 안 되었다.

"우리는 만자니요-바야모 방면에서 오는 트럭이 지나가기를 목이 빠지게 기다렸다. 다행히 그곳에서 트럭을 만날 수 있었다. 이 트럭들은 카밀로의 부대를 실어다주고 오는 길이었다. 그런데 9월 1일, 우리는 무지막지한 태풍 '엘라'를 만나게 되었다. 결국 이 지역에서 유일하게 포장된 중앙도로만 빼고 거의 모든 길이 유실되는 바람에 겨우 만난 트럭도 이용할 수 없게 되어버렸다. 우리에겐 말과 두 다리뿐이었다."

태풍은 공중과 지상에 걸친 적의 감시를 느슨하게 해주었으나 어쨌든 그 순간만큼은 성가신 방해물이었다. 대원들은 어떻게든 길을 따라 전진해보려고 애썼지만 트럭은 진창에 빠지기 일쑤였고 견인조차 쉽지 않았다. 하는 수 없이 체는 부하들에게 트럭에서 내려 함께 밀 것을 대장으로서 명령했지만 대원들은 그의 명령조차 즉각 따르지 않았다. 결국 체가 M-2 캐빈총을 명령불복종자들에게 들이대며 목청을 돋우자 겨우 움직이는가 싶었지만 결국 '엘라'를 이기지는 못하였다. 그들은 차량을 포기해야 했다.

9월 2일, 체는 카밀로가 비달이라는 논 지역에서 기다리고 있다는 전갈을 받았다. 루이스 트롬페타라는 관료의 소유지였던 그곳에서 대원들은 카밀로가 미리 준비해 둔 음식으로 오랜만에 주린 배를 채웠다.

3일, 체의 부대는 가장 험한 장애물에 맞닥뜨렸다. 쿠바에서 가장 넓은 강인 카우토 강을 건너야 했다. 때마침 태풍 '엘라'로 인해 물이 불어 상황은 더욱 어려워졌다. 다리를 정부군이 장악하고 있으니 황토색 탁류가 무시무시하게 흐르는, 폭이 2백 미터가 넘는 이 넓은 강을 건널 일이 막막했다. 그러나 다행히 친절한 뱃사공 한 사람 덕분에 한 번에 여섯 명씩 나누어 스물다섯 번을 왕복한 끝에 별 탈 없이 강을 건널 수 있었다. 결국 여덟 시간이 지나 주위가 어둑해올 무렵에야 체와 전 대원은 맞은편 땅에 모두 모였다. 도저히 강을 건널 수 없었던 말들은 결국 뱃사공에게 운임을 지불한 셈으로 치고 남겼다. 체는 고삐 풀린 말처럼 날뛰는 카우토 강을 무사히 건넜다는 것을 첫번째 승리로 여기자고 했다. 그는 피델에게 다음과 같은 전문을 보냈다.

비행기는커녕 모기 한 마리조차 눈에 띄지 않습니다. 우리는 카우토강이라는 큰 고비를 무사히 건넜습니다. '엘라'가 적들을 병영 속에 꽁꽁 묶어둔 덕분에 부대원들의 사기는 오히려 안정되고 있습니다.

9월 8일, '엘라'의 기세가 꺾이자 대원들은 젖은 옷을 입지 않아도 되리라 안도의 숨을 쉬었는데, 연이어 태풍

'피피'가 내려오고 있다는 소식이 들렸다. 이러한 상황에서도 교육을 우선시하던 체는 태풍의 이름을 알파벳순으로 짓는다는 점을 부대원들에게 주지시키는 것을 잊지 않았다.

"엘라의 E 다음에는 피피의 F가 온다."

대장의 말을 이해하면서도 대원들은 그 알파벳의 행렬이 얼마나 더 이어질지 아득하기만 했다.

체의 부대는 오리엔테와 라스비야스의 중간지점인 카마구에이 지방을 지나고 있었다. "우리는 끊임없이 달려드는 모기떼에 시달리며 제대로 먹지도 못하고 진흙탕물을 마셔가며 태풍으로 침수된 지역을 행군했다. 일 주일 전에 호바보 강을 건너면서 병력이 많이 감소했다." 며칠 후에 체는 이렇게 적었다. 결국 '엘라'도, '피피'도 물러갔지만, 제8대대는 오리엔테의 '해방구'를 출발한 이래 민간인 거주지역을 가급적 피하려고 조심하던 중 맥과이어라는 미국인이 실험 프로그램을 진행하고 있던 곡창지대 바르테스를 지나게 되었다. 푸에르토리코에서 태어난 맥과이어는 체 사령관을 점잖게 초대했다. 체는 호엘 이글레시아스를 데리고 그를 만나러 갔다. 몇 마디 정중한 인사말이 오간 뒤 체는 단도직입적으로 본론을 꺼냈다.

"선생네 정부가 바티스타를 지원하고 있는 게 분명합니까?"

그러나 논쟁에 말려드는 걸 싫어한 맥과이어는 딴소리

만 잔뜩 늘어놓는 것이었다. 나중에 둘만 남게 되자 체는 호엘에게 물었다.

"저 사람 어떻게 생각하나?"

"썩 호감이 가지는 않습니다."

호엘이 대답했다.

잠시 후에 체는 심각한 표정으로 말했다.

"우리는 저이들과 대항해 싸워야 해……."

그러더니 아주 빠른 어조로 이렇게 덧붙였다.

"나는 저런 자들과 싸우다 작은 언덕 바위 위에서 죽더라도 웃으면서 죽을 수 있겠어……."

심상치 않은 전조를 띤 말이었다.

제8대대는 지프 두 대, 액체 운반용 트럭 한 대, 트랙터 한 대, 그리고 이미 징발해놓은 말 60마리를 확보하고 있었다. 그들은 카밀로가 이미 통과하였을 프란시스코 사탕수수농장에서 멀지 않은 페데랄 농장길을 가르쳐줄 농부 한 명을 붙잡았다.

9월 9일 새벽 4시 45분, 군인들이 잠복해 있는 그 개인 농장 입구에 전위부대가 먼저 들어섰다. 그런데 대원들 중 한 명인 마르코 폰세카가 외양간 근처에 있던 커다란 물통 뒤로 숨으려다 머리에 총을 맞고 사살됐다. 에르만 대위는 발목에, 그리고 다른 한 명도 부상을 입었다. 그 와중에 도착한 체는 대열을 정비시키고 역습을 감행했다. 그 공격에서 엘 바케리토(늘 소가죽으로 만든 장화를 신고 있다고 해서 셀리아 산체스가 붙여준 별명)라고 불렀

제4부 서쪽으로 371

던 로베르토 페르난데스 중위 혼자서 다섯 명을 해치웠다. 적의 지휘관도 전사했고 마침내 적은 항복했다. 지원을 위해 급히 달려왔던 카밀로와 합세하여 체는 적의 지원공습이 개시되기 전에 상황을 신속히 마무리 지었다.

게릴라들로서는 큰 피해를 입었다고 할 수 없었지만 이 접전은 정부군이 파놓은 함정의 성격이 바뀌었다는 것을 말해주었다. 요컨대 정부군들이 유격대가 된 것이다. 산과 평지의 차이를 새삼 깨닫게 해주는 일이었다.

이틀 후, 야니카에서 체와 카밀로의 두 부대가 처음으로 합쳐졌다. 그러나 카마구아이 지방의 끔찍한 늪지가 그들의 앞길을 가로막고 있었다.

"어디가 어딘지를 분간할 수 없는 지경이었지만 우리는 우리가 어디를 가고 있는지 알고 있었다."

체는 늪지로 더 깊숙이 들어가기로 결정을 내렸다. 카밀로의 분대는 야과하이를 해방시키는 막중한 임무를 띠고 북쪽으로 빠지기로 했다.

"이런 곳에서 단 한 발짝이라도 나아가기 위해서는 엄청난 집중력이 필요했다. 게다가 적의 정찰기에 띄어서도 안 되었다. 이렇게 하여 이틀 만에 우리는 라구나그란 데라고 불리는 지역에 도달했다. 여기서 우리는 카밀로 분대와 다시 만났다. 그처럼 많은 모기떼를 본 적이 없다는 점에서 이 지역은 두고두고 기억될 것이다. 모기 없이 잠을 잘 기대는 아예 버리는 편이 나을 성싶었다."

체의 부대와 3백 미터가량 거리를 두고 야영을 하던 카밀로의 부대가 프란시스코로 다시 출발하면서 체에게 말들을 넘겨주었다. 사실 그 두 부대가 함께 행군하면 적의 비행기에 노출될 가능성이 많았다. 체는 사정이 허락하는 대로 말과 트럭을 번갈아 타며 꼬박 한나절 동안 언덕배기를 따라 나아갔다. 그동안에 페데랄에 잡혀 있던 네 명의 군인이 8대대에 가담해 왔다.

9월 11일, 한 농민이 적어도 5백 명은 타고 있을 법한 트럭의 행렬을 카마구에이, 즉 산타크루스델수르에서 목격했다는 보고가 들어왔다. 농민들의 반응에 어느덧 익숙해진 체는 이런 보고의 경우 실제 그 숫자가 반 정도밖에 되지 않으리라는 걸 알고 있었다. 그러나 정부군이 8대대를 찾고 있다는 것은 분명했다. 13일, 산미겔델훈코라는 바테이(batey)[3]에 도착한 체는 전령으로부터 콰트로콤파네로스에 매복하고 있던 카밀로 부대를 도와 전투를 개시할 수밖에 없을 것 같다는 보고를 받았다.

"아침 7시, 다리를 지나자마자 적의 화기가 불을 뿜었다. 게라 대위가 이끌고 있던 우리 전위부대는 적의 사격이 터져 나오고 있는 한 집을 포위하여 응사하기 시작했다. 결국 적들은 부상병들을 이끌고 후퇴해버렸다." 카밀로의 서명이 든 한 보고서의 내용이다.

14일, 새벽 5시 45분, 이번에는 제8대대가 그 마을로

---

[3] 농장들이 모여 있는 곳.

들어가는데 선두를 달리던 지프가 갑자기 멈췄다. 그 순간 안내인은 민가에 다가가기 전 1킬로미터쯤 전에서 마을 주변을 탐색해보라는 체의 명령을 지키지 않았다는 사실을 깨달았다. 어슴푸레한 조명 속에서 갑자기 그림자 몇이 나타났다. 긴급상황이었다. 그들은 지프를 포기하고 곧바로 1진에게 불을 끄라는 신호를 보냈다.

그러나 적군의 목소리가 어둠을 갈랐다.

"정지, 누구냐?"

"아군이다."

전위를 이끌던 미겔 에르난데스가 대답했다.

그러나 같은 대답을 반복하기도 전에 정부군의 사격이 시작되었다. 뒤따르던 트럭에서 이 소리를 들은 대원들도 응사하기 시작했다. 체는 신속하게 상황에 대처했다. 그는 전위부대에게 적의 사격을 그리로 집중시킬 수 있도록 하라고 명령한 뒤 나머지는 전투에 가담하지 말고 남쪽으로 더 내려가서 능선에 자리를 잡으라고 지시했다. 그는 우선적으로 가져가야 할 무기와 구급약품 상자 등을 챙겼다.

그리하여 날이 새면서 지루한 전투가 시작되었다.

대원들은 대장이 가리키는 대로 적의 사격으로부터 보호받을 수 있는 나무가 무성한 언덕배기로 향했다. 초반의 접전 중에 부대원 몇 명은 엉뚱한 방향으로 도망쳤다. 트럭 안에 중요한 문서를 두고 내렸지만 체는 그걸 찾으러 되돌아가는 위험은 무릅쓰지 말라고 엄중히 경고했다. 그러나 후안 페레스 비야라는 대원이 무선송신기를 가지러 가는 것만은 허락했다. 그리고 그는 포탄의 세례 속에서 무사히 자신의 임무를 완수했다.

그 구원의 능선에 도달하기 위해서는 작은 개울을 건넌 다음 훤히 노출된 넓은 초원을 지나야 했다. 작은 정찰기가 그 주변을 선회한 데 이어 육중한 몸집의 B-26기와 C-47기가 연달아 공중에서 윙윙거리는 긴장된 상황이었다. 소형폭격기가 공중에서 사격을 퍼붓고 수류탄을 내던지기 시작하자 대원들은 공포에 질려 닥치는 대로 몸을 숨기기에 바빴다. 그 와중에 라페데랄에서 사로잡은 두 명의 포로가 목숨을 잃었다. 체는 M-2 카라반을 들고 비행기를 향해 응사했다.

고지에 맨 처음 도달한 사람은 라미노 발데스였다. 그는 산등성이 북쪽 끝 지점, 그러니까 콤파녜로스 마을로부터 약 2백 미터 떨어진 지점에 기관총을 설치한 뒤 적을 향해 조준했다. 콰트로콤파녜로스와 포레스탈 농장에 모여 있던 군인들은 합류하여 전열을 정비하고 있었고 게릴라들은 이들의 접근을 가급적 저지하려 하였다. 전투는 이런 식으로 몇 시간이고 계속되었다. 그 와중에 '관치'라고 불리던 후안 에르난데스 수아레스가 전사했다. 한 농민 부부가 그를 옮겨 왔으나 심한 출혈로 인해 손을 쓸 도리가 없었다. 그를 즉시 매장한 뒤 체는 힘들게 지켜온 타자기로 전사자의 어머니에게 편지를 썼다. 그리고 관치가 평소에 애지중지하던 아코디언을 그 농민

부부에게 기념으로 주었다.

"부하 중에 전사자가 생길 때마다 체는 늘 몸소 편지를 써서 전사자의 가족들에게 알렸습니다"라고 호엘 이글레시아스는 회상했다.

한편, 장교 중에서는 호세 라몬 실바 대위가 오른쪽 어깨에 중상을 입었다. 포탄과 총알이 난무하는 이 아수라장 속에서 체는 나무 아래 몸을 누이고 반 시간쯤 눈을 붙였다.

이튿날 15일은 한나절 내내 숲 속을 수색해 길을 잃은 전우들을 찾았다. 체는 여느 때와 다름없이 전투에서 드러난 미흡한 점과 그 원인을 분석하는 일을 거르지 않았다. 특히 트럭이 진창에 빠졌던 사고를 예로 들면서 다시 한 번 규율의 필요성과 명령 엄수를 엄히 강조하였다. 또한 그는 어떤 농가에서 말끔히 면도한 뒤 옷을 갈아입고 적에게 잡힐 경우를 대비해 '26'이라는 숫자가 씌어진 완장까지 벗어버린 한 대원을 엄하게 문책했다. 그들은 체 대장과 더불어 자신들이 게릴라라는 조건을 받아들였으며 또 그걸 배신하지 않았다.

"이튿날, 정황은 한결 나아졌다. 잃어버린 줄 알았던 열 명 남짓한 대원들을 다시 찾아 카밀로 부대는 북부전선에서 전투를 수행하러 출발할 수 있게 되었다."

체와 카밀로가 서쪽지방을 차츰 평정해갈 때 카스트로 부대는 적으로부터 노획한 무기로 동부, 그러니까 산티아고 쪽으로 진격해가고 있었다. 한편 바티스타의 정부군은 반군의 서쪽 루트를 차단하기 위해 동부 오리엔테와 아바나로부터 부대 이동을 서두르고 있었다.

1958년 9월 15일과 16일, 이틀간 체는 부대의 의무관을 보내 한 농장감독의 아들을 치료하게 했다. 시계가 새벽 3시를 가리킬 무렵, 대원들은 급한 대로 식사를 하고 진창길을 6킬로미터가량 행군해 가다가 세 시간 만에 무성한 마라부 틈에 갇히고 말았다. 높이가 3미터나 되는 이 아프리카산 식물은 오래 전부터 쿠바 섬에 널리 퍼져 있었다. 농민들은 이 식물을 숯으로 이용하기도 했다. 마라부의 가시는 마치 가시철사처럼 날카롭고 단단하여 대원들의 옷을 마구 찢어놓았다.

체는 그물침대에 누우려다 "비행기다!"라는 고함에 정신이 번쩍 들었다. 그는 절대로 움직이지 말 것을 명령했다. 다행히 초계비행을 하던 비행기는 물러갔고, 체는 총을 쏘지 않는다는 조건으로 대원들의 사냥을 허락했다.

마라부 숲 바깥에 인접해 있던 한 가옥에서 체는 게릴라들에게 길안내를 해주겠다는 농민들 몇을 만났다. 그 중 한 명은 멀지 않은 곳에 약 5백 명의 정부군이 주둔해 있다고 귀띔해주었다. 그래서 8대대는 밤을 이용하여 되도록 눈에 띄지 않는 길을 골라 행군을 재개했다. 반군세력이 평지에서는 약한 편이어서 비록 시에라에서만큼의 전폭적인 지원을 얻지는 못하고 있었지만 꼭 누군가의 자발적인 도움이 있곤 했다. 더러는 큰 도움을 주는 농민

제4부 서쪽으로 377

이 있기도 했지만 정부군의 선전을 믿고 게릴라들을 배신하는 농민도 있었다. 9월 20일, 산니콜라스 농장에서 들었던 라디오의 발표문은 이러했다.

이 지역 주둔군 사령관인 프란시스코 타베르니야 돌스 대장은 먼저 열렸던 기자회견에서 제2연대, 즉 아그라몬테 연대가 폭도들에게 큰 타격을 입혔다고 발표했다. 그는 이 전투에서 약 1백 명 이상을 사살하고 나머지는 해산시켰다고 한다. 이들은 무기는 물론이고 장비 일체와 주요 서류 및 공산당 문건들까지 버려둔 채 후퇴했고 다른 무리들도 정부군에 자진하여 투항했으며, 이 잔악무도한 폭도들은 임박한 공세를 피해볼 요량으로 시에라마에스트라로 숨어들었다고 한다. 그들을 이끌고 있는 자는 국제적인 공산주의의 끄나풀인 체 게바라라는 자라고 한다.

이 대목에 가서는 대원들조차도 폭소를 터뜨리고 말았다. 누군가가 아나운서의 목소리를 흉내 내자 주변은 다시 웃음바다가 되었다.
"게릴라 여러분들, 여러분도 아시다시피 당신들 모두는 이미 죽었습니다……."

8대대는 퀴퀴한 냄새가 진동하는 늪지를 다시 진군해 갔다. 20일 아침, 그들은 산타크루스와 카마구에이 시 경계지역인 산페드로 강 어귀에 잠시 멈췄다.

9월 23일 3시 15분, 동북쪽에서 공습이 시작됐다. "카밀로를 겨냥하고 있다!"라고 체는 초조하게 소리쳤다.

면도날처럼 날카롭게 날이 선 키 큰 풀들이 그들 앞을 턱하니 가로막고 있었다. 대원들은 조심스럽게 피하며 나아갔지만 그나마 살아남은 많지 않은 말 중 두 마리가 그 지독한 풀들을 견뎌내지 못했다. 겨우겨우 간석지를 돌아가자 대원들의 입가에 비로소 미소가 나타났다. 마누엘 발데라라는 안내인이 트리니다드의 콜로니아로부터 소중한 보급품을 운반해 온 것이었다.

26일, 말라 페나 강변에서 그날의 안내인이 길을 찾을 수 없노라고 말했기 때문에 부대는 나침반에 의지하여 전진하는 수밖에 없었다. 그들은 이미 트랙터 두 대와 자동차 몇 대를 징발하여 로스마리네로 지역으로 접어들고 있었다. 그곳으로부터 몇 킬로미터 밖에 있는, 한 미국기업 소유의 바라과 사탕수수농장에 정부군이 주둔해 있었다.

10월 1일, 체는 카마구에이의 남쪽 늪지대에서도 가능한 한 낮고 은밀한 곳에 캠프를 세우게 한 뒤 휘하의 장교들과 당면한 상황을 진지하게 분석하기 시작했다. 그들은 자신들 앞에 막강한 전선이 구축되어 있으며 게다가 등 뒤로는 다른 부대가 접근해 오고 있다는 걸 알고 있었다. 따라서 무엇보다 그 지역을 벗어나는 일이 급선무였다. 그러나 정찰대의 보고에 따르면 남쪽은 도저히 지날 수 없는 늪지가 바다까지 이어진다고 했다. 한편 북쪽은 정부군의 감시망이 두텁게 퍼져 있는데다 쉽사리 노출될 위험이 많았다. 게다가 우회로는 시간을 너무 잡아먹는다는 단점이 있었다. 결국 최종적인 결론은 어떠한 희생을 치르더라도 적이 쳐놓은 전선을 정면으로 돌파한다는 것이었다. 그것은 체의 의도와도 일치했다.

그들은 우선 대원 세 명과, 그런 일을 한 번도 해본 적이 없다는 안내인 한 명을 한밤중에 먼저 파견했다. 그들은 적들이 어느 지점에서 기다리고 있는지도 알지 못한 채 진창 속에서 방향을 잃고 말았다. 그들은 바닥에 쓰러져 있는 나무둥치에 걸려 넘어지면서도 가급적 큰 소리를 내지 않으려고 애쓰면서 앞으로 나아가고 있었다. 그렇게 얼마쯤 가다가 그들 중 길라르테가 기침을 하였고 아세베도 중위가 낮은 목소리로 주의를 주었다. 그 순간 철길에서 약 1백50미터 지점에서 망을 보고 있던 군인들의 총이 일제히 불을 뿜었다. 그들의 총이 내뿜는 탄환들이 늪지 바닥에 박혀버리곤 했는데, 자기네가 반군 일개 대대쯤을 상대하고 있다고 생각했던지 정부군은 박격포까지 동원했다.

30분쯤 지나자 세 사람은 바라과에서 출발한 듯한 왜건 한 대가 50미터 간격으로 늘어선 전신주 앞에 멈춰 서서 경계병들을 접호하는 광경을 목격했다. 세 명의 정찰조는 늪지의 끝자락이 철길이 굽어지는 부분과 맞닿아 있다는 걸 깨달았다.

"저기로 가면 늪으로 다시 갈 수 있겠구나"라고 길라

르테는 확신했다. 그들은 망그로브 나무 숲이 펼쳐져 있는 간석지 어귀까지 나아갔다.

"저기서부터 바다가 시작됩니다"라고 안내인이 확인해주었다.

아세베도 중위는 서쪽으로 방향을 결정했고, 2백 미터를 어렵사리 전진하자 발 아래로 비교적 단단한 땅의 감촉이 느껴져 왔다. 게다가 그 지역에는 군인의 흔적이라곤 찾아볼 수 없었다. 그 길이야말로 제8대대가 찾던 길이었다. 그들은 체에게 이 정보를 전하기에 앞서 그 길을 다시 찾을 수 있도록 표시해두는 것을 잊지 않았다. 그들이 캠프에 도착한 건 새벽 5시가 가까워서였다. 기진맥진한 그들이 가져다준 정보를 검토한 체는 다음날 밤에 그곳을 통과하기로 결정했다.

출발에 앞서 체는 시에고에 본부를 둔 사회주의 민중당의 지도부에게 지원을 호소하기 위해 루페르토 카브레라를 급파했다. 그 이유 외에도 에스캄브라이 지역에서 작전을 펼치고 있는 반군을 구성하고 있는 여러 세력들—아직 그곳에서 전투를 벌이는 피델의 부대는 없었다—에 대한 정보가 필요할 것 같아서이기도 했다. 체는 당시 여러 갈래로 나뉘진 반군의 입장이 서로 다르다는 것을 알고 있었다. 그날 오후 다섯 시, 바주카포로 무장한 전위를 앞세우고 부대는 출발했다. 체는 전 부대원들에게 바스락거리는 소리 하나라도 내서는 안 된다는 점을 특별히 강조했다.

두텁고 질척거리는 진창 속을 전진하며 대원들은 무기와 탄창이 젖지 않기만을 바랄 뿐이었다. 역겨운 냄새 때문에 코로 숨을 들이쉬기조차 힘들었다.

그런데 간석지 오른편의 한 언덕배기를 돌아보던 윌리가 소리쳤다.

"적들의 조준선에 들어와 있다!"

순간 적의 일제사격이 개시되었다. 체는 사격이 가해지고 있는 방향이 어제와 같다는 점을 확인한 뒤 정찰대가 보아두었던 길을 따르기로 결정했다.

10월 2일 밤 11시경, 체는 부하들이 간석지를 건너는 모습을 살펴보고 있었다. 진창 속에서 한 발짝도 움직이지 못하는 이들이 있는가 하면 목까지 푹 잠긴 채 힘겹게 나아가는 이들도 있었지만 아무튼 그들은 앞으로 나아가고 있었다. 3일 새벽녘에 부대는 겨우 험한 지역을 벗어났지만 옷이 마르기를 기대하는 건 무리였다. 여전히 축축한 늪지가 끝도 보이지 않게 펼쳐져 있었다. 그들은 적들의 시야를 가려주는 가시양골담초 무리를 헤치며 전진했다.

동이 완전히 터오기 직전, 7킬로미터쯤 더 나아가자 라라구나 농장이 눈에 들어왔다. 사탕수수밭 중심지의 막사로부터 서남쪽으로 몇 킬로미터 떨어진 지점이었다. 그곳에서 한 푸주한을 붙잡고서 반군에게 길안내를 해도 가족에게 무슨 일이 일어나지 않는다는 걸 확신시키느라 이틀 동안 애썼다.

10월 5일 새벽 4시경, 마침내 체는 부하들에게 휴식을 주었다. 엘콜메나르 간석지 어귀에 캠프를 쳤다. 그런데 이번에는 장대 같은 비가 이 불운한 부대를 덮쳤다. 그러나 사회주의 민중당이 파견한 안내인과 동행한 카브레리타의 출현이 희망을 안겨주었다. 그런데 이번에는 그 안내인이 덜컥 앓아누워버렸다. 그 길을 다시 뚫어야 하는 것은 결국 카브레리타의 몫이 되었다.

당시의 상황을 체는 자못 비장한 어조로 다음과 같이 기록해놓았다.

우리 부대로서도 더는 어쩔 도리가 없었다. 사기는 바닥에 떨어진데다 음식다운 음식은 구경도 못해 보았고 피투성이 발은 불어 터져 신발을 신기조차 어려울 지경이었다. 대원들은 완전히 쓰러지기 직전이었다. 그들의 두 눈 깊은 곳에는 다만 희미한 비탄의 빛만이 가느다랗게 흔들리고 있을 뿐이었다. 사흘 동안 먹지도 자지도 못한 이들과 함께 걸으면서 나는 이들에게 온기를 불어넣어 줄 수만 있다면 내 혈관이라도 잘라주고 싶은 심정이었다. 나는 목멘 소리로 진심에서 우러나온 말을 그들에게 했다. 그러자 이 특별한 쿠바인들에게 희망이 꿈틀거리기 시작하였다. 그들은 배낭과 무기와 장비들이 짓누르고 있는 무거운 몸을 하나둘씩 일으키는 것이었다.

그러나 체 자신의 건강 상태도 썩 안심할 정도는 아니

었다. O박사는 당시를 이렇게 회상했다.

"그는 정말 믿기지 않을 만큼 의지가 굳은 사람이었습니다. 자신의 천식까지 다스릴 정도였으니까요. 그가 더는 어쩔 수 없는 경우란 그야말로 특별한 위기상황일 때뿐이었습니다. 천식환자라면 누구나 갖고 있는 두려움을 그는 극복할 줄 알았던 겁니다. 그는 연구를 좋아했고 또 훌륭한 학자가 될 수도 있었겠지만 군인의 길을 택했습니다. 그러면서도 지칠 줄 모르는 독서광이었던 그는 우리가 피곤에 지쳐 잠에 곯아떨어진 시간에도 책을 펼쳐 들고 있곤 하였습니다."

이제 그나마 약간의 기력이 남아 있는 대원들이라고는 1백20명에 불과했다. 배고픔에 견디다 못한 대원들은 소를 잡자마자 제대로 익히지도 않고 닥치는 대로 입안에 처넣었다. 한 번은 아이 두 명이 그들의 캠프로 꿀단지를 들고 온 일이 있었다. 체에게 제지당한 아이들은 대원 중 한 명의 명령을 받았다고 실토했다. 체는 모레노라고 불리는 대원을 불렀다.

"너는 사형선고를 받았다. 적이라면 널 이미 총살했을 것이다."

그러나 모레노는 천만다행으로 목숨만은 건졌다. 게릴라들의 가장 큰 죄인 배반을 하지 않았기 때문이다.

10월 6일, 8대대가 어느 정도 한숨 돌릴 수 있으려나 했는데 이번에는 태풍 '제니스'가 카마구에이 지역을 덮쳐 하티보니코 강의 수위를 한참이나 높여놨다. 다시 한 번 체는 대원들이 좋은 패를 뽑기를 바랄 뿐이었다. 그리고 그 태풍 때문에 "정부군이 병영 안에 꽁꽁 묶여 있지 않겠느냐"며 대원들을 안심시켰다. 그날 저녁 안내인이었던 플로레스 구티에레스는 모론의 트로차데후카로 지역 주변을 탐색했다. 이 지역은 1875년 1월, 막시모 고메스 장군이 이끌던 저 유명한 맘비들이 농업용 칼을 가지고 에스파냐군에 대항해서 전선을 돌파한 곳으로 유명했다. 비록 군인들을 가득 태운 기차가 그곳을 통과하고는 있었지만 체의 우려와는 반대로 그 지역만은 감시가 소홀했다.

9일 밤, 부대는 다시 철길을 따라 동북쪽으로 행군을 시작했다. 새벽 2시경부터 억수 같은 비가 퍼붓기 시작했지만 트로차데후카로까지 진격하리라는 결심을 꺾지는 못하였다. 안내인 플로레스 구티에레스는 의약품이 특히 많은 보급품 상자들을 기다리고 있는 한 농가까지 안내해주는 임무를 무사히 마쳤다. 체는 그 지역에 대한 서류와 참모본부 지도 등이 들어 있는 상자를 발견했다. 그는 "만약 시에라를 떠날 때부터 우리가 그걸 갖고 있었다면 진작에 에스캄브라이에 도착했을 뿐만 아니라 안내인들도 필요 없었을 것이다"라며 아쉬워했다.

그즈음 에스캄브라이 지역의 운동본부 총지휘관인 빅토르 보르돈 마차도가 파견한 오텐 메자나 멜콘 대위와 두 명의 하사관이 캠프에 도착했다. 마차도 대위는 시에라 바깥지역에서 활동하고 있는 반군들 간의 연락임무를 맡고 있었다. 체는 마차도 대위가 라스비야스의 M 7-26 지도부의 입장이 카스트로 측과 일치하고 있다는 걸 알리기 위해 8월 말쯤에 시에라로 들어오려 했다는 사실도 알게 되었다. 특히 '디에고 대장'이라고도 알려진 '행동과 사보타주의 명수' 빅토르 파네케는 피델 측과의 의견일치를 더욱 명확히 하였다. 하지만 체가 늘 염려하고 있던 대로 여러 그룹들 간의 원활한 의사소통체계가 제대로 잡혀 있지 않은 건 사실이었다. 심지어 에스캄브라이의 제2야노국민연합전선은 산티아고행 비행기를 타려는 보르돈 대위를 감금하기까지 했다. 그의 거만한 태도가 대의명분을 위협한다는 어이없는 핑계로 말이다. 그러나 그날은 체에게는 여러모로 반가운 소식들만 들려온 날이었다. 열흘 이상 뒤처져 있어 은근히 걱정을 사고 있던 카밀로의 2분대가 거기서 멀지 않은 곳에 있다는 소식이 들려왔기 때문이었다.

아르만도 에체멘디아라는 바스크식 이름을 가진 안내인은 8대대를 티비시알 산, 바로 태풍 제니스의 습격으로 황폐해진 라테레사라는 농장까지 데려다주었다. 거기서 체는 피델에게 이런 전문을 보냈다.

적기는 우리 뒤를 세심하게 추격하고 있습니다. 우리가 캠프를 친 지 얼마 되지 않아 산중에 폭격이 가해졌습니다. 하티보니코 강으로 향하는 통로를 끊어버릴 속셈인 것 같습니다.

체는 보르돈 대위가 파견한 밀사들로부터 자세한 보고를 듣고 난 뒤 이렇게 말했다.

"나는 시에라에서 지휘권을 쥔 최초의 대장이었지만 내가 볼 때 적임자는 오히려 라울 카스트로였소. 그는 자신의 부하들을 거느리고 상륙한 유일한 게릴라였고 여전히 그들을 자신의 명령체계 아래 두고 있지요."

그러더니 그는 바닥에 지도 한 장을 펼친 뒤 에스캄브라이에서 기지로 적합한 장소를 추천해달라고 했다. 그러자 메자노 대위는 마니카라과의 콜란테스라는 지역을 가리켰고 체는 그곳에 표시를 했다. 그리고 그는 오르네로 로드리게스를 라스비야스 경계까지 급파하여 도시든 산중이든 간에 각 지역에서 활동하고 있는 여러 반정부 세력들의 지휘관들에게 '체 게바라가 속히 만나고 싶어 한다'라는 의사를 알렸다. 특히 그는 빅토르 보르돈과 꼭 만나고 싶어했다.

서쪽으로부터 온 밀사들로부터 얻은 정보는 좀더 정확한 예측을 가능케 하였다. 그는 공통의 적과 전투를 벌이기에 앞서 여러 반정부 세력들 간의 입장을 정리하는 일이 무엇보다 시급하다는 판단을 내렸다.

10월 10일 오후 5시경, 에스캄브라이의 농민 출신 협력자들이 하티보니코 강의 경계망을 살피기 위해 주변을 탐색했다. 적기를 따돌리기 위해 체는 우선 전위부대를 파견했다. 전위부대가 동이 트기 전까지 위쪽으로 이동하면서 지나간 자리를 표시해두고, 뒤에 8대대는 다른 길로 통과하겠다는 계산에서였다. 다음날 새벽 여전히 억수같이 퍼붓는 빗속에서 8대대는 강을 향해 접근하고 있었다.

한편, 적의 교신내용을 도청하는 과정에서 대원들은 라스비야스의 제34중대장인 마토스 대위와 파소비에호 근처의 한 농장에 자리 잡고 있던 약 1백여 명의 지방군 지휘관인 카스테요 중위의 대화를 엿들을 수 있었다. 마토스 대위는 중위에게 병사들을 파소비에호로부터 남쪽으로 2킬로미터가량 떨어진 크리시스라는 농장에 배치시켜놓을 것과, 정부군에 협력하는 엘시구알 농장에서 암소 한 마리를 징발해놓으라는 명령을 내렸다. 이 사실을 전해 들은 체는 정부군 또한 강을 따라 분산하는 식으로 전진하려 한다는 사실을 알게 되었다. 따라서 당장 중요한 일은 최선의 통로를 찾는 일뿐이었다. 그때 적기에서 퍼부어대는 총성이 들렸다. 그것은 적의 주의를 분산시키려는 체의 계획이 들어맞았다는 이야기였다. 적기의 사격은 지상군을 불러들일 뿐 아니라 체 일행이 하티보니코 강을 건너 라스비야스 지역까지 진격할 틈새를 만들어주는 것이기도 했다. 그날 밤 10시 30분, 5킬로미터가량을 행군해온 제8대대는 만만찮은 장애물과 부딪혔다. 엘파소데디에스라고 불리는 이곳은 일종의 지리상의 표준지표 구실도 하는 엄청나게 커다란 나무 때문에 "파소 데 라 세이바(Paso de La Ceiba, 판야 나무길―옮긴이)"

라고도 불렸다. 맨 먼저 노련한 수영선수였던 에디가 강을 쉽게 건널 수 있도록 밧줄을 설치하는 임무를 부여받았다. 하지만 물살은 사나웠고 물길 또한 상당히 깊었다. 도강하는 동안 체는 장화를 잃어버렸지만 나머지 부대원들은 무사히 건널 수 있었다.

10월 12일 새벽 4시경, 제8대대 치로 레돈도 부대는 마침내 라스비야스에 입성했다. 체는 곧바로 피델에게 전령을 보냈다.

우리가 엿들은 적의 교신내용에 따르면 그들은 우리가 하티보니코 강 유역의 이 도시까지 거의 12킬로미터나 되는 거리를 무사히 행군하리라고 생각하지 않았던 듯합니다. 그러나 우리는 한밤중을 틈타, 그것도 무기를 흠뻑 적셔가며 강을 건너 6킬로미터 이상을 전진했습니다. 하티보니코 강을 건너는 일은 한낮에 어두운 터널을 통과하는 느낌을 주었습니다. 라미노(발데스)는 마치 스위치를 누르는 순간 불이 갑자기 들어오는 듯한 느낌이었다고도 얘기하더군요. 하지만 지평선 멀리 푸르스름한 산등성이가 눈에 들어오자 우리는 그곳에 가고 싶어 미칠 지경이 되었습니다.

오랜만에 라스비야스 입성을 축하하는 자축연을 베풀고 있을 때 적기가 근처 풀밭에 포탄 여섯 발을 투하했다. 정부군은 8대대가 자신들을 따돌렸다는 사실을 뒤늦게나마 알게 된 듯했다.

8대대는 즉시 가장 익숙한 지형인 산속으로 찾아들었다. 그들은 낮에는 거머리 떼들에 시달리고, 밤에는 목까지 차오르는 물속을 허우적거리며 지옥 같은 지대에서 벗어나 마침내 40일 만에 단단한 땅을 밟아보게 될 터였다. 무엇보다 적기로부터 자신들을 숨겨줄 종려나무 숲이 넓게 펼쳐진 지역에…….

하지만 에스캄브라이 산 정상에 오르기 전에 거쳐야 할 마지막 장애물인 자자 강이 체 일행을 기다리고 있었다. 10월 13일, 쿠바에서 가장 넓은 강으로 손꼽히는 이 강을 8대대는 적군의 삼엄한 감시망이 펼쳐져 있음에도 불구하고 무사히 건넜다. 그러나 그 과정에서 한국전에도 참전했던 미국인 동지 허먼 마크를 떼어놓고 올 수밖에 없었다. 다행히 그는 특별한 의심을 사지 않고 민간인으로 보호를 받았다.

이튿날인 14일에 안내인 두 명이 자리를 바꿨다. 그날 아침, 그들을 향해 다가오는 비행기 소리를 감지한 대원들은 허겁지겁 말부터 숨겼다. 그날 저녁, 전위부대원들은 파우레 초몬이 지휘하는 3-13학생혁명회의(Directorio estudiantil revolucionario 13 de Marzo) 측의 대원 10여 명과 맞닥뜨렸다. 그들도 에스캄브라이 지역을 정찰하고 있는 중이었다. 학생들은 산티스프리투스-트리니다드 루트에는 적의 삼엄한 경계망이 펼쳐져 있어 위험하다고 알려주었다. 게릴라들은 잠시 쉬어 가는 동안 농민들의 협조로 약 60여 마리의 말을 확보할 수 있었다. 체는 그동안 초몬의 대원들에게 썩어가는 발과 독버섯 중독의 치료에 필요한 약품들과 약간의 의복, 신발 들을 다급하게 요청했다.

15일과 16일 이틀 밤에 걸쳐 8대대는 정찰조를 파견해 안전을 확인한 뒤 조용히 그 길을 지나갔다. 그들은 바티스타의 중추적인 요새인 산타클라라 입성의 전초전으로서 엘 오비스포를 공략할 계획이었다. 누적될 대로 누적된 피로로 눈만 감으면 잠이 쏟아질 지경이었다. 한 농민이 가져다준 우유 세 통만으로 대원들은 엘 오비스포를 올라야 했다.

"그러나 이 지역의 산악지형이 오히려 우리에게는 편했습니다. 우리는 이곳을 마에스트라라고 부르기까지 했으니까요. 비록 피곤에 지쳐 있었지만 부대 전체에는 활기가 넘치고 있었습니다. 국가를 부르기 시작하는 대원들까지 있었으니 말입니다." 호엘 이글레시아스는 이렇게 회상했다.

이 작은 시에라의 한 마을에서 체와 닥터 O는 비록 규모는 작지만 웬만큼 구색이 갖춰진 한 상점에서 쇼핑을 하기도 했다. 학생혁명회의의 도움으로 8대대는 좁다란 오솔길을 따라 가빌라네스 산에 도착했다. 이어 소규모 커피밭을 지나자 끝도 없을 것 같던 기나긴 행군이 끝나가고 있었다. 칸투 초원에는 산티스 스프리투스 수력발전소의 폐허가 남아 있었다. 그 지역은 라메사보다는 덜 가팔랐지만 그곳과 많이 닮은 지형이었다. 특히 칸투 초원 역시 절벽으로 싸인 계곡 깊숙한 곳에 자리 잡고 있다는 점이 그랬다. 체는 흡족한 미소를 지었다.

20여 킬로미터의 힘겨운 행군 끝에 대장은 짧은 한마디의 명령을 내렸다.

"몸을 씻어도 좋다!"

앞뒤 가릴 것 없이 물속으로 뛰어든 대원들은 어린애들처럼 마구 물을 뿌려대며 좋아했다. 이윽고 기지가 세워지자 근처에 살던 농부들이 다가오더니 체 게바라 대장을 직접 보게 되었다며 반갑게 악수를 하려 들었다. 그의 전설은 이미 에스캄브라이 산 정상을 넘어 섬의 반대편으로도 퍼져가고 있었던 것이다. 근처에 살던 호세 살라바리아라는 농민은 체의 기호까지 미리 알고 있었는지 설탕을 넣지 않은 커피를 타주었다. 얼마 안 가 농민들은 환영의 표시로 암소 한 마리까지 선뜻 잡았다.

모처럼 만에 8대대는 잔치분위기에 흠뻑 빠져보았다. 소와 돼지를 굽는 냄새가 퍼져가는 동안 그들의 가슴속에도 희망과 기쁨이 되살아나고 있었다. 이곳, 바로 이 조촐한 축제에서 섬에 대한 대공세는 이미 성공의 조짐을 보이고 있었다.

카밀로와의 전쟁놀이

 에스캄브라이 지역에서도 시에라마에스트라와 같은 형제애를 보여주는 농민들이 있다는 사실을 금세 알 수 있었다. 이 지역에서 M 7-26 측은 일명 괌피요라고 불리는 세바스티안 비시엔도 페레스와 신도 나란헤, 그리고 3-13 학생혁명회의 소속 대원들이 힘을 합쳐 싸우고 있었다. 또한 로베르토 소리 에르난데스 대위가 이끄는 에스캄브라이 제2전선 소속 부대가 체 일행의 캠프에서 아주 가까운 산타로사 농장을 거점으로 활동하고 있었다.

 이 당시 반군세력들 간의 관계에 대해 체는 후일 이렇게 회고했다.

 "라스비야스에 도착하자마자 우리가 제일 먼저 한 일은 정부를 만드는 것이었다. 우리는 혁명을 통해 모든 분야를 새롭게 규정할 때까지 소규모의 농지를 갖고 있는 농민들이 납세를 거부하도록 하기 위해 혁명정부의 농지개혁법을 공표했다. 실제로 농지개혁은 우리 반군의 상징적 목표로서 언젠가는 반드시 이루어야 할 일이었다. 농지개혁은 다만 선전수단에 머물렀던 것이 아니라, 혁명을 수행해왔던 1년 8개월 동안 혁명지도부와 농민대중을 돈독하게 맺어주는 동인이 되었으며 이것은 많은 부분에서 혁명적 열기를 북돋아주었다. 농지개혁은 우리가 고안해낸 것이 아니었고, 농민들의 의지의 산물이었던 것이다."

그즈음 체는 팜피요를 만나 M 7-26과 제2전선의 협력을 어렵게 만드는 문제점에 관해 의논했다. 체는 자신의 대원 한 명이 전선 측 게릴라 두 명을 사살한 것에 대해 엄중히 처벌하겠노라고 약속했다. 그리고 위원회 측에서 보낸 밀사들도 정중히 대접하였다.

그날 저녁, 체는 에르난데스 대위를 만났다.

"그렇다고 협력이 완전한 것은 아니었습니다. 각자 나름의 입장을 가지고 있었지요."

당시의 분위기에 대해 호엘 이글레시아스는 이렇게 설명했다.

M 7-26 소속의 8대대장인 체는 에스캄브라이에서 자신의 위치가 아직은 뚜렷하지 않다는 걸 깨달았다. 당장이라도 에스캄브라이의 동북부지역 지휘관인 엘로이 구티에레스 메노요와 헤수스 카레라 등의 명령을 받아야 할 입장이었다. 그들은 자신들의 해방구라 여기고 있는 그 지역에서 자신들의 조직과 무관한 부대가 활동하는 일을 용인하지 않았다.

체는 그 뒤 몇 주를 피델이 자신에게 부여한 대로 바티스타에게 대항하면서도 각자의 입장에서 싸우고 있는 지방 저항세력의 지휘관들을 규합하는 임무를 완수하기 위해 혼신의 힘을 다해 뛰었다. 그것을 위해 체는 혁명위원회 소속의 지휘관인 메노요와 파우레 초몬 메디아비나를 비롯하여 정통주의 노선을 추종하는 조직들의 대표, 사실상 공산당인 민중사회당의 펠릭스 토레스까지 만나기를 주저하지 않았다. 그리고 오래지 않아 각 대표들을 자신의 기지에서 함께 모이게 만들었다.

한편 에스캄브라이에서 체가 자신의 정치적 입지를 다져가고 있을 때 시에라에서는 한 가지 심상찮은 일이 벌어졌다. 쿠바 주재 미국대사인 얼 스미스가 두 미국인의 실종사건을 워싱턴에 알렸고, 국무부 대변인이었던 링컨 화이트는 즉각 이것이 반군들의 소행이라며 맹렬한 비난을 퍼부었다. 실제로 이 두 미국인은 텍사코사의 고용인들이었던 다른 일곱 명의 쿠바인들과 함께 있다가 매복해 있던 반군들에게 체포된 것이었다. 피델 측은 상황이 골치 아프게 꼬이는 걸 원치 않았다. 그래서 이들을 풀어줄 요량으로 우선은 안전한 곳에 억류해놓고 있었다. 10월 말, 피델 카스트로는 신랄한 어투로 링컨 화이트에게 반격을 가했다. 그런 식의 정치게임이 자기에게는 새삼스러운 게 아니라는 사실을 한 번 더 보여준 셈이었다. 사태가 좀더 복잡하게 꼬여 미국이 반란군들에게 본때를 보여주길 바랐던 바티스타의 꿈이 또다시 물거품이 되는 순간이었다.

10월 21일 저녁, 파우레 초몬의 산중 거점인 도스 아로

요스를 찾은 체는 그간의 일을 이렇게 마무리했다.

"우리가 히바로를 떠나온 지도 51일이 지났다. 우리는 그동안 마흔한 번을 야영했고 열다섯 번밖에 먹지 못하였다. 나머지는 커피나 약간의 우유로 때우기가 일쑤였다. 그나마 식량이라는 것도 대부분이 옥수수떡과 사탕수수 또는 과일 따위였다."

대원들은 반복되는 이동과 행군에 차츰 지쳐가고 있었다. 그들에게는 오히려 전투가 자극제가 될지도 몰랐다. 26일, 마침내 그들은 기니아데미란다라는 마을에 설치된 한 병영을 습격하여 보급품을 털 수 있었다. 체는 자신의 전투력이 녹슬지 않았다는 걸 입증하기 위해 몸소 바주카포를 어깨에 메고 병영 앞으로 나섰다. 그가 발사한 포탄은 병영의 벽은 물론 적군의 사기까지 무너뜨리는 구실을 했다.

로스가빌라네스 기지를 유지하면서도 8대대는 약간 아래쪽에 있는 엘카바에트데카사라는 곳에 고정기지를 구축하려는 계획을 세웠다. 그리고 구이나데미란다에서 멀지 않은 엘페드레로라는 곳에 진지를 세웠다. 체가 반군 단체들의 지휘관을 불러모아 반군 간의 협정을 이끌어냈던 곳도 바로 이곳이었다. 그들이 헤어질 무렵 체는 모두를 향해 다음과 같이 공언하는 것을 잊지 않았다.

"이곳에서는 어떠한 도적질도 있어서는 안 됩니다! 만약 그랬다가는 죽음, 아니면 적어도 추방령이 내려질 것입니다!"

그러나 그의 주장은 별 호응을 얻지 못했다. 그와 협상했던 조직들 중에 그의 부대만큼 규율이 잡혀 있는 경우는 드물었기 때문이다.

체가 금발의 미인 알레이다 마치를 만난 곳도 바로 그곳이었다. 산타클라라의 M 7-26 지휘부의 전 멤버였던 그녀는 경찰에 쫓기다가 그 지방 게릴라에 가담했던 것이다. 혁명과 정치학, 교육, 변증법, 그리고 이제 체라는 인물에 매료되어 그 곁에서 죽음을 무릅쓰려는 그녀를 위험에 빠뜨리지 않기 위해 체는 무진 애를 썼다. 그들은 함께 지내기 전에 이미 서로의 지성에 끌리고 있었다. 혁명투쟁이라는 가열된 상황에서 체는 그녀가 냉정함을 잃지 않도록 배려하는 걸 잊지 않았다.

'성차별 반대자'였던 체는 혁명을 겪으면서 보아온 여성들의 모습에 깊은 존경심을 가졌던 적이 한두 번이 아니었다. 셀리아, 아이데, 빌마 그리고 그가 만났던 여성들 중 많은 수가 혁명에 가담했다는 이유로 처형되었다. 그는 일기에 이런 글을 쓴 적이 있다.

여성은 혁명이라는 과업을 수행하는 데 매우 중요한 역할을 담당하고 있다. 그들은 가장 힘든 일, 즉 남성들과 싸움을 할 수 있는 능력을 갖고 있다. 그래서 나는 흔히 말하는 부대 안에서의 성(性) 간의 갈등을 믿지 않는다. 험하디험한 게릴라 생활에서도 여성은 자신들의 성에 적합한 자질을 보여줄 뿐 아니라 남성들과 동등한 몫을 해낸다. 비록 여성이 육체적으로는 남성보다 허약하다고 하지만 끈기 면에서는 남성을 훨씬 압도한다. 따라서 여성은 혁명에서 아주 중대한 임무들을 제대로 완수해낸다. 이를테면 적진에 있는 서로 다른 부대들 간의 의사소통을 담당하는 것도 그중 하나이다. 메시지나 자금 등의 전달 여하에 혁명의 성패가 달렸다 해도 과언이 아니다. 그리고 아무리 심한 억압하에서도 여성은 남성보다 덜 충동적이다. 여성에게 유리한 점이 한 가지 더 있다. 여성은 남성보다 더욱 유연하게 임무를 수행하기 때문에 적의 주의와 경계심을 약화시킨다.

게다가 그들의 요리솜씨는 기지 내의 모든 대원들의 일상을 새롭게 하는 역할을 톡톡히 한다. 재봉틀 한 대만으로도 그들은 놀라운 일을 해낼 수 있다. 그리고 상당히 중요한 역할이 또 있다면 그건 간호와 치료일 것이다. '따뜻한 위안', 아! 우리가 다치거나 병들었을 때 그보다 더 갈망하는 단어가 있을까. 시에라마에스트라에서 부부가 함께 기거하도록 허락하기도 했던 것도 바로 이 때문이다.

그러면서도 체는 전래의 청교도주의를 배격하려 노력한다.

남자가 한평생 한 여자하고만 살아야 한다고 어느 누구도 정해놓은 바 없다. 이 제한을 스스로에게 부과해놓은 동물은 인간밖에 없을 것이다. 그러면서도 인간은 더러는 몰래, 더러는 보란 듯이 이를 어기곤 한다. 우리는 이 점에 관해서 규제를 하고 있다. 그러나 우리가 그 규율에 따라 행하는 행동이 오히려 우리를 편협한 사회주의자처럼 보이게도 한다. 누구나 당연하게 받아들이는 삶 속에서 과연 첫번째 돌을 던져 균형을 깨뜨릴 수 있을지 생각해 보아야 한다.

바야흐로 혁명은 가속화되고 있었다. 섬의 서쪽 끝인 카보데사나안토니오로부터 1천2백 킬로미터 떨어진 동쪽 끝 푼타델케마도에까지 혁명의 불길이 미치지 않는 곳이 없었다. 이 시기는 피델 카스트로에게도 상당히 중요한 의미를 갖는 시기였다. M 7-26 측은 11월 3일에 실시한 대통령 선거를 교란시키는 데 성공했다. 투표율이 카스트로의 영향이 미치는 지역에서는 10퍼센트 이하였고, 전반적으로 30퍼센트 이상을 넘지 못했던 것이다.

바티스타 대통령의 분노는 극에 달해 있었다. 그는 더 기다릴 것 없이 이 폭도들과의 숨바꼭질을 한시라도 빨리 종결시킬 방법만을 궁리하였다. 게릴라들이 가장 두려워했던 일이 머리 위로 폭탄이 떨어지는 것인 만큼 공군력을 더욱 강화하는 한편 지상전도 소홀히 하지 않을 방침이었다.

인간에 대한 지칠 줄 모르는 신뢰, 미래에 대한 희망을 버리지 않았던 체는 혁명에 관한 설교에서도 늘 다음과 같은 결론을 덧붙였다.

"이제 이해하셨다면 자유를 향해 우리와 함께 갑시다."

그런데 그는 유독 지방의 부르주아와 만날 때는 기분이 좋지 못했다. 특히 상인들의 식사에 초대받아 가서는 으레 자기들이 지역을 발전시키고 싶어도 재원이 부족하다는 한탄을 듣는 경우가 허다했다. 그러면 체는 "그렇다면 차라리 은행을 터시지요!"라고 짜증 섞인 표정을 감추지 못하며 되받곤 했다.

로스가빌라네스 기지에서도 체는 학교를 열었다. 엘옴브리에토, 라메사, 그리고 미나스델프리오에 이어 네번째 학교가 될 이곳으로 페드레로 협정 조인 이후 많은 지원자들이 찾아왔다. 이곳 역시 다른 곳과 마찬가지로 엄격한 규율에 의해 다스려졌다. 엄중한 규율, 조직, 아군과 적군을 가리지 않는 전우애. 체는 저 유명한 평등의 정신을 자신의 신조로 끝까지 밀고 나갔다. 강의를 마친 밤이면 그는 어김없이 농민들과 토론하고 그들의 의견을 경청하며 그들에게 혁명의 확신을 불어넣어주었다.

"농지개혁은 우리와 함께 전진해나가고 있다. 농지개혁은 혁명에 있어 아틸라의 선두마차 같은 것이기 때문이다."

한편 피델 카스트로 역시 속속 발표하게 될 선언문 속에 농지개혁에 대한 소신과 입장을 공고히 해나갔다. 그는 대지를 "우리가 그 무엇보다도 우러러보아야 할, 우리를 먹여주는 어머니"라며 잉카인들의 신인 파차마마에

비유하기도 했다. 그의 선언문은 지주들만 살찌우는 노동은 거부해야 한다는 의식의 날개를 농민들에게 달아주었다. 반면 아바나 농림성 장관의 집무실 전화벨은 쉴 새 없이 울려대고 있었다. 대지주들은 이미 소작인들이 납세를 거부하고 있다며 하소연했다. 바티스타 정권은 이렇듯 밑바닥에서부터 위협을 받고 있었다. 그러나 바티스타는 여전히 고집을 꺾지 않았다. 반란군은 절대로 산타클라라를 넘어서지 못할 것이라며……

그동안 혁명의 기세는 점점 거세어져가고 있었다. 체와 비슷한 속도로 나아가고 있던 카밀로는 시에고데아빌라를 넘어 중부지역으로 연결되는 길목에 도착했다. 라 센트랄이야말로 아바나로부터 산티아고를 연결시켜주는 섬의 중심축이었기에 유난히 두터운 경계망이 펼쳐진 곳이었다. 카밀로는 적을 유인하여 엉뚱한 곳을 공격하도록 한 뒤 시에고데아빌라 수도교를 접수하기 위한 작전을 개시했다. 중부의 다른 방향에서 진격하고 있던 나머지 부하들을 체가 활동하고 있는 지역과 멀리 떨어진 북쪽으로 향하게 한 뒤 자신은 은밀하게 체가 주둔하고 있는 지역으로 간다는 작전이었다. 마침내 그 유명한 카우보이 모자를 쓴 그는 누구도 흉내낼 수 없는 함박웃음을 지으며 체와 힘찬 포옹을 나누었다. 이어 체와 카밀로는 각자 부대를 이끌고 바티스타군의 진지를 습격하였다. 일단 바티스타군을 혼내준 뒤 카밀로는 자신의 부대를 수습하여 지프에 올랐다. 아바나로 통하는 길목인 산타클라라에서 작별인사를 나눈 뒤였다.

한편 산티스피리투스 시에서 카스트로를 대신하여 시정을 총괄하게 된 체는 '술과 복권의 판매를 한시적으로 금한다'라는 포고문을 섣불리 공표함으로써 대중들과의 심리전에서 실수를 저지르고 말았다. 이 명령이 발표되자 시내 전체는 항의와 분노로 들끓었다. 술과 도박 금지라는 두 마리의 토끼를 잡겠다고, 사람들을 자기처럼 술을 입에 대지도 않게 할 뿐만 아니라, 남을 희생시켜 한탕을 노리는 자들을 혐오하도록 만든다는 것 자체가 무리였다. 체는 몸을 못 추스를 정도로 술에 취해 있거나 돈 따먹는 도박에 열중해 있는 어린 인디오들의 모습을 보며, 새로운 인간, 즉 교양 있고 윤리적인 완벽한 인간의 모습을 꿈꾸었다. 그건 바로 그 자신의 모습일지도 몰랐다. 쿠바 국립은행의 총재이던 레히노 보티는 이런 얘기를 한 적이 있다. "체는 그야말로 스스로 연마된 다이아몬드와 같았다."

자신의 포고령이 야기한 대중의 반발에 직면한 체는 하는 수 없이 그 다음날 이 명령을 철회하게 된다. 하지만 시정을 포기했다고 해서 혁명이 끝난 건 아니었다.

"도시지역에서의 투쟁전략을 바꿔야 했다. 그러기 위해서는 도시지역에서 가장 유용한 무기가 될 사보타주를 실행할 의용군을 많이 확보해야 했다. 그런 다음 점차적으로 통로를 차단해나갔다. 실바 대위가 트리니다드(해안가) 산티스피리투스 통로를 완벽하게 차단했고, 중부

지역은 우리가 투이니쿠 강 위에 있는 다리를 공격하여 차단할 것이다. 철도도 여러 군데 끊어놓았고 북쪽 통로는 카밀로 시엔푸에고스가 책임질 것이다."

피델의 부탁대로 체는 일체의 분파적 행동을 지양하면서 여러 반란세력들을 M 7-26의 깃발 아래 모이게 하는 통합임무를 착착 수행해가고 있었다. 그 가운데 라스비야스 지역의 민족회의 최고책임자인 쿠벨라 세카데스 대장과 맺은 협정은 결정적 승리를 기약하는 중대한 열쇠였다. 그 협정은 대략 이런 내용을 담고 있었다.

독재에 항거한다는 당면한 목표에서 M-26과 DR 연합은 이 지역에서의 군사행동에 상호 협력할 것이며 연락망은 물론 보급통로도 양 조직의 통제하에 상호 협조적인 작전을 펼 것이다……

M-26과 DR이야말로 청년의 가장 순수한 이상을 대표하며 쿠바를 변혁의 기운으로 몰아넣고 있는 이 봉기의 중요한 부분을 담당하고 있다. 이들이 뿌린 피가 없었다면 시에라마에스트라도, 시에라델에스캄브라이도, 7월 26일 몬카다 공격도, 나아가 3월 13일의 대통령 궁 진입사건도 없었을 것이다. 우리는 위대한 혁명지도자였던 프랑크 파이스와 호세 에체바리아의 뜻을 기리고 조국에 대한 우리의 의무를 명심하며, 모든 혁명세력이 쿠바 국민을 위하여 단일 대오로 통합되기를 바란다.

반군의 대공격이 12월 20일로 결정되었다. 체의 8대대, 즉 치로 레돈도 부대와 마세오 부대 역시 라스비야스 지역 게릴라들의 지원을 받아 최전선에 투입될 예정이었다. 카밀로의 부대는 야과하이시를 가운데 두고 그 주변, 즉 북쪽지역을 지속적으로 공략해나가기로 했다. 소규모 매복과 접전이 산발적으로 계속됐다.

 한편 '몬카다의 도살자'라는 별명으로 불리던 정부군의 델 리오 차비아노 대령이 병력을 산타클라라 지역에 배치시키자 내전도 종식될 것이라는 기대가 슬금슬금 고개를 들기 시작했다. 하지만 반군들은 여전히 그의 뒤를 졸졸 따라다니며 정부군의 후위를 괴롭혔다. 반군들이 지나는 곳마다 도시들은 도미노처럼 우수수 함락되었고 도시마다 단파방송으로 '대국민선전'을 했다. 12월 4일, 체는 일시적인 소강상태를 틈타 새로운 단파방송인 CR 8을 시험해보기로 했다. 이 방송 덕에 피델과 편리하게 연락을 주고받을 수 있었을 뿐 아니라 체는 한술 더 떠 카밀로와 전력을 부풀려 정부군을 겨냥하는 선전도구로 이용할 수도 있었다.

 "혹시 자네가 덩치도 크고 화력이 좋은 진짜 장갑차들이 필요하다면 몇 대 여분이 있으니 고려해보겠네."

 체가 허풍을 쳤다.

 "고맙네, 내가 원했던 게 바로 그거였네. 하지만 너무 서두르지는 말게. 나는 자네보다 앞서 산타클라라를 접수하고 싶거든."

카밀로가 너스레를 떨면서 이렇게 덧붙였다.

"우리가 갖고 있는 7천 정의 총구가 일시에 불을 뿜는다면 단박에 해결되지 않겠나."

산타클라라에 대한 대공세를 펼치기 위해 체는 불타는 충성심으로 똘똘 뭉친 일종의 '자살특공대'에 많은 기대를 걸고 있었다. 엘 바케리토라는 대원이 이끌던 이 공격조는 기껏해야 여남은 명으로 구성되어 있었지만 다가올 전투에서 대단히 중요한 역할을 하게 될 터였다.

12월 5일 이래 정부군은 여기저기서 수세에 몰리고 있었다. 이제 전투의 칼자루는 피델 측이 쥐고 있었다. 곳곳에서 민간인들이 들고 일어났으며 게릴라들에게 성원을 보냈다. 당시 정부군의 고위 장교 몇이 피델 카스트로와 비밀리에 연락을 취하고 있다는 얘기는 사실이었다. 카스트로가 섬의 반대편인 산티아고 공략을 준비하고 있을 때 일부 장교들은 군부 내에 반(反)바티스타 세력이 형성되고 있음을 알려왔다. 그들은 카스트로의 동의를 기대했던 것이다. 그러나 카스트로야말로 군부 쿠데타를 가장 싫어하는 사람이 아니었던가. 그는 단호하게 거부 의사를 밝혔다. 그런 식의 거래에 흡족해할 카스트로가 아니었다. 게다가 제 발로 함정에 들어갈 필요도 없었다. 그렇다고 이런 행보가 미칠 파급효과를 무시할 수는 없었다. 만약 군부가 대통령을 포기하겠다는 결정을 내린다면 대세가 바뀔 것은 분명했다.

정부군은 정부군대로 회심의 비밀병기인 장갑열차를

준비하고 있었다. 이 장갑열차는 열차 한 량에 약 4백 명이나 되는 병사들을 실어 나를 수 있었다. 아바나로부터 이 정보를 전해 들은 체는 진지하게 고민하기 시작했다. 이 기차 제작에 참여했다는 M 7-26 측의 노동자들이 알려 온 정보에 따르면, 이 장갑열차는 두 대의 기관차를 앞뒤로 매달아 아바나와 산타클라라를 가장 빠른 시간에 왕복할 수 있는 것이었다. 최고 열아홉 량의 객차를 매달 수 있으며 창문도 없고 자동소총을 발사할 수 있는 다용도 총구만 뚫려 있다고 했다. 그리고 객차 지붕 위 난간 뒤에 기관총과 사수들을 숨겨서 배치해놓았다고 했다. 바티스타의 충복들(비록 얼마 남지는 않았지만)은 이것이야말로 혁명군을 깨부술 수 있는 결정적인 무기라고 장담하고 있었다.

산타클라라

 정부군이 회심의 병기인 장갑열차를 준비하고 있는 동안 8대대는 팔콘 근처에 있는 사과라치카 강을 가로지르는 다리를 접수했다. 체는 이 철구조물 폭파작전을 몸소 지휘했다. 12월 15일, 체는 포멘토와 플라세타스의 연결통로 외곽에 몸을 숨기고 있었다. 다리를 지키던 감시병이 철수한 뒤 체는 실바 대위가 다이너마이트를 설치하는 모습을 지켜보았다. 몇 분 후, 다리는 팔콘의 새벽을 요란한 소리로 깨우며 산산이 부서졌다.

 아바나는 이제 모든 희망을 그 철로 위의 괴물에 걸고 있었다. 공습도 별 효력을 거두지 못하는데다 반군에 동조하는 대중의 숫자가 늘고 있다는 것도 바티스타에게는 무거운 짐이 되었다.

 12월 16일 이른 아침, 체는 포멘토의 초소장인 아이다 페르난데스를 통해 병영의 책임자인 페레스 발렌시아 대위에게 항복할 것을 요구했다. 그러나 충직한 정부군 장교는 단호히 거부의사를 밝혔다.

 1백20명의 병사를 이끌고 병영의 두터운 담을 바리케

이드 삼아 대치하고 있던 발렌시아 대위는 기껏해야 40명 남짓한 반군을 얕잡아보고 있음에 틀림없었다. 체는 적의 증원군이 파견되는 통로를 끊는 임무를 보르돈에게 부여했다. 한 장소에 대치하고 있는 양편의 입장은 서로 달랐다. 각자 40여 발의 실탄밖에 남지 않았던 체의 편에서는 되도록 빨리 작전을 종결시키고 싶었지만 정부군으로서는 증원군이 도착할 때까지 가능하면 시간을 오래 끌고자 했다. 하지만 발렌시아 대위가 미처 예상치 못한 부분이 있었다. 대중이 반군 편을 들고 나선 것이다. 민간인 수십 명이 길을 따라 내려와서 반군들 곁에 포진했다. 일부는 바리케이드를 치기도 하고 또 일부는 화염병을 던졌다.

17일, 공군기가 투입되면서 사태는 걷잡을 수 없이 돌변했다. 사망자 중에는 민간인이 열여덟이나 되었다. 이 사이에도 기회주의자들은 여러 반응을 보이면서 나름의 계산을 챙기기에 바빴다. 바야흐로 바티스타를 뒤흔들어 놓을 이와 같은 상황을 체는 예리하게 분석하고 있었다.

"레비엔타만사나스(revientamanzanas)[4]를 탑재한 폭격기가 우리에게 무시무시한 폭격을 가하러 올 때 우리는 그 기회를 이용해야 한다. 만약 그러지 못한다면 보병의 사기가 크게 떨어지게 된다."

한편 반군은 병영에 대한 압박을 한층 강화했다. 여기

---

4) '모든 걸 파멸시키는' 폭탄.

저기서 총성이 들렸다. 이윽고 타마요가 테라스 위로 뛰어올라 내부를 향해 실탄을 퍼부어대기 시작했다. 이어 자살특공대가 투입되었으나 적군과 불과 30여 미터밖에 떨어지지 않은 지점이라 오히려 좋은 표적이 될 뿐이었다. 대원들 몇 명이 쓰러졌다. 그 와중에 호엘 이글레시아스도 턱이 부서지는 중상을 입었다. 주위에서는 이미 가망 없다고 생각했으나 체는 무슨 수를 써서라도 그를 살려야 한다며 의사를 다그쳤다. 대원들의 기세가 흔들리는 조짐을 보였다. 한시바삐 작전을 마무리 지어야 했다. 바케리토는 병영 안으로 포탄공격을 가하자고 했으나 그 단단한 벽 때문에 제대로 효과를 볼 수 있을지 미지수였다.

18일, 푸르스름하게 동이 터올 무렵, 포복자세로 병영에 접근한 대원들은 다시 공격을 개시했다. 마침내 그들은 페레스 발렌시아 대위의 항복을 받아냈다. 그는 사상자가 얼마나 나오든 신경을 쓰지 않았다. 게다가 증원군도 단념하고 있었다. 거기에는 나름의 이유가 있었다. 정부군의 작전 지휘관들은 병영을 매복해 있는 반군을 끌어내기 위한 일종의 미끼로 이용했던 것이다. 병영 안으로 밀고 들어간 체가 맨 처음 내린 명령은 부상자들을 치료해줄 의무관들을 있는 대로 찾으라는 거였다.

전리품을 볼 때도 이날의 승리는 값진 것이었다. 지프 두 대, 트럭 세 대, 박격포 한 대, 30구경 기관총, 소총 1백38정, 경기관총들과 실탄 9천 개, 게다가 장화들과 타자기, 자명종시계까지 있었다. 그리고 포멘토 전역을 통틀어 1백41명의 포로를 잡았다.

매우 심한 중상을 입었음에도 불구하고, 체가 늘 '죽음을 갖고 논다'라고 얘기했던 호엘 이글레시아스는 역시 부상을 이겨냈다. 그는 겨우 열여덟의 나이에 대위로 진급한 터였다. 시내는 온통 축제분위기였다. 군중은 반군이 분배하는 무기를 지급받으러 모여들었다. 그들 중에는 총을 받으러 온 한 예쁘장한 젊은 여인도 있었다. 조베이다 로드리게스라는 이 여인은 아버지의 수렵용 총을 갖고 위원회에 소속되어 싸운 공을 인정받은 터였다. 체는 무모하게 목숨을 걸었다며 그녀를 나무랐다. 그러나 그녀는 아주 태연하게 대꾸했다. "무기는 전투 속에서 얻어지는 것이라고 대장님께서 말씀하시지 않았나요?" 체는 그녀에게 가란드 한 정을 지급했다.

그러나 대원들로서는 오랫동안 축제를 즐길 틈이 없었다. 체는 전투를 수행하기 위해서는 늘 명철하게 깨어 있어야 한다며 예쁜 여자들과의 유희도, 럼주의 유혹도 단호히 거절했다.

22일, 카바이구안과 과요스가 반군의 손에 들어갔다. 인구 1만 6천 명의 과요스의 진입로 입구에 있던 병영으로 한밤중에 접근하던 체는 지붕 위에서 떨어져 부상을 입었다. 안테나에 찔려 눈꺼풀이 찢기고 왼쪽 주먹을 크게 다쳤지만 그는 천식이 도질 것을 염려해 의사가 권하는 마취제를 거부했다.

그는 팔에 깁스를 한 채 전투에 임했다. 새벽 2시, 병영 안으로 밀고 들어가서 체는 적군 장교에게 선언했다. 이제부터 자신이 명령을 내리겠노라고.

체의 단호한 목소리와 그 명성에 기가 질린 적군의 중위는 마침내 무기를 버리고 투항했다. 그 결과 90명의 포로가 적십자로 보내졌고 만만찮은 양의 전리품이 추가로 보태졌다.

다음은 인구 15만의 요충지 산티스피리투스 차례였다. 체가 지휘하는 극히 소수의 특공대만으로도, 저 무시무시한 8대대 전위대의 소문을 들은 적군 수십 명이 줄행랑을 치는 지경에 이르렀다. 이런 식으로 정규군의 대열은 흐트러지고 있었다. 이에 대한 보복으로 정부군은 라디오 방송을 통해 도시를 폭격하겠다고 위협했다. 그러나 정부군의 조종사들이 폭탄을 바다 속에 투하해버리는 최초의 항명사건이 벌어졌다.

위협방송에 흥분한 시민들은 거리로 뛰쳐나와 정부와 관계가 있는 것이라면 모조리 파괴하기 시작했다. 평소에 이런 식의 파괴적 행동을 혐오했던 체는 사태를 진정시키려 애썼다. 그러나 혁명의 불길은 열화처럼 타오르고 있었다. 카바이구안 시를 접수한 지 겨우 두 시간여 만에 8대대는 산타클라라로부터 36킬로미터 떨어진 통신의 요충지 플라세타스에 진입했다. 반군이 도착하기도 전에 미리 겁을 집어먹은 정부군은 무기를 버리고 항복할 태세를 취하고 있었던지라 점령은 의외로 싱겁게 끝날 것처럼 보였다. 그래도 체면은 세우고 싶었는지 정부군 지휘관은 항복하기 전에 휴전을 요청하기까지 했다. 반군 공격대의 대열에는 이제 혁명의 편에서 싸우는 페레스 발렌시아 대위의 모습도 보였다.

플라세타스 병영이 반군의 손에 넘어갔다는 소식이 전해지자 도시에 있던 성당의 종이 일제히 울리기 시작했고, 수많은 군중이 '자유 쿠바 만세!'를 외치며 길거리로 쏟아져 나왔다.

플라세타스에서 체는 과테말라에서 만난 적이 있던 루이스 라반데이라를 다시 만났다.

"그날 나는 얇은 셔츠 차림이었는데 날씨가 꽤나 쌀쌀했다. 지프에 타고 있던 체를 다시 만났을 때 그는 자기가 입고 있던 인조가죽 재킷을 내줬다. 나는 자살특공대에 넣어달라고 부탁했으나 그는 이미 정원이 채워졌다고 말했다. 그래서 나는 파블로 페랄타라고도 불리던 모이세스 페레스(Moises Perez)[5] 대위를 보좌하게 되었다. 나는 오랫동안 비밀리에 활동하다가 드디어 공개적인 전투에 가담하게 된 것이었다. 지프에서 내리면서 체는 자신의 재킷을 돌려달라고 했다."

크리스마스를 기념하는 의미에서 반군은 다시 깜짝 놀랄 공격을 준비했다. 이번에는 양 방향으로 8킬로미터가

---

5) 페레스는 나중에 탄자니아 대사로 부임하여, 콩고에서 게릴라 활동을 하던 체에게 병참 지원을 해주었다.

량 마주보고 있는 레메디오스와 카이바리엔을 목표로 삼았다. 체는 라스비야스 지역에서 벌인 전투로서는 처음으로 한낮에 공격을 감행했다. 자살특공대가 앞장서고 다른 대원들은 적을 산산이 와해시킨다는 전략이었다.

거의 광기에 가까운 신념과 헌신, 승리에 대한 기대감으로 부풀어 있던 그 며칠 동안 체는 거의 잠을 이룰 수가 없었다. 지프에서 잠깐 눈을 붙이거나 하면서 마테차는 제쳐두고 엄청난 양의 커피를 마셨다. 그는 누군지도 모르는 사람들이 건네주는 대로 음식을 받아먹었다. 그 열흘 동안의 전적은 믿기지 않을 정도였다. 피델 측은 정부군 초소 열두 곳, 지방수비대와 경찰서, 여덟 군데의 도시와 마을들, 여섯 곳의 주둔지를 접수하고, 8백 명 이상의 포로와 1천 점 이상의 무기를 얻었다. 아바나에서는 대통령 바티스타가 미국 언론을 의식하며 산타클라라에서 반군을 산산조각내버리겠다고 장담하면서 체면을 세우기에 바빴다.

역사적인 산타클라라 전투를 앞두고서 과연 얼마만큼의 병력을 동원할 수 있는지 정확히 헤아려보기 위해 체는 참모회의를 소집했다. 총 3백64명 중 일부는 혁명회의 소속이고 약 50여 명은 자유회의 소속이었다. 바케리토의 자살특공대는 여섯 명이 비었지만 열 명 이상이 증원되었다. 반면 정부군의 전력은 장갑열차를 앞세운 4천 명 이상이 될 것으로 예상되었다.

체는 자신들의 신속한 작전 수행이 전투의 초기 양상은 물론 혁명의 운명에까지 영향을 미치리라는 걸 간파하고 있었다. 사태를 신속하게 정리하는 것만이 아바나 측에서 원군을 파견할 여지를 덜 주게 되며, 반군으로서는 일반 대중의 지원을 더 많이 얻어낼 수 있을 터였다. 그는 플라세타스 호텔방에서 머리를 싸매고 어떻게 하면 전차와 폭격기를 피하면서 산타클라라로 입성할 수 있을지 고민했다. 본래의 세 통로 중 하나를 택한다는 건 무리였으므로 결국 체는 지리학자로서 반군의 육군 측량부 책임자이던 누네스 히메네스(Nuñez Jimenez)[6]에게 거의 기적과 같은 길을 찾도록 임무를 부여했다. 몇 시간 동안 돋보기로 지도를 들여다본 끝에 그는 하나의 길을 찾아냈다. 그 길은 바이타로에서 출발, 도시를 우회하여 산타클라라 반대편에 도달하는 길이었다. 12월 27일 자정이 약간 못 미친 시간, 반군특공대가 다시 모였다. 같은 시각, 산타클라라에서 남쪽으로 30킬로미터 떨어진 마니카라과에서는 정부군 부대들이 속속 집결하고 있었다. 피델 카스트로조차도 달인이라고 거듭 극찬하던 체가 게릴라 생활을 통해 터득한 놀라운 적응력으로 다시 한 번 바티스타군의 고전적 작전과 대결하려는 순간이었다.

결국 정부군은 장갑열차라는 회심의 병기로 대항해 왔으나 8대대를 패주시키지는 못했다. 사상자들이 병원에

---

6) 역사학자이자 예술품 수집가로서 여전히 아바나에서 살고 있다.

넘쳐났고 급조된 무덤들이 줄을 이었다. 체는 이날의 전투를 이렇게 얘기했다.

"레메디오스에서 나는 전투 중에 잠이 든 한 대원에게 훈계했다. 그는 총알이 저절로 발사되고 있었는데도 자기에게서 무기를 빼앗는 것은 부당하다고 항변했다. 나는 냉정하게 대답했다. '자네가 스스로 총을 찾을 때만 갖게 될 것이다!' 그 뒤 산타클라라에서 부상자들을 돌아보고 있을 때 다 죽어가는 한 대원이 내 손을 잡았다. '절 기억하시나요? 대장, 레메디오스에서 저더러 스스로 무기를 찾으라고 하셨죠. 그래, 전 무기를 찾았어요……' 잠시 후 그는 숨을 거두었다. 이들이 우리의 게릴라들이었다."

아바나에서는 바르부도들이 진격해 오고 있다는 소문이 이미 파다하게 퍼지고 있었다. 더불어 이들이 포로들을 신사적으로 대우하며 고문이나 처단을 하지 않음은 물론이고 전투 중 부상당한 대원도 절대 포기하지 않는다는 등의 기사도적인 면모가 더욱더 많이 알려졌다.

시가를 문 채 지프에 올라탄 체는 8대대와 함께 전진하고 있었다. 막강한 자살특공대의 뒤를 따르는 로헬리오 아세베도의 전위부대가 열어주는 길을 따라서였다. 28일 새벽 2시, 8대대의 전위가 산타클라라의 외곽을 통과했다. 선두에 선 두 대의 지프가 지나가면서 만난 건 우유를 싣고 다니는 두 대의 트럭뿐이었다. 나머지 부대원은 그로부터 네 시간 뒤 우니베르시다드의 정상에 다다랐다.

그런데 그 우유 운송인이 반군의 통과를 정부군에 알리는 바람에 전투는 생각보다 빨리 벌어졌다. 동이 트기도 전에 모든 게 붉게 물들었다. 폭격기들은 지체 없이 반군이 있을 만한 구역에 마구 폭격을 퍼부어댔다. 그러나 곧바로 예기치 않던 사태가 발생했다. 시민들이 스스로 바리케이드를 치면서 혁명군 편에서 싸울 의지를 보여준 것이다.

그날 저녁, 체는 산타클라라에서 첫날 얻은 교훈을 생각해보았다. 전차부대와의 대결은 강제적으로라도 피하게 해야 한다는 것과, 정부군의 힘을 분산하여 고립시키기 위해서는 그들의 수동적인 전략을 역이용해야 한다는 데로 결론이 내려졌다. 자동차는 물론이고 집안의 집기들까지 동원하여 세워진 바리케이드는 전차를 저지하는 훌륭한 장애물이었을 뿐 아니라 시민 의용군과 게릴라들이 맘 놓고 작전을 펼칠 수 있도록 하는 엄폐물이 되어주었다.

29일 새벽, 체가 적극적인 침투작전을 추진했다. 반군은 어둠을 틈타 도시 전역으로 빠르게 전진하였다. 체는 이렇게 규정하지 않았던가. "게릴라는 밤의 전사이다. 따라서 그는 야행성 존재가 되기 위한 모든 감각을 소유해야 한다."

29일은 전투가 중대 고비에 이른 날이었다. 반군들로서도 더는 산발적인 깜짝효과에만 의지할 수 없는 일이었다. 만약 바티스타군이 다시 집결하여 대공세를 펼친다면 무엇보다 수적으로 열세인 상황이 문제였다. 그렇기 때문에 체로서는 어떤 희생을 감수하고서라도 고삐를 늦추어서는 안 되었다.

비행기들은 교대로 바리케이드에 폭격을 가해왔다. 시민들이 여기저기서 뛰쳐나오고 민간인의 피해도 만만치 않았다. 반군은 죽기 아니면 살기로 필사적인 공격을 퍼부었고 적의 초소들이 하나둘 나가떨어지기 시작했다. 그러나 한시도 고삐를 늦추어선 안 되었다. 체는 곧 라디오를 통해 다음과 같은 성명을 발표했다.

우리는 M 7-26 소속 제8대대 치로 레돈도 대대이다. 우리는 곧 라스비야스를 비롯한 쿠바 국민 전부에게 우리의 계획을 발표할 것이다. 산타클라라에서의 전투는 우리의 승리로 마감될 것이다.

전세를 바꿔볼 요량으로 바티스타군의 지휘부에서는 체가 죽었다는 소문을 유포시키기까지 했다. 그러나 이튿날인 30일, 체는 곧바로 라디오를 통해 적의 얄팍한 술수를 비웃었다.

그러나 그 무시무시한 괴물열차가 접근해오고 있었다. 라디오 방송에서는 장갑열차부대가 이미 산타클라라 방향으로 접어들었음을 알리고 있었다. 체에게도 중대한 결단의 순간이었다. 먼저 철로의 어느 부분을 절단할지 결정해야 했다. 반군은 대학 내에 있던 불도저를 이용하기로 했다.

"12월 30일, 우리는 정부군의 산타클라라 본부와 장갑열차 간의 교신을 두절시켰다. 적군은 카피로 언덕 위에서 포위된 걸 알자 철로를 통해 도망치려 했다. 그러나 그 육중한 덩치 때문에 장갑열차들은 끊어진 철로 위에서 탈선하고 말았다. 이윽고 보기 드문 치열한 전투가 벌어졌다. 탈선된 객차를 향해 화염병을 던지며 다가오는 반군에 의해 기차는 포위되었고, 그 단단한 몸체 때문에 기차 안에 탄 정부군은 뜨거운 화덕 안에 갇힌 꼴이 되어버렸다. 결국 기차 스물두 량에 가득 타고 있던 병사들은 화기와 막대한 양의 군수품을 가지고 우리에게 투항했다."

화염병을 뜻하는 쿠바어 '치스모사'는 철갑괴물에 대해서는 대단한 효력을 입증한 셈이었다.

그동안 카르멘 공원에서는 자살특공대가 헤파투라 지방경찰과 대치하고 있었다. 이 전투야말로 보기 드문 치열한 혈전이었다. 그런데 적의 폭격으로부터 피해를 최소화하기 위해 두 줄로 늘어선 대원들이 지그재그로 전진하는 동안 지휘관인 바케리토는 고개를 꼿꼿하게 들고 보란 듯이 나아가는 것이었다. 그 옆에 있던 타마요가 그에게 소리 질렀다. "바케리토, 몸을 낮춰, 놈들한테 당하겠어!"

그의 모습이 사라진 곳에서 폭발음이 더 들리지 않는

다고 깨닫는 순간 타마요는 바케리토를 찾기 위해 몸을 날렸다. 그러나 바케리토의 머리는 이미 피범벅이 되어 있었다. 잠시 후, 체는 로베르토 페르난데스 대위, 즉 바케리토야말로 가장 무모하면서도 용감한 게릴라였다고 찬양했다.

"그는 자기 한 목숨으로 1백 명의 목숨을 건졌다"라며 체는 추도사를 대신해 그를 기렸다.

자살특공대 대원들은 눈물을 훔치며 다시 길을 서둘렀지만 결연한 의지는 더욱 강해졌다. 얼마 후 대원 중 한 명이 체에게 와서, 자기들이 방금 포로로 잡은 적군 중위 한 명을 바케리토의 죽음에 대한 보복으로 사살하는 일을 허락해달라고 하자 체는 이렇게 대답했다.

"자네는 우리가 그들과 똑같다고 생각하나?"

12월의 마지막 날, 더럽고 해진 군복에 팔은 붕대로 동여맸지만 체는 변함없는 열정으로 꿋꿋하게 버텨내고 있었다. 그는 명령을 내리고, 몸소 행동하며 사기를 북돋아주는가 하면 규율 없이 날뛰는 부하들의 질서를 잡는 일도 게을리 하지 않았다. 그는 도무지 부서지지 않는 무쇠처럼 보였다.

서른 살의 마지막 날, 체는 지방경찰대의 연대장인 로하스 대령으로부터 손을 잡자는 제의를 받았다. 그러나 두 편의 입장이 합쳐질 리가 만무하였으니, 연대장은 다시 되돌아올 수밖에 없었다. 그런데 그의 휘하 부대원 중에서 계속 전투를 하자며 반발하는 이들이 약간 생겼다. 그리하여 그는 가장 현명한 해결책, 즉각 투항을 선택할 수밖에 없게 되었다. 그리하여 4백 명이 넘는 정부군이 채 1백30명도 되지 않는 반군에게 무기를 버리고 항복하는 행렬이 이어지는 가운데 아세베도는 그들 중 일부만 정치적 포로로 규정하고, 나머지는 석방시켰다.

기관총이 침묵을 지키고 있는 순간에도 폭격기들은 도시 전체에 걸친 광범위한 폭격을 그치지 않았다. 불을 보듯 뻔한 위험에도 불구하고 마치 무언가에 홀린 듯 시민들은 여전히 길거리로 뛰쳐나왔다. 그날 밤, 희망의 한 해였던 1958년을 보내고 압제를 몰아낼 1959년을 기약하는 요란한 폭죽이 1958년의 마지막 밤하늘을 수놓았다.

새해 첫날, 반군의 산타클라라 접수 작전이 제2단계로 돌입했다. 중부지역에서 가장 규모가 큰 병영인 레온시오비달에는 적어도 1천3백 명가량의 군인이 숨어 있을 것으로 추정되었다. 체는 일단 누녜스 히메네스와 로드리게스 데 라 베가를 보내 부대장의 항복을 요구했다. 그 즈음 아바나와의 무전교신이 개설되었다.

한편 비행기 편으로 미리 산토도밍고로 피신한 바티스타는 칸티요 대령에게 군 지휘권을 이양하려 했다. 그런데 칸티요 대령은 그 명령에 따를 수 없으며 자기로서는 '문자 그대로 피델 카스트로의 명령에 따라 군대를 지휘할 수밖에 없다'고 대답했다. 이 얘기를 전해 들은 피델은 너털웃음을 터뜨렸다. 그들이 칸티요에게 어떠한 요구도 한 적이 없었는데 그는 스스로 웃음거리가 된 것이었다.

산타클라라의 최후 저항거점에 도달한 체는 앞뒤 가릴 것 없이 병영 안으로 들어가 병영책임자인 에르난데스에게 단도직입적으로 말했다.

"더 길게 끌 것 없소. 당신들이 항복하든가 아니면 우리가 밀고 들어오든가, 길은 둘뿐이오. 도시는 이미 우리 손에 들어와 있소."

그리고 그는 손목시계를 보면서 명확하게 통보했다.

"정확히 12시 30분에 나는 이곳에 모여 있는 아군에게 공격명령을 내릴 것이오. 우리는 어떤 대가를 치르더라도 이 병영을 접수할 것이지만 당신들은 피 흘린 역사에 대한 책임을 면치 못할 것이오. 쿠바에 군대를 파견할 기회만을 노리고 있는 미국의 존재를 당신들이 몰랐다면 모르겠지만 만약 그렇지 않다면 그 죄악은 더욱 무거워지오. 당신들에게는 외세와 결탁한 혐의가 보태질 것이기 때문이오. 어떤 경우이건 간에 당신들 스스로 목숨을 버리는 일밖에 남지 않겠지만."

이 말을 들은 에르난데스 대위는 자신의 부하들과 상의를 하겠노라고 했다. 12시 정각, 정부군 제1진이 병영에서 나와 무기를 버리고 투항했다. 그러나 그 다음날까지 잔존했던 최후의 저항세력은 결국 산타클라라 전투의 대미를 장식해주었다.

"산타클라라에서 체를 본 것은 내 부대와 불도저가 대

학 입구에 방패처럼 포진하고 있을 때였다. 나는 여전히 소형비행기들이 기관총 사격을 퍼붓고 있는 거리 한복판에 체와 알레이다, 그리고 나, 세 사람만이 서 있다는 걸 문득 깨달았다. 나중에 레온세비달 병영을 나흘 만에 함락시킨 뒤 체는 '극단적인 무모함'이라는 이유로 나를 엄중히 문책했다. 빌어먹을, 체에게 그 사실을 말하지 말았어야 했던 것이다! 그리고 그 악몽 같던 레온세비달 병영을 마침내 함락시킨 뒤 내 부하 중 한 명이 무심코 총을 발사한 적이 있었다. 체는 이 사건을 가지고 또다시 나를 심하게 꾸짖었다. 그 즈음 나는 처음으로 그와 말을 놓게 되었는데 나는 자초지종을 설명하며 이미 지난 일이 아니냐고 반문했다. 그러자 그는 더 얘길 않고 몸을 획 돌려 가버렸다."

루이스 라반데이다의 회고록 중 일부이다.

1959년은 혁명에 있어 영예로운 한 해가 될 터였다. 체는 아르헨티나의 시인인 구티에레스의 시를 암송하고 다녔다.

전투의 태양이 밝지 않는 한
우리는 승리의 찬가를 부르지 않으리.

그들은 재미로 싸우지 않았다. 희생자들의 수의를 놓고 주연을 베풀지도 않았다. 체가 비록 게릴라전을 예술의 수준으로 끌어올렸다고는 하나 전투란 역시 압제를 해방시키기 위해 특별히 요청된 과정일 뿐이었다.

체는 거리에서 열광하는 군중들의 손을 잡는 것으로 만족하지 않았다. 북부에서의 전투를 승리로 이끈 뒤 야과하이로부터 상륙한 카밀로는 그 장면을 결코 잊을 수 없었다고 했다.

"나는 우리가 이긴 뒤 뭘 해야 될지 알 것 같네."

체가 불쑥 입을 열었다.

"뭔데?"

"나는 자네를 우리에 넣어서 전국 각지를 돌아다니며, 몰려드는 사람들에게 관람료를 받고 자네를 보여주겠네. 그럼 큰돈을 벌 수 있을 걸세!"

트럭과 지프, 버스, 말, 노새, 그리고 도보로 혁명은 아바나에 다가서고 있었다. 산타클라라에서 새해를 맞은 체는 그 지역을 관장할 행정조직의 기초를 닦을 준비에 들어갔다. 우선 그는 카밀로에게 만타나스와 아바나로 신속히 진격하기를 요구했다. 카밀로는 1959년 1월 2일 오후 4시, 수도인 아바나를 지나갔다. 이어 그는 타베르니야 장군 휘하의 참모본부가 설치되어 있으며 1만 명가량의 병력이 운집해 있는 수도 서쪽의 콜롬비아를 접수했다. 약 5백 명의 반군과 민병대, 피델 측을 지원하기 위해 총파업에 돌입한 시민들 앞에서 정부군은 이미 저항할 의지조차 잃은 지 오래였고 타베르니야 장군마저도 일찌감치 몸을 숨겨버렸다. 이렇듯 총 한 방 쏘지 않고 카밀로는 콜롬비아를 장악했다.

수도의 동남쪽으로 약 10킬로미터 떨어진 마나과 병영에서도 2천 명의 병사들이 즉각 투항하여 같은 수순을 밟았다. 3일 새벽에는 공군기지인 로스바뇨스의 산안토니오에서 2천 명이 역시 아무런 저항 없이 반군에게 투항했다.

"시민들이 우리와 함께 오는 걸 보기만 해도 정부군은 자기네가 졌다고 판단하는 거죠. 이 덕분에 우리는 피를 흘리지 않고도 정부군의 항복을 받아낼 수 있었지요."

베니뇨는 이 상황을 부연하여 설명했다.

1월 3일, 땅거미가 질 무렵, 마침내 아바나에 입성한 체는 카밀로와 감격의 포옹을 나눴다. 그들은 승리한 것이다. 최후까지 저항하던 바티스타 세력은 마스페레르 대령이 이끌었던 부대였다. 이 부대는 '호랑이들'이라 불리며 고문과 학살을 일삼던 잔인한 부대였다. 그들의 흰색 셔츠만 보아도 사람들은 치를 떨었다. 그들은 도시의 민병대 안에 숨어들어 M 7-26 소속의 부대원들에게 심심찮게 타격을 가하곤 했다. 그러나 대통령 궁이 반군 손에 떨어지는 걸 막는 데는 역부족이었다.

아바나 입성 몇 시간 후 체는 총 한 방도 쏘지 않고 카바냐 병영을 항복시켰다. 그래도 그 거대하고 단단한 요새 뒤에는 여전히 1천 명 이상의 군인이 버티고 있어 반군은 언제 끝날지 모를 포위를 계속했다. 그들 외에 다른 1천 명은 이미 무장해제된 뒤였다.

자살행위나 다름없었던, 그란마호로부터의 상륙을 감행한 지 25개월 만인 1959년 1월 2일부터 쿠바 섬은 축제에 빠져 들었다. 체로서는 과테말라 시절, 혁명의 견습생이었을 무렵부터 부단히 들어왔던 희망의 도시 아바나에 발을 디딘 뜻 깊은 순간이었다.

제 5 부

전쟁은 끝나고

아바나에서

 미국의 플로리다에서 겨우 2백 킬로미터 정도 떨어진 아바나의 1959년 당시 인구는 약 1백만이었다. (오늘날에는 이때 인구의 거의 두 배를 넘어섰으며, 쿠바 섬 전체의 인구는 1천1백만에 이른다.) 인구밀도로 보면 아바나는 쿠바 섬 전체에서 다섯번째로 큰 도시였다.

 에체바리아의 주도로 학생들이 대통령 궁에 진입했던 사건 이후 압제는 더욱 강화되었고 공포와 밀고가 성행하였다. 이유 없는 체포와 심문이 빈번했고 바티스타의 경찰은 반군의 가족들을 격리, 감금시키는 등 비민주적인 보복을 자행했다.

 그 와중에도 카지노로 놀러 오거나 유명 호텔인 트로피카, 카프리, 나시오날 등에서 열리는 조세핀 베이커나 모리스 슈발리에의 쇼를 보려는 미국 관광객들의 발길은 끊이질 않았다. 이 시기에 쿠바의 페소화는 달러와 등가로 취급되고 있을 정도였으니 쿠바 섬에 내렸다 해서 따로 환전할 필요조차 없었다. (그러나 이 때문에 쿠바의 유산계급이 1959년 초반부터 그들의 요트를 타고 쉽게 미국으로 도피할 수 있었다.) 쿠바의 카지노들은 메예르 란스키라는 거물 마피아가 장악하고 있었고, 그 또한 자신의 노획품을 바티스타와 나누고 있었다. 당시 해안가를 끼고 있던 메르세데스 거리는 유행의 첨단을 걷는 유흥가로 이름을 날렸는데 주머니가 덜 두둑한 사람들은 '카예데로스페로스'(직역하면 '개들의 거리'라는 뜻—옮긴이)라는 곳을 주로 찾았다. 유명한 럼주도 단 1달러 50센트만 있으면 살 수 있었으니 관광객들은 럼주의 유혹을 이겨내지 못했다. 담뱃가게와 카페에서는 볼리타라는 복권이 성행하였고 당첨자의 사진이 신문에 실리기도 했다.

그러나 이러한 사치와 환락의 이면에서는 실업률이 급속히 증가하고 있었다. 집집마다 실업자가 없는 집이 없어서 결혼한 자식들도 독립하지 못하는 경우가 허다했다. 그러나 아바나에는 떠들썩하고 요란한 카페와 잡화점, 달걀 프라이와 핫도그와 작은 굴 등을 싣고 다니며 파는 자동차들이 점점 많아져갔다. 프랑스 루이 말(Louis Malle) 감독의 〈연인들〉이라는 영화가 히트를 치고 있었고 문학애호가들은 중앙공원 근처에 있던 '플로리디타'라는 카페에 몰려들었다. 그들은 거기서 다이키리스(얼음을 넣은 럼주)를 홀짝거리며 행여나 헤밍웨이를 직접 만날 수 있지 않나 하는 기대에 부풀곤 했다. 거리에는 번쩍번쩍한 시볼레가 거대한 몸집을 자랑하며 천천히 달렸다. 40여 년이 지난 1990년대에도 여전히 그 차들이 굴러다닌다. 파리에 버금가는 메뉴를 자랑했던 '자라고자나' 식당이 호황을 누렸고 대성당 근처에 있던 '보데기타 델 메디오'는 원주민 요리로 이름을 날리며 전위적인 지식인들의 사랑을 받았다.

한편 상류사회에는 겔랑 향수와 실내장식가 베송(Besson) 등의 프랑스 상류문화가 깊숙이 침투하고 있었다. 남자들 사이에서는 가볍게 풀을 먹여 입던 '구야베라'라는 아마포로 만든 기다란 윗옷이 유행했다. '차차차'와 '맘보'가 시내 곳곳에서 울려 퍼졌다. 유명한 펠로타 선수인 피스톤을 보러 가기 전에 경마나 그레이하운드 경주를 한 게임 관람하는 것도, 마지막으로 카지노에서 룰렛 게임으로 마감하는 것도 괜찮은 관광코스였다.

그러나 그건 이미 흘러간 시절의 이야기이다.

1959년 1월 초만 해도 쿠바 국민들은 이 세련된 오락과 유흥에 열광하고 있었다. 어느 곳에서나 거리의 악단이 즉흥적으로 하는 연주를 들을 수 있었다. 사람들은 마셔대고, 환호하고, 서로 사랑했다. 이듬해의 급속한 인구 증가를 보면 이 열대의 밤이 얼마나 대단했는지 짐작할 수 있을 정도이다. 혁명의 원년에 태어난 아이들은 배불리 먹고, 위생적으로 생활하며 인간의 존엄성이 지켜지는 환경 속에서 키워질 터였다. 적어도 동쪽으로부터의 장벽이 세워지기 전까지는.

그 축복 받은 기간 동안 체는 사랑에 빠져 있었다. 그는 에르네스토 게바라로 돌아와 알레이다를 품에 안았다. 그러나 사람들은 그를 한가하게 내버려두지 않았다. 게릴라들에 둘러싸여 그는 이집 저집을, 이 대사관 저 대사관을 옮겨 다니며 포옹과 악수를 나누느라 여념이 없었다. 베세 장군의 딸이었던 한 프랑스 처녀는 사진작가 코르다와 그의 아내 노르카와 함께 어느 날 저녁 체를 만났을 때 그가 심어준 깊은 인상을 아직도 잊지 못하고 있다. 그녀는 체가 탄창에서 직접 빼어준 총알 하나를 아직도 침대 곁에 고이 간직해두고 있다고 했다.

"그는 정말 미남이었어요. 그를 직접 본 순간 얼마나 가슴이 뛰던지 음악도 귀에 들어오지 않을 정도였지요."

1월 8일, 쿠바 국민은 자신들의 시저인 피델 카스트로에게 경의를 표했다. 입이 험한 독설가들은 카스트로가 자신의 전시명을 알렉산더 대왕의 이름을 따 알레산드르로 지은 것에 대해 스스로를 나폴레옹으로 여겼던 바티스타보다 한술 더 뜨는 위인이라고 비꼬기도 했다.

1월 9일, 새로 소집된 각료회의에서는 체가 쿠바 시민임을 선언한다. 체는 이 나라가 압제로부터 벗어나는 데 앞장섰듯이 나라에 도움이 된다면 공직을 맡을 준비도 되어 있노라고 선언했다. 우선 그는 문화유산 파괴 행위를 저지하고 질서를 유지하는 임무를 부여받았다. 그는 미국이 쿠바 정부의 활동에 특별히 반대하지 않을 것이라는 걸 알고 있었다. 카스트로의 혁명은 크게 워싱턴의 신경을 거스르지 않았을뿐더러 바티스타의 실각은 어느 정도 환영할 만한 일로 받아들여지고 있었다. UPI보도를 근거로 『라 라존』지에 실린 기사에는 아이젠하워 대통령의 동생이었던 밀턴 아이젠하워의 "라틴아메리카의 독재자들에 대해서는 냉정한 태도를 견지해야 한다"는 의견도 있었다. 그의 주장은 바티스타의 망명을 받아준 도미니카의 트루히요나 파라과이의 스트뢰스너, 그리고 니카라과의 소모사를 겨냥한 암시이기도 했다. 그러나 미국의 최우선 관심사는 다른 것이었다. 미국은 세계사의 중대한 사건이 될 루니크 1호 발사의 충격에서 벗어나지 못하고 있었다.

체는 혁명이 성공한 이후 초기에는 카바냐 요새와 콜롬비아 병영을 왕복하며 바쁘게 생활했다. 매일 그는 '로스 치비토스', 즉 밀고자들이라 불리는 바티스타의 하수인들이 혁명재판소로 재판을 받으러 오는 모습을 지켜보았다. 그러나 체는 프란시스코회 신부를 대동한 종부성사를 마치고 사형당하는 사람들 중에 죄가 없는 사람도 있을지 모른다는 점을 우려했다. 그래서 선한 신을 대표하는 신부의 별명이기도 한 '트레스 메다야스(Tres Medallas, 사실은 스페인산 코냑의 상표명)'는 기소된 자들이 그들의 고백보다 훨씬 많은 범죄를 저질렀을 것이라고 정기적으로 체에게 확인시켜주기도 했다. 어느 날인가 인터뷰에서 체는 그의 정치적 야심을 묻는 질문에 이렇게 대답했다.

"내가 정치적 입장을 갖고 있다는 말은 정확한 표현이 아닙니다. 나는 우루티아 박사가 안정된 상태에서 임무를 수행할 때까지 임시정부에서 내려주는 명령을 수행할 뿐입니다."

체는 카바냐 요새에서 바티스타군의 어느 대령이 쓰던 집무실을 넘겨받았다. 그는 유난히 강직하고 활동적인 공무원이었던 만레사를 비서로 삼았다.

당시 체는 자주 거리에 나가서 사람들을 만나보곤 했다. 어느 날, 올리브그린색 군복을 입고 M 7-26의 완장을 차고 기관총까지 든 한 소년이 그에게 물었다.

"산토도밍고를 해방시키고 트루히요를 끝장내러 가는 원정대의 대장을 맡으실 건가요?"

"천만에, 대체 어디서 그런 얘길 들었지?"

이 미래의 게릴라는 눈 하나 꿈쩍 않고 대답했다.

"다들 그렇게 얘기해요. 그런데 대장님은 해방자가 아니던가요?"

"나는 해방자가 아니다. '해방자들'이란 어디에도 존재하지 않아. 민중을 해방시키는 건 그들 자신이란다."

라반데이라가 가족을 만나러 가게 해달라고 요청하자 체는 빙긋이 웃으며 시가 한 대를 권하며 이렇게 말했다. "자네가 개인적으로 내게 부탁했기 때문에, 그건 허락할 수 없네!" 늘 호의와 준엄함이 어우러져 있던 그의 면모를 보여주는 일화이다.

한편 부에노스아이레스의 게바라 부모는 6년 동안 보지 못한 아들을 만나러 갈 준비로 분주했다. 여행자로 떠난 뒤 영웅이 된 아들과의 재회를 위해, 에르네스토와 셀리아 부부는 장녀 셀리아와 막내 후안 마르틴을 데리고 에제이자 공항을 출발하였다.

란초 보예로스 공항(지금은 호세 마르티 공항으로 개명)에 내린 아버지 에르네스토는 땅바닥에 뜨거운 입맞춤을 했다. 군복을 입은 체가 힐튼 호텔—지금은 호텔 아바나 리브레(자유 아바나)로 바뀐—에서 병사들에 둘러싸인 채 기다리고 있었다. 어머니 셀리아는 곧장 뛰어가 아들의 품에 안겼다. 식구들은 반군 병사들이 누더기나 다름없는 허름한 옷을 입고 있는 것에 놀랐다. 그들 촌부들은 어안이 벙벙했다. 살던 곳에서 한 번도 벗어난 적이 없었던 그들이 갑자기 이곳저곳에 불려 다니고 열광적인 환영을 받게 된 것이었다.

부모는 아들인 에르네스토가 변했음을 깨달았다. 한때는 매끈한 청년이었던 아들이 이제는 험상궂으리만치 수염이 듬성듬성 난 장정이 되어 있었다. 비록 그의 부모들은 어떤 정당에 소속되어 본 적은 없었지만 당연히 좌파적인 감성으로 아들의 혁명적인 과업을 자랑스러워하고 있었다. 그러나 아들의 장래가 걱정되는 건 어쩔 수 없는 일이었다. 그래서 아버지는 체에게 앞으로 의료 업무를 새로 시작할 것인지를 물었다. 체는 한순간 굳어지는 듯하더니 빙긋이 미소 지으며 대답했다.

"의사요? 잘 보세요, 아버지. 아버지도 저와 같은 에르네스토 게바라라는 이름을 갖고 계시고 아버지 사무실에 그 이름이 새겨진 명패가 있으시지요. 그 위에 의사라고 쓰게 되면 그건 어떤 위험 부담도 없이 사람이 죽어가는 모습을 볼 수 있는 일을 시작한다는 뜻이지요."

그러더니 그는 다시 진지한 목소리로 덧붙였다.

"의학은 이미 포기한 지 오래입니다. 지금 저는 강력한 정부를 만들기 위해 노력하는 전사일 뿐이지요. 앞으로 뭐가 될 거냐구요? 사실 저도 제 뼈를 어디에다 묻을지 모르겠습니다."

이 말을 들은 부모는 무척 당황했다. 대체 이처럼 복잡하고 예측할 수 없는 아들의 앞날에 무슨 일이 기다리고 있을까? 아버지는 결코 아들의 말을 잊을 수가 없었다. 그는 자신의 회고록에서 이렇게 썼다.

아들의 말 속에는 그가 쿠바를 떠나 먼 타국에 전사의 모습으로 다시 나타났을 때 많은 사람들이 풀고 싶었던 그 수수께끼가 담겨 있었다.

그러나 아버지는 쉽게 물러서지 않고 다시 아들에게 물었다.

"너는 세상을 본다며 집을 떠나서 6년 동안이나 돌아다녔다. 이제 아르헨티나로 돌아올 때도 되었잖니? 너는 책임져야 할 식구도 있고, 나도 이제 너에게 책임을 물려줘야 할 때가 아니겠느냐."

그러나 아버지는 아들이 이미 그곳에 살고 있음을 깨

달았다.

아버지 에르네스토는 젊은 아들을 이해했다. "네 얼굴에 커다란 책임감이 감도는 걸 느끼겠구나." 그는 아들에 대해 이렇게 쓰고 있다.

에르네스토는 자신의 성격을 알고 있었다. 자신의 이상이 승리할 거라는 확신이 다분히 신비적인 기질에 영향을 주어 그는 한 사람의 남자로 변해 있었다.

체의 아내와 딸도 아바나로 왔다. 비록 일다와의 결혼생활은 종지부를 찍었지만 그는 매혹적인 검은 눈동자를 갖고 있는 어린 일디타만은 정기적으로 만났다.

한편 신중하고 사려 깊었던 알레이다는 『보헤미아』지 기자와의 인터뷰에서 과연 체의 비서에 머물렀냐는 질문에 이렇게 대답했다.

"내가 그의 비서가 아니라고 말할 수는 없어요. 하지만 그에 앞서 나는 한 사람의 전사였어요. 그와 함께 라스비야스까지 진격하여 그곳에서 벌어진 전투에서 내 몫을 다했어요. 그런 점에서 보자면 그의 특무상사라고나 할까요."

새 정권의 구조가 차츰 자리를 잡아가고 있었지만 체는 너무 더디게 일이 진행되고 있다고 생각했다. 그는 특히 우루티아를 대통령으로 뽑기 위해 예정된 선거일정이 몹시 못마땅했다. 그건 구시대의 정치적 유물을 복원하는 일과 다름없었다. 그는 취학연령 아동의 35퍼센트만이 학교를 다니며 그나마 2.5퍼센트만이 초등학교를 제대로 마친다는 통계를 들어 카스트로 형제를 끈질기게 물고 늘어졌다.

"개혁을 해야 하네, 라울! 혁명은 저절로 이루어지는 게 아니야. 늦기 전에 서둘러야 해. 경제구조부터 바꿔야 한다구."

개혁이라는 명분으로 방만해질 가능성이 높았던 군대가 먼저 개편되었다. 바티스타를 몰아내기 위해 모였던 반군들이라고 모두 좌파는 아니었다. 그중에는 극우파도 없지 않았다. 카스트로의 입김으로 우루티아를 대통령 자리에 앉혀놓았지만 우루티아가 그 상황에 적임자가 아니라는 사실을 깨닫는 데는 그리 오랜 시간이 걸리지 않았다. 우루티아는 지주들과 대자본가들의 이해를 기반으로 하고 있었다. 카스트로가 원했던 사람은 뚝심 있으면서 인기도 있는 좌파 성향의 인사였다. 그가 생각해낸 인물이 항구도시 시엔푸에고스 출신으로 견실한 사회주의자였던 오스발도 도르티코스 토라도(Osvaldo Dorticos Torado)였다. 그리하여 피델은 정부 내의 인사들과 측근인 라울, 체, 카밀로, 알메이다, 라미노 등을 불러 부르주아 분파주의자인 우루티아를 물러나게 할 방법을 의논했다. 7월 17일 아침, 카스트로는 자신이 군의 통수권을 다시 맡기 위해 총리직을 사임한다는 성명을 발표했다. 결국 우루티아는 대통령직을 내놓고 멕시코 대사관으로 피신했다. 같은 날, 오스발도 도르티코스가 대통령직을 승계했다. 호세 미로 카르도나가 총리 물망에 올랐으나 그는 거절했다. 그 즈음 피델 카스트로를 지지하는 파업이 중앙노동자회의(사실은 바르부도의 지휘관들이 선동한)에 의해 준비되고 있었다. 7월 22일 오전 10시부터 한 시간 동안 쿠바 전체가 일시에 마비되었다. 자동차들이 거리에서 즉각 긴 벽을 쌓았다. 국민들은 피델에 대한 신뢰를 이런 식으로 표현했고 그는 자신의 결정을 다시 한 번 돌아보아야 했다. 그렇다면 총리직을 다시 맡아야 했다. 결국 몬카다 병영 습격 6주년이 되는 7월 26일에 그는 혁명광장에 모인 수많은 군중 앞에서 장황한 연설로써 국민의 뜻을 수용하겠다는 의사를 밝혔다. 그렇게 하여 도르티코스-카스트로 2인체제는 1976년 12월 3일 카스트로가 국가평의회 의장에 취임할 때까지 쿠바를 이끌어가게 된다.

그동안 카스트로는 국립은행 총재에 펠리페 파조스를 임명했고 레히노 보티를 경제장관에 앉혔다. 그러나 체 자신은 미래의 행정부가 제시하는 프로그램의 효과를 완전히 신뢰하지 않았다. 아무래도 너무 오랜 시일이 걸릴 것이라는 생각에서였다. 그는 라울에게 말했다.

"2년이 걸린다는 그 계획이 완성되기도 전에 시에라의 아이들은 영양실조로 굶어죽고 말걸세. 이건 의사로서 자신 있게 하는 말이네. 그 사람들로서는 너무 오랫동안 기다려야 한다는 말일세."

 2월 14일에 게바라 가족은 레이나델마르라는 선박 편으로 부에노스아이레스로 돌아갔다. 며칠 후, 체는 심한 천식증세로 몸져누웠다. 그러나 알레이다는 그가 잠도 자지 않고, 편하게 쉬는 대신 책만 읽고 있다고 의사들에게 전했다.

 그러나 체에게 휴식은 절대적인 과제였다. 결국 그는 타라라의 해변가에 있는, 셀리아 산체스가 빌려준 별채에서 잠시 요양을 하기로 했다. 거기서 그는 베네수엘라로부터 온 알베르토의 편지를 받았다. 알베르토는 부에노스아이레스에서 게바라 가족들과 혁명의 성공을 축하하는 잔치를 벌였다고 했다. 그들 중 아르헨티나 출신 기자로 시에라에서 피델 카스트로의 활약상을 취재했던 리카르도 마세티는 나중에 체의 사상을 아르헨티나에 알리겠다며 그를 따라 밀림에 들어가기도 했다.

 체는 알베르토의 편지에 즉시 답장을 썼다.

 미알, 나의 새로운 조국에 형과 형수님을 초대하지 못했던 것은 피델과 함께 베네수엘라를 방문할 계획이 있기 때문이었어. 그런데 최종적인 일처리가 늦어져서 출발이 늦춰지다가 이번엔 건강이 악화되었던 거야. 이곳에는 한 달가량 머무를 예정이야. 형이랑 만나면 한 열흘가량 마테차도 같이 마시고 고기 넣은 파이도 먹으면서 지내보고 싶다는 생각을 늘 하고 있어. 항상 건강하고 행복하길.

체로부터.

 그러나 그 계획을 실행에 옮길 시간은 주어지지 않았다. 건강이 어느 정도 회복되자마자 그는 피델로부터 부여받은 임무 때문에 눈코 뜰 사이 없이 바빠졌다. 피델이 그해 4월 미국을 방문하기로 예정되어 있었던 것이다. 그러나 방문의 성과는 불투명했다.

 "우리 시대가 당면한 문제는, 기층민중을 헐벗게 만드는 자본주의와 먹고사는 문제는 해결할지 몰라도 자유를 억압하는 공산주의 중에서 택일해야 한다는 점이다. 자본주의는 인간을 제물로 삼는다. 한편 공산국가는 자유에 관한 한 전체주의적인 개념 때문에 인간의 권리를 희생시킨다. 우리가 그 어느 것도 일률적으로 받아들일 수 없는 이유가 바로 여기에 있다. 우리의 혁명은 쿠바만의 주체적인 혁명이어야 한다"라고 카스트로는 썼다.

 6월 2일, 알레이다와 체는 아주 가까운 친지들만 모아놓고 결혼식을 올렸다. 그란마호의 동료들이었던 카밀로 시엔푸에고스와 에피헤니오 아메이헤이라스가 증인으로 섰다. 당시 체의 급료는 125페소, 미화로 치면 125달러쯤 되는, 썩 많다고 볼 수 없는 액수였다. 그래서 결혼식을 위해 동료들끼리 모금을 하기도 했다. 식당에 모인 손님들 앞에 반소매의 흰 원피스를 입고 진주목걸이를 한 아름다운 신부가 모습을 드러냈다. 그들은 타마라 해안으로 짧은 신혼여행을 떠날 예정이었다. 역시 셀리아 산체스로부터 빌린 검은색 스튜드베이커에는 해리 빌레가스와 페르난도 로페스 중위가 대동했다.

혹여 체가 젊은 여자와 결혼하고 싶어하지 않았다 해도 알레이다가 혁명기간 중에 체의 아이를 임신했기 때문에 어쩔 수 없는 일이었다. 당시의 법은 그럴 경우 두 사람이 반드시 결혼해야 한다고 명시되어 있었다. 라울 카스트로와 빌마 에스핀도 예외가 아니어서 그 두 사람도 결혼하여 데보라라는 이름의 딸을 낳았다. 체와 알레이다는 알리우차라고도 불린 알레이디타라는 이름의 딸을 낳았다.

그러나 체 게바라에게는 결혼생활보다 혁명이 늘 우선이었다. 결혼식을 올린 그 달에 체는 전권대사로 임명되어 쿠바를 떠났다. 다른 나라들을 들를 때마다 체는 꼬박꼬박 꼬마 일디타에게 엽서를 보내곤 했다.

피델은 쿠바의 외교사절단에게 양복을 입을 것을 은근히 권장했지만 체는 여전히 올리브그린색 군복 차림을 고집하며 떠났다.

체와 동행하여 지구 곳곳을 순례했던 오마르 페르난데스는 우리가 아바나에서 만났을 때 쿠바의 교통부장관으로 재직하고 있었다.

"방문을 비중있게 하기 위해 그는 쿠바의 부통령으로

소개된 적이 많았습니다. 그는 이 순방 길에 부인을 동반하지 않았는데 그녀가 게릴라로서의 위치를 지켜야 한다는 이유에서였습니다. 그런데 그해 6월 16일이던가, 카이로에서 우리는 아무래도 그가 부인과 동행했어야 한다고 느낀 적이 있었습니다. 환영식장에는 꽃을 한 아름 안은 젊은 아가씨들이 미리 도열해 있었는데 우리가 비행기 트랩에서 내리자 가까이 다가왔습니다. 나세르 정부의 총리와 인사를 나누자 그들이 우리를 수행하던 에르메스와 아르구딘이라는 두 명의 게릴라에게 꽃다발을 선사하는 게 아닙니까. 그들은 두 친구 중 한 명이 체의 아내라고 생각하고 있었던 겁니다. 아주 젊은데다가, 긴 머리와 매끈한 얼굴을 한 그들을 보면 그렇게 착각할 수밖에요!"

그 일을 두고 체는 매우 재미있어했다. 이집트 남자들이 주로 머리를 짧게 깎는다는 점을 고려해볼 때 어쩌면 당연한 실수였을지도 몰랐다.

"이집트 대통령은 진정으로 우리를 환영해주었습니다. 그는 우리에게 아무것도 숨기지 않는 것처럼 보였습니다. 콧수염을 기른 그 무어인 대통령은 자기네가 보유하고 있는 소련제 잠수함은 물론 모스크바로부터 들여온 지 얼마 안 된 최신예 미그기도 보여주었습니다. 우리로서는 더 이상 바랄 게 없는 대접을 받은 셈이지요. 우리는 이집트의 전 국왕이었던 파루쿠의 궁에서 묵었는데 지금까지도 그렇게 넓고 호사스런 방은 구경해본 적이 없으니까요. 천일야화에 나오는 방이 이런 게 아닌가 싶었죠."

그날 저녁 오마르는 숙소를 벗어나 젊은 사람들과 어울렸지만 체는 숙소에 머물면서 책을 읽거나 조사 임무를 띠고 파견된 쿠바의 수학자이자 경제학자 살바도르 비야스세카와 토론을 벌였다. 며칠 뒤 체는 가이드의 눈을 피해 카이로의 빈민촌을 돌아보기로 작정했다. 일행은 슬그머니 흩어져 분주히 오가는 남자들과 베일 쓴 여자들로 북적대는 시장통으로 나섰다. 체가 대충 영어로 그들에게 말을 걸어볼 참이었는데 마침내 녹색 옷을 발견했다 싶은 왕궁 수비대가 나타났다. 그러나 수비대로부터 바통을 이어받은 나세르의 비밀경찰이 즉각 그 장소를 깨끗이 정리하자마자—체는 이 모습에 무척 충격을 받았다—수비대는 체 일행을 다시 데리러 왔다. 그런데 그날 장터에서 체가 양고기 꼬치구이를 들고 있었던 덕분에 쿠바 대표단은 매 끼니마다 양고기를 먹는 고역을 겪어야 했다.

6월 18일, 가자지구를 방문한 체는 '피압박자들의 위대한 해방가'로 찬양받았다. 나세르는 그에게 작별 선물로 최신형 기관총을 선물하기에 앞서 향후 세계의 혁명 진행 과정에 대한 그의 의견을 듣기도 했다.

다음 방문지인 수단에 도착한 체는 미국 대사관에서 보낸 직원을 만난 자리에서 사탕수수를 팔기 위해 수단을 방문했느냐는 질문을 받았다.

"그 질문은 당신네 CIA 동료들에게 하시지요. 그들의 정보수집 능력이면 나보다 더 잘 대답해줄 것이오"라는 게 그의 대답이었다.

7월 1일, 쿠바 대표단은 인도에 도착하여 자와할랄 네루 수상의 영접을 받았다. 역시 오마르의 회상이다.

"네루가 냉방장치를 싫어했는지 우리 곁에서 인도인들이 연신 종려나무 잎으로 부채질을 해대고 있었습니다. 체가 특히 관심을 보인 건 인도의 철도와 관개 시스템이었습니다. 네루 수상은 체 대장이 민중의 해방투쟁에 대한 의견을 표명할 때까지는 그런대로 주의를 집중하고 있었는데 만찬이 끝나갈 무렵이 되자 졸린 기색이 역력했습니다. 그런데 그때 체는 수상에게 쿠바에 무기를 팔 수 있느냐고 묻고 있었거든요. 체가 다시 한 번 그 얘길 되풀이했지만 수상은 다시 잠이 드는 것 같았어요. 결국 체는 계속 우기는 건 소용없는 일이란 걸 깨달았죠.

우리는 타지마할도 방문해 그곳에 얽힌 아름다운 이야기를 들은 뒤 끔찍한 빈곤의 현장인 캘커타를 방문했어요. 체는 내가 은행에서 한 시간 넘게 머물렀다는 사실에 놀라워했어요. 사실은 창구 앞에 커다란 암소 한 마리가 떡 버티고 서서 도무지 움직일 생각을 않는 거였어요. 주변의 모든 업무가 마비될 지경이었죠."

오마르는 기억을 더듬어 체가 인도에 대한 인상을 이렇게 밝혔다고 했다.

제5부 전쟁은 끝나고

'도처에서 발전이 이루어지고 있었다. 새로 만든 우물가는 시멘트로 포장하여 공동급수를 가능하게 했다. 눈에 띄는 개혁 중에 우선 농업개혁 전문가들이 농민들에게 쇠똥을 연료로 전기를 얻을 수 있게 하는 부분이 있다. 아주 사소한 변화지만 커다란 실효를 거둘 수 있는 것이, 그 막대한 양의 배설물을 처리할 수 있기 때문이다. 아이들과 부녀자들이 아주 조심스럽게 동물들의 배설물을 거둬들여 땅바닥 위에서 말린 다음 높다랗게 쌓아두는 모습이 인상적이었다.'

'인도 정부가 기울이고 있는 노력을 보건대 농민들은 머지않아 더 많은 작물을 재배할 수 있을 것이다. 우리는 그들이 소를 성스러운 동물로 숭상하는 이유를 알 것 같았다. 소는 일을 하고 우유를 주고 천연연료인 배설물까지 준다. 그리고 땅을 기름지게 하고 인간을 먹여 살린다. 이 동물을 죽이는 걸 금지하는 이유를 이해할 듯싶다. 이 동물을 존속시키기 위한 유일한 방도는 그 성스러움을 유지시키는 것뿐이다. 인도에는 미국의 두 배가 넘는 1억 8천만 마리의 소들이 주요한 목축자원인데도, 정부로서는 문화적 계율에 집착하는 국민들의 종교적인 동물숭배를 제지해야 할 난처한 선택에 직면해 있다.'

미얀마에 잠시 머무른 뒤 7월 15일, 쿠바 사절단은 일본에 도착한다. 체는 일본인들이 다른 나라에서 들여온 원료를 다루는 방식에 혀를 내둘렀다. 쿠바라고 그러지 못하라는 법이 있을까? 오마르의 회상은 계속된다.

"체는 일본의 중공업을 받쳐주는 제철산업에 깊은 인상을 받았습니다. 그는 쿠바에도 이 노하우를 도입해야겠다고 생각했어요. 그는 이렇게 말했습니다. '이들처럼 우리도 맨손이나 다름없소. 석유도, 철도, 석탄도 나지 않으니. 이들이 쌀을 갖고 있다면 우리는 사탕수수뿐이겠지. 하지만 이들의 쌀 생산성은 우리보다 훨씬 높다는 것이오. 우리는 우리의 회색작물을 발전의 기반으로 삼아야 합니다. 히로시마에 원자탄을 맞고도 일어선 일본인들처럼 말입니다.'"

그는 통산상의 안내로 일본 내 굴지의 기업인 도요타와 소니사의 총수도 만났다. 그때 체가 사진 몇 장을 찍고 싶다는 뜻을 비쳤으나—그는 늘 카메라를 휴대하고 다녔다—기업체의 사장들은 하나같이 정중하게 거절했다. 또한 히로시마를 방문하고 싶다는 의사 역시 거절당했다. 대신 일본인들은 체에게 게이샤를 대동하는 주연을 권했는데 이번에는 그가 사양했다. 그러나 체는 히로시마를 방문하고 싶다는 고집을 꺾지 않았고 결국 허락을 얻어내기에 이른다. 체 일행은 야간기차 편을 이용해 7만 5천 명이 목숨을 잃은 태평양 연안의 그 도시를 찾아갔다. 그는 병원을 방문하여 피부가 손상된 환자들에게 깊은 관심을 보였다. 그는 일본을 떠나는 순간에도 다음과 같은 확신을 버리지 않았다. "일본은 지금 이 순간 절실히 발전을 필요로 하는 쿠바에게 온갖 종류의 산업의 부를 나누어줄 것이다."

체에게 인도네시아는 뜻밖의 발견이었다. 이 섬나라의 역사나 사회적 궤적이 쿠바와 상당히 비슷하였다. 인도네시아 역시 그들과 마찬가지로 젊은이들의 투쟁으로 독립을 쟁취하였다. 당시 수카르노 대통령은 겨우 40세였다. 인도네시아의 주요 생산물도 사탕수수와 차, 커피, 야자유, 카카오 등 열대작물들이 주종을 이루고 있었다. 이 점을 염두에 둔 체는 수카르노에게 이런 얘기를 했다.

"과연 양국 간에 교역이 이루어질 수 있을지 모르겠습니다만 우리 두 나라의 생산물이 거의 비슷한 걸 보면 양국민이 손을 잡을 수 있을 것입니다. 우리는 지구의 다른 편에서 각기 국내 정세의 안정이라는 문제를 풀어냈으니까요."

인도네시아를 출발한 쿠바 사절단은 8월 12일, 베오그라드에 도착했다. "아마 우리가 방문한 국가들 중에서 가장 흥미 있는 곳이리라. 빈약한 기반으로부터 출발한 산업의 발전과 앞선 기술도 그렇고 특히 복잡한 사회적 제 관계들이 그랬다"고 체는 유고를 평가했다. "이 나라를 이해하기 위해서는 우선 주변을 둘러싸고 있는 일곱 나라를 염두에 두어야 한다. 유고연방공화국은 여섯 개의 공화국이 모여 티토 대통령을 수반으로 하는 중앙정부를 형성하고 있다. 이 여섯 개의 공화국은 다섯 민족들로 구성되어 있다. 역사의 격변으로 탄생된 이 다섯 민족들이 오늘날의 지정학적 경계와 정확히 상응하는 것은 아니다. 민족의 통합이라는 대과업이 완수된다면, 사태는 자연히 적대관계를 완화시키면서 그들의 동질성을 부각시키는 방향으로 이어질 것이다. 엇비슷하면서도 동일하지는 않은 네 개의 언어가 이 지역에서 통용되고 있다. 가톨릭과 그리스정교와 이슬람이 또한 공존하고 있다. 라틴어와 러시아어와 비슷한 키릴자모가 함께 쓰이고 있다. 이런 복잡한 메커니즘이 전술한 중앙정부 안에 모여 있는 것이다."

유고슬라비아에 대한 체의 분석은 결국 조시프 브로즈, 즉 티토라는 한 인물에 대한 관심으로 모아지지 않을 수 없었다. 특히 티토 원수가 걸어온 궤적은 볼리바르의 후예를 꿈꾸는 체에게 경외심을 품게 했다. 티토는 크로아티아에서 태어나 독일 점령 기간에 대독항쟁운동을 이끌다가 1945년 정부의 수반에 올랐다. 1948년에 스탈린의 소련과 단절을 선언하고 독자적이고 자주적인 사회주의를 실시하고 있는 이 인물을 체는 한시라도 빨리 만나보고 싶어했다.

"체보다는 크고 피델보다는 약간 작은, 나세르 대통령과 비슷한 몸집의 티토 원수는 우리를 아드리아 해에 있는 브리오니 섬에서 아주 단출하게 맞았습니다. 그곳은 진정 전사들의 낙원이라 할 만했습니다. 그가 주최한 오찬장에서 체는 단도직입적으로 본론을 꺼냈습니다. '쿠바인들은 외톨이나 다름없습니다. 미국은 반혁명세력을 지원하고 있습니다. 이 상황에 대처하기 위해 우리에겐 무기가 필요합니다.' 그러나 티토는 쿠바 대표단의 호소를 살짝 비켜갔습니다. '우리가 당신들을 도울 수 있을 것 같지는 않소. 다만 우리는 우리 나라가 당면한 문제를 해결할 만큼만 갖고 있을 뿐이오. 당신네를 도와줄 수 없는 것이 정말 유감이오'라면서 말입니다."

유고슬라비아를 떠나오는 비행기 안에서 한 영국 신문을 통하여 체는 티토가 얼마 전에 중동국가에는 무기를 팔았다는 사실을 알게 되었다. "그는 우리에게 무기를 제공하는 것이 두려웠나 보군. 그것이 그들의 중립이라면야." 그는 우마르에게 씁쓸하게 속삭였다.

그렇다 하여도 유고슬라비아에서 얻은 경험은 값진 것이었다. 도시민과 농민의 협동관계, 기업주의라는 자본주의적 원칙을 근간으로 이윤을 사회적으로 분배하는 자발적 노동이야말로 체 게바라에게는 중요한 교훈이 되었다. 게다가 그가 보기에는 유고슬라비아인들이야말로 진정으로 판단의 자유를 누리고 있는 유일한 공산주의자들 같았다. 특히 그는 자신이 방문했던 박물관에 걸린 추상화들로부터 그런 느낌을 확신했다. 비록 현대미술에 대한 식견의 부족으로 구체적인 논평은 삼갔지만……

체는 자신의 수첩에 티토에 대한 인상을 결론 삼아 이렇게 적었다.

그는 여러 가지 면에서 우리에게 강한 인상을 남겼다. 우선은 그의 폭넓은 인기였으며 다음은 소박한 품성과 형제애이다. 그리고 쿠바의 현 상황과 우리의 혁명이 안고 있는 위험에 대한 탁월한 식견이다. 우리는 신생 유고슬라비아연방공화국과 광범위하게 교역을 늘려야 한다는 데 이해를 같이했다.

파키스탄에 도착하기 전에 쿠바 사절단은 실론, 즉 지금의 스리랑카에 잠시 들렀다. "표면적으로는 쿠바보다 열악한 듯하지만 인구는 9백만에 육박하고 있다. 키가 크고 예민해 보이는 반다라나이케 수상은 온정주의식 정치를 펴고 있다. 양국 간의 정기적인 교류를 보장하려는 노력의 시작으로 일단 우리의 사탕수수 1천 톤가량을 수출하는 데 합의했다."

8월 20일, 순방의 마지막 기착지인 파키스탄의 카라치 공항에서 아유브 칸 장군의 영접을 받았다. 체는 이 나라의 수도를 부양하다시피 하고 있는 3백 척 가까이 되는 어선들을 정박시킬 수 있는 항만에 관심을 표했다. 양국은 쿠바의 사탕수수와 파키스탄의 양모와 가죽, 황마 등을 맞교역하기로 약속했다.

쿠바 사절단은 3개월간의 순방을 마치고 9월 8일 아바나로 돌아왔다. 체는 외교의 장에서는 말과 행동이 늘 일치할 수 없다는 걸 확인할 수 있었다. 무기를 구입하거나 교역을 트는 일은 수월치 않았다. 그리하여 그는 소련과 중국이라는 공산주의의 두 대국을 방문해야겠다는 복안을 일찌감치 세워놓고 있었다.

유고슬라비아에서 실론으로 가는 도중에 중간 기착지로 머문 로마에서 시스티나 성당을 방문했던 일을 그는 두고두고 잊지 못하였다. 수행원의 기억에 따르면 그는 미켈란젤로의 천장화 아래 한 의자에 거의 드러눕다시피 하며 오랫동안 홀린 듯 그림에서 눈을 떼지 못하였다고 한다.

이 방에 공산주의자가 있소?

 체는 많은 경험을 얻고 귀국했다. 제3세계의 여러 나라들을 방문하면서 그는 사회주의는 여러 가지 형태를 띨 수 있으며 각 나라마다 그 나라의 실정에 맞게 적용되어야 한다고 확신했다. 카스트로에게 보고한 내용의 핵심도 바로 그것이었다. 티토가 미국으로부터 매해 원조를 얻어내지 못한 반면, 비공산주의자인 나세르는 오히려 소련의 재정지원을 통해 아스완 댐 건설의 재원을 확보했던 것이다.

 반면 미국에 대한 체 게바라의 시각은 더욱 강경해지고 있었다. 그는 회고록에 이렇게 쓰고 있다.

 그들은 라틴아메리카에서 더욱 촉진되어야 할 사회혁명을 지연시키는 데 큰 몫을 하고 있다. 혁명이 미국의 경제적 이익을 위협하기 때문이다. 혁명이 일어난 나라에서뿐 아니라 라틴아메리카 전체에서 얻어질 미국의 이익을 말이다. 당장 미국은 쿠바에 그들이 '대륙적인 단결'이라고 이름 붙인 외부정세를 존중하라고 강요한다. 거기에다가 이 원칙은 선전포고의 명분까지도 합리화시키고 있다. 아프리카-아시아 국가들에서 자신들이 '중립'으로 보이도록 하는 것은 반대진영에게 자신들이 '중도'임을 보이는 게 더 낫다고 생각하기 때문이다.

체의 눈에 가장 매력적으로 보였던 정책은 쿠바의 경험과도 가장 근접해 보이는 이집트와 인도네시아의 것이었다.

10월 7일, 카스트로는 게바라를 INRA(Instituto Nacional de la Reforma Agraria, 국립토지개혁위원회)의 위원장에 임명했다. 그날 저녁, 카바냐에서 체는 구성원들을 모아놓고 자신의 구상을 설명했다. 그러나 그는 큰 벽에 부딪혔다. 국립은행 총재이던 펠리페 파조스가 점진적인 개혁을 주장했던 것이다. 게릴라 생활을 통하여 닦인 기질로는 일단 마음을 먹으면 곧바로 행동에 들어가는 일에 익숙해 있던 체였다. 그는 자기 식의 표현대로 "탱크라는 무기 한 대로 대토지 소유제와 봉건체제의 장벽을 일거에 부서뜨릴" 새로운 도구를 만들어낼 궁리를 하고 있었다. 그러나 파조스는 여전히 한발 물러서서 결정을 늦추고 있었다. 결국 그렇게 몇 주가 지나자 참다못한 체는 피델에게 털어놓았다.
"더는 그자와 일 못하겠습니다."
"알았네. 그렇다면 그를 잠시 쉬게 하지."

"그렇다면 그 자리는 누가 대신합니까?"

"바로 자네지."

나중에 쿠바에서는 이런 전격적인 인사방식을 극단적으로 나타내주는 또 다른 일화가 한참 나돌았다. 그해 12월 26일, 측근들이 모인 자리에서 피델 카스트로는 이런 질문을 했다고 한다.

"이 방에 경제전문가가 있소?"

그러자 한 사람이 손을 번쩍 들었다. 체 게바라였다.

"좋아, 그렇다면 지금부터 자네가 국립은행 총재네."

체 게바라는 어안이 벙벙해질 수밖에 없었다. 그는 "이 방에 공산주의자가 있소?"라고 묻는 줄 알았다는 것이다.(경제전문가인 'economista'를 공산주의자인 'communista'로 들었다는 얘기—옮긴이)

의사, 게릴라 대장, 대사, 토지개혁위원회 위원장, 국립은행 총재. 체 게바라라는 한 인물이 수행했던 직책이다. 그는 직원들 앞에서 행한 긴 연설에서 자신의 기나긴 내력을 들춰가며 비전을 밝혔다.

"나는 다른 이들처럼 성공하고 싶었습니다. 유명한 발견자가 되는 꿈도 꾸었고, 인류에게 도움이 될 무언가를 위해 지치지 않고 일하고 싶었습니다. 그러나 지금 이 순간 나에게 그런 것은 개인적인 승리로밖에 보이지 않습니다. 나는 우리 모두들처럼 환경의 부산물이었던 것입니다.

당면했던 특별한 상황과, 또 내 기질 탓도 있었겠지만, 일단 의사자격시험에 합격한 뒤 나는 아이티와 산토도밍고를 제외한 라틴아메리카 전역을 여행하였습니다. 처음에는 학생으로, 나중에는 의사로서, 나는 빈곤과 기아, 질병을 목격했습니다. 속수무책으로 어린아이가 죽어가는 것을 내버려둘 수밖에 없는 일이 우리 아메리카의 기층민중에게는 대수롭지 않은 현실임을 바라봐야 했던 것입니다. 그리하여 나는 유명한 학자가 되거나 의학상의 중요한 기여를 하는 것보다 더 중요한 무언가가 있으며, 그것이야말로 민중을 직접 돕는 길이라는 것을 어렴풋이 깨달았습니다.

실제로는 열서너 살이나 먹었는데도 기껏해야 예닐곱 살밖에는 보이지 않은 아이들을 여러분들도 많이 보았을 것입니다. 이들이 바로 시에라마에스트라의 아이들입니다. 빈곤과 기아로 인한 영양실조에 허덕이는 아이들이지요. 과학이 눈부시게 발전하고 있는 마당에 텔레비전과 라디오의 보급률도 형편없이 낮은 그곳에서 학교와 전깃불을 처음 구경해본 아이들은 그날 저녁 별들이 낮게 떠 있는 줄 알았답니다. 이제 이들은 나라가 지어준 학교에서 글자를 배울 뿐만 아니라 직업교육까지 받고 있습니다. 그리고 혁명가가 되는 어려운 공부까지도 하고 있습니다."

싸움은 끝난 것이 아니었다. 혁명에는 아직도 많은 적

이 도시라고 있음을 연이어 벌어진 사태들이 대변해주었다. 그해 10월, 소형비행기 한 대가 아바나 시민들에게 일방적으로 총격을 가한 사건에 이어 플로리다 쪽으로부터 날아온 비행기 편대가 섬에 정박해 있던 소형함대에 폭격을 퍼붓고 떠났다. 그러나 가장 비극적이고도 수수께끼 같은 사건은 카밀로 시엔푸에고스가 행방불명된 사건이었다.

10월 26일, 긴 수염에 커다란 모자를 상징처럼 쓰고 다니던 이 지칠 줄 모르는 혁명가는 카마구에이 지방군 대장이던 우베르트 마토스를 체포했다. 마토스는 혁명을 주도하고 있던 좌파계열을 몰아내려는 음모를 꾸몄다는 혐의로 기소되었다.[1] 이틀 후, 카밀로를 태운 아바나행 파이퍼기가 이그나시오 아그라몬테 공항을 이륙하자, 소형전투기인 카자가 그 뒤를 바싹 따라붙었다. 한 시간 후 카자는 연료를 채우기 위해 파이퍼기와 같은 장소에 착륙했다. 얼마 뒤 카밀로의 부관이었던 바렐라 중위가 심한 화약 냄새가 난다고 느낀 순간, 카자의 기관총이 불을 뿜었다. 그는 조종사를 제지했으나 조종사는 연료를 다 채운 뒤 미국 해안 방향으로 날아가버렸다.

그 사흘 밤낮을 카스트로와 게바라는 하늘과 땅을 오가며 카밀로의 행방을 찾았다. 카스트로가 미국에까지 도움을 요청한 사실을 미국 언론은 흥미롭게 다루었다.

---

[1] 그는 30년 형을 언도받고 형기를 채운 뒤 마이애미에서 사망했다.

그러나 카밀로의 자취는 오리무중이었다. 카밀로가 탄 비행기는 카자기의 공격을 받아 카마구에이 지방 북쪽에 있는 글로리아 만에 떨어졌을 가능성이 높았다. 그리고 그 근처 해안인 푼타브라바의 주민들은 비행기 두 대를 목격했으며 기관총 소리를 분명 들었다고 증언했다.

11월 12일, 피델 카스트로는 라디오를 통해 '우리 시대의 위대한 지휘관 카밀로 시엔푸에고스의 실종'을 공식적으로 발표했다. 그날부터 28일까지 쿠바인들은 그를 애도하며 바다는 물론이고 섬 안의 어떤 물길에나 꽃을 던졌다.

"카밀로는 나와 생사고락을 함께 나눈 소중한 동지였다. 그는 쿠바 민중의 전형적인 영상 자체였다. 나는 알레그리아델피오의 패주 중에도 '여기서 항복할 사람은 아무도 없다!'며 과감히 적에 맞서던 그의 목소리를 아직도 생생히 기억하고 있다. 그는 우리 전위부대의 선봉장이었으며 어떠한 위험에도 물러설 줄 몰랐다. 어느 날인가 그는 적의 전위대원 한 명을 사살한 뒤 땅에 떨어지기 전에 무기를 붙잡는 대담성을 보였다. 그는 마치 종교처럼 자신의 충성심을 신성시했다."

카밀로의 혼은 오늘날에도 게바라 가문에 흐르고 있다. 체의 아내 알레이다는 아들의 이름을 카밀로라고 지었고, 체의 장녀인 일디타 역시 자신의 두번째 아이에게 아버지의 친구 이름을 붙였다.

11월 26일, 체는 공식적으로 국립은행 총재에 임명되었다. 그의 인생에서 가장 흥미진진한 승부수 중의 하나일 터였다. 그는 우선 전권대사로 해외를 순방할 때 수행했던 살바도르 비야세카를 불러 국립은행의 지배인 직을 제안했다. 비야세카는 그 순간을 이렇게 기억했다.

"'설마 농담하시는 건 아니겠죠.' 나는 우선 이 말부터 꺼냈습니다. '은행의 업무에는 완전히 문외한인 제가 어떻게 지배인이 될 수 있겠습니까?' 그랬더니 체가 이러더군요. '그런가? 나도 마찬가지야.'"

그렇게 하여 1960년 6월 12일부터 그 이듬해 2월까지 비야세카는 국립은행의 2인자로 체 게바라를 보좌했다.

"체를 수행하여 해외 출장을 갈 때면 그는 나에게 틈나는 대로 고등수학 강의를 해달라고 부탁했습니다. 나는 이렇게 대답했지요. '당연히 해드리지요. 하지만 우선 총재님의 기초수학 실력이 어느 정도인지 알고 싶군요.' 그 난감해하는 표정을 보고 나는 그가 기초부터 다시 시작해야 할 것이라는 걸 눈치 챘지요. 하지만 얼마 지나지 않아 나는 그가 너무 바쁠 것이라는 걸 핑계로 그의 부탁을 잊어버리고 있었어요. 그런데 1959년 9월 어느 날인가, 그가 자신의 집무실에 칠판과 백묵을 갖다달라고 부탁하더군요."

그렇게 하여 1964년 6월까지, 매주 화요일과 토요일, 회의를 구실로 체는 비야세카로부터 수학 강의를 듣는다.

"우리는 미적분부터 시작하여 미분방정식까지 나갔습

니다. 가르친다는 건 그에게는 종교적 행위처럼 제2의 천성 같았습니다. 수학 강의가 끝나면 나는 선생에서 학생이 되어 국내 문제에 대한 그의 철학을 경청해야 했습니다. 이 강의는 1964년까지 계속되다가 마침내 내가 더 가르칠 게 없다고 토로하고서야 끝을 맺었습니다. '그러면 좀더 선명한 프로그램으로 넘어갑시다.' 경제지식은 좀더 멀리 나아가기 위해 그에게 요구되는 역량이었습니다. 나는 그 주제를 다룬 여러 글들을 읽었지만 그 분야를 쉽사리 정복할 수 없었습니다. 그러자 체가 이런 제의를 하더군요. '좋소, 그럼 우리 함께 배워봅시다.' 1962년의 위기 때에도 나는 그가 머물고 있던 피나르델피오에서 한 주일에 두 번씩 강의를 했습니다."

사실 강의는 빌라세카와 체 사이에만 이루어진 것은 아니었다. 교육의 힘을 열정적으로 신봉하였던 체는 자신의 철학을 역으로 강의하고 있었다. 매일 오후 3시부터 6시까지 젊은 게릴라들인 해리 타마요, 다리엘 알라르콘 라미네스, 카를로스 쿠에요, 그리고 아르구딘이 그의 주위에 모여 마에스트라에서부터 계속해오던 쓰기와 읽기, 수학, 역사, 그리고 지리 등을 배웠다. 그는 그들의 능력을 테스트해보는 뜻에서 자기 뒤를 이어 신문기사를 큰 목소리로 읽어보게 하였다. 그들은 쿠바 국내는 물론 체가 움직이는 곳이면 해외까지도 따라다니게 된다. 체는 늘 그들에게 총만큼 중요하다면서 펜과 공책을 챙길 것을 당부했다.

다리엘 알라르콘은 체가 그들에게 얼마나 무거운 강박 관념을 심어주었는지 회상했다.

"매주 월요일이면 체는 우리들에게 자동차 열쇠를 달라고 하여 시험 보는 토요일까지 보관하고 있었습니다. 그렇게 하면 우리가 한가하게 놀면서 시간을 허비하지 않을 거라고 여기는 것 같았습니다. '일요일이 있질 않나'라고 그는 거듭 얘기하곤 했지요. 그때 우리는 피델과 카밀로가 선사한 59년형 크라이슬러 임페리얼을 갖고 있었어요. 마지막으로 쿠바에 들어온 수입품 중의 하나였죠. 거의 1만 8천 달러를 호가하는 것이어서 우리는 이 차를 몰고 뻐겨보고 싶었습니다.

그런데 어느 날, 체 대장은 해리 빌레가스를 놓고 우리끼리 말하는 소리를 들었습니다. 우리들 중 가장 앞섰던 해리는 대학에 다니고 있었으니 우리처럼 매번 체의 사무실로 공부하러 가지 않으면서도 대학 강의를 빼먹을 수 있었거든요. 그 길로 대학에 쫓아간 체는 학장으로부터 폼보(빌레가스의 별명)가 그다지 성실한 학생이 아니라는 얘기를 듣고 미라마르에 있는 자기 집으로 폼보를 데려와 옷을 벗기고 차고에 가두어버렸습니다. 이렇게 하여 그 불쌍한 폼보는 속옷 차림으로 일 주일을 근신하다가 나중에 야채 밭에서 일을 한다는 조건으로 풀려났습니다. '학문에 취미가 없다면 손을 쓰는 일이라도 해야 한다'는 게 대장의 지론이었죠."

강의 틈틈이 체는 경제전문가라는 새로운 직무에 매달렸다. 국제금융계와의 대면은 그로서는 전혀 새로운 종류의 경험이었다.

"마치라고 했던 아메리카 은행의 부총재가 기억나는군요. 그는 국립은행 총재였던 체를 만나려고 몹시 서둘렀죠. 그래서 체는 새벽 1시에 그를 만날 수밖에 없었어요"라고 빌라세카는 에피소드를 하나 들려주었다.

런던의 금융전문가들과 하버드나 예일 출신으로 뉴욕을 주름잡던 전문가들, 혹은 도쿄의 금융전문가들이 일개 게릴라가 쿠바 국립은행의 총재가 되었다는 사실을 접했을 때 얼마나 놀랐을지는 상상이 되고도 남는다. 그러나 체는 뒤에서 수군거리듯 '그를 배려하여 만들어진' 자리만을 지키고 있지는 않았다. 피델 카스트로가 기대했던 인물은 바로 혁명적인 은행가였다. 쿠바 국립은행 총재였던 필리페 파조스는 국제 금융계에서는 널리 알려진 전문가였으나 확신 있는 좌파는 아니었다.

체는 '자신의 얼굴이 새겨진' 지폐에 '체'라는 서명을 했다. 그는 벅찬 감격을 누르며 카밀로 시엔푸에고스의 초상이 새겨진 20페소짜리 지폐를 발행했다.

12월 10일, 체는 농민들의 토지소유권리법안을 제출하면서 다음과 같이 말했다.

"오늘 나는 구시대의 유물인 대토지 사유제에 종말을 고하는 법안에 서명을 했다. 내가 그토록 뿌듯하고 흡족한 마음으로 고치려 했던 환자의 사망통지서에 내 이름을 올리게 되리라곤 생각도 못했다."

체는 미국과의 긴장이 한창 고조되어갈 무렵에 쿠바의 재정책임을 맡은 셈이었다. 당시 아바나 주재 미국대사였던 필립 W. 번셀은 새 대통령 오스발도 도르티코스와 라울 로아 외무상에게 '주도면밀하게 쿠바와 미국 국민 간의 전통적 우호관계를 끊으려는 세력이 잠식해 있다'라는 경고성 발언을 했다. 대사의 비난은 당연히 카스트로 형제와 체 게바라를 겨냥한 것이었다. 지난 10년간 쿠바는 사회주의 국가들에 1억 3천3백만 달러어치를 수출하고 1천4백만 달러어치를 수입했다. 혁명 원년에 유달리 반복되던 말이 바로 "설탕이 우리의 새 산업을 부흥시켜줄 것이다"라는 말이었다. 이런 조건에서 미국의 눈에 든다는 게 무언지는 묻지 않아도 뻔했다. 그러나 체의 입장은 달랐다.

"적이라는 존재로 하여 혁명가는 행복을 느낀다. 적은 근본적인 변혁을 달성하는 데 필요한 조건을 창출한다."

그런 그의 면전에서 재정전문가들은 냉소를 머금었다.

"어떻게 한 나라의 재정을 의사 출신의 게릴라한테 맡길 수 있겠는가?"

체는 그들에게 당시 미 공화당의 상원의원이었던 헨리 캐보트 로지의 얘기로 답변을 대신했다. "아주 드문 경우만을 제외하고 사업가들은 정치질서의 이해가 걸린 일에는 그 누구보다도 비열해진다."

체가 조사한 바에 따르면 지난 15년간의 미국의 대 쿠바 투자현황은 이랬다. 총 7억 달러 중에 5억 5천만 달러가 미국으로 돌아갔으며 쿠바에 재투자 된 것은 1억 5천만 달러에 불과했다. 특별히 경제에 능통하지 않더라도 그 불균형이 얼마나 심각한지는 알고도 남을 것이었다.

여전히 올리브그린색 전투복과 베레모 차림을 고수하는 체의 고집은 점점 그를 국제관례에 어긋나는 모습으로 보이게 했다. 그러나 정작 엄격한 의전절차를 무시하는 것이야말로 그의 재밋거리 중의 하나였다. 산업부장관으로 재직하는 동안, '한량없는 존경을 받았을 때 느끼는 만족감'에 대해 묻는 한 외신기자에게 그는 이렇게 대답했다.

"영달과 권세라. 정말 지겨운 것들이오!"

그는 알레이다와 함께 아주 단출한 집에서 살았으며 포드 팔콘을 타고 다녔다. 튼튼한 차임에는 분명했으나 다른 혁명의 주역들이 타던 올즈모빌과는 분명히 구별되었다. 그는 정오에 출근하여 다음날 새벽 3시가 되기 전에는 결코 집무실을 뜨지 않았다.

쿠바인들이 지구상에서 가장 흥이 많은 민족이라지만 그들에게는 중대한 결점, 즉 무질서하다는 특징이 있었다. 시에라에서부터 내전기간 내내 그 사실을 통감했던 체는 엄밀한 관료로서의 본을 보여주려 했다. 그는 라틴아메리카에서도 가장 유럽화된, 정확함이라는 개념이 밴 아르헨티나 출신이 아니던가.

세계 각국의 언론은 그의 집무실에 앞 다투어 몰려들어 그란마호의 신화를 취재하려고 안달이었다. 체는 송년파티 중 당시 아바나에서 불만의 목소리가 높아가는 높은 물가상승률에 대해 질문을 받은 적이 있었다. 그러자 그는 이렇게 응수했다.

"불평하는 측은 부자들일 겁니다. 그들은 세금을 매긴 호화로운 사치품을 찾고들 있으니까. 가난한 사람들이야 늘 같은 것밖에 모르지요. 허름한 초가집 안에 세워놓은 작은 크리스마스트리를 보세요. 거기엔 과일과 과자, 옷, 심지어는 우유와 빵까지 매달려 있는 것이 보일 것입니다. 그들로서는 평소에도 쉽사리 구경조차 할 수 없는 것들이니까 말이죠. 비록 크리스마스라 해도 말입니다."

1960년을 맞으면서 체는 카밀로 시엔푸에고스에게 헌정하는 『게릴라 전쟁』의 마지막 원고를 손보기 시작했다. 그는 그 두껍고 치밀한 저술을 통해 게릴라 전략과 전술은 물론이고 장소 선택, 적지에서의 전투, 더불어 사회개혁자로서의 게릴라의 정의 등을 상세히 기술했다. 그 책은 후일 베네수엘라의 반군들은 물론이고, 1963년 영국령인 잔지바르에서 봉기하였던 반군들에게도 중요한 지침서로 읽혀졌.

2월 4일, 체는 소비에트공화국의 2인자인 아나스타스 미코얀을 접견했다. 그는 미코얀과 함께 소련 과학·기술·문화 전시회의 개관 테이프를 끊었다. 그날 저녁 만찬장에서 쿠바 측의 참석인사들을 소개하게 되었다.

"여기는 사탕수수 생산관리성의 오를란도 보레고, 차관인 엔리케 올스투스키입니다. ……그리고 이쪽은 민족자본가를 대표하는 티르소 사엔스 씨군요."

그 말을 들은 사엔스는 얼굴을 붉힌 채 어찌할 바를 몰랐다.

"그 자리에 양복과 타이를 맨 사람은 나밖에 없었거든요. 체는 그 점을 놓치지 않고 꼬집은 거지요"라고 과학자인 사엔스는 당시를 회상했다.

그러나 그는 체에 대해서는 일말의 원망도 갖고 있지 않은 듯했다. 오히려 그에 대한 회고담을 쉴 새 없이 풀어놓았다.

"미래를 자리 잡게 할 통찰력의 소유자였지요. 그는 석유와 원자력 같은 미래의 에너지원에 대한 이해를 갖고 있었습니다. 그는 독서를 통해 자동화라든가 원자물리학 계통의 이론까지 접해보려 했습니다."

혁명전쟁 말기에 8대대에 가담했던 오를란도 보레고는 체를 가장 가까이서 지켜봤던 지인들 중의 한 사람이었다.

"체는 학문적 논쟁의 가치라는 것에 대해 회의를 품고 있었습니다. 오히려 그는 농민들을 굳게 신뢰했죠. 게릴라전을 통해 얻게 된 버릇이었겠지만, 그는 유독 밤에 일하는 것을 좋아했습니다. 과학적인 연구, 이론적인 사고와 사실주의적인 형식에 세속적 취향이 끼어들 틈이 없었죠. 어린 시절부터 쌓아온 폭넓은 교양을 그는 모두를 위해 사용했습니다. 게릴라든, 전권대사든, 체스 선수, 혹은 경제 관료이든 간에 그는 엄격한 금욕주의자의 면모를 보이면서도 단순한 돈키호테주의에 매몰되지 않도록 자신을 조절했습니다. 그것은 시대가 요구하는 사상을 받아들이게끔 하는 혁명가의 힘이었죠. 그러나 그를 무작정 최상의 존재로 치켜세우는 것도 그의 겸양을 배반하는 일이 될 것입니다."

그러면서도 보레고는 이 말을 덧붙인다. "한 인간으로서 그처럼 특별한 자질을 갖춘 사람이 또 있을까요? 아이들과 장난치기를 좋아하고 농담을 즐기면서도 어느 때에는 놀랄 만한 냉철함을 보여주기도 했지요. 그에게 사회주의는 의식의 발전을 위한 진지하고도 극단적인 모험의 과정이었다고나 할까요."

한편 오늘날 체의 저술에 대한 전문적인 주석가인 엔리케 울투스키는 이런 일화를 들려주었다. 어느 날 더는 무기를 구입할 자금이 없다고 불평하는 자신에게 체는 이렇게 대답했다고 한다.

"그래? 그렇다면 자넨 은행을 털 일밖에 없겠군!"

체의 계율을 잘못 받아들인 미국의 강도들이 얼굴을 가리고 은행에 난입할 여지를 줄 만한 대답이었다.

또 한번은 울투스키가 체와 함께 엘리베이터를 타고 올라가던 중에 생필품 몇 가지가 부족하다는 사실을 은근히 내비친 적이 있었다.

"자네가 어떻게 관리하는지 이해가 안 되는군. 우리 집에서는 별 문제가 없는데."

그래도 울투스키는 쉽게 포기하지 않았다.

"당연하지요. 리브레타[2] 두 장이면 먹고사는 문제야 해결될 테니까 말입니다."

체는 아무 대답도 하지 않고 집무실로 들어갔다. 며칠 후 또다시 같은 엘리베이터에서 만난 울투스키에게 체가 먼저 입을 열었다.

"자네 말이 맞았네. 마침 리브레타 두 장이 있더군."

체는 '있더군'을 강조하며 리브레타를 내밀었다. 그는 정말로 아내에게 한 장을 달라고 했던 것이다.

미코얀의 방문을 계기로 쿠바와 소련은 향후 5년에 걸친 교역의 길을 트게 되었다. 미코얀은 체를 공식적으로 소련에 초청했다.

1960년 3월 4일, 체는 프랑스 선박 쿠브르호에서 일어난 사보타주의 끔찍한 피해상황을 확인하기 위해 부두로 뛰어나왔다. 이 배는 군대에 보낼 벨기에제 소총과 기관총들, 그리고 경찰용 권총들을 운반하던 중이었다. 당시 『혁명』지의 사진기자로 일하고 있었던 알베르토 코르다는 이 사건을 'CIA의 공격'으로 보았다. 그 폭발사건이 벌어지고 이틀 후, 50명이 넘는 희생자들의 장례식이 거

---

[2] 보급표.

행되었다. 장례식을 위해 만들어진 단상에 앉아 있는 인물들 중 베레모를 쓴 체의 모습을 찍은 사진은 훗날 전 세계적으로 널리 알려지게 된다.

"카스트로 형제는 물론 도르티코스 대통령과 각료들이 모두 참석했습니다. 그런데 빈자리가 하나 눈에 띄는가 싶더니 갑자기 체의 얼굴이 불쑥 잡히는 겁니다. 그 강렬한 눈빛은 하나의 충격이었습니다."

한편 시몬 드 보부아르와 사르트르도 쿠바혁명의 진정성에 이끌려 아바나를 찾았다. 체와 열광적인 대화를 나눈 어느 날 저녁, 사르트르는 이 말을 덧붙였다.

"파리에서 나는 쿠바혁명의 목표가 사회주의의 건설인지 아닌지 명확히 대답하지 못하는 게 이해가 되지 않아 쿠바인을 만날 때마다 같은 질문을 했다. 이제 그들이 나에게 대답하지 못하는 이유를 알겠다. 이 혁명의 근원은 바로 국민에게 결핍된 것을 메우려는 데 있었지, 선험적인 이데올로기를 빌려 정의하려는 것이 아니었기 때문이다."

체는 사르트르 커플에게 쿠바 섬의 내부를 보여주는 동안에도 한편으로는 쿠바의 가장 큰 우방이었던 미국과의 관계가 완전히 단절될 경우에 쿠바 경제를 가장 효율적으로 보호할 수 있는 방법을 연구하고 있었다. 쿠바인들의 밥줄이랄 수 있는 사탕수수 수입 쿼터가 낮춰지거나 철폐될지 모를 미래의 경제블록을 염두에 두어야 했다. 소련과의 합의서에 서명했던 이유도 거기에 있었다.

체의 머릿속에서는 이미 자신의 진영이 선택되어 있었다. 그는 동구 편이었다. 다만 러시아인들이 같은 가격으로 그만한 양을 사줄 수만 있다면 좋을 것이었다. 그의 가장 큰 고민은 그것이었다. 쿠바혁명을 '종려나무나 그린올리브들의 것이지 공산주의자나 자본주의자의 것이 아니다'라고 거듭 주장해왔던 카스트로로서도 이 말을 더는 써먹을 수 없으리라는 걸 알고 있었다. 플로리다 해협으로 몰려들고 있는 심상치 않은 기류 때문이었다.

1960년 5월 25일, 체는 부에노스아이레스에서 열리는 1810년 혁명 150주년 기념식에 참석하지 않기로 했다. 대신 다른 나라로부터 파견된 부대들과 함께 쿠바의 게릴라 부대가 '아베니다델리베르타도르'('해방자의 거리'라는 뜻—옮긴이)에서 최초로 사열행진을 가졌다. 체는 아르헨티나를 방문하지 않았지만 어머니 셀리아가 아바나를 찾았다. 그는 어머니를 모시고 어네스트 헤밍웨이도 참가했던 한 낚시대회에 참석했다.

6월에 소련 대표단이 다시 아바나를 방문했다. 그리고 7일에는 체코슬로바키아 통상장관의 방문을 받았으며, 그 다음 날 그는 피델과 함께 중국—쿠바 우호협회가 주최한 한 공연에 참석했다. 12일에 그는 레이온 생산을 독려하기 위해 노동자들을 찾았다.

7월 24일, 여느 때와 다름없이 수학 강의를 받고 있던 체의 집무실에 작달막한 한 남자가 찾아왔다. 그는 체의 비서 만레사의 제지를 받았다. 사전 면담 약속 없이 들어올 수 있는 사람은 대통령과 카스트로밖에 없었다.

"그럼 '페티소'가 왔다고만 전해주시오."

얼마 지나지 않아 두 사람은 감격에 겨워 서로를 얼싸안았다. 쿠바 국립농업센터에서의 학술연구차 이 나라를 찾은 알베르토는 의대생이었던 에르네스토 게바라와 작별한 지 8년 만에, 쿠바 국립은행 총재가 된 체 게바라와 재회한 것이다. 알베르토는 베네수엘라 출신의 아내 델리아와 동행했다. 대화 도중 델리아의 한쪽 귀걸이가 떨어졌다. 체는 그걸 집어 들더니 손으로 무게를 재는 시늉을 하며 웃었다.

"P자 없는 은[3]이라, 정말 잘 골랐는데."

작별인사를 나누면서 알베르토는 내내 입 안에서 맴돌던 질문을 던졌다.

"쿠바의 새 지도자는 페론이나 베탕쿠르, 피구레스 혹은 아르벤스처럼 미국에 스스로를 팔거나 아니면 중대한 고비에 움츠러들지는 않겠지?"

체는 알베르토의 어깨를 감싸면서 결연한 목소리로 말했다.

"그 사람과 함께라면 어떤 위험도 맞서볼 만한 가치가 있지!"

---

[3] '플라타(plata)'는 은을 의미하며 '라타(lata)'는 양철을 뜻한다.

예상대로 아이젠하워 정부는 쿠바로부터의 사탕수수 수입 물량을 줄였지만 쿠바인들이 우려했듯 심각한 정도는 아니었다. 그래도 최악의 경제 제재에 대한 강박감만은 떨쳐버릴 수 없었던지 라울 카스트로는 소련으로부터 사탕수수 구입 동의를 얻어내기 위해 모스크바로 날아갔다.

8월 6일, 피델 카스트로는 북미석유회사를 국유화하는 조치를 발표했다. 모스크바는 최소한의 사탕수수 수입을 보장하는 조건으로 자기네의 석유를 쿠바에서 정제해야 한다는 단서를 달았다. '카이만 악어'의 머리 위에 다모클레스의 검(기원전 4세기 초 시라쿠사의 왕 디오니시오스는 늘 자신에게 아첨하며 행복을 기원하는 다모클레스를 어느 날 왕좌에 앉히고 그 위에 말의 꼬리털 하나로 검을 매달아놓아 왕위가 항상 위험한 것임을 깨닫게 했다고 함. 절박한 위험상황을 빗대는 표현—옮긴이)을 매달아놓도록 하는 것과 다름없었다.

8월 8일, 체는 아바나의 블란키타 극장에서 거행된 제1회 라틴아메리카 청년회의의 폐막식에 참석해 다음과 같은 연설을 하였다.

혹시 여러분이 우리의 혁명이 공산주의 혁명이냐고 묻는다면, 나는 마르크스주의자로서 정의를 내리겠습니다. 우리의 혁명은 우리만의 고유한 방식으로 마르크스가 표지판을 설치했던 그 길을 찾아냈다고 말입니다. 여기서 지금 내가 확신을 가지고 얘기할 수 있는 것은, 소련이나 중국을 비롯한 사회주의 국가들뿐 아니라 스스로 해방을 쟁취한 모든 식민국가들과 반(半)식민 상태에 놓인 국가들이 우리의 친구라는 것입니다. 비록 라틴아메리카의 정부들 중엔 우리를 때리는 손을 핥아주라는 조언을 하는 측도 있지만 그 거대한 노예주의자들과 대륙적인 연대를 할 수 없다는 것이 우리의 입장입니다.

라틴아메리카의 대학생들이 내세운 구호, '쿠바는 오고 양키는 가라(Cuba si Yankis no)'는 여기에서 비롯된 것이었다. 체는 국제 언론이 가급적 '쿠바식의 마르크스주의 이데올로기'라는 평가를 내려주길 바랐다. 그러나 북미의 신문들은 체를 쿠바 경제의 차르(tsar)라고도 묘사했고, 『타임』지 역시 그와 비슷한 견해로서 '카스트로의 두뇌'라는 제하로 검은 별을 단 베레모를 쓴 그의 모습을 싣고 다음과 같은 분석 기사를 내보냈다.

미국 조종사들이 모는 F-47기가 과테말라 상공을 누빌 때 게바라는 저항세력을 모으기 위해 정신없이 시가지를 쏘다녔다. 아르벤스 대통령이 싸워보지도 않고 항복을 선언했을 때 상처받은 이상과 전투 열망이 미국에 대한 적개심에 보태어져 숙명적인 증오심으로 변했다…….

국립은행의 총재직을 수락한 뒤 게바라는 쿠바의 금과

달러 잔고 등이 미국에 위탁되어 있다는 사실을 알고 그 것을 스위스로 옮겨버렸다. 카스트로로부터 재정권한을 부여받자 그는 세 가지의 파격적인 조치를 단행했다. 첫 번째로 서방과의 주요한 경제고리를 끊고 공산세계와 손을 잡았다. 두번째로 미국의 조처를 기다리며 나름대로 싸움을 준비하고 있다. 세번째로 게바라는 라틴아메리카의 다른 나라들에 미치는 자신의 혁명적 영향력을 깨닫자 철의 장막 뒤에서 이루어진 거래를 통해 1억 달러 이상의 원조 약속을 받았다. 그때까지 미국의 수입에 의존해 왔던 공산품들(라디오, 사진기, 전선, 모터, 가전기구 등)을 직접 생산할 수 있는 공장을 건설하겠다는 본래의 야심에 서였다. 또한 그는 물물교환 경제도 추진했다. 예컨대 쿠바의 가장 중요한 수출품인 사탕수수를 가장 중요한 수입물인 석유와 맞바꾼다는 것이다. 러시아산 원유를 정제하기 위해 게바라는 셸, 에소, 텍사코 등 외국계 회사의 소유인 주요시설들을 무상으로 국유화했다. 미국이 쿠바의 사탕수수 수입을 중단하는 조치를 취하자 게바라는 러시아로부터 보상을 얻어냈다. 요컨대 미국이 쿠바 내정에 개입할 경우 미사일 공격으로 맞서겠다는 흐루시초프의 협박이 가해진 것이었다. 게바라가 쿠바를 '카리브 해의 축복 받은 섬'이라고 부를 수 있는 배경에는 군사 역사상 가장 강력한 미사일의 힘이 버티고 있다. 구릿빛으로 그을린 미국의 관광객들과 사업가들이 해변가에서 다이키리를 마시는 곳, 러시아의 로비 전문가들이 들끓고 표정

없는 중국인들이 쉬고 있는 호텔들이 공존하고 있는 배경을 믿고 있는 것이다.

석유회사들의 국유화, 쿠바 내 미국 자산의 동결은 시작에 불과했다. 체는 당시의 상황을 이렇게 요약했다.

"양키들은 60년 동안 쿠바를 지배하면서 수억 달러에 달하는 돈을 벌었다. 그들이 1845년 스페인으로부터 우리를 사들일 때 지불했던 금액과 거의 같은 액수이다. 그동안의 인플레이션을 감안할 때, 그들로서도 크게 불평할 것은 없을 것이다."

『타임』지는 결론삼아 체라는 인물을 이렇게 평하였다.

피델 카스트로는 현재 쿠바의 얼굴이자 목소리이며 정신이다. 라울 카스트로는 혁명을 위해 뽑은 단검이랄 수 있다. 그렇다면 게바라는 두뇌이다. 그는 이 삼두마차에서 가장 매력적이면서도 동시에 가장 위험한 인물이다. 여자들을 홀리기에 딱 좋은, 우수가 묻어나는 미소를 입꼬리에 흘리면서 체 게바라는 냉정하고도 치밀한 방식으로 쿠바를 이끌고 있다. 놀라운 능력과 지성, 그리고 세련된 유머로서.

쿠바 지도자들의 태도는 여타의 라틴아메리카 국가들에 대한 워싱턴의 자세마저 변화시켰다. 아이젠하워 대통령은 아르헨티나에 사절을 파견하여 경제원조를 약속했다. 쿠바의 전례를 따르는 걸 미연에 방지하자는 심산에서였다. 이 경제원조 방안에 분격한 아이젠하워의 적수들은 이를 두고 '카스트로의 계획'이라고 했다. 브라질 대통령 조셀리노 쿠비츠섹은 아이젠하워에게 이런 친서까지 써 보냈다.

각하, 삶이 희생과 인내 그리고 복종의 결과일 뿐인 잠자는 땅의 백성들에게 말은 아무런 의미를 갖지 못한다는 것을 귀하는 잘 아실 것입니다.

그즈음 아바나에서 체는 마르크스주의를 표방하고 있는 미국잡지 『먼슬리 리뷰』의 편집진인 폴 스위지(Paul Sweezy)와 레오 휴버만(Leo Huberman)을 만났다. 체는 이 잡지에 여러 편의 글을 실은 바 있는 프랑스의 철학자이자 경제학자인 샤를 베틀랭(Charles Bettelheim)에게 초청의사를 밝혔다. 1948년부터 1983년까지 프랑스의 사회과학고등연구원의 원장을 지낸 베틀랭은 1936년 소련을 방문한 뒤 『소비에트의 계획경제(La Planification Soviétique)』라는 저서를 펴냈다. 그는 일찍이 자신이 불투명하다고 판단하였던 소련체제에서의 민주주의의 결핍을 이 책에서도 일관되게 주장했다. 2차대전 중 그가 쓴 『나치즘하에서의 독일경제(L'Economie allemande pendant le nazisme)』라는 소책자가 비밀리에 나돌기도 하였다. 1945년부터 1951년까지 그는 전 세계 마르크스주의자들의 토론의 장이 되었던 잡지를 제작하기도 했다. 또한 1953년부터 1956년까지는 네루 수상의 청을 받아들여 인도 정부의 경제재건계획을 도운 경험을 바탕으로 『독립국가 인도(L'Inde indépendante)』를 1962년에 펴냈다. 네루의 조언을 들은 나세르는 1955년부터 베틀랭의 능력을 빌리기로 결정했다. 이집트 외에도 베틀랭은 말리와 기니에서 활동하다가 프랑스-중국 우호협회 회장의 자격으로 저우언라이와 협력하기도 했다.

1960년 9월 2일 아바나에 도착한 베틀랭은 동구의 수도들과 이 카리브 해의 섬나라의 분위기가 같지 않음을 깨달았다. 생기 있는 눈빛을 가진 이 안짱다리 지식인은 쿠바에 가득한 자유의 공기를 흠뻑 들이마셨다. 그는 우선 오리엔테 대학의 경제학부 교수로서 혁명정부의 재무장관을 맡고 있던 레지노 보티부터 만났다.

"그는 체코와 러시아 경제에 의지하는 오류를 범했습니다. 나는 이 나라들의 경제적 기반이 취약하다는 것을 알고 있었습니다." 베틀랭은 이렇게 설명했다. 보티는 쿠바의 경제성장률이 더욱 상승하길 바랐다. 1959년부터 1960년까지 1년간의 성장률은 이미 6퍼센트에 달해 있었다. 생산력 증가를 장려하는 정책을 활발히 편 덕분이었지만 더 가속화하기에는 그 능력이 한계에 다다른 것도 사실이었다.

"당시 쿠바 정부는 미국과의 관계가 단절되지 않기를 바라고 있었습니다. 다만 상호존중에 기초한 관계를 원한 거지요. 그런데 1960년에 나는 아주 놀라운 사실을 알았습니다. 대중의 요구를 민주적으로 표현할 수 있게 하는 어떠한 대중조직도 부재하다는 사실이었습니다."

며칠 후, 자동차 한 대가 베틀랭이 머물고 있던 숙소로 왔고, 산업부장관인 체 게바라가 만나고 싶어한다는 의사가 전해졌다.

"그는 조명을 무척 밝게 한 넓은 방에서 나를 기다리고 있었습니다. 그는 미소를 짓고 있었고, 진지함이 배어 나오는 표정으로 나를 맞이했습니다. 우리는 프랑스어로 대화를 나눴습니다. 그는 혁명이 급속히 진전될 수 있었던 요인은 반군과 농민·노동자와의 긴밀한 관계, 그리고 미국의 제국주의에 반대하는 쿠바 민중의 저항이라는 논지를 펴더군요. 쿠바라는 특별한 경우는 마르크스의 저작 어디에도 찾아볼 수 없는 그런 것이지요. 쿠바혁명이 자연스럽게 따를 수 있을 '법칙'으로서의 지표가 될 그런 것 말입니다. 혁명의 취약점을 분명 깨닫고 있던 체는 권력의 '대중적(populaire)' 속성에 대해 이야기를 했고 그것은 바로 조직력의 부재라는 결론을 내렸습니다. 게릴라식 전투에서 얻은 습관에서 벗어나야 했고, 기술정보의 부족도 문제였습니다. 그러나 모두의 의지와 피델을 중심으로 한 대중의 단결로 그런 취약점을 극복할 수 있다는 확신이 미래에 대한 엄청난 신뢰의 기반을 만들고 있었습니다."

그날 새벽, 베틀랭은 모종의 혼돈을 떨쳐버리지 못한

채 아바나를 떠나 아르헨티나로 향했다.

"나는 쿠바혁명이 채택한 방식에 대해 내심 의혹을 갖고 있었습니다. 애초부터 마르크스주의의 법칙에 대한 이해가 없는 이 나라의 지도자들이 이 법칙을 과연 제대로 따를 수 있을지에 대한 회의였지요."

그해 10월 12일, 베틀랭은 체로부터 한 통의 편지를 받았다. 파리를 방문할 예정이라는 것을 알리면서 아바나에서 미처 못다 한 대화를 마저 하고 싶다는 뜻이 적혀 있었다. 당시 베틀랭은 인도의 문제에 관심을 기울이면서 1960년과 1961년 사이, 쿠바 경제에도 지대한 관심을 보이고 있었다.

"동구 국가들을 처음으로 방문한 체는 서슴지 않고 자신을 이상한 나라에 온 앨리스에 비교하더군요. 그 역시 변할 테지만요. 그는 매우 만족한 듯했고, 그 이유를 이해할 만했습니다. 소련이 쿠바산 사탕수수 수출로를 확보해준데다 산업설비 마련에 박차를 가할 차관까지 약속받은 것입니다."

체는 당시의 상황을 이렇게 기록했다.

우리가 서명한 협정은 1961년부터 1965년 사이에 1백여 개가 넘는 공장들(섬유, 종이, 통조림 등)을 건설할 수 있는 기틀을 만들어주었다. 이 5년 동안 전력생산은 두 배로 늘어날 것이며 거대한 제철소도 건립될 계획이다……

"나는 체 게바라가 소련과 동구권 국가들의 경제원조의 양과 질에 지나치게 많은 기대와 환상을 갖고 있다는 인상을 받았습니다. 사실, 공장 건설도 예상보다 훨씬 더 딘 속도로 이루어지고 있었지요. 예컨대 전력생산만 하여도 두 배로 끌어올리는 일은 10년이 더 걸리는 일입니다. 그런데 나의 이러한 지적도 체의 열정을 잠재우지는 못했지요. 그로부터 몇 년 후, 그는 소련이 값비싼 운송료를 물게 했다는 사실을 뼈저리게 느끼게 됩니다. 그것도 애초에 자기들이 했던 약속에도 훨씬 못 미치는 상품으로 말입니다."

그래도 쿠바혁명의 궤적에 지적인 호기심을 버릴 수 없었던 베틀랭은 아바나로 돌아왔다. 이번에는 좀더 깊숙이 경제문제에 파고들면서 체에게도 적극적으로 충고하기를 주저하지 않았다.

"나는 기업의 자율성과 재정능력이라는 두 가지 원칙을 존중해야 한다고 주장했습니다. 그래야만 쿠바의 통화를 위협하는 재정적인 문제를 피할 수 있으리라는 생각이었습니다. 또한 생산량의 증가와 품질제고에 따른 임금인상 체계도 정착시킬 것을 주장했습니다."

그 건의에 체는 '사회주의'경제에서는 당치도 않다며 펄쩍 뛰었다. 설사 노동의 질에 따라 보상을 달리하는 임금체계가 존재할 수 있다는 걸 인정한다 하더라도, 임금을 노동의 생산성과 상품의 질을 향상시키는 수단으로 사용하는 것은 받아들일 수 없다는 것이었다. "그것은 자본주의적 자극제이다. 이 자극제는 새로운 인간으로 탄생할 수 있도록 하는 윤리적 자극제로 대체되어야 한다."

그러나 이에 대해 베틀랭은 마음과 같이 주장한다.

"경험을 통하여 내가 깨달은 사실은 도덕적인 자극에만 의지하여서는 생산에 도움이 되는 어떠한 효력도 얻지 못한다는 것입니다."

1963년부터 양측 간의 논쟁이 점점 선명해지면서 널리 알려지게 되었다.

"그해에 체는 자신이 소련에 대해 점점 덜 경탄하고 있음을 확인하게 됩니다. 동구 국가들이 쿠바에 대한 의무를 충족시킬 만한 방도가 진정으로 없다는 사실이 그를 충격에 빠지게 한 것입니다. 또한 그는 소련기업의 관리 및 운영방식에도 충격을 받았습니다. 그가 보았을 때 중앙집권화라는 그의 이상에 도무지 들어맞지 않았던 겁니다. 그럼에도 체는 소련을 비롯하여 폴란드, 헝가리, 체코슬로바키아 등에서 제기되던, 중앙집권화의 비현실성에 대한 반발에는 무심해 보였습니다. 그는 중앙집권화 시나리오가 폴란드의 비엔코프스키(Bienkowski)가 '달의 경제(économie de la lune)'라고 불렀던 상황에 봉착하리라는 사실을 인정하지 않았습니다. 내 개인적으로도 1963년은 쿠바혁명이 선택한 궤도에 대해 진정으로 환멸을 느끼기 시작한 해였습니다. 하지만 나는 지도자들의 정책이 유발한 누적되는 어려움에도 불구하고 최소한의 희망만은 버리고 싶지 않았습니다. 그래서 나는 비록 그들의 입장에 역행하는 제안이더라도 소신을 갖고 작성했고, 이것이 체 게바라의 중앙집권에 대한 확신과 부딪친 건 당연했던 것입니다."

같은 해에 샤를 베틀랭은 국영기업의 재정적 자율성은 물론이고 신축적인 운영, '물질적 자극'의 긍정적 기능, 생산단위의 수익성을 담보하는 제도의 복구를 제안했다. 그러나 체는 특히 물질적 자극에 대해서는 여전히 단호한 반대 입장을 고수하였다.

"그렇다고 그가 교조주의자였다는 건 아닙니다. 비록 내 제안에 동의하지 않았다 하더라도 그는 늘 제안을 귀담아 들었습니다. 사실 그가 강력한 중앙집권화를 주장했던 배경에는 일체의 관료주의와 싸우려 했던 의지가 있었을 것입니다."

베틀랭은 『사회주의 쿠바(Cuba socialista)』 1964년 4월호에 게재했던 「사회주의적 경제의 형식과 방법, 그리고 생산력의 발전단계」라는 글에서 체 게바라가 쿠바에서 추진하려는 완전한 중앙집권적인 계획경제는 미비한 생산력의 수준 때문에 불가능하리라는 주장을 편 적이 있었다.

"내가 보기에 쿠바의 발달 수준은 그만큼 커다란 자율성과 책임감이 공식적으로 담보되는 여러 다른 생산단위들을 요구하고 있었지요. 쿠바 경제는 상거래 관계 속에서 생산가가 반영된 가격으로 그들의 생산물을 사고 팔 수 있다는 것을 깨달아야 했습니다. 또한 생산력의 낮은 수준으로 볼 때 소득은 무엇보다도 각자의 노력 여하에 달렸다는 원칙을 적용시켜야 했다고 봅니다. 더 많이 일할수록 더 많은 임금을 받는다는 원칙 말이지요. 우리들 사이의 엇갈린 주장은 다시 원점으로 돌아갔습니다. 생산력에 따르지 않고 생산의 질을 따지는 체의 입장을 나로서는 도저히 이해할 수 없었습니다."

1960년 9월 28일에 체는 피델 카스트로의 주도로 대통령 궁에서 열린 혁명수호회의 창립식에 참석했다. 이 기구는 아직도 존재하고는 있지만 쿠바 한 곳에만 국한되어 있다.

자발적 노동에 대한 열렬한 옹호자였던 체는 그것을 거의 신성화된 혁명적 행동으로 삼으려 했다. 그는 아내인 알레이다와 알베르토 그라나도, 혹은 국립은행 직원들—그들 중에는 일요일 아침부터 사탕수수를 베러 나가야 한다고 투덜거리는 이들도 적지 않았지만—과 함께 사탕수수 밭에서 몸소 일하는 모습을 본으로 보이곤 했다.

9월 30일, 그는 카밀로 시엔푸에고스 교육시(Ciudad escolar Camilo Cienfuegos) 건설에 참여했던 국제여단을 치하하는 자리에서 혁명에 대한 신조를 되풀이하여 강조했다.

여러분들은 사탕수수가 쿠바에서 어떤 의미를 갖는지

알 것입니다. 멕시코의 면화, 베네수엘라의 석유, 볼리비아의 주석, 그리고 칠레의 구리, 아르헨티나의 목축과 밀, 그리고 브라질의 커피. 우리 모두는 하나의 공통분모를 갖고 있습니다. 즉, 우리는 단일생산을 하는 나라이며 우리 모두는 단일시장에 의존하고 있다는 사실입니다. 그렇다면 우리는 어떻게 대외무역과 내부생산을 다변화시킬 것입니까? 평화로운 교섭수단을 통하여? 아니면 총이라는 무기를 사용하여? 나로서도 이 문제에는 정확한 답변을 할 수 없습니다. 다만 내가 여러분에게 얘기할 수 있는 건, 외부의 제국주의의 압박과 내부에서 암약하고 있는 꼭두각시들의 압력에 처한 쿠바의 현 상황에서 우리 민중은 총을 통한 목소리 외에 어떤 다른 출구도 갖지 못하고 있다는 것입니다. '기술적인 여건만을 먼저 따지면서 토지개혁을 실행하는 데 소용되는 자본은 어떻게 마련할 것인가'라는 질문에 우리는 그런 건 필요없다고 말하겠습니다. 우리의 유일한 자본은 자신의 권리를 깨닫고 있는 무장한 민중입니다. 우리는 이 자본으로 우리의 토지개혁을 실행할 것이며, 그 힘을 강화할 추진력으로 산업화의 길에 진입할 것입니다.

마르틴 피에로(에르난데스의 가우초 서사시 「마르틴 피에로」의 주인공—옮긴이)는 이렇게 말하였습니다. '우리들 가운데 형제끼리 싸운다면 그 덕을 보는 건 적이다.' 제국주의자들은 힘을 뻗치기 위해서 우리를 분열시켜야 한다는 사실을 알고 있습니다. 그래서 우리를 커피, 구리,

석유, 주석, 사탕수수 생산국으로 나눠놓은 것입니다. 우리는 결국 시장을 확보하기 위해 스스로를 파멸시킬 더 낮은 가격으로 한정 없이 경쟁하고 있습니다. 우리는 하나로 뭉쳐야 합니다. 가장 고귀한 재산인 자유와 경제적 윤택, 해결 못할 어떤 문제도 없다는 자신감을 쟁취하기 위해서. 그것이 없다면 우리는 몰락의 길을 걷게 될 것입니다. 열정적이고도 창조적인 매일매일의 노동으로 마침내 우리는 목적지에 다다를 것입니다.

나는 우리의 형제국가로부터 온 모든 대표단들에게 진심 어린 박수를 보냅니다. 특히 미연방공화국의 대표들에게 열정적인 찬사를 보내고 싶습니다. 이들은 자신들이 속한 정부와는 달리 피부색이나 종교, 혹은 경제적 조건으로 한 인간을 차별할 수 없음을 알고 있는 민중의 대표단입니다. 더불어 중화인민공화국의 대표단, 그리고 역사의 소중한 한 장을 쓰고 있는 알제리 대표단에게도 찬사를 보냅니다. 자신의 정부를 더는 대표하지 않는 프랑스 민중 대표단도 빼놓을 수 없습니다.

마오쩌둥과의 만남

1960년 10월 2일, 체는 카스트로 형제와 함께 중국대사를 접견했다. 비슷한 시기 그는 아랍연합공화국의 경제장관을 만났으며 쿠바와 불가리아 간의 조약에 서명하고, 기니의 세쿠 투레 대통령을 영접했다. 이윽고 22일, 그는 다리엘 알라르콘 라미네스 대위 —볼리비아에서 베닝고라는 전시명으로 불렸던, 키가 크고 뼈대가 굵은 날카로운 눈매의 명사수— 등을 거느리고 해외순방 길에 올랐다.

24일, 프라하에 도착한 체는 안토닌 노보트니 대통령의 열렬한 환영을 받았다.
"쿠바의 성공사례는 같은 위업을 달성하기 위해 모이는 각국의 민중에게 하나의 길을 제시한 것이다."

27일, 텔레비전 방송에 출연한 뒤 그는 프라하로 건너온 소련 대표단과 31일부터 경제협상을 시작했다. 『데일리 워커(Daily Worker)』의 통신원과 가진 한 인터뷰에서 그는 관타나모 기지[4]가 쿠바에 위협을 가하고 있다고 주장하였다. 이어 그는 10월혁명 43주년 기념식에 참석하기 위해 모스크바로 향했다. 크렘린에서 벌어진 리셉션에서도 그는 여전히 올리브그린색 군복 차림이었다. 그 자리에서 그는 니키타 흐루시초프를 만나 경제적으로나 군사적으로 소련이 쿠바를 보호해야 할 필요성에 대해 간략하면서도 직접적인 의견을 교환했다. 이어 11일, 그는 아나스타스 미코얀과도 오랜 시간 대화를 나눴다.

17일, 그는 베이징으로 가기 위해 모스크바를 떠났다. 중국과 소련 사이의 미묘한 관계 때문에 중국과 쿠바 사이에도 역시 미묘한 기류가 감돌고 있었음에도 당시 수많은 인파가 체를 환영했다고 쿠바의 언론은 전하고 있다. 사실 아바나의 카스트로는 중국과 일대일로 예의를 갖춘 관계를 맺기에는 모스크바와 지나치게 밀착되어 있었다.

베이징에서의 아침식사 시간, 자동차 한 대가 체 대장을 모시러 왔다. 목적지는 중난하이(中南海), '남쪽 바다의 한가운데'라는 말 그대로 마오쩌둥의 사저가 있는 고위층들의 거주지로서 금단의 도시였다. 체는 한 저택의 넓은 거실에서 잠시 기다려야 했다. 그리고 오전 10시, 거대한 붉은 장막이 걷히는 순간, 체는 반대편의 투명한

---

[4] 1901년 미국과 쿠바 사이에 체결된 조약에 따라 미국이 1백 년간 사용할 수 있게 되어 있었다.

유리벽 너머에서 차를 마시고 있는 마오쩌둥을 보았다. 마오쩌둥은 체를 향해 천천히 고개를 끄덕여 인사했다. 체도 같은 방법으로 인사하자 마치 무대의 장막이 닫히듯 붉은 커튼이 닫히는 것이었다. 이어 체는 자기 수행원들을 만나기 전에 한 장군과 함께 차를 마셨다.

그날 저녁식사를 마치고 체는 다시 그 비밀구역으로 갔다. 이번에는 마오쩌둥이 중국 정부 인사들과 함께 몸소 그를 맞았다. 그들은 세 시간 이상 대화를 나눴다. 그의 인생에서 가장 밀도 있고 의미심장한 시간이었다. 이 중국 지도자는 체에게 있어 늘 경외의 대상이었다. 주지하다시피 청년 시절 그는 부에노스아이레스에서 럭비전문잡지 『태클』에 글을 쓸 때 작은 돼지 '찬초(chancho)'를 '찬소(chanzo)'로 변형시킨 필명을 '선택'하기도 했다. 또한 그는 첫딸인 일디타를 '나의 작은 마오'로 부르기도 했으며 쿠바 침공 때 자신의 부대에 '로스 마오 마오'라는 별명을 붙이기도 했던 것이다.

두번째 회담은 마오쩌둥을 비롯하여 저우언라이와 린뱌오가 배석했으며 쿠바 측에서는 체를 비롯하여 현재 쿠바 국립은행 총재인 엑토르 로드리게스 욤파르트와 에디 수뇰 대장이 배석했다. 그들은 무기 수출 문제를 비롯하여 소련과의 정치적 관계와 아프리카에서의 중국의 입장에 대해 의견을 나누었다. 특히 이 자리에서 마오쩌둥은 루뭄바당을 지원하기 위해 콩고에 무력을 파견할 용의가 있음을 밝혔으며 체는 마르크스-레닌주의가 소련보다 중국에서 훨씬 순수하게 실현되고 있음을 다시 한 번 깨달았다.

중국 내륙지방을 둘러본 뒤 그는 상하이를 방문했다. 그러나 만리장성을 방문하지 못했던 것에 대해 많이 아쉬워했다. 12월 1일, 그는 중국과의 경제협력안에 서명했다. 이어 그는 평양을 방문하여 김일성을 만났고, 통상과 학술교류에 관한 두 가지 조약을 체결했다. 9일, 그는 소련과의 경제협약 건을 상의하기 위해 모스크바로 갔다. 13일, 아직은 장벽으로 분리되지 않았던 베를린을 들러 대외통상장관을 만난 뒤 다시 모스크바로 돌아왔다. 12월 20일, 그는 미국이 종래의 쿼터대로 수입하지 않겠다고 위협할 경우 소련이 2백70만 톤의 사탕수수를 구입해 주겠다는 약속을 얻어내는 데 성공했다. 그는 그 전날, 흐루시초프와 마지막 회담을 가졌으며 23일, 쿠바로 귀국했다. 그는 귀국과 동시에, 독일이 쿠바 지역의 석유탐사에 1천만 달러를 투자할 것이라는 계획과 북한과 베트남이 쿠바로부터 사탕수수를 구입하기로 했다는 방문 결과를 발표했다.

관료로서 경제적 책임을 맡고 있다 하여 체가 이론가로서의 면모를 잃은 건 아니었다. 그는 쿠바혁명의 시대적 이념을 이렇게 표현하곤 했다.

혁명을 구체화하기 위해서는 우선 이 현실법칙이 곧장

이념가들로부터 나온 게 아니라는 점을 주지해야 한다. 오히려 그들은 중대한 사회현상을 모르고 있을 뿐 아니라 그 현상들에 영향을 미치는 법칙의 내용을 간과하고 있다는 점을 강조할 필요가 있다……

혹시 우리에게 마르크스주의자인지 아닌지를 묻는 것은 물리학자에게 뉴턴주의자냐고 묻는 것이나 생물학자에게 파스퇴르주의자냐고 묻는 것과 다를 바 없다. 사실 인간들의 지식에 너무도 깊숙이 침윤해 있어 이견의 여지조차 없을 만큼 익숙한 진실이 있게 마련이다. 새로운 현상이 새로운 개념을 규정한다 하여도 뉴턴을 믿는 물리학자나 파스퇴르의 영향을 받은 생물학자가 결코 과거를 제쳐두고 생각하지 못할 것이라는 점을 염두에 두고 보자면, 우리가 마르크스주의자가 되어야 함은 너무도 당연한 가정이다. 뉴턴의 발견과의 관련성은 아인슈타인의 상대성원리나 플랑크의 양자이론의 경우에도 적용된다. 이 이론들이 그 영국 과학자의 위대성을 전혀 침해하지 않았던 것이다. 물리학이 새로운 공간개념을 낳기까지 발전할 수 있었던 것은 뉴턴 덕분이었다. 그는 필수불가결한 사다리 역할을 했던 것이다.

마르크스는 자신이 살았던 시대의 자본주의 제도와 사회적 독트린을 분석하고 깊이 고찰했다는 점에서 우리는 몇 가지를 반박할 수 있다. 우리 라틴아메리카의 상황은 오늘날 거의 받아들이기 힘든 민족과 국가에 대한 엥겔스의 이론에 근거한 마르크스의 분석이나 볼리바르의 해석에도 전적으로 부합하지 않는다. 그러나 그처럼 빛나는 진실을 발견한 위대한 인물들 또한 잘못을 저지르지만 그것은 단지 그들도 인간이라는 점을 증명할 따름이다…….

마르크스의 가치는 그가 사회사상사에 급격한 질적 변혁을 창출했다는 것이다. 그는 '역사'를 해석하였고 그 역동성을 이해했으며 미래를 내다보았다. 그가 탁월하였다는 것은, 학문적 의무가 정지할 수 있었을 그 지점에서 다만 예측하는 것으로 끝나지 않고 혁명적 개념을 세웠다는 점에서이다. "자연을 해석하기만 해서는 안 된다. 그것을 변형시켜야 한다." 자신을 둘러싸고 있는 환경의 노예나 도구로 머물지 않기 위해서 인간은 자기 자신의 의도에 따라 그것을 변형시켜 재조직해야 한다. 그 순간부터 마르크스는 과거를 고정시키려는 특별한 의도를 갖는 일체의 것을 적대시하는 입장 속에 자신을 규정하기 시작한다. 그것은 바로 아테네 귀족계층의 노예제 지지자들인 플라톤과 그 제자들에 의해 저서가 불태워진 데모스테네스의 경우와 견줄 만하다.

혁명주의자 마르크스와 엥겔스라는 두 거목에 의해 구체적인 사상과 더불어 하나의 정치적 경향이 형성되었다. 그 경향은 일련의 단계를 거치면서 발전해왔다. 레닌과 마오쩌둥을 비롯한 소비에트와 중국의 새로운 정부 지도

자들이 우리가 따라야 할 모범적인 교리의 몸체를 만들어 왔다. 따라서 쿠바혁명은 혁명의 무기를 들기 위해 마르크스를 선택한 것이다……

 우리, 혁명의 전사들은 학자로서의 마르크스가 예견했던 법칙들을 존중하며, 낡은 권력구조를 타파하기 위한 봉기의 길을 걷기 시작하였다. 우리는 이 구조를 타파하기 위해 민중에 기대고 민중의 행복을 우리 투쟁의 바탕으로 삼으면서 과학자 마르크스의 예지를 실현시키는 과정에 있는 것이다. 이것은 다시 말해 마르크스주의의 법칙이 쿠바혁명의 과정 속에서 잘 드러나고 있음을 다시 한 번 강조해도 무리가 아니라는 것이다. 혁명의 지도자들이 그 이론에 대해 정통하든 그렇지 않든, 이론적인 관점의 법칙을 잘 알고 있든 그렇지 못하든 간에 말이다……

 시에라와 오리엔테, 카마구에이의 평야와 에스캄브라이의 산들, 라스비야스의 평원과 도시에서의 격렬한 전투를 거치고 아바나에 입성한 사람들과 라스콜로라다스 해안에 상륙했던 사람들, 그리고 이 싸움에 맨 처음 뛰어들었던 사람들이 모두 같은 이데올로기를 공유하지는 않았다. 그러나 중요한 것은 농민에 대한 불신이 애정으로 바뀌면서 그들의 미덕을 존중할 줄 알게 되었다는 것이다. 농촌에 대한 완전한 무지 상태에서 농민들의 요구에 대한 전면적인 인식으로 차츰 바뀌어갔다. 전략과 이론과의 밀착이 실천으로, 결연한 참여의지로 이어지게 되었다.

1961년 2월 24일, 체는 산업부장관 직과 더불어 몇 가지 임무를 추가로 부여받았다. 그는 누에보베다도 47번가 772번지에서 알레이다와 함께 살고 있었다. 한때는 부르주아 거주지역이었던 이곳에 그는 모처럼 자신만의 서재를 꾸몄다. 약 2천 권의 장서들을 그는 벽을 따라 기다랗게 늘어선 5층짜리 선반에 꽂았다. 그곳에 그는 시몬 볼리바르의 흉상을 올려놓는 걸 잊지 않았다. 책꽂이 맨 위칸에 그는 마르크스, 레닌, 스탈린의 저작을 비롯하여 쿠바 역사를 다룬 책들을 꽂았다. 그 아래로는 트로츠키와 로제 가로디(Roger Garaudy, 프랑스의 사상가, 문필가—옮긴이)의 『자유론』과, 마오쩌둥과 중국, 그리고 19세기 쿠바혁명에 관한 저서들이 자리를 차지했다. 그 아래칸 역시 라틴아메리카 정치지도자들의 저서와 더불어 문학 작품들이 도열하였다. 맨 아래칸에는 물리학과 수학 계통의 저서들이 로맹 롤랑과 막스 폴-푸셰(Max Pol-Fouchet)의 『프랑스 시선』, 마젤란, 에라스무스, 루이 14세, 그리고 볼리바르의 전기들과 나란히 자리하고 있었다. 그 외에 그가 자신의 흰색 소파 곁에 두고 있던 책들은 르네 뒤몽(René Dumont)의 『잘못 나뉜 검은 아프리카』, 쥘 로이(Jules Roy)의 『디엔 비엔 푸의 투쟁』, 헤르베르트 마르쿠제(Herbert Marcuse)의 『소련의 노멘클라투라』 등이었다. 한편 그의 집무실에 늘 놓여 있던 마테차 잔 곁에는 그의 애독서인 호세 에르난데스의 『마르틴 피에로』와 두툼한 네루다 시선집이 놓여 있는 걸 볼 수 있었다. 이런 다양한 독서야말로 체라는 인간의 다양한 면모를 보여주는 것이었다.

루이스 라반데이라(한때는 심리학을 연구했고 지금은 레만 호반에서 평온한 여생을 보내고 있는)에 따르면, 체가 정치 경제학 저서를 쓰게 된 것에는 바로 중앙은행과 산업부를 이끌었던 경험이 크게 작용하였다. 체는 그 작업을 통하여 다음과 같은 사실을 명확히 하고 싶어했다. 혁명이 다만 단순한 경제 사회적 변혁에만 한정된다면 그건 엄밀한 의미에서 혁명이라 부를 수 없다는 것이었다. 중요한 것은 '새로운 인간'을 생성시키기 위한 인간 존재의 근본적인 변화였다. 구시대의 인간상을 제거하는 것이야말로 지그문트 프로이트도 제기했던 문제였다. 인간의 영적이고 도덕적인, 보다 근본적인 변화는 유대주의나 기독교를 막론하고 인류의 중대 관심사였다. 그 문제는 마르크스주의가 제기했던 소외에 관한 문제만큼이나 체에게 중요한 고민거리였다.

라반데이라는 이렇게 말한다.

"체는 늘 인간의 실존에 의미를 부여할 무언가를 모색하려 했다. 그러나 그는 다만 사변적인 방식에 의존하기보다는 인류학과 사회학, 심리학, 철학이라는 다양한 방법을 동원해보려고 했다. 그는 인류의 역사를 특히 사회학적인 관점에서 고찰해보았지만 굳이 마르크스주의적 시각에만 한정시키지는 않았다. 시에라에서의 게릴라 생활 동안에도 체가 자신의 배낭 속에 마르크스와 레닌의 저작과 더불어 늘 갖고 다녔던 것이 프로이트의 저작들이었다. 그리고 혁명이 성공한 뒤, 프로이트 선집 두 권이 출판되었던 것도 체의 요청 때문이었다. 시몬 드 보부아르와 사르트르가 아바나에 들렀을 때 체가 그들과 밤을 새워 대화를 나눌 수 있었던 것도 그가 실존철학 계열의 많은 저작을 독파한데다 키에르케고르나 야스퍼스, 하이데거, 카뮈를 비롯하여 그들과 비슷한 신념을 공유했던 다른 여러 사상가들을 알고 있었던 덕분이었다."

이어 그는 다음과 같은 해석을 덧붙인다.

"이는 체가 인간 존재에 대한 지식에만 의존하여 도덕적 고찰을 했던 것이 아니며, '마르크스주의'적인 교조적 관점에만 의존하지도 않았다는 점을 얘기해준다. 사실 마르크스주의적인 심리학은 제대로 발전하지 못했다. 마르크스주의자들은 이 부분을 간과했었다. 체는 그 점을 알고 있었고 또 그 점을 강조하기도 했다."

체의 '서재'에서 멀지 않은 곳, 즉 코닐가와 툴리판가가 인접한 귀퉁이에 있는 한 집에는 '펠로'라고 불리는 라파엘 에르난도가 살고 있다. 1961년부터 1965년 사이에 군에 있었던 그는 체 게바라 집안의 재정관리를 도왔다. 그는 체의 아이들과 종종 산책을 가기도 했다고 한다.

"매달 나는 육군성 대장 급료인 440페소[5]를 알레이다에게 선달하러 그곳에 들르곤 했습니다. 당시 체는 장관직을 겸하고 있었기 때문에 장관 급료도 받을 수 있었지만 늘 사양했습니다. 어느 달인가는 게바라 가족이 1백 페소의 대출이자와 할부로 구입했던 임팔라 블루 대금, 전화 요금—게바라는 자주 장거리 전화를 걸곤 했으니까—과 전기 요금을 다 치르고 나니 알레이다가 시장을 볼 돈조차 얼마 남지 않게 된 적이 있었습니다. 그러나 체는 특히 자신이 이 나라의 화폐를 책임지고 있다는 이유로, 다른 사람보다 더 많이 받는 것을 용납하지 않았습니다. 게바라 집안의 옷장은 거의 비어 있다시피 했으며 낡은 군복 몇 벌만이 걸려 있을 뿐이었습니다. 그는 집으로 돌아와서는 아이들과 야구 연습을 하면서 놀아주곤 했습니다. 그리고 길 잃은 커다란 독일산 양치기용 개인 검정 무랄라와 소코로를 데리고 함께 산책을 나서곤 했지요. 그는 이 개들과 식사까지 함께할 정도로 그 녀석들을 귀여워했습니다."

알레이다는 이 시절을 이렇게 회상했다. "당시 우리는 '베이징'이라는 중국음식점으로 식사를 하러 가곤 했지요. 에르네스토는 젓가락 쓰는 데 아주 재미를 붙인 것 같았어요."

그동안 워싱턴은 자기네의 신경을 은근히 건드리고 있

---

5) 440달러가 된다.

는 이 작은 이웃에게 본때를 보여줄 기회만을 호시탐탐 노리면서 일종의 교란작전을 준비하고 있었다. 4월 15일, B-26기 두 대가 리베르타드와 산티아고 상공 위를 날아다녔다. 다음날, 체는 피나르델리오 지역 민병대 앞에서 전투태세를 다지자는 연설을 했다.

그러나 17일, 정작 침공의 두려움이 팽배하였던 곳은 동부의 산티아고도 북서부의 피나르델리오도 아니었다. 그곳은 이 초록빛 악어섬에서 멀지 않은 바로 아바나였다. 피그만에 있는 라르가와 히론 해안에 쿠바 국적의 미국 하수인 1천5백 명이 무장을 하고서, 쿠바 섬을 탈환하겠다며 상륙을 시도했다. 그들은 마이애미와 푸에르토리코와 인접한 비에케스 섬, 니카라과의 푸에르토 카베자스로부터 모여든 용병들이었다. 그 안에는 푸에르토 카베자스 기지로부터 출발한 공군편대까지 포함되어 있었다. 아이젠하워 시절부터 은밀히 준비되어오다가 미국의 새 대통령인 존 F. 케네디가 승인한 이 상륙은 결국 해안가에서 배가 좌초되는 바람에 전투원 대부분이 포로로 잡혔다.

피델은 아주 독특한 거래를 계산하고 있었다. 그는 미국이 쿠바 밀림을 개간하는 데 필요한 트랙터 5백 대를 보내준다면 포로들을 석방하겠노라고 했다. 미국인들은 자기들이 침략한 나라에 보상을 해줘야 할 판이었다. 플로리다에 진을 치고 있던 반(反) 카스트로파는 자유를 위한 트랙터위원회를 결성하여 바삐 움직였지만 백악관은 어찌된 일인지 묵묵부답이었다. 그렇게 몇 달이 지나가고 포로들은 아바나 인근의 카스티요델프린세페 요새로 이송됐다.

이어 반역죄로 기소된 1천1백90명의 용병들에 대한 재판이 시작되었다. 그들 모두에게는 유죄판결이 내려졌고 각기 30년 형이 언도되었다. 보석으로 풀려나려면 도합 6천2백만 달러를 내야 할 것이었으나 이 금액은 포로들로서는 엄두를 낼 수 없는 엄청난 액수였다. 그러나 포로들의 가족 대표와 아바나 측을 중재하는 베르타 바레토(Berta Baretto)와 뉘른베르그 전범재판에도 참여했던 것으로 알려진 변호사 제임스 B. 도노반의 중재로 피델 카스트로의 입장을 타진하기 시작했다. 카스트로는 배상금으로 식량과 의약품 등은 물론이고 달러까지 얹어준다는 조건을 받아들이게 했다. 이 일에는 로버트 케네디도 관여했다. 그리하여 12월 중에 1차 의약품이 국제적십자사의 깃발 아래 쿠바로 운송되어 왔다. 1961년 12월 23일, 억류되어 있던 포로들이 석방되어 소규모 그룹으로 나뉘어 미국행 배에 올라탔다. 그러나 도노반이 고집을 꺾지 않아 카스트로는 포로들의 가족들도 쿠바를 떠나는 데 동의했다.

그 공격이 있을 때 체는 피나르델피오에 있었다. 회색 부식토로부터 세계 최고 품질의 담배를 생산하는 곳으로 유명했던 그곳에서, 체는 혹시 그곳까지 미칠지 모를 공격에 대비하여 하늘을 향해 찌를 듯이 서 있는 산봉우리들로 이루어진 모고테스 산의 한 동굴에 은거하고 있었다. 그곳은 라팔마 시에 있는 로스포르탈레스라는 유명한 캠핑지와 멀리 떨어지지 않은 곳이다. 그즈음 체가 머리에 총을 쏴 자살하였다는 소문이 나돌기 시작했다. 사실 전혀 근거 없는 소문이라 할 수도 없는 것이, 동굴에 은신하고 있는 동안 그가 발을 헛디뎌 총을 떨어뜨리는 바람에 총알이 발사된 적이 있었다. 총알은 그의 볼과 귓가를 스쳐갔지만 이 때문에 그는 칼자국 같은 상처를 입었다.

피그만 사건이 어느 정도 일단락되자 체는 매복을 중지하고, 아바나를 지나려던 알베르토를 만나 포로들이 임시로 수용된 수용소로 갔다. 이 일을 알베르토는 이렇게 기억하고 있다.

"체를 알아본, 구사노스(gusanos)⁶⁾의 지휘자인 듯한 한 사내의 얼굴이 사색이 되더군요. 그는 소문대로 체가 죽은 줄 알았던 모양입니다. 거기에는 낙하산을 타고 내려온 사제도 한 명 있었습니다. 그는 외신기자들 앞에서, 특히 어느 아리따운 프랑스 여자 앞에서 매우 의기양양한 표정이었습니다. 그는 체에게 이렇게 말한 게 내심 재치 있는 일이었다고 여기는 모양이었습니다. '혹시 그래야 한다면 나는 자발적 노동에 참여하여 사탕수수를 벨

---

6) 지렁이라는 뜻. 쿠바인들이 미국으로 떠나는 동족들을 빗대어 하는 말.

수 있습니다.' 그러나 체는 그에게 차가운 눈초리를 힐끗 던진 뒤 이렇게 말했습니다. '아니오! 여기서 사탕수수를 베는 일은 혁명의 친구들이 하는 일이지 그 적들이 하는 일이 아니오.'"

체의 비망록은 점점 빽빽하게 채워져가고 있었다. 1961년 5월 8일, 그는 최초의 선적물을 하역하는 작업을 지원했다. 다음날, 그는 베트남민주공화국의 대표단이 출국하는 자리에서 환송연설을 했으며 니켈광산을 개발하러 온 소련 관리들과 만나 환담했다. 12일, 그는 중화인민공화국의 우호사절단을 접견하기에 앞서 유고슬라비아 사절단을 위한 공식만찬을 베풀었다. 29일에는 라울 산티아고와 함께 산티아고에 인접한 모아만의 니켈광산을 찾는 길에 오리엔테 대학에 들렀다. 6월에는 소련으로부터 지원된 자금과 프랑스 기술진의 힘으로 중앙발전소가 준공되었다.

체는 시간이 허락하는 대로 시멘트나 커피 부대를 나르거나 광산에서 광차를 밀어주는 등 몸소 노동자들의 일손을 도왔다. 그는 새로운 기계들을 시험하는 것에 만족하지 않고 더러는 그 제작에, 나아가 그 발명에까지 관여하곤 했다. 일례로 그가 주도하여 제작된 사탕수수 절삭기는 생산량을 높이는 데 상당한 기여를 했다. 심지어 그는 가장 이름 높은 시가의 순도를 증명해 보인다며 직접 피워보는 일도 마다하지 않았다.

시가에 대한 유별난 취향을 얘기해주는 일화가 하나 있다. 앞서 얘기했듯 산타클라라로 입성하는 우회로를 발견했던 지리학자인 안토니오 누녜스 히메네스가 산업부에서 함께 일을 하고 있을 때였다. 어느 날 히메네스는 동료들과 함께 정면으로 난국을 돌파할 결심을 했다. 체가 지나치게 많은 시가를 피워대는 바람에 자신들의 건강을 해치고 있다는 게 그들의 공통된 걱정거리였다. 그들은 체를 둘러싸고 말했다.

"체, 그런 식으로 계속 피워대선 안 되네. 그러다간 얼마 못 가 건강을 해치고 말 걸세."

궁지에 몰린 체는 하는 수 없이 그들의 의견을 받아들였다.

"알았네, 알았어. 하지만 하루에 한 대 정도는 허락해주게."

다음 날, 체의 집무실에는 전날 주문한 1미터가 넘는 시가 한 대가 배달되었다.

체의 유머감각은 어디에서나 빛을 발했다. 한번은 텔레비전에서 '진주'라는 상표명의 치약을 소개하면서 이런 말을 한 적이 있다. "한 사람당 한 달에 치약 한 개씩 예상하고 있습니다. 혹시 저장할 의도가 있으시다면 이 점을 상기시켜 드리고 싶군요. 그 반죽이 아주 빨리 굳을 거라고……." 혹은 코카콜라를 대체할 '손(Son, 소리 또는 목소리라는 뜻임―옮긴이)'이라는 음료의 청량감을 마치 음악처럼 묘사하기도 했다. "정말 성대에 유익하다……"

고. 한편 애정생활에 대한 확신을 묻던 미국인 기자에게 한 그의 대답도 빠뜨릴 수 없는 대목이다. "당신이 쓰고 있는 그 희한한 모자를 선택한 이유를 말해줄 수 있겠소? 그것 역시 아주 희한하구먼……."

혁명이 성공한 지 얼마 지나지 않아 그의 모습을 생중계해주는 일을 마치 큰 선심이라도 쓰는 것처럼 믿고 있던 한 유명 텔레비전 프로듀서에게 체는 무안을 준 적이 있었다. 프로듀서는 이렇게 말했다.

"지금까지 우리들은 차차차를 노래했지만 이제부터는 체체체라는 리듬을 갖게 되겠군요……." 분명 그는 체를 잘못 본 것이었다. "나는 내 군인들과 동료들, 쿠바 민중에게는 체입니다. 하지만 당신 같은 이들에게는 에르네스토 게바라 대장이오!"

이런 체의 유머감각을 루이스 라반데라는 영화장면적인 의미로 해석하기도 하였다. "그가 멕시코의 희극배우 칸티플라스(Cantiflas)와 닮았고 그런 식으로 연기를 했던 건 분명했다. 체는 찰리 채플린을 매우 좋아했으며 어떤 면에서는 찰리적인 면이 있기도 했다. 어떤 상황을 희극화시키는 예리한 센스라고나 할까. 카이로 방문 때 그 앞에 깔린 붉은 융단을 밟고 지나기를 거부했던 일화의 경우를 보면 알 수 있다. 그는 그걸 밟지 않으려고 갖은 애를 쓰며 끄트머리를 위태위태하게 걸어갔었다. 어느 날인가는 그가 내 몸가짐이나 말투 등을 흉내 내며 날 놀린 적이 있었다. 그 모습을 떠올리면 지금도 웃음을 참을 수 없다……. 체가 다른 이들을 풍자해서 인정받을 수 있었던 건 결코 어수룩한 풍자를 하지 않았기 때문이다. 그는 우디 앨런과 같은 식으로 풍자했다."

7월 24일, 체는 3개월 전 최초로 우주여행에 성공한 유리 가가린을 만났다. 그는 가가린에게 엄청나게 많은 질문을 퍼부어댔다. 그러면서 그는 자신도 언젠가는 지구가 아닌 다른 별들을 산책하고 싶은 꿈을 갖고 있다는 뜻을 내비쳤다.

8월 3일, 그는 쿠바 대표단을 이끌고 미주회의 산하 중남미경제사회이사회의(Consejo Interamericano Economico y Social)에 참석하기 위해 우루과이로 출발했다. 몬테비데오 부근 아조테아라는 농장에서 체는 우루과이 대통령 에두아르도 빅토르 아에도(Eduardo Victor Haedo)와 마테차를 마시며 교분을 다졌다. 이 만남은 '북쪽의 침략자'를 향한 조롱과 함께 북미지역을 포함한 여타 대표단을 견제하는 의미를 가지고 있었다. 여기서 그는 호세 마르티를 인용했다. "사는 사람들은 요구한다. 파는 사람들은 봉사한다. 따라서 자유가 담보되기 위해서는 그 거래의 균형이 맞아야 한다."

한편 미국 대표인 리차드 굿윈이 주선한 만남이 몬테비데오에 있는 브라질 대표의 숙소에서 열렸는데, 주된 의제는 역시 경제문제였다. 여기서 굿윈은 한 가지 제안을 했다. 필요한 자금을 미국이 아르헨티나와 브라질에 댈 테니 쿠바에 대한 소련의 원조를 이 돈으로 대체하라는 것이었다. 다시 말해 쿠바를 서방의 블록 안에 남겨두겠다는 말이었다. 사실 귀가 솔깃한 제안이 아닐 수 없었으나 체는 눈 하나 깜짝하지 않았다. 그는 이 제안을 기억해두는 것으로 그치기로 했다.

8월 16일, 독일에서 공식적으로 베를린 장벽이 세워진 그날, 체는 몬테비데오의 매서운 오후 추위 속에서 중남미가 당면한 적나라한 현실을 고백했다.

"주민당 2.5퍼센트의 성장을 가정할 때 미국의 수준에 도달하기 위해선 어림잡아 1세기는 족히 걸릴 것입니다. 그리고 산업화된 국가들의 발전과정을 미루어볼 때, 이른바 저개발국가들이 그와 같은 성장률을 유지한다고 하여도 선진국들의 이른바 증가치에 도달하기 위해서는 적어도 5백 년은 기다려야 할 것입니다."

국제연합 경제회의와 국제통화기금 간의 해묵은 논쟁이 재발된 후, 체는 부에노스아이레스를 방문해달라는 요청을 받았다. 그러나 이곳에 찬란한 승리 같은 것은 없었다. 아르헨티나 국민들이 체 일행을 환영하지 못하도록 아르헨티나 대통령 프론디지(Frondizi)는 세 가지 단서를 달았다. 회담은 외교적인 경로를 통해 요청되었으며 순전히 공식적인 행사를 위해 비자가 나왔을 뿐이다. 이 여행은 비밀이 유지되어야 한다는 뜻이었다. 그리고 그 조건은 너무도 완벽하게 지켜졌다. 그런데 체가 마지막에 행선지를 바꾸는 바람에 귀환 길의 쿠바 대표단 전체가 몰살할 뻔한 비행기 사고로부터 용케 벗어날 수가 있었다. 그 사건의 내막은 속 시원히 밝혀지지 않았지만 체의 목숨이 그 목표였을 것이라는 건 짐작하고도 남음이 있다.

변함없는 올리브그린색 군복 차림으로도 체는 진정한 정치가의 외관으로 탈바꿈하곤 했다. 그는 의학 수업을 받았던 그 도시의 구석구석을 돌아보며 과거의 모습을 떠올려보았다. 올리보스 관저에서 아르헨티나 대통령과 체는 줄곧 상대방의 의중을 떠보는 일에 신경을 곤두세웠다. 프론디지 대통령은 이웃 브라질의 자니오 콰드로스(Janio Quadros) 대통령과 마찬가지로 내심 이런 계산을 하고 있었다. 굿윈이 상기시킨 바대로 아르헨티나가 미국과 쿠바 간의 중재자 역할을 제대로만 수행한다면 그로부터 떨어지는 떡고물은 무시 못 할 양일 것이었다. 체는 이런 속셈을 품고 있는 프론디지와는 더 대화가 필요 없다고 판단하고 형식적인 조약에 서둘러 서명하였다. 귀국 길에 들른 브라질의 리오에서 만난 콰드로스 대통령과도 마찬가지의 결과를 얻었다. 사실 두 나라의 대통령이 쿠바를 미국의 영향하에 남겨두고 싶어했던 건 나름대로 분명한 명분이 있었다.

그러나 체로서는 남미의 두 강대국 대통령들에게 그들이 바라는 행운을 가져다줄 수만은 없는 노릇이었다. 아니나 다를까, 그들은 체와의 회담이 있고 난 후 여드레 안에 모두 자리에서 물러나는 비운을 겪어야 했다!

아바나에 발을 딛자마자 체는 쿠바의 사탕수수 생산량

이 감소했다는 반갑지 않은 소식을 들었다. 크게 실망한 그는 사탕수수 생산량이 줄어들지 않게 하기 위해서는 할 수 있는 한 많은 사탕수수를 베어야 한다고 농부들에게 호소했다. 그것은 주 교역 대상국을 바꾼 첫 해이니만큼 수확량이 기대한 만큼은 되어야 한다는 바람이기도 했다. 결국 그해에 쿠바의 사탕수수 생산량은 그 어느 해보다도 많은 6백80만 톤에 이르렀다.

동맹국이 바뀌어가고 있다는 점이 분명해졌다. 1961년 12월 2일, 그란마호의 상륙으로부터 5년이 지난 그해, 피델 카스트로는 쿠바혁명의 성격을 마르크스-레닌주의로 공식 규정했다. 그러나 소련 국내에서는 나름의 숨 가쁜 정치적 변환이 이루어지고 있었다. 20차 전당대회에서 스탈린주의 노선을 포기한다는 결정이 내려졌고, 한술 더 떠 흐루시초프는 처음으로 마오쩌둥을 대놓고 비난하기까지 했다.

그럼에도 불구하고 쿠바의 대답은 아르헨티나와 브라질, 멕시코 대통령들을 통하여 백악관에까지 전달되었다. 쿠바는 이런 식으로 대륙과 연결된 닻줄을 자연스럽게 끊었다. 이어 모스크바와의 직통전화가 연결된다. 미주기구로부터의 쿠바 축출이라는 소식은 1962년 새해 벽두부터 충격을 몰고 왔다. 프랑스 국제관계연구소의 가브리엘 로뱅은 당시의 정황을 이렇게 묘사했다.[7]

1962년 1월, 우루과이의 푼타델에스테에서 미주기구회의가 열렸다. 이 회의에서는 쿠바를 회원국에서 축출하는 것에 그치지 않고 '서반구에서의 소련 블록'의 개입을 성토하는 성명을 채택하면서 모든 회원국들에게 이 전염병을 무력화시키기 위한 노력을 촉구하고 나섰다. 그나마 즉각적인 집단 제재가 이루어지지 않았던 것은 멕시코와 브라질의 미온적인 태도 때문이었다.

미국 정부는 2월 초순부터 쿠바로부터 들어오는 일체의 상품을 압수한다고 공표했으며, 한 달 반 뒤 이 조치는 제3국을 통해 들어오는 모든 쿠바 물품으로까지 확대되었다. 이 조치는 점점 강화되어 유럽과 라틴아메리카 동맹국들이 쿠바에 제재를 가하기 위해 손을 잡았다. 그와 궤를 같이하여 아르헨티나에 이어 에콰도르도 아바나와의 관계를 끊었다.

3월 2일, 미국과 이 작은 섬나라의 냉전무드는 점점 깊어져갔다. 여기에 쐐기를 박겠다는 듯 케네디는 쿠바로부터의 수입을 전면 금지하겠다는 의지를 공표하였다. 이어 11일, 미국 정부는 이 오만불손한 이웃에게 농산물을 팔지 않겠노라고 발표했다. 의회로부터 한 번 혼쭐이 난 적이 있는 젊은 대통령은 자기도 힘이 있다는 걸 보여줘야 할 때였고, 미국의 위신이 추락하도록 내버려둘 수

---

7) 『1962년 10월 쿠바의 위기(La Crise de Cuba, octobre 1962)』, 에코노미카 판.

는 없었다.

당시 체의 가장 큰 관심사는 사탕수수 농업의 기계화였다. 그는 1959년에 플로리다에서 찍어온 콘티누아라는 모델을 바탕으로 하여 쿠바에 맞는 기계들을 만들어낼 작정을 하였다. 이 사업은 만만한 사업이 아니었다. 쿠바인들은 10여 년 전부터 거의 폐품이 되다시피 한 낡은 톤턴을 완전히 폐기해버리고 1962년 4월, 마침내 두 종류의 기계를 제작하는 데 성공했다.

체는 이 일을 기회로 노동자들에게 이렇게 말했다.

"이 작은 섬에서 제국주의와의 싸움이라는 중대한 임무까지 부여받은 우리는 모든 아메리카 국가들의 귀감이 되어야 할 뿐 아니라 제국주의가 우리의 어깨를 움츠러들게 하지 못하도록 사력을 다해 싸워야 할 것이며 동시에 기술이라는 영역에서 발전을 이룩해야 할 것입니다."

체로부터 사탕수수 농업의 기계화 임무를 부여받았던 사탕수수 생산증대위원회 회장 알프레도 메넨데스는 이 일을 두고 이렇게 얘기한다.

"체는 그 거대하고 복잡한 사탕수수 산업의 노동력을 통합하려는 야심을 갖고 있었습니다. 그는 기계의 시험 가동에서 얻은 긍정적인 결과는 물론이고 발견된 결함까지도 기계들을 개선시키는 일에 이용했습니다. 더불어 그는 우리의 정치지도자들과 행정가들, 조합원들과 노동자들의 관심을 일깨우려고 애를 썼습니다. 기계 1천 대를 보유하는 일은 무척 중요하다고 그는 늘 강조했습니다.

그것은 1천 명의 사람들이 그 일을 고민하고 그 해결책을 찾는다는 것을 의미했습니다. 그렇게 하여 그들은 사탕수수 농업의 기계화라는 당면한 필요성을 인식하게 되리라는 것이었습니다."

1962년 6월, 모아 광산을 방문하는 길에 체는 알베르토가 의료학교를 개원한 산티아고에 들렀다. 그런데 알베르토의 계획을 들은 체는 왠지 떨떠름하다는 표정이었다. 그는 다만 이렇게 말할 뿐이었다.

"형은 아바나에서 썩 편치 못했거나 아무튼 그 비슷했던 모양이군!"

그러나 알베르토는 체의 민감한 부분을 건드릴 줄 알았다. 그는 마에스트라의 아이들이 당장에 이 학교로부터 받게 될 혜택을 상기시켜주었다. 그러자 알베르토가 학교를 건립한 취지를 이해한 체는 경탄하는 표정으로 고개를 끄덕였다.

7월, 마이애미에 망명해 있던 반 카스트로 일파는 미국 정부에 압력을 가하기 시작했다. 세간에 떠도는 얘기대로 소련이 쿠바에 미사일기지를 설치한 것이 분명하다고 주장하면서 말이다. 8월 말, 체는 무역문제를 협의하기 위해 다시 모스크바행 비행기에 올랐다. 같은 달 13일, 그는 흑해의 얄타를 방문하여 캐비어 요리를 맛보고 흐루시초프를 만났다. 9월 3일, 체와 흐루시초프가 서명한 조약의 내용이 공개되었다. 이 협정은 특히 기술과 농업, 수력발전, 철강산업 분야뿐 아니라 군사협력에 관한 내용까지도 포함하고 있었다.

7일, 쿠바로 돌아온 체는 장관 집무실과 피나르델피오의 군기지 사이를 부지런히 오갔다. 한편 10월 8일, 국제연합에서 쿠바 대통령 도르티코스는 다음과 같은 입장을 공식적으로 밝혔다.

"우리는 당신들이 혹시 범할지 모를 오류를 경계하길 바랍니다. 쿠바에 대한 침략은 대단히 유감스러운 일이며, 이는 새로운 세계대전의 신호탄이 될지도 모릅니다."

한편 신생 알제리 공화국의 대통령 아흐메드 벤 벨라(Ahmed Ben Bella)는 쿠바를 곧장 방문하여 체와는 뜻이 맞는 친구 사이가 되었다. 케네디 대통령과도 만난 벤 벨라는 직접적으로 이런 질문을 했다.

"정말 쿠바와 정면 대결할 생각입니까?"

그 질문을 받은 미국 대통령의 대답은 이러했다.

"만약 거기에 미사일이 없다면 그러지 않겠지만 그 반대의 경우에는 그럴 생각이오."

그해 10월, 체는 아바나에 모인 청년당 조직원들 앞에서 이런 연설을 했다.

"젊은 공산주의자의 의무는 본질적으로 새로운 인간형의 완성입니다. 새로운 인간형의 완성이라는 말은 최고의 인간에 접근해야 한다는 뜻입니다. 그 최고의 인간은 노동과 학문, 이 세계 모든 민중과의 부단한 연대를 통하여 정제된 인간입니다. 이 지구상 어디선가 무고한 목숨이 꺼져갈 때 함께 고통을 느낄 수 있으리만치 감성이 계발되어 있으며, 자유라는 깃발 아래 분연히 일어설 줄 아는 인간입니다."

10월 16일, 미국의 초음속 U-2기 편대가 쿠바 서부 해안에서 미사일 발사대를 발견하고 사진을 찍었다. 사진들을 분석한 미국 국방성은 미사일의 사정권이 미국의 북부지방에까지 이를 것이라는 결론을 내렸다.

양대 블록 사이에서

 케네디(Kennedy)와 흐루시초프(Khrushchyov) 간의 힘겨루기가 시작되었다. 물론 동구의 K는 입 밖으로 내지는 않았지만 이 싸움을 한마디로 요약하면 '미국 너희가 터키에 깔아놓은 미사일을 거두면 나도 쿠바에서 미사일을 거두겠다'는 것이었다.

 케네디는 코앞에 있는 이웃이 내민 도전장의 내막을 더 자세히 알아보기로 했다. 코숑 만에서 한차례 수모를 당하고 비엔나 정상회담에서도 별 성과를 얻지 못한 그로서는 양키의 독수리가 또 한 번 고개를 떨어뜨리는 일만은 피하고 싶었다. 워싱턴에 가해지는 반미 분위기가 워싱턴으로서는 여간 성가신 게 아니었다. 따라서 세계의 분위기가 그렇다면 백악관은 잔뜩 신경을 곤두세우지 않을 수 없었다. 게다가 국방성은 자기네의 86분의 1에 불과한 모기만한 섬나라가 다시금 바늘을 갈고 있는 꼴을 수수방관할 수는 없었다.

 10월 22일, 케네디는 미국 기자들 앞에서 위기상황임을 정식 선포하였다. 제2차세계대전 이후 최악의 상황이 될지도 모를 이 심각한 상황의 추이를 전 세계는 넋을 잃고 지켜보고 있었다. 바야흐로 단수 높은 도박이 벌어진 것이다. 케네디가 의도한 것은 상대방이 허세를 부려 냉전이라는 상황이 더욱 명료해지는 것이었다. 결국 문제는 어떤 식으로 응수할 것인가였다. 블록을 쌓거나 폭격으로? 아니면 오히려 관타나모 기지를 포기하고 모스크바로 향해 있던 미사일을 터키와 이탈리아에서 철수할까?

일단 케네디는 전 세계가 등을 돌릴 게 뻔한 '폭격'이라는 해결책은 제쳐두기로 했다. 그리고 그는 봉쇄(블록) 대신 '검역' 내지는 '격리'라는 단어를 썼다. 10월 22일 월요일부터 28일 밤까지 그 엿새 동안 세계는 숨을 죽이고 두 진영에서 튀어나올지 모를 만약의 사태를 지켜보고 있었다. 소련은 미국이 비록 다른 표현으로 사태를 호도하고 있다 해도 이는 분명 쿠바의 주권을 유린하는 행위라는 점을 강조했다. "과연 다음날 소련 선박들이 조사를 받겠다고 할까?" 미국은 초조히 기다렸다. 24일 오전 10시 30분, 붉은 깃발을 꽂은 선박들이 멈추었다. 케네디가 이긴 것일까? 그러나 아직 속단하기는 일렀다. 흐루시초프는 쿠바에서 미사일을 철수하는 조건으로 미국도 터키에서 주피터미사일을 철수할 것을 요구했다. 그와 더불어 '검역'이 이루어진다고 했을 때 우선적으로 쿠바를 공격하지 않겠다는 분명한 약속을 요구했다. 그리고 두 K들 사이의 거래가 그 지역에서 실제로 성사되기까지는 5

개월의 시간이 더 걸렸다.

사실, 쿠바사태가 그렇게 진행되었던 것은 또 다른 힘겨루기가 벌어지고 있던 베를린 덕택이었다는 해석도 무리가 아니다. 흐루시초프는 자기네 장벽 안에 미사일을 배치해두고 있었지만 핵무기 분야에서는 미국이 유리한 고지를 점령하고 있다는 점을 알고 있었다. 독일에 그러한 무력을 배치시켜놓은 배경도 확실했다. 그는 힘의 균형을 유지하고 싶어했다. 그즈음의 상황은 "반대편 진영에 핵무기가 없다면 우리는 쿠바로부터 미사일을 철수하는 일을 고려해볼 것이다"라는 그의 발언으로 요약된다. 반면, 베를린 식의 위협을 가하지 않고서도 케네디는 무례한 이웃을 혼낸 셈이었다. 그 사태 이후 쿠바는 전 세계적인 재앙을 몰고 올지 모를 가장 위험한 뇌관으로 떠올랐다. 그러나 누구도 그 문제에 대한 쿠바의 입장을 묻는 이는 없었다. 카스트로는 전 세계가 불안한 눈길로 그 섬을 주시하고 있었던 그 일 주일 동안 그저 초조함을 억누르고 있을 수밖에 없었다.

이 일을 계기로 체는 과연 러시아인들에게 쿠바는 어떤 형태의 우방인가를 고민해보지 않을 수 없었다. 재갈 물려진 무력한 볼모, 자신의 진짜 의지조차도 모르고 모든 행동을 일일이 간섭받는 존재? 그렇다고 미국에 대한 입장이 변하지는 않았지만 그는 쿠바가 선택한 새로운 동반자가 또 다른 방식으로 쿠바를 지배하려 하고 있다는 사실을 깨닫기 시작했다.

쿠바인들은 혹시 있을 공격에 대비하여 핵 대피시설의 설치를 추진했다. 그렇다고 경제를 내버려둘 수도 없었다. 사탕수수 생산을 증대시킬 수 있는 새로운 방안을 찾는 것만이 유일하게 선택할 수 있는 대처방안이었다. 체는 채플린 극장—지금은 카를 마르크스 극장으로 이름이 바뀐—에서 폐막된 사탕수수 산업노동자회의에서 당면한 위기상황에 대해 이야기했다.

"1963년도는 현장 노동력의 부족으로 인하여 기대한 만큼의 수확을 얻기 힘들 것입니다."

그에 앞서 3월, 체는 농업을 희생시키면서까지 지나치게 공업화를 추진한 것이 잘못이었음을 암묵적으로 인정한 적이 있었다. 그는 프랑스 언론인인 장 다니엘에게 이렇게 토로했다.

"우리의 어려움은 결국 우리가 저지른 오류의 결과입니다. 그리고 이 오류가 한두 가지가 아니라는 것입니다. 그중 가장 어리석었던 것이 바로 사탕수수 산업을 발전시키지 못한 것이지요."

1963년 1월, 그는 모론 지방에 있는 시로 레돈도 중앙농장을 방문하겠다고 발표해서 평지풍파를 일으켰다. 사진사인 코르다를 대동하고 나선 체는 감회에 젖은 표정으로 옷자락 끝에 달라붙은 한 무리의 아이들과 함께 사탕수수밭을 성큼성큼 거닐었다. 그리고 늘 하던 대로 모든 이들이 공평하게 식사를 대접받아야 한다고 우겼다. 2월 4일, 노력봉사 첫날, 그는 온전히 쿠바 기술진에 의해 개발된 사탕수수 절삭기를 운전했다. 그날 아침, 그는 동이 트기도 전에 일터로 나갔다. 그 덕분에 체는 일꾼들이 일어날 때까지 한참 동안을 기다려야 했다. "어느 누구도 멈추게 할 수 없었어요." 에르네스토가 '벌목꾼들'이라고 부르던 인물들 중 하나인 후안 히메네스는 당시의 분위기를 이렇게 회상한다. "한번은 사람들이 밭에 불을 지르고 있는데 대장은 현장에서 그 기계가 어떤 반응을 보일지 알아보겠다며 불타고 있는 사탕수수를 베러 가겠다고 우기는 겁니다. 그 곁에서 일하고 있던 우리들은 그를 말리려 했어요. 그날 그는 기진맥진할 정도로 일을 많이 한 데다 사탕수수를 태울 때 나는 연기가 그의 천식에 좋지 않은 영향을 미칠 수 있었기 때문이었습니다. 하지만 속수무책이었어요. 그의 고집을 꺾을 도리가 없었고 늘 이런 식으로 그는 우릴 엄청나게 부려먹었죠. 그리고 다른 그룹들과 함께 그는 종종 새벽까지 일을 하곤 했습니다."

절삭기단의 반장이었던 헤로니모 알바레스 바티스타는 체에 대해 이렇게 얘기한다.

"누군가가 그 기계의 12시간 동안의 생산성이 어느 정도인가를 물었던 적이 있었습니다. 그러자 체는 이렇게 대답했습니다. '난 무려 115톤하고도 한 대(pata, 사탕수수를 세는 단위이기도 하지만 '다리'라는 뜻도 있음—옮긴이)를 더 베었다오!' 『혁명신문』은 그 이야기를 논평 없이 보도했구요. 체는 신문에 나타난 숫자를 보더니 요란한 웃음을 터뜨렸습니다. 뒤에 붙은 한 대는 농담이었거든요. 체가 운전한 기계의 칼날 때문에 호송대 대장의 다리가 가볍게 상처를 입은 것을 두고 한 말이었답니다."

체는 농민들의 순수한 열기에 탄복하여 비록 그 자신이 책임자로 있기는 하지만, 신랄하게 관료들의 태도를 비판하고 나섰다. 나중에 이때를 떠올리며 그는 이렇게 썼다.

혁명의 초심자들로서 정부를 운영하는 초기단계에서는 게릴라 활동에서 비롯된 전술들이 깊숙이 영향을 미치고 있는 상태였다.

게릴라 출신의 행정가들은 특히 사회의 복잡한 조직에 대해 고민을 많이 했으며, 끊임없이 반복되는 질서와 무질서에 직면해야 했다. 여러 갈래의 법 해석들은 상충되는 경우가 많아 각 기관들 틈에서 그 법의 적절한 시행령을 규정하다 보니 정작 집행의 중심 기구를 무시하는 일이 빈번했다.

그 해결책으로 우리는 사회주의공화국 건설 초기단계의 성격을 결정해줄 힘 있는 행정기구를 조직하려는 작업을 시작했다. 그러나 그 편차란 것이 너무 심하였던 까닭에 산업부 안에서라도 관리들의 지나친 개입에 제동을 걸면서 산하 기구들의 중앙집중화 정책을 시작하기로 하였다.

1963년 6월 초, 체는 다시 해외순방에 나섰다. 맨 먼저 들른 체코슬로바키아에서 그는 수상인 윌리엄 시로키(William Siroky)의 영접을 받았다. 3일, 그는 알제리 독립 1주년 기념행사에 참석하여 벤 벨라를 만났다. 그리고 카빌리, 오란, 콘스탄틴, 베스크라, 시디벨압베스 등을 방문했다. 24일, 그는 쿠바로 귀환했다. 8월 1일, 몬카다 공격 10주년을 경축하기 위해 쿠바를 방문한 중국 사절단에 50여 명의 미국인 청년들이 섞여 왔다. 그들은 끊임없는 질문을 퍼부어댔다. 체는 다른 세계화에서 온 청년들과 대화를 나누는 일에 무척이나 들떠 있는 듯 보였다. 그는 이 기회를 놓치지 않고 혁명에 대한 자신의 신념을 다시 한 번 강조했다.

"해방전쟁은 집단의식을 고취시키는 촉매 역할을 합니다. 모든 저개발국가에는 누구보다도 혜택을 받지 못한 계급이 존재합니다. 그들의 대부분은 공장노동자들보다는 땅을 갈고 있는 농부, 농업 노동자 계층입니다. 그리고 그들이야말로 혁명의 최고 발효제입니다."

전형적인 자발적 노동절인 일요일 아침 6시, 생화학 학술회의에 참석하기 위해서 아바나에 들른 알베르토 그라나도는 산업부 관저 앞에 서 있었다. 체와 알레이다가 트럭 옆에 서 있었고 체는 초조한 듯 시계를 보고 있었다. 마침내 한 무리의 산업부 직원들을 태운 차량 석 대가 나타났다. 알베르토는 입가에 미소를 띠며 그 장면을 회상했다.

"체는 그들을 불러 세웠습니다. '차관들이 뽑은 사람들과 운전기사들이 이제야 나타났구먼! 자, 어서들 트럭에 올라탑시다.' 그리 달가워하지 않는 고위공무원들과 오히려 고소해하는 운전사들과 우리 세 사람, 곧 에르네스토, 알레이다, 그리고 나는 마탄자스 거리를 달려 톨레도 농장으로 우리 키를 훌쩍 뛰어넘는 사탕수수를 베러 갔습니다."

9월, 체는 쿠바에서 열린 체스 대회에 참가했다. 이 대회에는 소련의 체스 챔피언인 빅토르 코르흐노이가 참가했다. 체는 열한 살 때 아버지로부터 체스를 배운 후 체스라면 사족을 못 쓸 정도로 열광했다. 그의 서재에는 이 분야의 책들이 족히 5백 권은 넘게 갖춰져 있었다. 아르헨티나에 있을 때 그는 체스의 명인 미겔 나흐도르프와 대결한 적도 있었다. 1962년 쿠바에서 체스 선수권 대회를 주관한 그는 카파블란카 인 메모리암에서 체스에 대한 확신을 피력했다.

"비록 체스가 오락이라지만 이것이 두뇌를 자극시킨다는 점은 인정해야 합니다. 훌륭한 체스 선수들을 보유하고 있는 나라들은 그보다 더욱 중요한 다른 분야에서도 역시 앞서가고 있습니다."

이듬해인 1963년, 그는 미국의 체스 명인 바비 피셔와 전화로 대국을 벌이기도 했다.

1963년 11월 22일, 존 F. 케네디가 암살된 그날, 체는 쿠바 전 국토에서 전기를 쓸 수 있도록 하기 위한 시설을 확충하는 데 첫발을 내디뎠다. 그는 이런 작업들이 더욱 확대되도록 하려는 의도에서 다음과 같은 표어를 내걸었다. '구시대인은 가고 새로운 인간만이 오라!(Hombre lobo no, hombre nuevo si!)' 주지하다시피 자기가 주창한 새로운 인간상에 대해 보인 체의 집착은 유명하였다. 체가 볼 때 혁명이 달성되었다는 증거는 이 모습을 통해 나타나는 것이었다. 경제 장벽을 견뎌내고 산업부를 창설하고 농업을 기계화하는 등의 일련의 산업화 계획을 수행하면서, 체는 점점 인간에 대한 질문을 더 많이 품게 되었다. 그는 쿠바의 지식인이었던 호세 메데로 메스트레(José Medero Mestre)에게 보낸 글에서, 자신에게 그런 추진력을 불어넣었던 동기들에 관해 이렇게 밝힌 적이 있었다.

구체제가 붕괴되고 난 후, 우리는 절충적인 인간을 통해 새로운 사회가 건설되길 원했습니다. 자본가들의 시대를 대표하는 구시대인을 다른 유형의 인간, 즉 자신의 동료들을 착취하려는 욕구를 갖지 않은 인간으로 대체하는 것입니다. 늘 이윤을 행복의 잣대로 삼으려는 이들에게는 사악함이 따르게 마련입니다.

1964년 3월, 그는 제네바에서 열린 통상과 개발에 관한 제1차 세계회의에 쿠바 측을 대표하여 참석했다. 이 자리에서 그는 쿠바에 대한 제국주의자들의 경제침략 양상을 조목조목 들어가며 고발했다. 그들은 러시아산 석유의 정제를 거부하거나 사탕수수 수입 쿼터를 삭감하며, 미국과의 교역은 물론이고 다른 국가들에도 압력을 가하여 무역장벽을 치고 단 한푼의 달러조차 쿠바로 유입되는 것을 막았다. 미국은 영국과 프랑스, 유고슬라비아 등이 '쿠바와 교역을 했다'는 이유로 이 나라들에 대한 자국의 원조를 유예하는 조치를 취하였다. 앞서 우루과이에서는 체의 카리스마가 먹혀들어갔다고 볼 수 있었지만 제네바에서의 연설은 큰 호응을 얻지 못하였다. 그리하여 그는 '저개발국이 수출하는 생산물의 가격이 보장되도록' 초과 생산분을 처리하는 것을 규정해줄 것을 요구하며 결론을 맺었다. 사실 은행가들의 나라에서 행한 그의 발언의 중요한 목적은 그것이었다.

스위스에 간 김에 그는 파리에 들러 그와 의견 차이를 보였던 샤를 베틀렝을 만났다. 베틀렝은 이 만남을 이렇게 얘기한다.

"우리는 생미셸가의 카를리라는 식당에서 점심을 들었지요. 이탈리아인이었던 식당 주인은 체를 알아보고 자신의 선친도 반파시스트운동을 했다며 체를 만나게 된 것이 영광이라고 감격해했습니다. 그는 아주 호젓한 내실로 우리를 안내했습니다. 자리에 앉자마자 체는 나에게 쿠바 경제개혁의 문제점에 대한 내 의견을 묻더군요. 그래서 나는 비관적인 견해를 솔직히 밝혔습니다. 언제나처럼 그는 주의 깊게 내 얘기를 묵묵히 듣더니 아무런 반론도 제기하지 않는 것이었습니다.

나는 나세르도, 네루도, 저우언라이도 그리고 피델과도 알고 지냈습니다만 체만큼 나에게 강렬한 영향을 끼친 이도 드물었습니다. 물론 저우언라이 역시 매우 매력적인 인물임에는 틀림없었습니다만 체에게는 그와는 또 다른 무언가가 있었어요. 뭐랄까, 그를 도저히 좋아하지 않고는 못 배기게 하는 그런 카리스마로부터 발산되는 단순 명료함이라고나 할까요. 물론 그는 모든 일을 너무 조급하게 처리하려 했지요. 사실 그가 얘기하는 새로운 인간이란 순식간에 이루어질 수 없는 인간이었습니다. 체는 자기의 바람대로 다른 이들이 행동해주기를 원했습니다. 그 자신은 그런 행동이 그들의 행복을 증진시켜준다고 믿고 있었으니 그렇게 행동할 수 있었을 것입니다. 하지만 모든 사람들이 그렇게 행동하는 건 불가능한 일이지요. 사람들에게 선택의 여지를, 그리고 시간을 남겨놓았어야 했어요. 우선 그들의 이야기를 들어보아야 했습니다. 대화는 변화를 가져다줍니다. 그가 꿈꾸었던 새로운 인간이란 너무도 완벽한 로봇이나 다름없는 존재지요. 따라서 그건 일종의 유토피아적 사고였다고 할 수밖에 없었습니다."

파리에서의 만남이 있고 나서 1964년 10월 24일, 베틀랭은 체로부터 한 통의 편지를 받았다.

경제 부흥의 해.

친애하는 동지에게,

당신이 보낸 편지와 더불어 내가 요청했던 잡지들도 잘 받아보았습니다. 나는 우리의 입장 차이에 대해 언제 다시 만나 당신과 토론해보고 싶은 마음이 간절합니다. 애초의 혼돈보다는 약간은 진전이 있을, 어쩌면 천지창조의 첫째 나 둘째 날 정도는 될지 모를 내가 속한 세계에는 좌충우돌 하다가 때로는 정돈이 되기도 하는 개념들로 가득합니다. 나는 그것들을 우리 두 사람의 논쟁 속에 추가하고 싶습니다. 당신이 다시 한 번 이곳에 들러주기를 바라며 혁명적으로 인사를 하겠습니다. 조국 아니면 죽음을, 영원히 전진.

대장 에르네스토 체 게바라

1964년 그해, 체는 집무실에서 정기적으로 국제공산주의 청년연맹의 대표들을 만났다. 그때 체를 방문했던 라틴아메리카나 캐나다 청년들 틈에는 프랑스에서 태어난 세 명의 유태계 폴란드 여학생들, 곧 미셸르 프릭[8], 아니아 프랑코스[9], 그리고 또 한 사람 자네트 하벨이 있었는데, 하벨은 체 대장을 이렇게 묘사했다.

---

8) 과테말라에서 게릴라 활동을 하다가 1968년에 사망했다.
9) 1962년 쥘리아르 출판사에서 출간된 『쿠바의 축제』의 저자. 1988년 암으로 세상을 떠났다.

"우리는 당시 크게 주눅이 들어 있었다. 신랄하면서도 거침없는 그의 분위기에 우리는 아무 말도 꺼낼 수 없었다. 당당하고 엄숙해 보이는 태도라든가 일체의 불의와 특권을 거부하는 극단적인 감성 등도 우리를 압도했다. 그는 유식한 체하는 학자들의 언사를 드러내놓고 비웃었다. 그는 노동에 대한 요구를 모두에게 적용했다. 지도자들도 예외가 아니어서 당시 그의 입장을 잘못 이해한 한 장관을 비판하는 것을 들은 적도 있었다…….

우리는 그가 우리를 내심 못미더워하고 있다는 인상을 받았다. 라틴아메리카에서 게릴라 편에서 싸우고 싶어 했던 미셸에게 그는 딱하다는 표정으로 우선 사탕수수나 베어보라고 따끔히 충고하는 것이었다. 그리고 나에게는 유럽에 가서 쿠바와 라틴아메리카의 명분을 옹호하는 일을 하라고 했다…….

체는 라틴아메리카의 공산주의 조직과는 다소 다르게 움직이는 프랑스 공산주의 청년연맹의 논쟁이나 갈등 등을 매우 흥미 있어 했다. 그가 여러 차례 방문했던 동구권에 대한 그의 예리한 비판은 새삼스러울 게 없었지만, 그는 우리의 구닥다리 지도자들에게 갖고 있던 우리의 불만들을 상당히 주의 깊게 경청했다."

한편 자네트 하벨도 체의 '빈정대지 않으면서도 늘 익살이 스며 있는' 유머감각에 깊은 인상을 받았다. 체는 이들과 약 열 차례가량 더 만났다. "그 후 우리는 체가 파리에 들를 일이 있을 때 그와 함께 연대회의를 조직할 수 있는 기회가 생기기를 바랐다. 우리는 그 문제를 필리프 로브리외[10]와 함께 의논했지만 결국 성사되지는 않았다. 실패의 원인은 체의 잘못에 있었다기보다는 그 문제에 반대했던 당 중앙위원회 측에 있었다. 파리에서는 체를 높이 평가하지 않았던 것이다."

한편 쿠바에서도 이념의 문제들은 여전히 해결되어야 할 과제였다. 종종 이들은 조화를 이루지 못하고 불협화음을 일으키곤 했다. 혁명정신이라는 측면에서 명료하기 짝이 없는 체는 그런 점에서 구세대들을 놀래곤 했다. 비교적 젊은 축조차도 늘 변화만을 바라는 이 젊은 게릴라에 이견을 표명하곤 했다. 체의 다음과 같은 발언은 그들을 겨냥한 측면이 강하다고 볼 수 있다.

"분명, 훌륭한 개혁주의자는 쿠바 국민의 삶의 수준을 높일 것이다. 하지만 그것이 곧 혁명은 아니다. 혁명은 희생이요, 투쟁이며 미래에 대한 확신이다. 혁명은 우둔한 개혁주의 프로그램을 넘어서는 무엇이다. 그걸 위해서는 개인의 이익을, 개인의 수익만을 따지는 일을 경계할 필요가 있다. 그래야만 새로운 인간상에 이를 수 있는 것이다."

그즈음 아바나에서 퍼져가던 이야기가 하나 있었다. 노동자 두 사람의 대화인데, 한 사람이 이렇게 말한다.

---

10) 1977년 로베르 라퐁에서 출간된 필리프 로브리외의 저서 『우리 공산주의 세대(Notre génération communiste)』 참조.

"물론 좋은 거지, 그 혁명이라는 것 말이야. 자네는 럼주도 끊을 거고, 담배도 피우지 않고, 매일 열다섯 시간을 일하고 마누라에게 거의 손도 대지 못할 거니까 말이야. 그럴 기운이 남아 있지 않을 테니……. 그래도 이보게, 뭐 다른 수는 없는 거야?"

쿠바의 신문들은 쿠바 정계의 주역들을 묘사해놓은 프랑스의 『누벨 옵세르바퇴르』지의 한 기사를 인용하면서 이 얘기를 실었다. 그들은 도르티코스 대통령을 가장 유연한 인물로, 피델 카스트로를 그 다음으로, 그리고 체를 가장 강경한 인물로 묘사했다. 체가 베이징의 테제에 의존하고 있다는 이유에서였다. 사실, 체는 소련이 이 작은 동맹국의 목을 조르면서 중국과의 접촉을 막지 않을지 궁금했다. 그는 그 점을 명확히 알고 싶었고, 그래서 다시 한 번 철의 장막 너머로 가보기로 했다.

그해 7월 어느 날, 산업부 소속 비행기를 타고 산티아고에 들르는 길이라며 체는 알베르토에게 연락을 했다.

"알베르토 형, 내일 낮은 비워놓아요. 형을 만나고 싶어요."

체와 조종사 엘 고르도, 그리고 엘 치노라고 불렸던 경호원은 그라나도 부부의 저택에서 하룻밤을 보낸 뒤 시계가 새벽 5시를 울리자마자 지프 한 대를 타고 바야모를 지나 노새들이 대기하고 있던 시에라마에스트라의 부에이시토에 도착했다. 그로부터 장장 아홉 시간이 걸린 대행군이 시작되었다.

"정말이지 나는 완전히 기진맥진해 있었습니다. 우리는 시로 레돈도가 살해당했던 마르베르데까지 기어 올라갔습니다. 에르네스토는 거기서 먼저 간 동료를 기리며 그의 무덤 사진 몇 장을 찍었고, 우리는 다시 길을 재촉했습니다. 체가 앞장을 서고, 엘 치노와 나, 그리고 엘 고르도가 뒤를 따랐습니다. 정어리 통조림 두 개를 나눠 먹고 아침을 대신한 뒤 우리는 시냇물로 목을 축였습니다. 한참이 지난 후에야, 이날을 떠올려보면서 나는 에르네스토가 다른 어느 곳에서 혁명의 불을 지피기 위해 떠날 준비를 하고 있었거나 아니면 이미 다른 곳을 위해 봉사할 결심을 하고 있었을 거라는 걸 깨닫게 되었습니다. 그는 이 여행을 통하여 게릴라 생활의 조건들—그의 머릿속에는 늘 준비되어 있었을 물리적 조건들—속에 자신을 다시 놓아보려고 했던 거지요. 그러면서도 그는 그다지 굳어지지 않았다고 믿어지는 자신의 육체가 거기에 어떻게 반응하는지 알아보고 싶었던 겁니다. 그래요, 그는 그런 식으로 자신을 단련하고 있었던 거지요. 그런데도 나는 그때 그런 고생을 시킨 체를 원망하고 있었어요. 하지만 다시 되돌릴 수만 있다면 오늘 당장이라도 출발했을 겁니다!"

그해 여름 동안 체가 쓴 「새로운 산업」이라는 글이 『레비스타 에코노미카』지에 실렸다.

현재 중요한 것은 자발적 노동이 대중적 현상으로 자리

잡아야 한다는 것이다. 그 일은 자발적으로 노동에 참여한 자가 낙담하지 않도록 조직화의 진전을 아울러 요구한다. 지난 일요일, 나는 일이 여느 때처럼 사탕수수 베기에 참여했다. 그리고 이 일은 아무런 의미도 주지 못했다. 나는 일이 어서 빨리 끝나기만을 기다리며 25분마다 손목시계를 확인하고 있는 내 자신에 놀랐다. 그것은 내가 내 노동으로부터 아무런 의미도 얻지 못하고 있다는 이야기였다. 이 경험은 다음과 같은 교훈을 주었다. 즉, 노동에 참여한 사람을 위해서라도 작업이 조직화되어야 한다는 필요성이다……

우리가 볼 때 가장 중대한 위험은 행정부와 생산조직 간에 존재하는 대립과 알력이다. 소련의 경제학자 리베르만은 이 대립관계를 분석하면서 다음과 같은 결론을 내렸다. 즉, 더욱 진보된 방식에 도달하기 위해서는 특권화된 전래의 방식을 버리고 집단에게 자극을 줄 방법으로 새롭게 바뀌어야 한다는 것이었다. 여기에서 한 가지 명확하게 규정되어야 할 점은 우리는 물질적 자극이라는 목표의 필요성을 부인하지는 않으나 그것을 중심축으로 삼는 것만은 경계해야 한다는 점이다. 우리는 경제활동에서 이 지렛대가 가치 있는 본이 되어버리며 종래에는 인간관계에 그 영향력을 발휘하게 된다는 사실을 알고 있다. 그러나 그것은 자본주의의 산물이며 사회주의의 영역에서는 이미 사형선고를 받은 것이라는 걸 잊어서는 안 된다. 어떻게? 그것은 이 잉여의 자극제가 민중을 대상으로 하는 소비재의 점진적인 증가에 따라 차츰차츰 우리에게 본모습을 보여주고 있기 때문이다. 이 개념 안에서만 본다면 우리는 사고의 구조가 지나치게 경직되었다고 여길지도 모른다. 소비재는 바로 삶의 법칙이자 궁극적으로는 의식의 주된 요소이기도 하다. 다른 체제의 옹호론자들에게는 말이다. 그러나 우리가 볼 때 물질적 자극과 의식은 서로 화해할 수 없는 용어처럼 보인다.

한편 루이스 라반데이라는 체가 소련이 스탈린 이래 걸어온 사회주의화의 길과는 다른 길이 있을 것이라 여기고 있었다고 말한다. 물론 그가 초기에는 볼셰비키들에게 매료되었고 트로츠키에 대해 알고 있었다지만 그건 라틴아메리카인으로서 이해할 수 있는 정도였고, 그는 모스크바로부터 하달되어 오는 도그마들을 더욱더 경계한 만큼 그 과정이나 지노비에프, 카메니에프, 그리고 부하린 등의 제거 등에 대해 잘 알고 있었다. 국제공산주의 운동에 대해 체와 얘기를 해본—내무부 관료들과 토론하는 과정에서—라반데이라는 그 점을 깨달았다. 체의 마르크스주의에는 '신성함'이란 게 없었다. 더 나아가 이론조차도 문제 삼아야 할 때는 그렇게 해야 했다. 그는 당시 산업부에서 일했던 나르보나라는 인물과의 일화를 인용했다. 어느 날인가 사람들이 나르보나에게 이런 말을 했다고 한다. "체와 함께 일하고 있으니 얼마나 운이 좋으십니까." 그러자 그는 태연히 이렇게 대답했다고 한다. "나는 내 인생의 최악의 순간을 살고 있소! ······매일 스물세 번이나 의사일정으로 시달려야 하니······. 그건 게바라 대장에 대한 비판을 해야 한다는 거지요. 물론 그에게 항명하는 일은 쉽지 않았지만 그는 자신에게 비판이 가해지기를 원한답니다. 일을 진행시키려고 마음먹고 있는 순간에도 말입니다."

라반데이라의 평가는 이어진다. "왜 체가 나중에는 발행금지까지 당하는 지극히 자유로운 마르크스주의 계열의 사상지인 『펜사미엔토 폴리티코』의 출판에 관심을 보였는지 이해하고도 남음이 있다. 체가 공개적으로 그 사상지를 옹호하고 나서지 않았던 것은 여러 갈래의 다양한 의견이 수렴될 시기가 오지 않았다고 여겼기 때문임이 분명했다. 게다가 원로 정당인 사회당의 비중은 여전히 막강했으므로 공개적인 이론논쟁을 벌이는 건 쉽지 않았으리라······. 피델은 특히 그 부분에 민감한 반응을 보였다. 그럼에도 피델의 실용주의 덕택에 혁명은 차츰 성과를 얻어가고 있었다. 대부분의 사람들이 마르크스를 발견하면 이어 레닌을 따르게 되는 데 비해, 체는 마르크스주의에 관한 고찰이라는 점에서는 지나치게 앞서가지 않았나 싶다. 그리고 이 당연한 수순이 이른바 '홍역' 현상(홍역에 걸린 사람들이 이어 발진으로 벌겋게 된다는 의미에서)이라고 부르는 단계를 쿠바도 피할 수 없게 한 것이라 믿긴다. 요컨대 특정한 장소—미국으로부터 일상적인 공격의 위협에 놓인—를 고려하지 않고 원칙적인 혁명이론이라는 문제를 제기하는 것은 상황을 참작해보건대 아마 파리의 지식인들이 범했던 오류와 같은 차원의 것이었으리라 여겨진다. 그래서 체는 정치 혁명의 일정 안에서 민중의 역할, 즉 민주주의의 실행에서 민중의 참여를 고려하지 않는 고찰을 지양하였던 것이다. 체는 행정부 각 기관의 대표들은 늘 배제되어야 한다는 생각을 견지했던 장 자크 루소처럼 직접적인 민주주의에 관심이 있었다. 한 법안이 결정되기 위해서는 민중의 표결이 있어야 한다는……. 체는 앵무새처럼 지침서에 적혀 있는 말만을 되풀이할 게 아니라 각자 자신의 머리로 생각하라고 요구했다.

역설적으로 말한다면 체는 멘데스 프랑스(Mendès France)의 생각과 그리 다르지 않았다. 인간은 정치적 삶에 참여할 권리를 갖고 있다. 어쩌면 정치는 모든 이들의 행위로 구성된 특권화된 결정체, 즉 고귀한 행위일지도 모른다. 분명한 건 체가 모든 이들이 자신의 의사를 표시하는 일을 권장했다는 사실이다.

10월 28일, 카밀로 시엔푸에고스 실종 5년째가 되던 그날, 체는 그 자신을 죄 많은 '우리들'의 반열에 넣는 고백을 했다.

"나에게 카밀로는 아직도 죽은 사람이 아니며 그의 행동 하나하나가 영향을 주고 있다. 그의 혁명적 행동은 우리가 저지르고 있는 혁명의 오류와 연약함을 수정해줄 것이다."

11월 4일, 체는 10월혁명 47주년 기념축제에 초청을 받아 세번째로 모스크바행 비행기에 올랐다. 비록 하늘을 날고 있었지만 그의 머릿속에는 자신의 진정한 임무, 즉 지상에서의 투쟁, 게릴라로 되돌아가겠다는 생각이 들어차 있었다. 당장에 그는 소련인들에 대한 자신의 우려가 얼마만큼 정확한지 확인해보고 싶었다.

"우리는 이자들을 깊이 신뢰할 수 없다. 그들은 우리를 뒷전에 놓아두고 싶어한다. 브레이크를 단 버스처럼 언제든지 멈출 수 있게 그들과 거리를 유지하는 편이 나아 보이는 것도 그 이유에서이다. 만약 지나치게 가깝게 접근했다가는 그들이 가하는 지극히 사소한 타격만으로도 우리는 큰 충격을 입을 수 있다."

러시아인이 베푸는 수혜의 그늘에만 머물러 있지 않으면서도 미국에 가까워지지 않기 위해 체는 모스크바로부터 독자적으로 움직이는 국가들과 더불어 중립화된 블록을 형성하는 일이 최선이라는 판단을 했다. 피델 카스트로는 당장에 크렘린과의 관계를 우선시하고 있었으며 무엇보다도 '소련이라는 북극곰의 거대한 품 안에 있는 것이 썩 나쁘지만은 않다'는 사실도 무시할 수는 없었지만, 속임수를 싫어했고, 소위 정치적 언사라는 것에 익숙지 못했던 체 자신으로서는 일체의 타협을 받아들일 수 없었다. 그에게 마르크스주의는 순수함 자체였다. 투명한 순수함, 투명한 진정성이었다. 따라서 동쪽의 큰형에게 전면적인 신뢰를 보내는 그런 관계는 그가 보기에 지나치게 탁한 부분이 많았다.

　12월 9일, 체는 다시 해외순방 길에 올랐다. 유엔에서 쿠바의 입장을 대변하기 위해, 그러면서도 자기 식으로 세계를 재편해보겠다는 의지는 버리지 않은 채 뉴욕으로 향한 것이다. 별이 달린 베레모와 가죽재킷을 걸친 채 거대한 마천루 숲에 내린 그는 곧장 호텔방에 틀어박혀 언론의 반응을 읽으면서 11일로 예정된 연설을 위해 원고를 작성하는 데 몰두했다.

　11일, 앙드레 말로를 떠올리게 하는 비장한 말투로 그는 엉클 샘의 자식들인 미국을 비난했다.

　"……나는 카리브 해의 각지에서 훈련을 받고 있는 용병들에 대한 사실을 폭로하고자 합니다. 그 한편에 미국 정부가 개입되어 있다는 점은 신문지상에도 이미 다루어졌던 내용들입니다. 그러나 이 사실에 대해 정식으로 항의한 라틴아메리카 국가는 없었습니다. 이 대목은 미국이 자신들의 머슴을 어떻게 다루고 있는지를 냉소적으로 보여주는 것입니다. 쿠바로 향한 방벽을 뻔히 보고 있으면서도 베네수엘라에서 일어난 양키들의 무력시위에 대한 부인할 수 없는 증거들을 요구하기만 하는 소심한 미주기구 관계자들은 미국의 명백한 침략행위에 침묵하고 있습니다. 히론 해안 침공이라는, 쿠바에 대한 명백한 침략이 자행되었을 때에도 저들은 케네디 대통령의 얘기를 듣지 못한 체하였습니다. 이런 사태는 우리의 혁명에 대한 적개심에 눈이 먼 그들 중 일부의 입김이 작용하였기 때문일 것입니다……."

체는 이 기회에 소련이라는 거대한 곰의 등에 결정적인 검을 꽂는 걸 잊지 않았다.

"우리는 사회주의를 건설하고 싶습니다. 우리는 비동맹그룹의 일원임을 선포합니다. 우리는 마르크스주의자들이며, 제국주의에 맞서 싸우는 비동맹주의자들이기 때문입니다. 우리는 평화를 원하며, 우리 민중에게 보다 나은 삶을 제공해주길 원했습니다. 그런 이유로 우리는 양키들이 저지를 도발을 간과하기도 하였습니다만 그렇다고 우리가 그 정부의 거짓말을 모르는 건 아닙니다. 그들은 우리로 하여금 이 평화의 대가를 치르도록 할 작정인 것입니다. 그러나 우리는 그 대가가 존엄성의 울타리를 결코 넘지 못하리라는 것을 대답해주겠습니다……."

그는 남아프리카에 대해 신랄하게 지적하는 일도 빠뜨리지 않았다.

"아파르트헤이트라는 야만적인 정책이 전 세계인들 앞에서 뻔히 행해지고 있습니다. 아프리카의 민중들은 여전히 한 인종이 다른 인종보다 우월하다는 생각을 강요받고 있으며, 이 우월함의 이름으로 행해지는 살상행위를 감내하고 있습니다. 이런 안타까운 현실을 유엔은 어찌 수수방관할 수 있다는 말입니까?"

미국 대표인 아들라이 스티븐슨의 격렬한 항의를 매몰차게 물리친 체는 자신을 포함한 미래에 대한 구상을 밝혔다.

"나는 쿠바인이자 아르헨티나인입니다. 여기에 계신 친애하는 라틴아메리카의 대표 분들이 어떻게 여길지 모르겠지만 감히 얘기하건대 나는 라틴아메리카를 사랑하는 애국자입니다. 따라서 때가 오면 나는 라틴아메리카 어느 국가의 자유를 위해서라도 내 목숨을 기꺼이 바칠 것입니다. 어느 누구에게도 아무것도 요구하지 않고, 누구도 착취하지 않고, 어떤 대가도 요구하지 않고……."

라반데이라의 부언 설명이다. "놀라운 것은 체의 발언—비관론자의 색채가 너무도 짙게 배어나오는—이 끝없이 낙관적인 피델과는 무척 대조가 된다는 것이다. 체는 전 세계에 대한 미국의 지배 야욕을 피압박자들이 저지하지 못할 때에 발생할 사태를 심히 어둡게 내다보고 있었다. 체는 '사회주의' 진영의 열세를 깨닫고 있었다. 그것은 미약한 경제력뿐만은 아니었다. 소련과 동부 유럽 정권들의 부패를 그는 똑똑히 보고 있었다. 사실 소련은 붉은 군대 이외에 다른 어떤 힘도 갖고 있지 못했다. 쿠바 같은 약소국이라면 소련이 해줄 수 있는 경제지원 정도로 충분하겠지만 만일 브라질 같은 큰 나라를 해방시켜야 한다면 어림도 없는 일이었다. 그리고 사상의 순수성에서 볼 때도 소련은 지적으로나 문화적으로나 지난날의 광채를 점점 잃어가고 있다고 평가했다. 소련의 마르크스주의는 한때 번성했던 그 열린 체계를 포기한 지 오래였다. 그들의 사상은 경직되어갔으며, 모스크바의 늙은 정치가들에게 이끌려가고 있었다. 그런 점에서라도 체는 고사 상태에 있는 혁명사상에 또 다른 활기를 불어넣기 위해 라틴아메리카에서의 봉기는 한시가 급하다고 생각했던 것이다. ……따라서 볼리비아로의 출발은 이런 맥락에서 보아야지, 오늘날에도 여전히 계속되고 있는 좁은 논쟁의 틀 속에서만 보아서는 안 된다고 생각한다…….”

체는 혼자였다. 그는 소련이라는 장벽이 생각보다는 훨씬 약한 퍼즐에 불과하다는 걸 알고 있었다. 그래서 그는 그 틈을 더욱 넓히기로 하였다. '프라하의 봄'이 이미 움트고 있었다. 그러나 카스트로는 러시아라는 맏형에 대한 도전을 감행할 수는 없었다. 바야흐로 체는 다른 어딘가에서 자신의 운명이 부르고 있음을 느끼고 있었다. 몇몇 지인들에게 그는 브라질이 자신을 특별히 끌어당기고 있음을 밝힌 적이 있다. 그러나 당장은 마천루를 거닐면서 그는 빌딩 한 채가 족히 쿠바의 도시 한 곳을 싸안을 만한 저력이 있다는 사실을 생각하며 여기저기로 흘러가는 달러의 무시무시한 흐름을 생각해보지 않을 수 없었다.

그즈음 그는 뉴욕타임스의 테드 슐크와 CBS의 간판 앵커들인 폴 니븐과 리처드 C. 호틀렛이 진행하는 '국가의 얼굴'이라는 방송진과 인터뷰를 가졌다. 그들은 중국-소련이라는 양극구도와 혁명에 대한 쿠바와 다른 사회주의 국가들과의 입장 차이, 그리고 M 7-26의 책임자들 안에서 벌어지고 있는 분쟁 등에 대해 한바탕 질문을 퍼부었다. 일단 체는 카스트로의 입장을 고려하여 모스크바와의 불일치 부분에 대해서는 대답을 자제했다. 그러면서도 그는 강경하고 논쟁적인 논지로 결론을 대신하였다.

"미국이 평화적으로 사회주의 사회로 이행해간다는 건 현실적으로 불가능하다. 우리 쿠바인들이 볼 때 미국에서의 민중해방이란 사회주의로의 길일진대, 거의 모든 나라에서 그 축제를 거칠 것이다. 그리고 나는 당신네 미국인들도 그 증인이 될 것이라 믿고 있다."

스튜디오에서 나오면서 체는 욕설을 퍼부으며 몰려드는 반 카스트로파 쿠바인들을 시합에 이긴 권투선수처럼 당당하게 대면했다. 다음 날 오전, 아르헨티나 시절 코르도바에서 알고 지낸 마그다 모야노가 그의 숙소로 찾아왔다. 그녀는 체가 마귀 소굴이나 다름없이 취급하던 록펠러 가문의 초청장을 갖고 온 것이었다. 난처해하는 체를 마그다는 계속 졸라댔다.

"록펠러 가문의 한 사람이긴 하지만 보보네 집에서는 다른 식구들은 보이지 않을 거야. 만나보면 알겠지만 그녀는 좌파 자유주의자야……."

『룩』지의 기자였던 로라 베르그퀴스트는 몇 년 전에 체를 인터뷰한 인연으로 그날 저녁 함께 초대를 받았다. 그날의 분위기를 그녀는 이렇게 회상한다.

"그는 약간 늦게 도착했어요. 그런데 완벽하게 다려진 군복을 입고 온 그를 본 순간 좌중은 찬물을 끼얹은 듯

조용해졌어요."

한동안 어색한 침묵이 이어지는가 싶더니 한 청년이 대담하게 입을 열었다. 그는 북미학생운동연합의 의장이라는 빌 스트릭랜드였다.

"여기 미국에서 당신이 피델 카스트로와 함께했던 게릴라 활동이 가능하다고 보십니까?"

그러자 체는 빙그레 미소를 지었다.

"여기 상황은 완전히 다르지요. 천만에요. 나는 당신네 땅은 게릴라들이 꿈꾸는 피난처는 절대로 되지 못할 거라 생각하오."

체가 국제연합이라는 성채를 방문한 것은 그 기회를 이용하여 아프리카 국가들과의 끈을 공고히 하여 나중에 이어질 여행을 준비할 요량이었음이 분명하다. 하지만 그는 소련 외무장관이었던 안드레이 그로미코와의 만남도 빠뜨리지 않았다. 나중에 그로미코는 체가 다른 지역에서 게릴라 활동을 하겠다는 계획을 자신에게 알리지 않았다는 사실에 놀란다.

12월 7일, 미국을 출발하여 알제리로 가는 도중에 체는 더블린 공항을 경유하였다. 그곳에서 그는 아일랜드 출신의 조상들인 린치 가문을 생각했음이 분명하다. 알제리에서 사흘을 보내고 난 뒤, 그는 모디보 케이타(Modibo Keita)가 기다리고 있는 말리로 향했다. 아프리카에서 체는 자신이 '라틴아메리카의 마오쩌둥'이라는 별명으로 불리고 있다는 사실에 썩 기분 나빠하지 않는 모습이었다. 1965년 새해를 맞이한 지 닷새째 되는 날, 그는 왕년의 프랑스령이었던 콩고의 수도 브라자빌에 도착하여 콩고의 정치지도자들인 파스칼 리수바(Pascal Lissouba)와 알퐁스 마셈바-데바(Alphonse Massemba-Debat)를 만났다.

8일, 그는 기니 만을 지나 코나크리에 도착하여 친중국파 마르크스주의자인 세쿠 투레(Sekou Toure) 대통령과 만났다. 두 사람은 전 세계의 비식민지화 과정에 있는 국가들과 아프리카-아시아 연합국가들에 대한 소련의 경제적 원조를 촉구하는 데 의견을 같이했다. 이어 체는 가나로 건너갔다. 황금해안에 위치한 가나의 수도 아크라에서 그는 크와메 느크루마(Kwame Nkrumah) 대통령과 회담을 갖고 혁명의 불씨를 다시 일으킬 계기로 삼으려 했다.

22일, 그는 다호메이의 포르토노보에 도착하여 장녀 일디타에게 엽서를 보냈다. 부족 고유의 복장을 입은 흑인 어린아이가 그려져 있는 엽서에는 이런 말이 담겨져 있었다.

사랑하는 딸에게, 이 아이는 대략 지금의 네 또래일 거라 여겨진다. 혹시 알아볼지는 모르겠지만 말이다! 나는 지금 다호메이라는 나라에 있단다. 세계지도를 놓고 어디쯤 있는 나라인지 찾아보려무나. 모두에게 포옹을 보내면서 아빠는 너에게 흠뻑 키스를 보낸다.

25일, 다시 아크라로 가는 길에 그는 알제에 들러 『알제-스와르』라는 신문에 간략한 아프리카 대륙 횡단기를 기고했다.

아프리카는 중병을 앓았었다. 오늘날 이 대륙은 점차로 회복기에 접어들고 있다. 이 지역의 후진성은 다름 아닌 식민주의에서 비롯됐다. 그리고 식민주의의 환상을 여태껏 버리지 못하고 있는 자들이 그 망령을 되살리려 하고 있다.

2월 8일부터 10일까지 그는 파리에 머물렀다. 그의 사고 체계에 중대한 확신을 심어준 1789년 혁명의 발발지인 이 도시는 그의 감회를 자극했다. 그는 간이음식점에서 산 샌드위치를 먹으면서 고서점가를 거닐고 루브르에서 〈모나리자〉를 관람했다. 그러나 그의 발길을 무엇보다도 오래 잡아끈 것은 보슈(Hieronymus Bosch, 15~16세기 초반에 활동하였던 벨기에 화가—옮긴이)의 〈광인들의 배〉라는 작은 그림이었다. 짧은 파리 여행을 마치고 다시 탄자니아의 다르 에스-살람으로 출발했다. 거기서 줄리우스 니에레레(Julius Nyerere)를 만난 뒤 카이로로 가서 나세르를 만났다. 그 만남에서 나세르는 체의 태도에서 일종의 자기파괴적인(자살을 암시하는) 무언가를 감지했었다고 나중에 말한 적이 있다. 그 후 그는 제2차 아프리카-아시아 세미나가 열리는 알제로 돌아왔다.

2월 24일, 그는 이 자리에서 모스크바에 대해 전에 없이 신랄한 비난을 가했다.

"……(소련인들은) 전 세계 노동계급의 중요한 목표와는 거리가 먼 기묘하고 이기적인 정책을 이용하여 대중 혁명에 대한 지원을 아끼고 있습니다. 그들의 의식에서 인류애의 시각에 입각한 새로운 형제애를 도모하는 변화가 이루어지지 않을 때에는 사회주의는 존재하지 않을 것입니다."

이어 그는 자신을 흥분시켰던 그 '호혜'라는 말이 갖고 있는 의미에 대해 열변을 토했다.

"가난한 나라의 인민들이 피와 땀이 마르도록 생산한 1차 상품을 국제시장 가격으로 팔고, 최신식으로 자동화된 거대한 공장들이 생산한 기계들을 국제시장 가격으로 사는 일을 과연 호혜라고 말할 수 있겠습니까? 혹시 그런 식의 관계가 서로 수준이 다른 나라들 사이에 성립된다고 한다면 어떤 점에서는 사회주의 국가들도 제국주의적 착취에 일조를 하고 있다고 결론 내려야 할 것입니다."

이 발언이 모스크바에 어떻게 받아들여질지는 뻔한 일이었다. 그리고 뒤이어 아바나에 떨어질 불똥도…….

체는 아흐메드 벤 벨라와의 회담을 앞두고 있었다. 벤 벨라 역시 소련이 형제라고 부르는 나라들과 맺고 있는 관계를 곱지 않은 시선으로 보고 있던 터였다. 1987년 10월 9일, 아테네, 체 게바라 서거 20주기를 맞으며 벤 벨라는 아내인 조라가 대신 읽은 연설문에서 이렇게 말했다.

"쿠바와 알제리 간에 맺어진 협정은 강제적인 구속에 따른 단순한 무역협정이 아니라 상호증여와 단결 아래에서 쿠바혁명과 알제리가 맺는 근본적인 관계 설정에 관한 협정이었습니다……. 이 새로운 교환형태는 기존의 무역이 의존하고 있는 중상주의적 개념을 완전히 뒤집는 것으로서—우리의 통상부처들이 결코 개입할 수는 없는 일이었으므로—나세르의 이집트나 모디보 케이타의 말리, 세쿠 투레의 기니, 니에레레의 탄자니아, 마셈바-데바의 콩고 또는 느크루마의 가나와 같은 다른 나라들과도 시도되었습니다. 우리는 서로에게 주었고 그만큼 많이 받았습니다만 그 양이 얼마인지는 가늠할 수 없습니다. 솔직한 우정에 바탕을 둔 이런 교역형태를 체는 무척 환영하였습니다. 그건 그의 인간적 기질과도 잘 어울렸습니다. ……우리 아프리카 대륙에 존재하는 제국주의의 고리가 약해져가고 있다고 여겼던 체는 그 고리를 끊는 일에 혼신을 다해 헌신했던 게 분명합니다."

세계를 해방으로 이끌려는 강인한 의지는 체를 점점 유토피아의 세계로 깊이 밀어 넣었다. 그에 따르면 "아프리카와 아시아 민중을 사회주의로 이끌기 위해서는 그들의 일차 생산물에 대한 고정가격이 필수적이었다. 국제시장의 기형적인 조직으로부터 보호하기 위해서는 그 방법밖에 없었다. 문제는 저개발국의 발전을 보장하도록 가격을 고정시키고 그를 위해 국제관계의 질서를 변화시키는 일이었다. 이것은 더는 가격정책을 결정하는 해외무역의 문제만은 아니다. 그보다는 민중에 대한 우애정책에 달려 있다."

3월 2일, 체는 카이로로 돌아와서 나세르와 마지막으로 회담을 갖고 이틀 후 베이징으로 떠났다. 베이징행에는 오스마니 시엔푸에고스와 에밀리오 아라고네스가 동행했다. 중앙위원회 비서로서 쿠바에서는 상당히 비중 있는 정객이었던 아라고네스는 PURSC(쿠바 사회주의혁명연맹당)의 제2인자로서 서열로는 피델 바로 다음이었다. 그 일 주일 동안 중국 이곳저곳을 돌아본—숙원이었던 만리장성 방문을 포함하여—체는 중화인민공화국의 수상이던 류사오치와 더불어 장래 중국을 이끌어갈 덩사오핑도 만났다. 매일 밤 쿠바 대표단의 숙소를 찾은 저우언라이는 체의 애로사항을 하나하나 묻곤 했다. 전해진 바에 따르면 그는 체에게 특별히 누군가를 만나고 싶은 생각이 없느냐고 물었는데, 마오쩌둥을 암시한 게 당연한 이 물음에 체는 없다고 대답했다고 한다. 그가 그토록 숭배했던 마오쩌둥을 만나고 싶어하지 않았다는 사실은 이상한 일이었다. 그와 함께 혁명에 관해, 그리고 또 다른 베트남 같은 곳의 혁명 열기를 북돋고 싶은 의지를 얘기하지 않았다는 것이. 한편, 같은 해에 중국을 방문했던 앙드레 말로는 마오쩌둥을 만났다. 체는 중국 고위 지도자들과의 대화 속에서 이미 그 사실을 전해 들었을 것이며 더불어 중국인들이 전 세계의 혁명을 도모하는 일에 도움을 줄 수 없다는 사실도 깨달았을 것이다. 중화인민공화국은 그 자체만으로도 하나의 세계였다. 중국의 지도자들은 지구상의 다른 곳에서 일어나고 있는 일을 피부로 절실하게 느끼지 않았다. 게다가 문화혁명이 준비되고 있을 즈음이어서 마오쩌둥으로서는 그 일이 우선이었다. 체는 마오쩌둥을 다시 만나지 못하고 아시아를 떠났다. 그는 알제리에서의 자신의 발언이 모스크바를 자극했으리라는 사실을 알고 있었다. 아바나의 피델은 분명 문책을 받았을 게 뻔했다. 따라서 크렘린에게는 눈엣가시인 마오쩌둥을 만나서 공연히 불난 집을 더 들쑤셔놓을 필요는 없을 터였다.

3월 15일, 체 일행을 태운 비행기가 란초보이에로스 공항에 착륙했다. 알레이다와 이제 아홉 살이 된 일디타가 그를 마중 나와 있었다. 그러나 마냥 감격해하고 있을 때가 아니었다. 공항에 나온 도르티코스 대통령이나 피델 카스트로의 안색도 그리 밝지만은 않았다. 그들은 체의 해명을 바랐다. 지난해 12월에 뉴욕으로 출발하여 3개월 만의 귀국이었다. 그동안 알제리에서 했던 그 유명한 연설이 아직도 크렘린의 내부에서 거론되고 있었다.

체와 피델은 꼬박 이틀 낮 이틀 밤 동안 상대의 입장을 알아보는 대화를 나눴다. 멕시코의 마리아 안토니아의 집에서 첫 대면을 가진 지 어느덧 10년, 그들의 목소리가 더는 예전 같을 수는 없었다. 그러나 우정만큼이나 두 사람 모두에게 중요한 의미를 주었던 '혁명'이라는 단어가 주는 열정이 체를 끈질기게 붙들어 매고 있었음이 분명했다. 세간에서 생각할 수 있는 것과는 달리 쿠바식의 결별이 준비되고 있었던 것은 아니다. 두 사람은 혁명을 대륙 전체의 차원에서 보았으며, 남아메리카 전체를 하나로 묶을 생각을 하고 있었다. 그러나 체는 쿠바에 머물 수 없었고, 또 그러고 싶지도 않았다. 그가 쿠바에 머물 수 없었던 것은 이미 쿠바의 최대 우방인 모스크바의 심기를 건드린 마당에 자신의 존재가 피델에게 부담을 줄 수 있기 때문이었다. 그가 쿠바를 떠날 수 있었던 것은, 두 사람 사이에 맺어졌던 도의적인 계약 중 다른 하늘 아래에서 투쟁하기 위해 다시 떠날 수 있다는 조항 때문이었다.

카스트로는 자신의 친구가 저개발에 대해 새로운 지정학적 시각을 갖게 되었으며 차츰 제3세계권으로 기울어져가고 있음을 깨달았다. 체로서는 카스트로에게 통보도 없이 일방적으로 쿠바에서 미사일을 철수시켜버린 러시아인들의 행위를 결코 용서할 수 없었다. 그리하여 모든 것을 버려두고 떠날 때가 왔다는 판단이 들었다. 그는 일상으로부터 벗어나 숨어들었다. 블랙 아프리카에서의 체류는 콩고에서의 활동을 준비하는 기간이었을 뿐 아니라 어떤 면에서는 자신의 존재를 잊게 하는 일이기도 했다. 그러자 워싱턴과 손을 잡고 있던 라틴아메리카의 정부들과 모스크바까지도 이 성가신 독설가의 소재를 수소문하기 시작했다. 그는 이미 산업부장관이라는 직함 이상의 의미를 갖고 있었다.

체는 '마오쩌둥만이 인정한 쿠바인'이라는 소련의 빈정거림도 막아주었던 쿠바 시민권을 카스트로의 손에 다시 건네주었다. 그리고 산업부로부터 휴가를 얻어냈다.

"블랙 아프리카를 방문했을 때 가장 관심을 끌었던 건 오늘날 30퍼센트의 흑인이 점유하고 있는 쿠바와의 특별한 공통점이었다. 나는 쿠바인의 문화와 생활양식이 아프리카의 고대문화로부터 유래했다는 걸 확인할 수 있었다. 우리는 유명한 화가 윌프레도 람(Wilfredo Lam)을 알게 되었는데, 그를 아바나에서 다시 발견하였다. 놀랍게도 그의 예술이 어디에나 숨쉬고 있었다. 조각가의 작업실과 아프리카풍의 회화에서는 그의 분위기가 물씬 풍겨 나왔다. 그는 자기만의 고유한 흑인 예술을 실현함으로써 흑인 예술에 지대한 영감을 주었다. 우리는 쿠바의 음악 역시 아프리카로부터 왔다는 사실을 알고 있다. 쿠바의 악단들, 특히 호린(Jorrin)[11]의 음악을 들으면 쉽게 확인할 수 있다. 또한 아프리카인들은 쿠바로부터 건너온 리듬을 매우 좋아하기 때문에 그 음악은 다시 아프리카로 되돌아가게 된다.

체는 라틴아메리카 전역에 유포될 한 글에서 자기 고백적 방식으로 아프리카를 묘사했다.

---

11) 차차차를 만든 이로, 1987년 아바나에서 사망.

그 과정은 이중적이다. 한편은 사회적 발전과정으로 직접적이거나 간접적인 교육을 통해 기능한다. 다른 한편은 자결의식을 갖춘 발전과정에 따르는 개인이 있다. 새로운 사회는 과거와의 경쟁상태에 돌입해야 한다…….

새로운 인간을 창조해내기 위해 당은 전위조직을 구성해야 한다. 그걸 위해서는 가치 있는 틀로 짜인, 본이 될 존재가 필요하다.

우스꽝스럽게 여겨질지 모르겠지만 이 얘기만은 하고 싶다. 진정한 혁명가는 사랑이라는 위대한 감성에 의해 인도된다. 이 특질이 결여된 진정한 혁명가를 상상할 수는 없다. 정치지도자들이 갖고 있는 가장 중요한 문제점들 중 하나도 이것이다. 냉정한 정신과 열정적인 정신을 조화시킬 줄 알아야 하며, 눈 하나 꿈쩍 않고 고통스런 결정을 내릴 줄도 알아야 한다. 우리의 전위 혁명가들은 민중에 대한 이런 사랑을 실천하여야 한다…….

차가운 학자적 태도로 극단적인 교조주의나 대중에 대한 소외에 함몰되지 않으려면 늘 겸양과 정의와 진실에 대한 열망을 갖도록 하자. 살아 있는 인류를 향한 위대한 사랑을 구체적 사실로 전환시키기 위해, 가치 있는 본이 되는 행동으로 실천하기 위해 매일매일 투쟁하여야 한다. 혁명, 혁명정당의 이념적 동인인 혁명은 죽음 외에는 어떤 것도 중단시킬 수 없는 방식으로 실현된다. 전 세계에 걸쳐 혁명이 구축되기까지는…….

이 새로운 단계에서 민중의 권리와 의무에 대한 명료한

의식이 없이는 우리가 너무도 열망하였던 사회주의 사회 안으로 들어갈 수도, 또 그 안에서 일할 수도 없다. 이 사회주의 사회는 당연히 절대적인 민주사회일 것이다. 왜냐하면 이 사회는 민중의 필요와 열망 위에서, 또한 민중이 모든 결정에서 중요한 부분을 차지해야 한다는 사실 위에서 건설된 사회이기 때문이다.

대장정을 앞두고 체는 마치 자신의 족적을 남기기라도 하려는 듯 여러 형태의 글들을 속속 발표하였다. 그는 「혁명과 함께하는 미(美)」라는 글에서는 사회 속에서 예술의 위치를 자리매김하려는 시도를 하기도 했다.

찬란한 진보를 이룬 국가들에서 우리는 이 경향(표현의 자유를 향한)이 지나친 교조주의와 싸워왔던 자취를 읽을 수 있다. 보편적인 문화가 거의 하나의 절대규칙으로 자리 잡으면서 인간은 문화적 이상의 극치로서 자연을 정확히 형식적으로 재현하겠노라 공표했다. 그러나 나중에 이 재현은 인간이 창조하려 했던 것보다는 사회현실에 대한 일말의 갈등이나 모순이 배제된, 다만 기계적인 묘사로 변질되고 만다. 사회주의는 성숙되지 않았다. 그 안에는 많은 오류가 담겨 있다.

그리하여 인간은 모두가 이해하는 차원으로 단순화를 추구하게 된다. 말하자면 그건 행정관리들의 이해방식과 같다. 인간은 진정한, 본래적 의미의 예술을 추구하는 것을 그만두었고 보편적인 예술이라는 이름으로 사회주의적인 현재와 폐기된 과거(무력한 결과로서)로부터 승인된 상황에 빠져들었다. 그렇게 하여 지난 시대의 예술에 기반을 둔 소비에트 사실주의가 탄생한 것이다.

그러나 19세기의 사실주의 예술 또한 계급주의 예술이었다. 그것은 소외된 인간의 고통을 드러내 보이는 20세기의 퇴폐적 예술보다도 어쩌면 더욱 순수하게 자본주의적인 성격을 가졌을지 모른다. 문화라는 영역에서 자본주의의 목소리가 새어나오지 않는 곳은 없다. 현실적인 타락 속에서 자신을 적나라하게 드러내는 메스꺼운 시신밖에 더 남은 게 없다. 그런데도 사회주의 리얼리즘의 고정된 형식 속에서 유일하게 가치 있는 해결책을 찾겠다고 주장하는 이유는 무엇일까?

1965년 4월 20일, 하루 종일 사탕수수 수확작업을 거들고 난 피델 카스트로는 체 게바라 대장의 행방을 다급하게 묻는 언론에 이렇게 대답했다.

"내가 이 문제에 대해 답할 수 있는 것은 그가 혁명을 위해 자신이 가장 알차게 쓰일 곳에 늘 있으리라는 것과, 우리들의 관계는 그 어느 때보다도 공고하다는 것입니다. 나는 그의 아프리카 여행이 참으로 유익할 거라 믿습니다. 그는 우리 사절단과 함께 중국도 방문했습니다. 그는 다양한 면모를 가진 인간입니다. 그리고 아주 특출한 지성인이며 가장 완전한 지도자들 중의 한 명이기도 합니다."

 카스트로의 대답은 마치 그 유명한 다면성의 인간이 이미 지평선을 바꿀 준비를 하고 있다는 것을 알리는 공표문과도 같았다.

 카스트로는 체를 찾았다. 그는 쿠바로부터 멀리 떨어진 곳에서 체 게바라 대장이 자신의 운명과 어떻게 조우했는지 알지 못했다. 이미 그는 더는 자신과는 같은 국적을 갖지 않게 되었으니…….

 체의 신변에 대한 각종 소문이 꼬리를 물고 퍼져나갔다. 체가 산토도밍고에서 살해됐다느니, 카스트로와의 불화로 감옥에 갇혀 있다느니, 멕시코의 망명자 보호소에 있다느니, 베트남이나 페루에서 목격되었다는 얘기도 나돌았다. 심지어 그가 자신의 조국인 아르헨티나에서 새로이 게릴라전을 준비하고 있다는 얘기까지 나돌았다. 런던의 『이브닝 포스트』지는 그가 중국에 있다고 했고, 미국의 『뉴스위크』지는 그가 러시아인들에게 모종의 대가를 받고서 자신에 대해 더 얘기가 새어나가지 않도록 비밀을 유지하고 있다고 했다. 남아메리카의 정부들은 기겁을 했다. 그들 중 몇몇 인사들은 다가올 망령을 피해 아예 짐을 꾸리기까지 했다. "대체 CIA는 그런 인간이 설치도록 왜 놔두는 것일까?" 각국의 대사관들은 하나둘씩 드러내놓고 의문을 제기하기 시작했다.

 체의 어머니에게도 그것은 견디기 힘든 시련이었다. 부에노스아이레스에 있던 셀리아는 죽음을 앞두고 있었다. 심하게 퍼진 암세포 때문이기도 했지만 그녀는 이번에야말로 정말로 사라져버린 아들로 인한 고통으로 최악의 상태에 직면해 있었다. 아들로부터 마지막으로 받은 편지만 생각하면 그녀는 가슴이 메는 것 같았다. 그 말들은 무언가를 감추기에는 너무나 선명했다. 5년간 '새 사업을 구상한다'는 아들의 글에는 알베르토와 떠나기 전에 숙고할 시간을 가져보려 한다는 의중이 뚜렷이 읽혀졌다.

그녀는 곰곰이 생각해보았다. '5년간의 사업'이라는 말이 그녀의 뇌리에 맴돌았다. 그것은 분명 게릴라, 무장혁명을 지칭하는 말일 것이었다. 5년이라는 숫자는 알레그리아델피오 이후 체가 겪었던 그 밤고양이 같은 7년의 생활을 떠올리게 했다. 아들이 얘기하는 5년─만약 아직도 그 시간이 남아 있다면─이라는 시간이 다른 불행한 이들이 스스로를 해방시킬 수 있도록 하는 데 불태울 수 있는 시간이라 할 수 있을까? 그녀는 알 수 없었다. 그녀는 전화상으로라도 아들의 목소리를 듣고 싶었으나 알레이다의 위로를 받는 데에 만족해야 했다. 셀리아는 살 날이 얼마 남지 않았다는 것을 알고 있었기에 죽기 전에라도 꼭 아들을 가까이에서 보고 싶었다. 그녀는 손자들의 사진을 쓰다듬으며 사진 뒷면에 씌어진 글들을 읽고 또 읽었다. "이 애가 막내 에르네스토예요. 이 아이로서 생산은 끝마치려고 합니다." 다시 한 번 오싹한 한기가 그녀를 훑고 지나갔다. 아들이 자신의 이름과 애칭을 붙여준 이 막내아이, 이 아이가 마치 아들의 새로운 결심의 증인과도 같았다.

셀리아는 좀처럼 불안을 지울 수가 없었다. 그녀는 산토도밍고에서 총탄에 쓰러지는 아들의 모습을 상상했다. 그녀는 결코 아들의 손에 전달되지 못한 편지를 썼다. 그 편지의 전달자는 쿠바로 출발하지 못했고 그 편지는 게바라 가족과 가깝게 지냈던 리카르도 로호가 아직도 간직하고 있다. 그 편지의 내용은 대략 이렇다.

…… 네 말대로 행한다면 너는 세계 사회주의의 훌륭한 봉사자가 될 수 없을 게다. 혹시 어떤 이유로 쿠바에서 네 뜻을 펼칠 수 없다면 알제에서 벤 벨라와 함께 일을 해보면 어떻겠니. 그는 네가 그 나라의 경제를 위해 일한다면 분명 고마워할 게다. 아니면 가나의 느크루마 대통령도 너의 능력을 쓸 준비가 되어 있을 거야. …… 보내준 사진들은 잘 받았다. 정말 너무 맘에 들었다. 비록 네 아이들의 모습 속에서조차도 너의 얼굴이나 너의 몸짓을 찾아볼 수는 없지만 말이다…….

셀리아 게바라 데 라 세르나는 1965년 5월 19일, 쉰일곱의 나이로 세상을 떠났다. 체가 어머니의 죽음을 알게 된 것은 개간되지 않은 삼림지대 한복판에서였다.

체는 떠나기 전에 의식적으로 주변을 정리하고 있었

다. 그는 부모님과 자녀들 앞으로 편지를 썼다. 늘 좋은 친구가 되어주었던 알베르토와 피델에게도 편지를 남겼다. 믿음직한 동료이기도 했던 알레이다는 그의 계획을 이미 눈치 채고 있었다. 그는 적당한 시기에 편지들이 전해질 수 있도록—그건 돌아오는 가을이 되어서였다—피델이 그 편지를 보관해주길 바랐다.

부모님께.

사랑하는 두 분,
다시 한 번 나의 로시난테에 박차를 가해야 할 때가 왔음을 느낍니다. 칼과 방패를 챙겨 들고 저는 다시 길을 떠납니다.

부모님께 작별의 편지를 썼던 것이 어느덧 십 년이 지났군요. 혹시 기억하고 계시다면 제가 훌륭한 군인이자 좋은 의사가 되지 못한 것을 아쉬워했었다는 것을 아시겠지요. 그러나 이제 훌륭한 의사는 더는 저의 희망사항이 아닙니다. 저는 썩 형편없는 군인은 아니기 때문이죠.

본질적으로 변한 건 아무것도 없습니다. 저의 마르크스주의가 더욱 깊어졌고 정제되었다는 점을 전보다 더욱 자각하고 있다는 점만을 제외하곤 말입니다. 저는 해방되고자 하는 민중들의 유일한 해결책은 바로 무장투쟁밖에 없다고 믿으며 이 신념을 일관되게 따를 뿐입니다. 많은 사람들이 저를 무모한 모험가로 여기고 있다는 걸 압니다.

물론 저는 그렇습니다. 하지만 다른 형태의 모험가지요. 바로 자신의 진실을 지키기 위해서는 목숨까지도 내던질 수 있는 그런 모험가 말입니다.

어쩌면 이번이 마지막일 수도 있을 겁니다. 그렇지 않길 기대하지만 논리적으로 따져볼 때 그럴 가능성이 높다고 할 수 있습니다. 만약 그렇게 된다면 저는 두 분에게 마지막으로 포옹을 보내는 셈이지요.

생각해보면 두 분을 너무너무 사랑하면서도 저는 그 마음을 제대로 표현하질 못했습니다. 저는 제 행동에 지나치게 완강했고 더러는 그런 저를 이해하지 못하셨을 겁니다. 사실 저를 이해하기란 쉽지 않으셨을 겁니다. 하지만 지금만은 절 믿어주십시오.

이제 예술가의 희열로서 연마한 제 의지가 무뎌진 다리와 지친 폐를 지탱해줄 것으로 믿습니다. 그리고 저는 마지막까지 나아가겠습니다.

가끔은 이 20세기의 난폭한 모험가인 이 못난 아들을 기억해주시겠지요. 셀리아와 로베르토, 후안 마르틴과 파토틴, 그리고 베아트리스 이모에게 키스를 보냅니다. 모두를 사랑합니다.

방자하고 고집 센 아들, 에르네스토

피델에게 보낸 편지는 1965년 10월 3일, 쿠바공산당 중앙위원회가 소집된 그날 피델에 의해 공개적으로 읽혀졌다.

아바나 농업 재건의 해를 기념하며

피델,

이 순간 나에게는 많은 생각이 떠오릅니다. 마리아 안토니아의 집에서의 첫 대면, 당신과 함께 가자는 제의, 그리고 혁명을 준비하는 과정에서 수반되는 그 모든 긴장들. 언제인가 누군가 우리에게 이렇게 물었지요. 죽어야 할 순간이 오지 않겠느냐고, 죽어야 할 순간이 현실적으로 우리에게도 닥칠 수 있으리라는 가능성이 우리를 사로잡았었지요. 그리고 우리는 그것이 사실이었고 (어차피 그래야 한다면) 혁명 속에서는 이기는 자도 있으며 죽는 자도 있다는 사실을 알게 되었습니다. 승리로 오는 길목에서 많은 동지들이 그렇게 쓰러져갔습니다.

지금은 모든 것이 그때만큼 극적이지는 않습니다. 그만큼 우리가 더 원숙해졌다는 것이겠지요. 하지만 현실은 반복되는 법입니다. 나는 쿠바혁명에서 내가 할 바의 몫을 수행했다고 여기며, 어느덧 내 자신의 일부가 되어버린 당신과 동지들, 그리고 쿠바 국민들에게 작별을 고합니다.

나는 당에서의 내 직책과 장관으로서의 직위, 대장이라는 계급, 그리고 쿠바 시민권을 공식적으로 내놓습니다. 쿠바와 나를 묶어놓을 어떠한 법적 구속력도 없어지는 것입니다. 유일한 끈이 있다면 또 다른 속성의 것, 즉 공식적인 문서로는 파기될 수 없는 것이겠지요.

지나간 내 삶을 돌이켜보건대, 나는 혁명의 승리를 공고히 하기 위해 자부심을 갖고 일해왔다고 믿습니다. 내가 저지른 유일한 큰 실수는 시에라마에스트라에서 투쟁하던 그 초기 시절보다 당신을 더 신뢰하지 못했다는 것과, 지도자와 혁명가로서 당신의 역량을 충분히 이해하지 못했다는 것입니다.

나는 찬란한 날들을 살아왔습니다. 당신의 곁에 머물면서 카리브 해의 위기가 야기한 슬프고도 저 빛나는 시간들을 우리의 민중과 더불어 함께했다는 사실에 긍지를 느낍니다. 그날들보다도 더욱 빛나는 시간을 가진 정치가는 없을 겁니다. 아울러 망설임 없이 당신을 따랐고, 당신의 사고방식에 내 자신이 기꺼이 따랐다는 점 역시 자랑스럽습니다.

이 세계의 다른 땅에서 미약하나마 나의 헌신을 요구하고 있습니다. 나는 당신이 쿠바의 수반으로서 지고 있는 책임 때문에 할 수 없는 일을 할 수 있습니다. 이제 우리가 작별하여야 할 시간이 온 것입니다.

당신과 헤어질 생각을 하니 희열과 고통이 어지럽게 내 마음을 휘젓는군요. 여기에 나는 건설자로서 나의 가장 순수한 희망을 두고 갑니다. 그것은 내가 사랑하는 것들 중 가장 소중히 여겼던 것이지요. 그리고 나를 친자식처럼 따뜻이 맞아주었던 쿠바의 민중을 두고 떠납니다. 이 모든 것이 나의 희망의 일부로서 계속 남아 있을 겁니다. 제국주의가 있는 곳이라면 어디든 막론하고 새로운 전장에서 나는 당신이 나에게 심어주었던 신념, 민중의 혁명 정신, 가장 성스런 의무를 수행한다는 감정을 늘 지니고 있을 겁니다. 이것들이 있다면 아무리 깊은 상처라도 위로받고 치료될 수 있을 것입니다.

거듭 얘기하건대, 나는 쿠바혁명이 주었던 모범만은 제외하고 모든 책임으로부터 쿠바를 자유롭게 해주럽니다. 혹시 또 다른 하늘 아래서 최후의 순간을 맞이하게 된다면 나는 마지막으로 바로 쿠바 국민, 특히 당신에게 향할 것입니다. 당신의 가르침과 모범에 대해 감사하며 내 행동의 결과에 늘 확신을 갖도록 노력하겠습니다. 나는 혁명의 외부정책과 늘 일치해왔었고, 앞으로도 그럴 것입니다. 내가 어디 있건 간에 나는 쿠바 혁명가로서의 책임감을 숙지하고 그에 걸맞은 행동을 할 것입니다. 나는 아내와 자녀들에게 물질적으로 아무것도 남기지 않고 떠나지만 그것을 안타깝게 생각하진 않습니다. 그러는 것이 오히려 기쁠 따름입니다. 나는 그들을 위하여 아무런 요구도 하지 않을 작정입니다. 국가가 그들의 생활과 교육을 충분히 책임져주리라 믿기 때문입니다.

이외에도 당신과 우리 국민에게 할 얘기가 산더미같이 있습니다만 한편으론 말이 필요치 않을 거라 느낍니다. 말로써 내 바람을 다 표현할 수도 없는 일이며, 그런 말장난이 굳이 필요치 않다고 여기는 까닭입니다.

승리를 쟁취하는 날까지, 영원한 전진! 조국, 아니면 죽음을!

나의 모든 혁명적 열정을 다하여 당신을 포옹합니다.

체 게바라

루이스 라반데이라는 그 편지에 대해 이런 분석을 덧붙였다. "체는 떠남으로써 피델에게 형제와 같은 말투로 '충성을 서약'했다. 정신분석학적으로 볼 때 내 의견은 이렇다. 그의 유달리 강한 지적인 솔직함을 고려해보건대, 그는 피델이 '쿠바 상륙'을 준비하던 순간—그란마호의 출항—과 바티스타 독재정권과 미제국주의로부터의 해방이라는 과업을 상기시키려 했던 것이다. 체에게 있어 피델은 시몬 볼리바르가 착수한 대륙 해방이라는 과업을 20세기에 실행할 가장 상징적인 인물이었던 것이다."

다음은 자녀들에게 보내는 편지이다.

사랑하는 일디타, 알레이디타, 카밀로, 셀리아 그리고 에르네스토에게.

너희들이 이 편지를 읽게 될 즈음엔 나는 더 너희들과 함께 있지 못할 게다.

너희들은 더는 나를 기억하지 못할 것이고 어린 꼬마들은 이내 나를 잊어버릴지도 모른다.

그러나 너희들의 아빠는 자신의 생각대로 행동했으며 자신의 신념에 충실했던 사람이었단다.

아빠는 너희들이 훌륭한 혁명가로 자라기를 바란단다.

자연을 정복하기 위해, 꼭 필요한 기술을 정복하기 위해 많이 공부하여라. 그리고 혁명이 왜 중요한지, 그리고 우리 각자가 외따로 받아들이는 것은 아무런 가치도 없다는 점을 늘 기억하여주기 바란다.

특히 이 세계 어디선가 누군가에게 행해질 모든 불의를 깨달을 수 있는 능력을 키웠으면 좋겠구나. 누구보다 너희들 자신에 대해 가장 깊이. 그것이야말로 혁명가가 가져야 할 가장 아름다운 자질이란다.

늘 너희들을 다시 보길 바라고 있으마. 아주 커다랗고 힘찬 키스를 보낸다.

아빠가

타 투 무 간 다

체는 새로운 투쟁의 장으로 벨기에령 콩고를 선택했다. 파트리스 루뭄바[12]가 투쟁하다 목숨을 잃었던 곳, 그가 이곳을 선택한 이유는 소련과의 이해관계에 큰 비중을 두고 있던 피델의 입장을 고려했기 때문이기도 했다. 이러한 결정의 배경에 대해 의아해하던 사람들은 뉴욕에서 열린 UN총회에서 체가 했던 긴 연설을 듣고 나서야 어느 정도 해답을 얻을 수 있었다.

"나는 참담한 현실에 직면한 콩고사태에 관심을 두지 않을 수 없습니다. 민중의 권리를 유린하고도 아주 뻔뻔하게 아무런 처벌도 받지 않는 나라는 현대사에서 콩고가 유일할 것입니다. 이 모든 사태의 직접적인 원인은 바로 콩고의 엄청난 부, 즉 자원이라고 할 수 있습니다. 제국주의 국가들이 계속해서 콩고의 자원을 그들의 통제 아래 두고 싶어하기 때문입니다."

---

12) 제국주의에 대항하여 콩고를 아프리카의 베트남으로 만들고자 투쟁했던 인물. 1961년 1월 17일에 카탕카에서 암살당했다.

그런 다음 그는 정치적인 배경에 대해 이야기했다.

"파트리스 루뭄바가 세계인들에게 심어준 희망을 여지 없이 배반해버린 일을 어떻게 잊을 수 있단 말입니까? UN군이 이 나라를 점령한 후에 벌어졌던 일련의 사태들, 애국심에 사로잡힌 츠홈베의 병사들이 활개를 치고 다니는 것을 어떻게 방관할 수 있단 말입니까? 애국이라는 명목으로 제국주의자들 사이의 세력 다툼을 이용, 자신의 집권을 도모함으로써 UN의 권위를 무시했던 사람이 바로 모이세 츠홈베였습니다. 그는 벨기에의 후원을 등에 업고 카탕카에서 이탈하기 시작했습니다. 대표 여러분, 어떻게 우리가 그 사실을 잊을 수 있겠습니까? 그리고 UN이 취한 행동의 결과로, 카탕카에서 빠져나간 츠홈베가 다시 콩고에서 주인 행세를 하게 된 것을 어떻게 정당하다고 말할 수 있겠습니까?"

그러면서도 체는 소련의 비위를 맞추려는 듯한 말을 슬쩍 흘렸다.

"이런 이유 때문에 쿠바 정부는 크나큰 죄악을 저지르기 위해 사용되는 비용을 지불하지 않겠다는 소련의 확고한 태도를 지지합니다."

실제로 체가 아프리카 내정에 깊이 관심을 갖게 된 가장 큰 이유는 신생 쿠바 혁명정부의 신뢰를 한 몸에 받던 제3세계 지도자 파트리스 루뭄바가 제거된 일 때문이었다. 그때 루뭄바 지지자인 가스통 수미알로가 킨샤사에서 권력을 잡고 있는 모이스 츠홈베, 조지프 카사부부, 조지프 모부투 세 사람을 상대로 봉기를 일으킬 작정으로 아바나에 원조를 요청하러 왔던 것이다. 이 일로 쿠바는 모로코와 국경 분쟁을 하던 신생 알제리 공화국을 도운 이후 두번째로 아프리카 내정에 개입하게 되는 것이다.

체는 피델의 비밀정보조직인 쿠바의 G2와 함께 콩고의 킨샤샤―체의 프랑스어 실력이 이번에 아주 유용하게 쓰이게 될 터였다―로 출발할 준비를 하였다. G2의 책임자는 마누엘 피녜이로, 일명 바르바로자, 바브 루즈였다. 그는 1955년에 뉴욕에서 꽤 알려진 현대무용가인 로르마 부르살과 결혼했다. 그녀는 아바나에 정착했고, 지금도 아바나에서 계속 무용을 가르치고 있다. 마누엘 피녜이로를 통하여 체는 좌파인 피에르 무엘레와 제국주의 세력을 등에 업은 모이스 츠홈베 간의 전쟁에 대해 자세히 알게 되었다. 그리고 프랑스령 콩고의 전 대통령인 마셈바-데바를 만나 지원을 요청할 생각을 하고 있었다.

1965년 1월부터 군인들이 쿠바, 칸델라리아의 피나르 델리오 병영에 집결하였다. 약 5천 명가량 되었는데, 모두 흑인이었다. 그들은 그 점을 의아해하면서도 한편으론 즐거워했다. 모두 흑인들이다 보니 한번은 어이없는 일이 생기기도 했다. 그들이 차에 탈 준비를 하는데 어린 여자아이가 어머니의 팔을 잡아당기며 말하는 것이었다.

"엄마 저기 보세요. 흑인들의 버스예요!"

헤수스 바레토라는 기자는 당시의 분위기를 다음과 같이 이야기했다.

"그들은 범세계주의라는 신성한 명분을 위해 주저 없이 목숨을 걸었습니다. 군인들의 검은 피부색이야말로 선명한 그들의 목표를 보여주고 있습니다."

빅토르 드레케가 피나르델리오 산속에서 2월 초부터 징집병들을 훈련시켰다. 그 역시 흑인이었다. 3월이 끝나갈 즈음 그는 아바나의 어느 집으로 와달라는 요청을 받았다. 그 집에는 나중에 볼리비아에서 아르투로라는 가명으로 활동하게 될 호세마리아 마르티네스 타마요가 기다리고 있었다. 그는 빅토르 드레케에게 사진을 보여주고 나서 원정대의 진짜 대장이 될 사람을 가리켰다. 그는 사진에 나온 멋진 백인 남자가 누구일까 궁금해하면서 사진을 들여다보았다. 다음 날 아침, 낯선 사람 하나가 방에서 나왔다. 사진에 있던 바로 그 사람이었는데, 말끔하게 면도를 하고, 밝은 색 옷을 입고, 파이프 담배를 느릿느릿 피웠다.

빅토르 드레케는 그때 일을 다음과 같이 회상했다.

"그는 내 앞에 멈춰서더니 내 손을 잡았습니다. 그러고 나서 타마요와도 악수를 했습니다. 우리는 그의 흉내 낼 수 없는 목소리를 직접 듣고, 그가 체라는 사실을 알고 나서 정말로 깜짝 놀랐습니다. 그제야 우리의 임무가 그를 보호하는 일이라는 걸 알았습니다."

무엇인지도 모르는 임무를 완수하러 떠나기 직전인

1965년 3월 31일에 카스트로는 대원들에게 작별인사를 했다. 그는 이렇게 말했다.

"나보다 더 훌륭한 군인이 여러분들을 지휘할 것입니다……."

많은 사람들은 그가 말하는 지휘관이 카밀로 시엔푸에고스일 거라고 생각했다. 쿠바 사람들은 여태껏 그의 죽음을 받아들이지 않고 있었던 것이다.

대원들은 흑인 1백31명, 백인 5명, 모두 1백36명이었다. 백인 5명 중에는 체를 비롯하여 오스카르 페르난데스 멜, 타마요, 마르크스주의를 전파하는 정치적 선전임무를 담당한 에밀리오 아라고네스가 있었다. 그들 1백36명은 몇 명씩 그룹을 이루어 각기 다른 비행기를 타고 벨기에령 콩고에 도착했다. 그들이 가장 많이 이용한 방법은 오케스트라 단원으로 위장하는 것이었다. 그럴듯한 사업가처럼 보이는 체는 따로 위장할 필요가 없었다.

모스크바로, 카이로로, 다르 에스-살람으로 쉬지 않고 돌아다녔던 그는 언제나 떠날 준비가 되어 있는 사람이었다. 베니뇨와 몇몇 사람이 한 그룹을 이루어 비행기를 타고 파리에 내렸다. 다르 에스-살람에 도착한 대원들은 여러 곳에 나뉘어 잠을 잔 뒤, 트럭을 타고 출발하여 사흘 후에 키고마에 도착하였다. 키고마는 탄자니아와 가까운 곳에 길쭉하게 자리 잡은 탕가니카 호수 근처에 있다. 거기에서 군복으로 갈아입은 그들은 처음으로 자신들의 진짜 지휘관을 보게 되었다. 검은 모자에 베이지색 옷을 입고, 머리를 짧게 깎은 낯선 남자가 드레케와 타마요를 둘러싸고 있는 그들에게 다가와 한 사람 한 사람에게 쿠바혁명 기간 동안 군에서 썼던 전시명이 무엇이었는지 물었다. 열 사람에게 물어본 그는 마침내 자기소개를 하였다.

"내 이름은 타투요. 스와힐리어로 '3'을 의미하지. 하지만 쿠바에선 모두들 나를 체라고 부르지······."

사람들은 수염도 깎은데다, 올리브그린색 옷도 입지 않은 그를 그제야 알아보고는 놀라고 기뻐 어쩔 줄 몰랐다. 드레케는 자신의 전시명이 반투족 말로 '1'을 뜻하는 모야라고 대답했다. 타마요의 가명은 '2'라는 뜻의 므빌리였다. 체는 너무 나서지 않도록 자신을 잡아주는 '3'이라는 숫자를 내심 흡족히 여겼다.

여행길에 오른 그들은 밤을 이용하여 작은 동력선을 타고 키고마를 떠났다. 동력선은 벨기에 용병들의 눈을 피하기 위해 이리저리 돌아서 여섯 시간 이상을 달렸다. 그리고 마침내 5월 첫 새벽에 콩고 킨샤샤에 정박했다. 콩고 사람들은 호수가 바라보이는 낭떠러지 아래, 키맘바 강 기슭에 체가 지낼 산막을 짚으로 만들어놓았다. 일찍이 멕시코의 화산을 올라 다녔던 그는 이내 1천2백 미터나 되는 꼭대기까지 날 듯이 올랐고, 거기에다 은신처를 만들었다. 본부기지는 해발 6백 미터 지점, 숲이 울창한 산 위에 설치했다. 그야말로 난공불락의 요새라 할 만했다. 5월 22일에 오스마니 시엔푸에고스가 키고마에 도착한 34명의 대원들 중에서 17명을 데리고 나타났다. 의사 세 사람을 포함해 39명으로 이루어진 제4그룹과 마지막 그룹은 벤데라 요새를 공격하기 바로 전인 6월 24일 도착했다. 이렇게 해서 쿠바인 전체 유효 병력은 4백10명이 되었다.

하지만 대원들은 츠홈베 군대의 추격을 피하기 위해 끊임없이 이동해야 했다. 쿠바인들은 차츰 정글의 생리를 알게 되었다. 덩치 큰 맹수들이 많지 않은 대신 오히려 뱀이 득실거렸는데, 그중에는 독사들도 심심찮게 있었다. 쿠바에서 뱀을 별로 보지 못한 그들에게는 새로운 위협거리가 아닐 수 없었다. 가끔 코끼리 떼를 만나곤 했는데, 체는 코끼리 떼가 유용하다는 사실을 재빨리 간파했다. 밀림 속에 길을 내는 데는 코끼리 떼가 최고였다. 그리고 원숭이들이 셀 수 없이 많았다. 그들은 가끔 마니옥 뿌리가 넉넉지 않을 때는 원숭이를 잡아먹기도 했다. 꼭 지켜야 할 몇 가지 주의사항이 있었는데, 특히 이윰바스라고 부르는 산막 안에서는 절대로 담배를 피워서는 안 되었다. 한번은 누군가가 이 규칙을 어기는 바람에 벽토로 지은 산막이 모두 불에 타고, 문서와 사진이 들어있는 귀중한 자료들이 고스란히 재로 변했다. 한술 더 떠 적들에게 은신처를 노출한 꼴이 되어 적들의 추격을 받기까지 했다. 이 일로 체는 불같이 화를 냈다.

반군은 호수 최북단에 위치한 작은 마을, 유비라에서 키부 산맥 서쪽에 있는 칼리마까지 세를 확장해가고 있었다. 대부분이 문맹인 주민들은 부족별로 이곳에 다시 모여 살았다. 각 부족마다 고유의 복장과 신앙이 있었고, 추장과 제사장이 절대권력자였다. 1965년 1년간은 유능한 게릴라를 길러내는 일에 주력할 셈이었다. 게릴라를 길러내는 것이 쿠바인들이 아프리카에 온 첫째 목표였다. 그렇게 해서 콩고인 2천 명 이상이 훈련을 받았다.

체는 자신이 정해놓은 원칙에 충실하였는데, 그의 첫째 원칙은 훈련, 둘째는 경험이었다. 원주민들에게 전투하는 법, 덫을 놓는 법, 후퇴하는 법을 가르쳤다. 자신이 시에라마에스트라에서 체득했던 것들을 전부 그들에게 가르치고자 했다. 그는 혁명이론을 가르치면서 자신도 열다섯 살짜리 프레디 울란가로부터 스와힐리어를 배웠다. 프레디 울란가는 나중에 아바나에서 신경외과 의사가 되었다. 체는 프레디의 머리가 뛰어난 것을 알고 이런 제안을 했다.

"네가 나에게 너희 나라 말을 가르쳐주면 나는 스페인어를 가르쳐주마……."

그들은 그때 프랑스어로 대화를 주고받았다. 프레디는 당시를 이렇게 회상했다.

"그때 나는 체가 어떤 사람인지 잘 몰랐습니다. 그는 내게 자신의 산막에서 같이 지내자고 했습니다. 그는 땅바닥에 나뭇잎을 깔고 자고 동이 틀 무렵 일어나서 설탕을 넣지 않은 차를 마셨습니다. 그러고는 내게 '자, 호숫가에 가자'고 말했습니다. 우리는 길을 따라 호숫가로 내려왔습니다. 그는 그런 식으로 몸을 단련했습니다. 그는 늘 건강한 모습이었습니다. 그가 환자들을 돌보았기 때문에 사람들은 그를 타투 무간다라고 불렀습니다. 무간다는 스와힐리어로 '고통을 덜어주는 사람'이라는 뜻이지요."

알베르토 그라나도와 볼리비아 게릴라[13]의 아들로서 아바나에 살고 있던 인티 페레도와 함께 우리는 체의 도시인 산타클라라를 찾았다. 산타클라라 사람들은 이제는 전설이 된 체에 관한 이야기를 하고 또 했다. 그들은 팔에 띠를 두르고, 손에 총을 들고 있는 모습의 거대한 청동상도 세웠다. 청동상의 얼굴은 특유의 신비로운 미소로 빛나고 있었다. 라스비야스 주의 수도에는 콩고 전투에 참여했던 게릴라들 중 많은 사람들이 남아 있었다. 그들 중 세 사람이 이른바 '체 게바라 커넥션'에 소집되어 우리를 기다리고 있었다. 세 사람은 치리노라고 부르는 연대장 마르틴 시바스, 부관인 마누엘 메디나와 루이스 몬테아후도 알테라였다. 그들은 콩고에서 배운 서툰 프랑스어로 말을 꺼냈다. 쿠바에서 말문을 틀 때 애용하는 럼주가 담긴 병의 뚜껑을 우리는 서둘러 열었다. 연대장은 말했다.

"체는 우리에게 빨리 말하는 법과, 핵심에 접근하는 법을 가르쳐주었습니다. 빈둥거리는 모습을 끔찍이 싫어했

---

13) 1968년 9월 9일 볼리비아에서 살해당했다.

던 그는 우리가 그곳 생활을 잘 할 수 있도록 프랑스어를 가르쳐주었습니다. 그리고 우리에게 우리가 가르치는 아프리카 사람들을 이해하도록 노력하라고 했습니다. 우리는 지금 문화적으로 다른 지역에 와 있고, 우리들 스스로가 한 걸음 앞으로 나아가 그들의 관습을 더 잘 이해하려고 해야 한다는 점을 역설했습니다. 그는 가능한 한 우리를 하나가 되게 하려고 무진 애를 썼습니다. 그리고 아프리카 사람들이 우리를 높이 평가하고 존중해서, 하루빨리 우리의 말에 귀를 기울여 발전하게 되기를 원했습니다.

처음에는 그들의 음식이 입에 맞지 않았습니다. 얼마 지나자 그들의 음식에 익숙해졌고, 그들 역시 그랬습니다. 쿠바식 요리를 계속 먹게 했기 때문입니다. 체는 모두가 함께 나누어야 한다는 생각을 항상 가지고 있었습니다. 우유가 바닥에 조금 남아 둘이나 셋으로 나눌 수 없을 때는 커피 준비실로 보내 모두가 먹을 수 있도록 했습니다. 그는 늘 이런 식이었습니다."

그는 '자신이 알고 있는' 체에 대해 한마디로 이렇게 표현했다.

"먼저 희생하면 결국은 이익을 얻는다."

이번에는 메디나가 입을 열었다.

"나는 1965년 3월 25일, 스물다섯 살 생일날에 떠날 준비를 하고 있어야 한다는 사실을 깨달았습니다. 아내에게 멀리 떠나야 하는데 언제 돌아올지는 기약할 수 없다고 말했습니다…….

 체는 말이 없는 사람이었습니다. 그는 늘 작은 일기장을 가지고 다녔습니다. 이미 많은 아프리카 사람들을 훈련시킨 체는 어느 날 카탕카라는 마을에 있는 병영을 공격하기로 결정했습니다. 킴비 강에 있는 철교를 폭파하고, 수력발전소도 공격할 계획을 세웠습니다. 모부투가 그 마을에 있었습니다. 우리는 강한 상대를 공격한 것이었습니다."

 "전투는 벤데라 요새에서 벌어졌습니다." 연대장이 말을 받았다. 그는 루이스를 가리키며 말했다. "바로 그곳에서 '살쾡이의 눈'이 대단한 활약을 했습니다. 체가 전술을 짰습니다. 왼쪽 측면은 이스라엘 레이예스 살레스가 맡기로 했습니다. 그는 나중에 볼리비아에서 총에 맞아 죽었지요. 우리는 6월 30일을 디데이로 잡았습니다. 그날이 국경일이었기 때문이지요. 체는 언덕 위에서 쌍안경으로 접전을 지켜보았습니다. 그의 곁에는 기병 전령이 대기하고 있었는데 필요하면 언제든 뛰어나갈 태세였지요. 새벽 5시에 공격을 개시했어요. 군인들은 축제라 엉망으로 술에 취해 있었습니다. 전투는 이틀 밤낮이나 계속되었어요. 우리 쪽에서 한 차례 발포하면 상대는 백 번을 응사했습니다. 그 때문에 우리 쪽 사람 네 명이 죽었어요. 그때 살쾡이의 눈이 총을 빼 들었습니다……."

 1965년 6월 30일 새벽에 벌어진 전투에서 알베르토 베니뇨는 하마터면 목숨을 잃을 뻔했다. 루림바에서 알베르빌로 돌아오는 길에 위치한 요새 마을, 벤데라 요새는 킴비 강에 세운 수력발전소를 방어하는 역할을 했다. '요새는 참호까지 파놓아 더욱 공고한 방어체제를 갖추고 있었다. 공격하기 전에 아주 피상적으로만 그 지역을 탐사했을 뿐이었다. 요새에는 소형비행기가 뜨고 내릴 수 있는 활주로가 있으며, 5백 명에서 7백 명 정도를 수용할 수 있는 시설이다'라고 체는 자세히 설명한 적이 있다.

다음에 할 일은 계획을 세우는 것이었다. 쉬린이 이끄는 소대가 수력발전 터빈에 물을 공급하는 '이동대'를 공격한다. 아지 중위[14]가 지휘하는 소대는 산에서 가장 가까운 진지를 공격한다. 아지마 중위의 소대가 중앙으로 침투해 공항을 점령하고, 계속 진격하여 아지 중위와 합류한다. 마푸 중위[15]는 루림바로 통하는 길을 차단한다. 그리고 75밀리미터 포와 중무기로 무장한 이네 피카르소 중위와 함께 알베르빌 근접지에 가장 견고한 진지를 구축한다. 사령부는 킴비 강의 반대쪽 기슭, 산의 첫 지맥 위에 자리를 잡는다. 그리고 모하[16]와 문단디(르완다인 지휘관)가 사령부를 지킨다.

이 계획에는 몇 가지 심각한 결함이 있었다. 우선 전혀 알지 못하는 지역까지 위험을 무릅쓰고 들어가야 한다는

---

14) 이스라엘 레이예스. 볼리비아에서는 브리울리오라고 불렸다.
15) 카탈리노 올라케아.
16) 드레케.

것. 그리고 알베르빌로 가는 길에는 여기저기 복병이 매복해 있는데다가 산으로 둘러싸여 있는 요새에는 벨기에, 아일랜드, 프랑스의 용병들이 지키고 있다는 것이었다. '크고 강력한 요새였다'라고 베니뇨는 회상한다. 베니뇨는 그 당시 이네, 안수리네[17]와 함께 마을에 들어와 있는 곡마단에 들어가 부대의 정확한 위치를 염탐하는 임무를 맡았었다.

세 명의 쿠바인은 다시 길을 떠났다. 이네와 안수리네는 왼쪽으로, 베니뇨는 오른쪽으로 갔다. 요새에 있던 사수가 베니뇨의 두 동료를 간단하게 죽여버렸다. 베니뇨는 풀숲에 몸을 숨기고, 잔뜩 엎드린 채로 기어갔다.

"그런 다음에는 일이 점점 어려워졌습니다. 진지 공격을 시도했지만 6백 명의 아프리카인이 우리 곁을 떠났습니다. 우리식으로 말하자면 우리는 이제 2백 명뿐이었습니다. 그런데도 남아 있는 아프리카 사람들은 우리가 요새를 점령하게 되리라고 굳게 믿고 있었습니다."

대령으로 전역한 베니뇨가 회상했다.

이번에는 아지가 말했다.

"르완다 사람들이 쓰는 말은 스와힐리어하고는 다릅니다. 그들과 의사소통을 하려면 아주 복잡했습니다. 먼저 스와힐리어로 우리 말을 쓰고, 르완다 말에서 그에 상응하는 말을 찾아 옆에 썼습니다. 두 집단 사이에 늘 있는

---

17) 비냐헤라스.

싸움에 말려들지 않으려 했던 체의 명령에 따라 이루어진 일이었습니다. 또 싸움이 있을 때도, 제대로 훈련을 받지 못한 사람들은 연발총을 어떻게 다루는지 몰랐습니다. 딱하게도 콩고인, 르완다인 초보 게릴라들은 손가락으로 방아쇠를 당겨 한 번 사격에 30발의 탄환을 규칙적으로 쏘아댔습니다. 그들은 죽어 넘어진 사람들을 보고는 아예 혼비백산하여 무기와 군수품, 부상자, 죽은 이들을 버려두고 도망쳤습니다."

베니뇨가 말을 마무리했다.

"게릴라들은 스스로 자신을 지킬 수밖에 없었고, 함정을 만들면서 후퇴하는 방법을 택했습니다. 대개는 그런 식으로 후퇴하는 데 성공할 수 있었습니다. 그러다가 회심의 대공세가 실패하고 말았는데, 그 일은 세계의 이목을 집중시키는 계기가 되었습니다."

이 기간 동안 반군을 이끌었던 수말리오, 칼리바와 마셈바는 유럽을 돌아다니며, 특히 파리에서 자기네 군대가 벤데라 요새를 점령하고, 수많은 무기와 대포를 빼앗고, 4백 명의 적군을 죽였다고 허풍을 떨었다. 사실은 희생자라고 해야 채 30명도 되지 않았고, 무기도 변변히 탈취하지 못한 것이 사실이었다. 하지만 쿠바 지도자들은 그들의 허풍을 그대로 전하는 언론사의 전보를 믿었다. 게다가 수말리오는 뻔뻔스럽게도 아바나로 와서 피델에게 중무기와 탱크를 주면 '일을 완전히 끝내겠다'고 큰소리를 쳤다. 그래도 그들의 말을 곧이곧대로 믿기가 뭐했던지 피델은 사정을 자세히 알아보려고 오스마니 시엔푸에고스를 곧장 콩고로 보냈다. 피델과 체 사이에서 전령 역할을 하던 오스마니는 아바나와의 무선전화 시설을 개수하는 임무를 맡은 기술자 후스토 룸바웃이 콩고에 도착하기도 전에 내막을 알고는 놀라는 한편 무척 불쾌해했다.

체는 전화를 통해 부에노스아이레스에 있는 어머니가 많이 편찮다는 소식을 들었다. 한 달 후에 그는 못내 불안해했던 소식을 확인해야 했다. 쿠미라고도 부르는 쿠바인 의사 라파엘 제르케라 팔라시오가 건네준 『보헤미아』라는 잡지에 셀리아 게바라가 죽었다는 기사가 실려 있었다. 체는 쿠미의 그물침대에 털썩 주저앉았다. 그는 굳은 표정으로 입술을 꽉 물었다. 그는 설탕 없는 차를 마시면서 이제는 이 세상에 없는 어머니 곁에서 지냈던 어린 시절 이야기를 했다. 그러고는 약간의 요기를 한 뒤 다시 게릴라의 모습으로 돌아갔다.

그의 열 살 난 딸 일디타는 1966년 2월 15일 브라자빌 우체국 소인이 찍힌 아버지의 편지를 받았다.

사랑하는 일디타에게
오늘 너에게 편지를 쓰지만 너는 아주 나중에야 편지를 받아보게 되겠구나. 어쨌든 나는 너를 한 번도 잊은 적이 없다는 사실을 네가 알아주었으면 한다. 그리고 네 생일, 즐겁게 보내기 바란다. 너도 어느덧 숙녀가 다 되었구나.

그러니 어린아이에게 하듯 우스갯소리나 하고 거짓말이나 하는 편지는 쓸 수 없겠지. 아빠가 아주 멀리 있고, 앞으로도 아주 오랫동안 네게서 떨어져 있을 거라는 사실을, 앞으로도 내 모든 힘을 바쳐서 적들과 싸울 거라는 사실을 너도 이젠 알아야 한단다. 이곳에서 내가 아주아주 하찮은 일을 맡았다고 해도 그건 아주 소중한 거야. 네가 항상 아빠를 자랑스러워할 수 있으리라고 믿는다. 내가 너를 자랑스러워하듯이 말이야.

우리 앞에는 끝없는 투쟁이 있음을 기억하여라. 네가 어른이 되었을 때 너 역시 투쟁의 대열에 끼어야 할 것이다. 어른이 될 때까지 가장 혁명적인 사람이 되도록 준비하여라. 이 말은 네 나이에는 많이 배워야 한다는 것을 의미한단다. 가능하다면 정의를 지지할 수 있도록 준비하여라. 나는 네 나이에 그러지를 못했단다. 그 시대에는 인간의 적이 인간이었다. 하지만 지금 네게는 다른 시대를 살 권리가 있다. 그러니 시대에 걸맞은 사람이 되어야 한다.

동생들이 바르게 자라고 있는지 잘 살펴보는 것을 잊지 말고 그 아이들이 열심히 공부할 수 있도록 도와주어라. 엄마를 꼭 안아주렴. 그러면 엄마도 너를 더 꼭 끌어안고 키스를 해줄 거다. 엄마의 키스가 우리가 서로 만나지 못하는 시간들을 채워줄 거야.

아빠가

해리 빌레가스, 일명 폼보는 볼리비아에서 살아남은

쿠바인 세 사람 중 한 명이다. 지금은 육군 대령으로 있는 그가 프랑스 통신사 기자인 베르트랑 로젠탈에게 이렇게 털어놓았다.

"우리는 10개월에서 11개월가량 동쪽에 머물러 있었습니다. 우리 부대는 2백 명에서 3백 명을 넘지 않았지만 5~6백 명가량의 르완다인과 수천의 콩고인이 우리와 함께 있었습니다. 게다가 후방에서 군수품이 완벽하게 보급되었습니다.

사실 수말리오가 전선에서 사라진 뒤로 분대에는 실질적인 지휘자가 없었습니다. 하지만 우리는 최소한의 대원들만 가지고 작전을 수행하는 전술로 계속 승리를 거두었습니다. 작전에 참여하는 사람들은 고작 네댓 명 정도였습니다.

그런데 아크라에서 열린 아프리카연합 정상회의에서 내린 결정에 따라 우리는 어쩔 수 없이 철수해야 했습니다. 탄자니아 사람들은 즉각 조처를 취하기 시작했습니다. 그러니까 우리 물건을 빼앗고……. 쿠바 정부는 탄자니아 측을 비롯한 다른 주변국들과 오랫동안 논의를 했습니다. 결국 주변국들은 우리 쿠바인들이 자기네 국경을 넘어갈 수 있도록 허락해주었습니다. 우리가 반군에 더는 협력하지 않겠다는 문서에 서명함으로써 사태가 일단락되었습니다."

체는 1966년 3월까지 아프리카에 남아 있었다. 그러나 혁명연합이 와해되면서 사태가 급변했다. 루뭄바의 계승자들과 츠홈베를 따르는 무리들 간에 또다시 싸움이 벌어졌다. 싸움은 츠홈베 쪽에 유리하게 돌아가는 것처럼 보였다. 그들은 순전히 자신들의 이익을 위해 강자 쪽에 화해를 청했던 무리가 아니었던가…….

쿠바인들이 들어온 것을 안 이후로 츠홈베의 탄압이 점점 심해진다고 확신한 콩고의 자유전선은 쿠바인들이 카리브 해로 돌아가야 한다고 결정을 내렸다. 자신들의 행동이 어느 정도는 실패했다고 생각하고 실망한 체는 미래에 자이레가 될 그 땅에 마지막까지 남아 있다가 결국은 떠났다. 그 순간에는 자신이 바라던 바를 어느 정도 얻어냈다는 사실을 인식하지 못했다. 아프리카에, 특히 앙골라와 모잠비크에 혁명의 불길이 타오르기 시작한 것이었다.

체는 1965년 8월에 탄자니아의 탕가니카 호수의 반대편에서 돌아왔다. 거기에서 그는 위니 만델라에게 자신이 쓴 편지를 맡기면서 감옥에 있는 그녀의 남편 넬슨 만델라에게 편지를 전해달라고 부탁했다. 체는 '롤리할라할라'(코사어로 '선동가'라는 뜻)라는 별명이 붙은 넬슨 만델라가 1963년에 네 시간에 걸쳐서 했던, 인종차별정책에 대한 비난연설에 감명을 받았다. 만델라는 그 연설을 한 후에 종신형을 선고받았다. 그리고 그로부터 27년이 지난 1990년에야 감옥에서 나올 수 있었다. 체는 탄자니아에 머무는 동안, 후에 앙골라 대통령이 되는 아고스티노 네토와, 그 당시 그의 동지였던 홀덴 로베르토와 사빔비를 만났다. 그들도 혁명운동을 준비하고 있었다. 비밀스런 회합은 브룬디 근처의 밀림지대에 있는 마을에서 이루어졌다.

아메드 벤 벨라는 나중에 체가 아프리카에서 했던 일에 대해 이렇게 썼다.

그가 콩고 브라자빌에 갔을 때—그는 여러 차례 그곳에 갔었다—나는 그에게 전용비행기를 내줬는데 그가 거절했다. 나는 그가 검은 대륙 아프리카에 돌아올 때마다 그를 만났다. 그리고 우리는 오랜 시간 토론을 하고 서로의 생각을 주고받았다. 그는 매번 대륙의 풍요로운 문화에 감명을 받았지만 그가 찾아갔던 마르크스주의자들에 대해서는 전혀 만족하지 못했다. 그는 그들의 견해를 몹시 못마땅해했다. 카빈다에서 겪었던 일, 스탠리빌 바깥 지역에서 연이어 경험한 일들 때문에 그는 몹시 실망했다. 결국 그는 일정한 혁명적 현실에 부응하기 위해 외부에서 들어온 사람이 행동하는 데에는 몇 가지 현실적인 어려움이 있다는 점을 깨달았다. 그것은 그와 얘기할 때마다 내가 상기시켰던 것이기도 했다.

우리는 체와 함께 자이레 서쪽지방의 무장혁명을 고무시키기 위해 또 다른 행동을 계획했다. 니에레레, 나세르, 모디보 케이타, 느크루마, 케냐타, 세쿠 투레와 의기투합하여 알제리는 이집트를 통해 무기를 보내고 분담금을 내놓았다. 그런가 하면 우간다와 말리는 군대의 간부들을 공급하는 일을 맡았다. 내가 제안하여 카이로에서 열린 회합에서 이 같은 계획을 확인하였는데, 체로부터 절망적인 징조를 전해 들었을 때 우리는 서둘러 계획을 실행에 옮기기 시작했다. 하지만 그렇게 애를 썼지만 불행하게도 우리의 행동은 너무 늦은 것이었다.

어느 날 체가 내게 말했다. "아메드, 우리는 심한 타격을 입었네. 빌라 수니니에서 훈련을 받은 사람들은 국경을 오가다가 체포되었지. 그게 어느어느 나라였는지는 지금 기억나지 않아. 나는 그들이 고문을 견디지 못하고 다 말해버리지 않을지 정말 걱정스럽다네." 그는 많이 불안해했고, 비밀리에 무장투쟁을 준비하고 있는 장소에 대한 정보가 새어나가지 않을지, 무장혁명을 지원하기 위해 남아메리카에 만든 수출입회사의 정체가 탄로 나지는 않을지 몹시 두려워했다.

1965년 6월 19일 군사 쿠데타[18]가 일어나자 체는 알제를 떠났다. 그 후 나도 요주의 인물이 되었다.

스위스에 머물고 있던 벤 벨라는 우리에게 다음과 같이 단언했다.

"체는 혁명운동을 한 차원 높였습니다. 강하고 신선한

---

18) 부메디엔이 실권을 잡음.

바람 같았지요. 그에게는 뭔가 다른 어떤 것, 완전한 단순함이 있었습니다. 그건 의식과 믿음을 가지고 있는 훌륭한 인간에게서 발산되는 것입니다. 나는 그에게서 완전무결한 인간의 모습을 보았습니다. 나는 총에 맞아 죽은 비쩍 마른 체의 작은 사진, 내면에서 뿜어 나오는 빛으로 환해진 그의 얼굴이 담긴 사진 한 장을 잡지에서 오려내어 간직했습니다. 감옥에 있었던 15년 내내 그 사진이 음산했던 내 삶에 희망을 불어넣어 주었습니다."

제6부

볼리비아의 계략

체가 사라지다

 체는 어디에 있을까? 1966년 가을에는 그가 바리바오에 있다는 소문이 있었다. 바리바오는 파라과이 국경 근처에 있는 브라질의 한 마을이다. 그가 도미니크회 수도사 옷을 입고 있었고, 사람들이 그를 로스산토스의 후안 형제라고 부르더라는 것이었다. 그는 남아메리카에서 크게 인기를 끌었던 영화, 〈조로〉의 주인공 타이론 파워처럼 동에 번쩍 서에 번쩍 나타났다. 또 누군가는 코르도바에 있는 호사스러운 호텔에서 그를 보았다고 했다. 그는 이미 전설적인 인물이 되어 있었다. 그러나 사실 그는 콩고에서 곧장 아바나로 돌아왔다. 그리고 새로운 원정대 파견을 준비하고 있었다.

 그 무렵에 루이스 라반데이라가 속해 있었던 아바나의 정치국원들은 소련이 라틴아메리카에서 대규모 분쟁이 일어나는 것에 반대한다는 사실을 알고 있었다. 그런데 이 대목에서 다음과 같은 의문을 품지 않을 수 없다. 소련은 아르헨티나 같은 라틴아메리카 국가들과 경제적 교류를 가지려는 생각이 없었을까? 체가 원했던 '라틴아메리카의 정치적 입장 선회'를 받아들이지 못하도록 미국이 라틴아메리카에 압력을 넣고 있다는 것을 소련이 전혀 모르고 있었을까? 사실 소련은 오히려 아프리카를 우위에 두고 있었다. 앙골라, 모잠비크, 에디오피아가 그들 정책의 역점지역이 될 것이고 쿠바도 그 정책에 참여하게 될 것이었다. 라반데이라가 확인해주었다시피 체는 미국의 입김으로부터 자유로운 라틴아메리카를 실현하려는 꿈을 평생 가지고 살았다. 그리고 그는 마차도(Machado, 스페인의 시인—옮긴이)의 생각을 자신의 것으로 만들었다. 그랬다. "길이 없다 하여도 계속 앞으로 나아가면 스스로 길을 만들 수 있을 것이다……."

아메리카 대륙 전체를 혁명의 기운으로 들끓게 하겠다는 체의 생각은 변함이 없었다. 쿠바 정부의 사절로 각국을 돌아다니고, 외부인사들과 접촉하면서 그는 전 세계에 혁명의식을 전파하리라 다짐했다. 체의 행방이 묘연했던 그때, 1967년 7월에 아바나에서는 아시아, 아프리카, 아메리카, 즉 '3대륙'의 민중동맹 제1차 회의가 열렸다. 회의에는 4백여 명의 각국 대표들과 30여 명의 옵서버가 참석하였다. 회의에는 참석할 수 없었지만 그의 뜻이 회의에 반영되었음은 분명했다. 당시 『라 트리콩티낭탈』(3대륙이라는 뜻—옮긴이)이라는 잡지에 그의 의견이 집약된 글이 실렸다.

아프리카에 대하여

아프리카는 아직은 신식민지 침략에 의해 희생되지 않은 지역이다. 지금 아프리카에는 변화의 바람이 일고 있는데 그 변화로 인해 신식민주의 권력은 이전의 특권층과 관계를 끊을 수밖에 없었다. 하지만 그 과정은 바로 폭력적이지 않은 식민주의, 그러니까 경제적 측면에 있어서 식민지배와 똑같은 형태를 띠는 신식민주의로 이어졌다. 아프리카에 식민지가 없었던 미국은 동맹국들이 예전에 보유하고 있던 사냥터로 손을 뻗치려고 하고 있다. 아프리카가 아메리카 제국주의 전략지도에 오래전부터 들어 있었다는 자명한 사실을 확인할 수 있다.

아시아에 대하여

아시아는 성격이 다르다. 오랜 시간 유럽제국으로부터 자유를 찾기 위해 투쟁해왔고, 그 때문에 비교적 진보적인 정부가 들어설 수 있었다. 그러면서 이후 경우에 따라 민족해방이라는 기본목표를 더욱 강화하기도 했고, 제국주의를 지지하는 방향으로 되돌아가기도 했다. 경제적인 면을 볼 때, 미국은 아시아에서 손쉽게 많은 것을 얻었다. 아시아 국가들의 제국주의에 대한 지지가 미국에게 유리하게 작용하였다. 하지만 무엇보다도 인도차이나 반도의 인구밀도가 높고 종교분쟁이 극심한 상황이 바탕이 되어 아시아에 대한 제국주의 정책의 중요성이 부각되었고, 북아메리카 제국주의는 아시아를 포함하여 종합적 군사전략을 수립하게 되었다.

아메리카에 대하여

아메리카 대륙 전체가 거의 동일한 성격을 띠고 있다. 미국의 독점자본은 아메리카 대륙 전체에 걸쳐 절대적인 영향력을 행사하고 있다. 실권이 없는 괴뢰정부들, 혹은 약하고 소심한 정부들은 보호자 양키의 명령에 복종하고 있으며, 미국은 정치적·경제적으로 강도 높은 지배의 손길을 뻗치고 있다. 지극히 사소한 상황의 변화마저도 미국의 지배권이 약화되어야만 나타날 수 있을 것이다. 그들은 산토도밍고를 침략했을 때처럼, 혹은 더 이전의 파나마 학살 때처럼 '우리는 또 다른 쿠바를 용납하지 않는다'는 슬로건으로 침략의 가능성을 은폐하고 있다. 이 슬로건은 그들의 이권을 침해하고 그들이 세워놓은 질서를 무너뜨리는 곳이라면 아메리카 대륙 어느 곳이든 양키의 군대가 쳐들어갈 준비가 되어 있음을 알리는 명백한 경고의 메시지이다.

북아메리카의 힘을 분산시키고 결과적으로 약화시키기 위하여 '제2, 제3의 베트남 전쟁을 일으키라'는 것이 체의 주장이다. 그는 '분노하지 않는 민족은 야수 같은 적에게 승리할 수 없다'고 단언했다. 그는 혁명의 열정에 휩싸인 라틴아메리카는 충분히 가능성이 있다고 보았다. 콜롬비아와 베네수엘라는 이미 투쟁중이었고, 다른 나라에서도 조직이 생겨나고, 투쟁할 준비를 하고 있었다. 또한 아르헨티나의 시로 로베르토 부스토스[1], 브라질의 카를로 마리구엘라, 페루의 후안 파블로 창 같은 사람들이 활동하고 있었다. 파라과이에서는 투파마로스(Tupamaros, 특히 도시지역을 중심으로 결성된 게릴라조직—옮긴이)가 비밀리에 활동할 준비를 하는가 하면, 당시 상원의장이었던 칠레의 살바도르 아옌데는 항쟁군에 군수품 보급을 약속하였다. 다른 나라의 항쟁군들은 특히 의약품과 식량 보급에 심각한 어려움을 겪고 있었다.

볼리비아, 아르헨티나, 브라질, 페루에서 3백 명 이상의 혁명가들이 투쟁을 준비하고 있었다. 그중에서 60여 명은 쿠바에서 온 볼리비아인들이었다. 이 일에 깊숙이 관여한 피델과 체가 볼리비아를 선택했기 때문이었다. 왜 그랬을까? 우선 지리적인 이유가 크게 작용했다. 볼리비아는 안데스 산맥과 아마존 강 사이, 즉 라틴아메리카의 심장부에 자리잡고 있다. 페루, 브라질, 파라과이, 아르헨티나, 칠레에 둘러싸여 있는 것이다. 면적 1백9만 8천5백 제곱킬로미터에 인구 5백만이 넘지 않는 볼리비아는 인구의 4분의 3이 전 국토의 10분의 1에 해당하는 지역에 모여 살고 있다. 그렇기 때문에 지하항쟁이 뿌리를 내릴 수 있는 땅을 확보하기에 무척 유리했다. 쿠바혁

---

[1] 1964년 4월 볼리비아 국경 근처의 정글에서 실종된 호르헤 리카르도 마세티의 뒤를 이어 일을 한 사람이다. 그는 굶어죽었다고 한다.

명 때 시에라마에스트라가 그랬던 것처럼 이 지역이 최초의 '해방구'가 될 가능성이 컸다. 산맥이 시작되는 지점에 있는 산들에 가려져 있는 외딴 지역, 사람이 살지 않는 냥카우아수 강 유역이 게릴라 기지로 선택되었다. 사냥꾼들이나 외따로 사냥감을 찾아 헤매고 다니는 이 지역에 농부 출신의 아르가냐라스—나중에 적에게 매수되었다는 사실이 밝혀지지만—가 먼저 투입되었다.

쿠바혁명 때 그란마의 원정대를 도와 결정적인 역할을 했던 쪽은 바로 농민들이었다. 하지만 체는 공산당이, 특히 농민들이 지원해주리라는 뚜렷한 확신도 없이 볼리비아로 갔다.

"뉴욕의 UN 총회장에서 연설한 이후로 체의 인기는 떨어지기 시작했습니다." 알베르토는 이렇게 말하고 덧붙였다. "이 연설을 하기 전까지의 체를 나는 사랑했었습니다. 그 이후로 체는 달라졌습니다."

체는 아바나에 있었다. 처음부터 그럴 계획은 아니었다. 피델은 이미 체의 이별편지를 읽었고, 체는 탄자니아에서 볼리비아로 바로 갈 생각이었다. 하지만 군수품 조달문제와 또 카스트로가 한사코 만나자고 했기 때문에 쿠바로 돌아왔던 것이다. 체는 아프리카에서 걸린 풍토병으로 드러누워 있는 아라고네스를 비밀리에 만나고 싶어했다. 하지만 피델은 아라고네스의 집에 몰려온 많은 문병객들을 보고는 그를 만류하였다. 그리고 빠른 회복을 비는 체의 마지막 메시지를 자신이 맡아 전하였다. 알레이다의 딸인 알레이디타는 이즈음에 친아버지인 체와 만났던 일을 신비스럽게 기억하고 있다. 그녀는 1987년 체의 사망 20주년을 맞이하여 이탈리아 일간지 『일 티레노』와의 인터뷰에서 그때의 일을 이야기하였다.

"집안의 네 아이들 중에서 맏이[2]였던 나는 여동생과 두 남동생들, 특히 그 당시 갓 태어난 에르네스티토에게는 엄마 역할을 했어요. 어머니는 항상 우리에게 말씀하셨지요. '아빠는 네가 이렇게 하시길 바라신단다. 네가 이런 사람이 되길 원하신단다…… 그런 행동은 하지 마라, 아빠가 좋아하시지 않을 거야.' 어머니는 우리가 아버지를 존경하도록 가르치셨어요.

어느 날 어머니는 우리 넷을 아버지가 계시던 집으로 데려가셨어요. 거기서 우리 형제들은 안경을 끼고, 대머리에다 이상하게 생긴 남자를 만났어요. 이름이 라몬이라는 그 사람은 스페인어로 말했는데 아버지와 아주 친하다고 했어요. 나는 그를 보고 말했지요. '에이, 하지만 아저씨는 스페인 사람 같지 않아요. 아르헨티나 사람 같아 보이는데요.' 내 말에 모두가 당황해했어요. 그래서 어머니와 아버지는 생각했지요. '좋아, 이 아이가 다 알아챘는데 숨겨봤자 무슨 소용이 있겠어.'

아버지는 한참을 가만히 계시더니 내게 물으시더군요.

---

[2] 일디타는 그때 어머니인 일다 가데아와 살고 있었다.

'왜 아르헨티나 사람 같아 보이지?' 내가 대답했어요. '내겐 그렇게 보였거든요……' 대답을 듣고 모두가 안도의 한숨을 내쉬었지요. 그러고 나서 아버지가 우리를 식당으로 데리고 가셨어요. 아버지는 항상 테이블 머리에 앉으셨어요. 아버지를 볼 수 없었던 1년 동안은 내가 항상 그 자리에 앉았어요. 그런데 그날 그 스페인 남자가 아버지의 자리에 앉는 것을 보고 나는 달려가서 그 자리는 아버지의 자리이고, 아버지가 없을 때는 내 자리라고 말해주었지요.

그러자 낯선 남자가 대답했어요. '하지만 이 자리는 주인공이 앉는 자리란다.' 그는 나를 그의 옆자리에 앉히기 전에 주인공이란 말이 무슨 뜻인지 나에게 설명해주어야 했지요. 나중에 엄마가 다섯 살짜리 딸이 그렇게 행동한 것을 아버지가 무척 자랑스러워하셨다고 얘기해주셨어요.

그런 다음 그는 붉은 포도주를 마시기 시작했어요. 아버지는 포도주에 미네랄워터를 섞어 마시는 버릇이 있으셨어요. '우리 아빠하고 친한 친구라면서 어떻게 우리 아빠가 포도주를 섞어서 마신다는 것을 모를 수가 있어요? 내가 가르쳐줄게요.' 내가 포도주에 물을 섞어 보이자 그는 또다시 당황했어요.

식사가 끝나고 나는 동생들과 뛰어다니기 시작했어요. 그러다가 장밋빛 대리석 테이블에 부딪혀 넘어져서 머리를 다쳤어요. 어머니는 내가 아르헨티나 이야기를 한 후로 잔뜩 긴장해 있었던 참이라 울음을 터뜨리셨어요. 그래서 아버지가 나를 무릎에 앉히고 안아주시더니 부엌에서 얼음을 가져다가 머리에 난 혹에다가 대주셨어요. 그때 나는 아버지의 자상한 관심에 내가 알지 못하는 특별한 무엇인가가 있다고 느꼈어요.

잠시 후에 아버지는 우리들에게 캐러멜 한 상자씩을 주셨어요. 그리고 친절하게 대해준 스페인 사람 라몬에게 감사의 인사를 하고 우리는 헤어졌지요.

아버지가 돌아가셨을 때 어머니는 스페인 사람 라몬만 나온 사진 한 장을 우리에게 보여주셨어요. 그날 저녁 한 번밖에 본 적이 없지만 나는 그를 똑똑히 기억하고 있었어요. 나는 그가 어머니 손을 잡고서 어머니와 머리를 맞대고 얘기를 하는 걸 보았어요. 그래 어머니에게 물었지요. '엄마, 이 남자는 우리 아빠도 아닌데 뭐하시는 거예요?'

엄마는 대답했지요. '이 사람이 네 아빠라면…….'"

1966년 7월부터 9월까지 체는 또다시 쿠바의 피나르델리오 지역에서 대원들과 출정을 준비했다. 그중 해리 빌레가스[3], 호세 마리아 타마요[4], 카를로스 코에요[5], 이스

---

[3] 폼보.
[4] 리카르도.
[5] 투마.

라엘 레이예스 사야스[6]와 외과의사인 옥타비오 데 라 콘셉시온[7] 이렇게 다섯은 이미 콩고에서 그와 함께 일을 했던 사람들이었다. 그들은 시에라마에스트라의 베테랑 대원들이었다. 그들 외에도 60여 명의 볼리비아 출신 특공대원이 있었다. 처음에 피델과 체는 혁명에 가담하는 모든 사람들을 훈련시킬 생각이었다. 하지만 그들이 이동하는 데 드는 비용이 만만치 않아 그 계획은 성사되기 어려웠다. 우선 다른 나라의 지원자들은 곧장 쿠바로 갈 수 없었기에 파리나 로마를 경유하는 모스크바행 비행기표를 사야 했다. 그리고 쿠바에서는 체와 함께 남아 있던 60명의 볼리비아 대원들을 위한 비행기표를 마련했다. 그들 대부분이 그대로 쿠바에 남았다. 몇몇은 볼리비아로 돌아갔고, 게릴라 부대에 합류한 사람들은 많지 않았다. 합류한 이들 중에는 훌리오라는 별명의 마리오 구티에레스 아르다야, 에르네스토라고 불렸던 에르네스토 말무라 후르타도, 페드로라는 별명의 안토니오 히메네스 토르디오가 있었다. 그들은 의대생들이었다. 안토니오 히메네스 토르디오는 천성이 워낙 착해서 '성스러운 빵'이라는 뜻인 '판 디비노'라고도 불렸다.

실제로 볼리비아 사태는 1963년 5월로 거슬러 올라간다. 볼리비아 쪽에서 온 페루 출신 게릴라 부대의 전위대

---

6) 브라울리오.
7) 모로.

는 그때 푸에르토 말도나도에서 많은 희생자를 냈다. 부대의 남은 병력은 2년 동안이나 라파스에서 숨어 지냈다. 1963년 7월에 쿠바의 지휘관인 호세 마리아 마르티네스 타마요는 콜롬비아 여권을 가지고 처음으로 볼리비아 땅을 밟았다. 1963년 9월부터 1964년 2월까지 인민 게릴라 부대(EGP)가 결성되었고, 체와 같은 아르헨티나 사람인 마세티가 군대를 지휘하게 되었다. 마세티의 전시명 '엘 세군도'는 두번째라는 뜻이다.

1964년 3월에 체는 산업부에서 특별한 사람을 만났다. 그는 타마라 분케 빈데르, 그러니까 라우라 구티에레스 바우에르였다. 타니아라고 불렸던 그녀의 어머니는 소련인이었고, 아버지는 독일인이었다. 두 사람 다 아르헨티나로 이민을 왔다가 독일민주공화국(동독)에 봉사하기 위해 되돌아갔다. 타니아는 모스크바에서 체를 안내해준 적이 있었다. 1962년에 그녀는 쿠바에 정착했고, 쿠바 공산당 최초의 여성 당원 중 한 사람이 되었다. 1964년에 만났을 때 체는 키가 훤칠하고 아름다운 타니아에게 임무를 하나 주었다. 볼리비아의 상류사회에 침투하는 것이었다. 가능하다면 바리엔토스 대통령에게까지 접근하는 것이 그녀의 임무였다. 그녀는 자기에게 맡겨진 임무를 성공적으로 수행했다. 바리엔토스 대통령이 그녀에게 빠져서 애인이 되달라고 애원했을 정도였다. 하지만 결국 정체가 들통나 어쩔 수 없이 지하조직으로 숨어 들어가야 했고 나중에 게릴라 부대에 합류했다.

1966년이 되자 상황은 점점 명확해져갔다. 3월에 타마요[8]가 다시 볼리비아에 왔다. 그리고 7월에 이번 일을 준비하고 있는 폼보와 투마를 만났다. 9월에는 지휘관인 알베르토 페르난데스 몬테스 데 오카[9]가 입국하였다. 그는 체에게서 현장에서 이루어지는 정치적인 교섭과 작전 지역 선정에 대한 교육을 받았다. 두 사람은 현장에서 가장 중요한 역할을 맡게 되었다. 구릿빛 피부에 뚱뚱한 마리오 몬헤는 볼리비아 공산당의 총비서였다. 그는 작전을 짜고, 사람들에게 적절한 임무를 주는 일을 맡았다. 체와 성이 같은 모이세스 게바라는 얼굴이 둥글고 체격이 작은 사람이었는데 몬헤로부터 1964년 당에서 축출당한 마오쩌둥주의자였다. 그는 무장투쟁을 하는 지하조직에 합류했다. 여기에 비극의 주인공이 또 한 사람 가담한다. 기자이고, 작가이자 철학 교수인 프랑스인 레지 드브레였다. 그는 게릴라 부대에서는 '당통'(Danton, 프랑스 혁명기의 정치가—옮긴이)이라는 별명으로 통했다. 피델은 그에게 현장의 예비작업과 다른 나라의 후원을 받아내는 임무를 맡겼다.

체가 볼리비아로 향한 것을 '죽음의 충동'에 이끌린 것이었다고 하는 일부의 지적에 대해 라반데이라는 이렇게 반박한다.

---

8) 므빌리 또는 파피라고도 불렸다.
9) 그의 가명은 파초와 파충고였다.

"체가 자신에게 목숨을 맡긴 그 많은 용기 있는 사람들을 죽음으로 몰아넣으면서 자살을 감행했다는 주장은 받아들이기 어렵다. 많은 지식인들도 그 점을 확실히 믿고 있다. 이것은 진부한 판단이다. 정확히 얘기하자면 이것은 문자 그대로 음향효과에 불과하다. 자살이라고 설명하면 듣기에야 매혹적이겠지만 신중한 판단은 아닌 것이다. 프로이트에 따르면 모든 인간은 생의 본능(에로스)과 죽음의 본능(타나토스), 삶의 욕구와 죽음의 충동 사이에서 갈등한다고 한다. 그러나 과연 그렇다는 말인가? 체를 상대로 그런 이론을 편다면 수많은 영웅들, 인류 역사의 많은 주역들에게도 똑같은 이론을 적용해야 할 것이다. 타나토스는 반드시 필요한 삶의 이면이다. 체는 스스로 모험에 나섰다가 그 끝에 이른 사람들 중 한 명일 뿐이다."

1966년 10월 코코 페레도, 투마와 리카르도가 냥카우아수 근처이면서 행정구역상 산타크루스에 속하는 마을의 어느 평범한 농가를 접수하였다. 농가는 초목이 무성한 산봉우리로 둘러싸인 작은 계곡 안에 들어앉아 있었다. 그들은 그곳에 게릴라 기지와 여러 국가에서 온 신병들을 교육시키는 학교를 만들었다. 그곳에는 대략 250여 명이 새로 가담했을 거라 추측된다. 그중에서 60여 명은 볼리비아인이고, 나머지는 아르헨티나, 페루, 브라질 사람들이었다. 해방군의 특공대는 11월 15일부터 12월 20일까지 35일 동안 실전을 위한 준비를 한 것 같다.

체를 맞아들일 준비는 다 되었다. 예전에 CIA 요원이었던 필립 아지는 체를 지지하면서 정치적 전향을 하였는데,『체를 반대하는 CIA』라는 책에서 체가 콩고 킨샤샤에 원정을 다녀온 이후에 기관지 천식을 치료하기 위해 소련의 병원에 입원했었다는 사실을 CIA가 알고 있었다고 밝혔다. 아지는 1966년 봄에 우루과이 몬테비데오에서 요주의 인물들의 이름과 사진 리스트를 가지고, 새로운 여권관리 시스템을 정비하는 임무를 맡았다.

"나는 쿠바 작전의 책임자 중 하나인 체가 그 지역에 절대 잠입하지 못하도록 여행자 관리에 만전을 기하라는 명령을 받았다. 물론 그가 수염을 기르고 다닐 것이라고는 아무도 생각하지 않았지만 수염이 없는 그의 사진도 전혀 찾을 수 없었다. 그래서 화가를 불러 그의 초상화를 그리게 하고, 체의 초상화를 라틴아메리카의 모든 국경 초소에 배포하였다. 우루과이의 몬테비데오 공항도 경찰서와 이민국 사람들에게 초상화 복사본을 나누어주었다."

체는 아바나를 떠나 모스크바와 프라하를 경유하여 파리로 갔다. 그리고 거기서 다시 브라질의 상파울루로 갔다. 기항지인 오를리 공항의 상점에서 그는 파이프 하나를 무심코 집어들고, 입에 물었다가 그것이 '22달러'짜리라는 말을 듣고 얼른 내려놓았다. 그 행동이 판매원 아가씨에게는 깊은 인상을 남긴 모양이었다. 이 일로 말썽이 생길까 봐 파초가 자신의 봉급 천 프랑을 허물어 이 1백

10프랑짜리 파이프를 체에게 사주었다. 나중에 체는 이 일을 두고 이렇게 말했다.

"어떤 눈치 빠른 친구가 파이프를 그렇게 비싼 값을 치르고라도 사는 것이 좋겠다고 생각했던 덕에 나는 이 파이프로 담배를 피우게 되었다."

11월 3일, 그는 마드리드와 상파울루를 경유하며 라파스 공항에 도착했다. 그때 그는 아돌포 메나라는 가명을 썼고, 130748번 우루과이 여권을 가지고 있었다. 대머리에 검은 안경을 끼고, 어두운 색 옷에 넥타이를 맨 그는 어디로 보나 전형적인 학자처럼 보였다. 게다가 그는 볼리비아의 경제와 사회적 관계에 관한 연구를 한다는 미국 연구소가 발행한 파견장까지 가지고 있었다.

1966년 11월 5일 오전 6시 30분에 그는 알베르토 페르난데스 데 오카와 카를로스 쿠에요[10]와 함께 지프를 타고 라파스를 떠나 냥카우아수로 향했다. 몇 시간 후에 폼보, 타마요와 호르헤 바스케스 비아냐[11]를 태운 두번째 지프가 도시를 빠져나갔다. 6일 아침에 그들은 코차밤바의 협곡을 따라 달렸다. 그리고 음습하고 아무도 살지 않는데다 항상 눈에 덮여 있어 초현실적인 분위기를 풍기는 숲, 시베리아를 가로질러 갔다. 시베리아를 지나면 선인장이 자라고 있는 메마른 지역이 나온다. 이 사막이 끝

---

10) 투마 혹은 투마이니라고도 불렀다.
11) 엘 로로 혹은 비고데스라고도 불렀다.

나는 곳에 쿠바인들이 가슴속 깊이 간직한 귀중한 이름이 나무판자 위에 새겨져 있다. '아바나', 사실 이곳은 그저 평범한 작은 마을이다. 그리고 그들은 넓고, 깊고, 때로는 거친 리오그란데 강을 건넜다.

계속해서 산타크루스, 코마라파, 마테랄, 사마이파타의 길을 따라가다 보면 산유도시 카미리가 나온다. 두 대의 지프는 세코 강을 지나고, 이파티를 통과하여 마지막 마을인 라구니야스를 거쳐 최종 목적지, 즉 '강의 머리'라고 부르는 냥카우아수에 도착했다. 그들은 리카르도가 마련해놓은 막사에서 지냈다. 그 가건물은 함석지붕으로 만들었다고 해서 칼라미나라고 불렀다. 두 갈래로 뻗은 늙은 나무가 서 있고, 문 앞에는 빵을 굽는 화덕이 있었다.

볼리비아 일기

 1966년 11월 7일부터 체는 붉은 색의 독일제 비망록 위에 새로운 모험담을 쓰기 시작했다. 비망록 표지 뒤에 붙은 라벨에는 칼 클리펠-카이저 슈트라스 75번지, 프랑크푸르트라고 씌어 있었다. 여기에 프랑스 비나르와 판치타 곤잘레스-바틀레가 프랑스어로 번역하고, 1968년 프랑수아 마스페로가 출판한(1995년 9월에 라 데쿠베르트에서 재편집되어 나왔다) 이 『일기』를 요약하여 싣는다.

 …… 우리는 농가 근처에서 차를 세웠다. 그리고 우리를 보고 코카인을 만들려는 수상한 사람들이라고 쑥덕거리는 이웃 주민의 의심을 사지 않으려고 차 한 대에 모두 옮겨 타고, 농가까지 갔다. 어이없게도 투마이니가 마약 조직의 제조책으로 오해를 받고 있지만……. 비고테스는 각오를 하고 있는지 모르겠지만 우리에게 협조할 준비는 되어 있는 것 같다. 하지만 자신이 존경하고 사랑하는 몬헤에 대한 신의가 남아 있는 것 같다. 그의 말에 따르면 로돌포도 같은 생각을 하고 있다고 한다. 그리고 코코도

마찬가지이다. 하지만 당이 싸우기로 결심했다는 약속을 받아내도록 노력해야 한다. ……

1966년 11월 8일

우리는 하루를 집에서 1백 미터 떨어져 있는 급류 근처의 밀림 속에서 보냈다. …… 지금까지 야구아사, 헤헨, 마리기 따위의 모기나 진드기 같은 온갖 종류의 곤충들을 보았다. ……

1966년 11월 9일

…… 우리는 투마이니와 함께 냥카우아수 강을 따라가면서 근처 지역을 정찰하였다. …… 산과 절벽에 둘러싸여 강이 흐르고, 분명 오가는 사람이 전혀 없는 지역이다. 적당한 규율만 있으면 이곳에 오래 머물 수 있다. …… 내 몸에서 진드기를 여섯 마리나 떼어냈다.

1966년 11월 12일

…… 야영장소로 선택한 지역은 언덕 위, 늪지 근처에 있다. 식량과 다른 여러 가지 것들을 숨길 굴을 파기에 적당한 곳이다. ……

1966년 11월 14일

야영 일 주일째. 파충고는 이곳 생활에 적응이 잘 안 되는 모양이다. 어찌되었건 간에 정신을 바짝 차려야만 한다. 오늘 우리는 보안상 중요한 물건들을 숨기기 위해 터널을 파기 시작했다. ……

1966년 11월 16일

터널이 다 만들어졌고, 감쪽같이 위장해놓았다. …… 제1호 터널계획에 관한 내용은 자료1에 들어 있다. ……

1966년 11월 18일

라파스에서는 여전히 아무런 소식도 없다. …… 모기와 진드기에 물린 상처가 하나씩 늘어나기 시작한다. ……

1966년 11월 20일

마르코스와 롤란도가 정오에 도착했다. 지금 우리는 모두 여섯이다. …… 로돌포가 그들과 함께 왔다. 로돌포에게서 아주 좋은 느낌을 받았다. 그는 비고테스 이상으로 모든 것과의 관계를 끊을 준비가 되어 있는 것 같아 보인다. 파피는 명령을 어기고 코코에게 그랬던 것처럼 그에게도 나의 존재를 알려주었다. 상부의 계획에 대한 불만을 그런 식으로 표출한 것일지도 모르겠지만. …… 로돌포는 새벽에 다시 떠났다.

1966년 11월 23일

우리는 농가가 내려다보이는 관측소를 만들었다. ……

이달의 동향

모든 것이 계획대로 진행되고 있다. 내가 무사히 도착했고, 늦어지기는 했지만 여기 있는 사람들도 대부분 별 탈 없이 이곳에 왔다. 또한 리카르도의 주요 협력자들이 지하로 숨어들었다. 이 외딴 지역에 필요한 것들이 제대로 갖추어지고 있다.

일이 돌아가는 형편을 보아가면서 준비가 갖추어질 동안은 이곳에 머무를 수 있을 것 같다. 당장의 계획은 이렇게 세웠다. 우선 나머지 사람들이 도착하기를 기다려서 볼리비아 사람들의 숫자를 적어도 스무 명 정도까지는 늘린 다음 작전을 개시한다. 몬헤의 반응도 보아야 하고, 모이세스 게바라 쪽 사람들이 어떻게 행동하는지도 지켜보아야 한다.

1966년 12월 6일

…… 인티와 우르바노가 사냥감을 찾으러 떠났다. 식량을 비축해두어야 하기 때문이다. ……

1966년 12월 12일

조직원 전체에게 실제 전투가 어떤 것인지에 대해 강의했다. 일관된 지휘체계와 규율을 강조했다. …… 부대원들 각자에게는 자신들에게 맞는 직책이 주어졌다. 요아킴은 부대장, 롤란도와 인티는 참모, 알레한드로는 작전참모, 폼보는 회계담당, 인티는 재정담당, 냐토는 보급과 군비를 맞았다. ……

1966년 12월 17일
 모로와 인티가 야생콩작을 죽이지 못하고 말았다. 투마, 롤란도와 나는 두번째 터널을 만드느라고 여념이 없다. ……

1966년 12월 18일
 …… 언덕 위에 무선전화를 설치하려고 그 주변을 시찰하였다. ……

1966년 12월 20일
 …… 마닐라(쿠바)에서 온 전보를 받았다. 몬헤가 남쪽을 통해 도착했다는 내용이다. ……

1966년 12월 26일
 …… 우리가 독사 두 마리를 죽였다. 그리고 어제도 독사를 죽였다. ……

1966년 12월 30일
 …… 진흙이 너무 물러서 아직도 화덕을 만들지 못하고 있다.

1966년 12월 31일

7시 30분에 의사가 와서 몬헤가 그곳에 있다는 것을 알려주었다. 나는 인티, 투마, 우르바노, 아르투로와 함께 그곳으로 갔다. 환대를 받았지만 한편으로는 긴장감이 느껴지기도 했다. 어디선가 묻는 소리가 들렸다. "당신은 뭘 원합니까?"

몬헤가 오면서 생기는 기본적인 문제들은 다음과 같이 요약할 수 있다.

1. 그는 당의 지휘권을 포기할 것이다. 하지만 적어도 당으로부터 자신은 중립을 고수한다는 입장을 확인받을 것이다. 그의 주변 인물 중 몇몇은 투쟁에 참여하기 위해 당을 떠날 것이다.
2. 투쟁의 정치적, 군사적 지휘권은 볼리비아에서 혁명이 전개되면서 다시 그에게로 넘어올 것이다.
3. 해방운동에 대한 지지를 끌어내기 위해 그는 남아메리카의 다른 당들과 관계를 구축할 것이다.

나는 그의 입장에 심각한 오류가 있긴 하지만 기본적인 문제들은 당 비서인 그의 주장에 따를 것이라고 그에게 대답했다. 그런데 그의 입장이라는 것이 갈팡질팡인데다 종래에는 타협하고 만다. 그리고 불분명한 입장 때문에 비난을 받아야 하는 사람들을 보호하려고 애쓴다. 시간이 지나면 내 생각이 옳았다는 게 확인될 것이다.

세번째 문제점에 대해서는 그의 노력이 나쁘다고 생각

지 않았다. 하지만 그러다가 실패하여 비난을 받곤 하였다. ……

두번째 문제에 대해서는 어떤 경우라도 받아들일 수 없다. 군사적 지휘권은 내가 가질 것이고, 그 점을 명확하게 짚고 넘어갈 것이다.

1967년 1월 1일

오늘 아침 몬헤는 나와 상의도 하지 않고, 떠나겠다고 일방적으로 통고했다. 그는 이제 자신의 임무는 끝났다고 말했다. 그러면서 처형장에 끌려가는 사람처럼 비장한 표정을 지으며 떠났다. 그는 전략적인 문제에 대해서는 절대로 양보하지 않겠다는 나의 결심을 코코를 통해서 전해들은 모양이다. 그리고 그의 논점이 늘 이랬다 저랬다 했기 때문에 결별을 정당화하기 위해서 그런 식으로 물고 늘어졌던 것 같다. 오후에 모든 사람들을 모아놓고 몬헤가 어떤 태도를 보였는지 이야기하였다. …… 나는 타니아가 마우리시오[12]와 호사미[13]를 이곳으로 데려오기 위해 아르헨티나에 가 있는 상황을 자세히 설명하였다. ……

(1월 8일과 10일에 라파스에서 열린 볼리비아 공산당 중앙위원회 총회는 몬헤의 입장을 받아들인다. 이것은

---

12) 시로 로베르토 부스토스.
13) 아르헨티나 조직 마세티의 암호명.

체가 공산당으로부터 병참 지원을 받지 못한다는 것을 의미한다.)

1967년 1월 11일

알레한드로와 폼보가 다시 동굴로 와서 무선 통신기가 녹슬었다고 말했다.

우리는 아니세토와 페드로가 가르쳐주는 대로 케차어를 배우기 시작했다. 오늘은 '보로(boro)'[14]의 날이다. 마르토스한테 붙은 구더기들을 떼냈다. 카를로스, 폼보, 안토니오, 모로와 호아킨의 몸에 붙은 구더기도 떼냈다.

1967년 1월 12일

남아 있는 것을 찾아오도록 '곤돌라'[15]를 보냈다. …… 우리는 산을 타는 훈련을 했다. ……

1967년 1월 19일

…… 의사가 와서 경찰이 코카인 제조장소를 찾으려고 다른 야영부대에 도착했다고 알려주었다.

1967년 1월 20일

나는 위치를 점검하고, 어젯밤에 설명했던 방어계획을

---

14) 버스를 뜻하는 현지어이다. 넓은 의미로는 버스뿐 아니라 호송차라는 뜻도 된다.
15) 한 조(組).

실행하기 위해 명령을 내렸다. 강 인근 지역에 대한 신속한 방어가 계획의 기본이었다. 선발대는 강을 따라 난 길을 역습하여 후발대가 오도록 길을 터주고 직접 방어를 한다는 계획이었다. ……

1967년 1월 22일

…… 피델에게 3차 자료를 보냈다. 그에게 지금 상황을 설명하고, 편지를 통하여 이곳 아지트의 상황을 알렸다. ……

1967년 1월 25일

…… 마닐라에서 온 메시지를 받았다. 피델이 이쪽에서 보낸 메시지를 잘 받았다는 내용이었다. ……

1967년 1월 26일

(모이세스 게바라가 조직의 재정담당인 로욜라 구스만과 함께 도착했다.) 모이세스 게바라에게 조건을 제시하였다. 내가 제시한 조건은 조직의 해체였다. 사람들을 나누는 계급도 없고, 정치조직도 없을뿐더러 민족간 또는 민족 내부의 불화에서 비롯된 분쟁을 피해야 한다. 그는 아주 간단하게 모든 것을 받아들였다. 처음에는 차가웠던 볼리비아인들과의 관계가 점점 부드러워지고 있다. 로욜라는 느낌이 참 좋은 사람이다. 젊고 조용하면서도 의지가 강한 여자라는 것을 느낄 수 있다. ……

1967년 1월 31일

　야영지에서 보내는 마지막 날이다. '곤돌라'가 오래 머물던 야영부대를 떠났고 보초병들도 철수시켰다. …… 무기는 방수덮개로 잘 싸서 숲 속에 숨겨두었다. 돈은 아직 야영부대에 있다. 누군가 몸에 지니고 있다. ……

이달의 동향

　예상했던 대로 몬헤는 애초부터 빠져나갈 구멍을 만들더니 결국 배반을 했다. ……
　지금은 순수한 의미에서의 게릴라전을 시작할 단계이다. …… 모든 것이 예상했던 대로 진행되고 있다. 볼리비아 전투원들을 편입시키는 일이 가장 오래 걸렸다.

　체의 말을 빌리자면 '순수한 게릴라전을 시작할' 순간에 볼리비아에 있는 중요한 후원자 두 사람, 몬헤와 모이세스 게바라는 벌써 떠나버렸다. 그러나 두 사람이 떠난 이유는 너무 달랐다.
　체가 1966년 11월 7일 냥카우아수에 도착했을 때 몬헤는 그를 만나러 오지 않았다. 그는 한참이 지난 12월 31일에야 호세 마리아 마르티네스에게 이끌려 마지못해 찾아온다. 체가 말한 대로 그는 처음부터 핑계를 대더니 끝내 배반하고 만다. 그는 쿠바와 연락을 취할 수 있도록 송신기에 사용하는 열쇠를 가져오기로 했는데 기지에 도착했을 때는 빈손이었다. 그리고 체에게 나중에 꼭 열쇠를 전해주겠노라고 약속했지만 체는 끝내 열쇠를 받지 못한다. 결국 체는 피델로부터 연락을 받기만 했지 피델에게 답신을 보낼 수 없었고, 이곳에서 일어나는 여러 가지 문제를 알릴 수도 없게 된다.

몬헤는 11월에 있었던 회합에도 참석하지 않는다. 아무 소식도 듣지 못했던 다른 참모들은 쿠바로 가서 피델에게 그들이 어떻게 해야 하는지를 묻는다. 상황을 정확하게 파악할 수 없었던 피델은 일단 떠나라고 명령했고, 시로 부스토스와 후안 파블로 창은 레지 드브레와 함께 볼리비아로 떠난다. 하지만 출발할 예정이었던 병력 대부분이 불안과 동요로 중간에 흩어져버린다.

체는 11월에 몬헤가 불가리아에 있었다는 것을 나중에야 알게 된다. 사실 그는 모스크바까지 가서 틀림없이 러시아 정부의 명령을 받았을 것이다. 그리고 아마 그는 자신이 맡은 일 때문에 적어도 40일은 소피아에 머물렀을 것이다.

어쨌든 그의 태도로 판단해보건대 소련의 뜻은 확실했다. 미사일 사건 이후 미국과 체결한 협약에 따라 소련은 라틴아메리카 문제에는 개입하지 않겠다는 것이었다. 모스크바는 체가 내심 기대하고 있는 혼란을 원하지 않았다. 그래서 몬헤를 조종하여 볼리비아 원정대 파견을 방해한 것이다. 몬헤가 1966년 봄에 쿠바에 간 것도 소련의 입장을 확실히 알 수 없도록 손을 쓰자는 저의에서였다.

한편, 모이세스 게바라의 경우는 이것과는 전혀 다르다. 그는 볼리비아 공산당에서 제명된 이후로 늘 무장투쟁의 중요성을 강조한다. 조직에서 지어준 그의 별명도 로스 페키넨세스(친베이징주의자를 일컬음—옮긴이) 혹은 마오쩌둥주의자였다. 그는 초기에는 게릴라 지원자들을 모집하면서 성실하게 체에게 협조한다. 하지만 그 자신의 뜻과는 달리 그는 완전무결한 동지가 될 수 없었다.

모이세스 게바라는 1964년 광부조합에서부터 신병모집을 생각한다. 곧 20명으로 이루어진 조직이 만들어진다. 그들은 1966년 상반기에 실제로 작전에 들어갈 수 있었을 터였다. 하지만 1월 15일부터 전국이 축제에 들뜨기 시작하고, 축제기간 동안 온 나라에 술 냄새가 진동한다. 모이세스는 산속에 분산 배치된 부하들을 다시 끌어모을 수가 없었다. 그의 부하들은 취해 있었고, 게다가 자주 얼굴을 가리고 다녔다. 그래서 일이 더욱 복잡해졌다.

그는 수크레의 유전, 주석광산, 아연광산, 포토시의 탄광, 하다못해 오루로에 있다는 금광까지 찾아다니기 시작한다. 서쪽의 알티플라노에서 칠레까지 찾아다닌다. 상황이 급박했지만 그는 겨우 7명을 데리고 체에게로 가서 싸우고 싶지는 않았다. 그가 모아서 훈련시켰던 20명 중에서 7명만을 찾아낼 수 있었던 것이다. 절망에 빠진 그는 조합의 광부들을 데려가기로 한다. 광부들은 무장투쟁이 뭔지도 모른 채 그를 따라나선다. 모두 6명이었다. 그중 다니엘이라고 부르는 파스토르 바레라 킨타나는 해고된 전직 경찰로서 후안무치한 자였는데 나중에 원정대에 치명타를 가하는 역할을 한다.

모이세스 게바라 일행은 1967년 1월 26일 냥카우아수에 도착한다. 그들은 사람들의 눈을 피하려고 학생이면서 공산주의청년단의 재정담당인 로욜라 구스만의 안내를 받아 밤에만 움직인다. 이제 싸울 준비가 다 된 셈이다. 모이세스 게바라와 그가 모은 여섯 사람(에우세비오, 파블로, 라울, 빅토르, 월터, 윌리), 그리고 나중에 합류한 여섯 사람(칭골로, 다니엘, 다리오, 올란도, 파코, 살루스트리오) 외에도 16명의 다른 볼리비아 사람들이 더 있었다. 그들은 대부분 쿠바에서 훈련을 받았다(아니세토, 벤하민, 캄바, 카를로스, 코코, 차파코, 에르네스토, 이니티, 훌리오, 레온, 로로, 나토, 페드로, 폴로, 세라피오와 로욜라). 그리고 체의 주변에는 쿠바의 전투원 16명, 페루인 3명이 있었다. 별명이 치노('중국 사람'이라는 뜻—옮긴이)인 후안 파블로 창 나바로, 별명이 에우스타키오인 루시오 에딜베르토 칼반과 별명이 네그로인 의사 레스티투토 호세 카브레로 플로레스가 페루인이었다. 2명의 아르헨티나인은 펠라오라고 부르는 시로 로베르토 부스토스와 타니아였고, 당통이라고 부르는 레지 쥘 드브레는 프랑스인이었다.

이렇게 53명의 혁명가가 특공대의 멤버였다. 그러나 그중의 몇몇은 투쟁할 준비도 되어 있지 않았거니와 혁명에 대한 확신도 없는 사람들이었다.

2월 1일, 쿠바인 15명, 볼리비아인 12명, 모두 27명으로 이루어진 게릴라 주력부대가 북쪽 지역을 조사하기 위해 리오그란데 강 쪽으로 떠난다. 원래 2주 예정으로 시작된 행군은 6주나 걸렸다. 게다가 공산주의청년단의 지도부는 게릴라 활동을 하겠다고 남은 사람들을 제명해 버린다.

체는 임시야영지를 작은 요새로 바꾸는 일을 시작한다. 이것으로 그가 생각하고 있는 냥카우아수 요새의 역할이 어떤 것인지 명확하게 알 수 있다. 냥카우아수 요새는 군사훈련장, 통신본부, 생필품과 장비 창고, 간부 양성 학교의 역할을 해야 했다. 체와 고등교육을 받은 볼리비아 동지들, 루비오라고 부르는 헤수스 수아레스 가욜[16], 알레한드로[17], 그리고 몇몇 특공대원들이 야외 교실에서 매일 16시간에서 18시간씩 문법, 정치, 경제와 볼리비아 역사를 가르친다. 밤이면 체도 임시강좌를 열어 프랑스어를 가르친다. 체는 볼리비아인들이 쓰는 케차어 강의를 열심히 듣는다.

그들은 냥카우아수 강 위로 불쑥 튀어나온 곳에 방어용 참호를 만든다. 그리고 빵 굽는 화덕과 초소와 전위부대가 연락할 때 사용할 야전용 전화도 가설한다. 특공대원들은 주위의 동굴에 물건을 가져다 숨긴다. 그리고 채

---

16) 쿠바에서 산업부 차관을 지냈다.
17) 학생혁명 지도부를 조직한 구스타보 마친 올드 레체 대장.

소밭과 과수원까지 일군다. 그것만 보아도 그들이 얼마나 낙천적인지 알 수 있다. 체는 시에라마에스트라의 라메사에서 했던 것처럼 근처의 급류를 이용해 작은 발전소를 만들 궁리도 한다. 물론 한쪽에 도서실을 마련하는 일도 잊지 않고.

1967년 2월 14일

…… 우리는 아바나에서 온 긴 전문을 해독하였다. 콜레[18]와 회담을 했다는 소식이었다. 콜레는 이번 일이 대륙 전체 규모로 이루어진다는 사실을 우리가 자기에게 알려주지 않았다고 주장했다고 한다. 그리고 그들이 나와 협의한다는 조건 아래 협력할 준비가 되어 있다고 밝혔다. …… 그들은 또 프랑스인 레지 드브레가 23일 라파스에 도착한다고 알려주었다.

1967년 2월 15일

일디타의 11번째 생일이다.

평온한 하루였다. ……

1967년 2월 16일

우리는 농부인 미첼 페레스가 돼지를 사서 기를 수 있도록 1천 달러를 빌려주기로 하였다. 그는 부자가 되고 싶

---

18) 볼리비아 공산당의 지도자.

어한다.

1967년 2월 22일

…… 우리는 마시쿠리로 떨어져 남쪽으로 흘러가는 급류가 시작되는 지점에 있다.

현재 고도 : 1천1백80미터.

1967년 2월 23일

힘든 하루였다. 너무 힘이 들고 지쳐서 어금니를 악물었다. …… 돌멩이가 갈라질 정도로 따가운 햇살을 받으며 우리는 정오에 길을 떠났다. …… 리오그란데 강으로 흘러서 다시 로시타로 이어지는 급류를 쫓아가려고, 가파르기는 하지만 통행이 가능한 장소를 통해 내려가기로 결정했다. ……

1967년 2월 24일

에르네스티코(2)의 생일이다. ……

1967년 2월 25일

우울한 하루. …… 파초가 마르코스와 토론을 했는데 마르코스가 그에게 단호하게 명령을 하면서 칼로 위협하고 얼굴을 때렸다고 말했다. ……

1967년 2월 26일

 …… 리오그란데 강을 건널 때 수영을 할 줄 모르는 벤하민이 물에 빠졌다. 그는 허약하고 어리다. 승리하겠다는 의욕만 넘쳤지 모든 것이 서툴다. …… 우리는 지금 리오그란데 강가에서 죽음의 세례를 받고 있다.

이달의 동향

 …… 프랑스인 드브레는 이미 라파스에 와 있을 것이다. 그리고 하루나 이틀 후면 야영부대에 다다를 것이다. …… 행군은 그런대로 순조롭게 진행되었다. 그런데 그만 벤하민이 목숨을 잃을 뻔한 일로 엉망이 되어버렸다. 대원들의 사기가 또다시 떨어졌다. 볼리비아인들은 어려움을 견뎌내지 못할 것이다. 최근에는 배고픔까지 겪고 있어서 사람들의 열정이 사그라들었고, 그런 만큼 분열양상도 뚜렷해졌다. ……

1967년 3월 1일

 …… 폴로는 자기 우유통을 가지고 있고, 에우세비오는 우유통과 정어리 통조림을 가지고 있다고 사람들이 내게 말했다. 벌로 한 끼 식사를 못하게 할 것이다. 나쁜 징후다.

1967년 3월 4일

 …… 작은 원숭이 두 마리와 앵무새 한 마리, 비둘기

한 마리를 잡아와서 요리를 했다. …… 날이 갈수록 사기가 떨어지고, 몸도 쇠약해진다. 다리에 부종을 앓기 시작했다.

1967년 3월 16일

우리는 말을 잡아먹기로 결정했다.

1967년 3월 17일

…… 뗏목이 …… 냥카우아수 강물 위로 떠내려가다가 소용돌이를 만났다. …… 결국 배낭 몇 개, 실탄 거의 전부, 총 6정을 잃었고 한 명이 목숨을 잃었다. ……

1967년 3월 19일

…… 경비행기가 우리가 있는 지역을 훑고 지나갔다. 이것은 단연코 좋은 징조가 아니다. 지금 기지에는 프랑스인, 엘 치노와 그의 동료들, 엘 펠라도, 타니아, 모이세스 게바라가 처음 데려온 멤버들이 있다. ……

1967년 3월 21일

치노, 프랑스인, 펠라도, 타니아와 하루 종일 토론을 하여 몇 가지 점들을 분명히 해두었다. 프랑스인은 이미 알고 있는 몬헤, 콜레, 시몬 레이예스와 관련된 소식을 가지고 왔다. 그는 이곳에 있을 작정으로 왔지만 나는 그에게 프랑스로 돌아가 후원조직을 결성하라고 했다. 그리고 가는 길에 쿠바에 들러달라고 했다. 이것은 그가 원하는 것이기도 했다. 그는 결혼을 하고 싶어하고, 그리고 아이를 가지고 싶어한다. 나는 볼리비아 해방운동 후원을 위한 국제적인 모금을 부탁하기 위해 사르트르와 B. 러셀에게 편지를 써야 한다. ……

1967년 3월 23일

하루종일 전투가 있었다. …… 코코가 달려와 무장한 소대가 매복에 걸려들었다고 알렸다. 당장에 60밀리 박격포 3문, 모제르 총 16정, Bz 셋, Uzis 셋, 무전기 하나, 장화 등을 전리품으로 얻었다. 7명이 죽었고, 부상당한 포로가 4명, 부상당하지 않은 포로가 14명이었다. 하지만 식량은 하나도 빼앗지 못했다. ……

1967년 3월 25일

…… 18시 30분에 대원 전원을 모아놓고, 이 장정과 장정의 의미에 대해 분석했다. 나는 마르코스의 잘못을 이야기하고, 그를 파면했다. 그리고 미겔을 전위대의 지휘관으로 임명하였다. …… 프랑스인에게 우리의 상황을 자세히 설명했다. 회의를 통해 우리 조직을 볼리비아 민족해방군이라고 부르기로 결정하였다. ……

1967년 3월 26일

…… 아르가나라스의 감시초소에서 30~40명의 군인들

과 착륙하고 있는 헬리콥터 한 대를 보았다.

1967년 3월 27일

오늘 그 소식을 들었다. 라디오에서는 계속해서 그 소식을 전했고, 소식을 들은 사람들 모두가 동요했다. 바리엔토스 대통령은 기자회견까지 열었다. …… 탈주자들과 포로들이 뭔가 불었음이 분명하다. 다만 그들이 정확히 무슨 말을 했는지 어떻게 말을 했는지는 모른다. 정황으로 보아 타니아의 신원이 밝혀진 것은 확실하다. 이것은 2년 동안 끈기 있게 준비했던 일이 수포로 돌아갔음을 뜻한다. 우리를 방문했던 사람들의 출발이 아주 어렵게 되었다. 내가 그렇게 말하자 당통은 적잖이 실망하는 눈치였다. 더 두고 봐야 할 일이다. 우리는 공식성명 1호를 작성하여 카미리의 기자들 손에 들어가도록 할 것이다.

1967년 3월 28일

라디오 방송마다 연일 게릴라에 관한 소식을 전한다. 우리는 반경 1백20킬로미터 범위 안에서 2천 명의 군인에게 포위되어 있다. 포위망은 점점 좁아지고 있고, 계속해서 네이팜탄이 터진다. 이미 10명에서 15명가량이 희생되었다. …… 프랑스인은 자신이 밖에서 얼마나 유용한 역할을 할 수 있는지를 맹렬하게 주장했다.

1967년 3월 29일

 …… 아바나 통신은 새로운 소식을 알려주었다. 그리고 정부가 베네수엘라[19] 활동을 지원할 것이라고 밝혔다. …… 동굴이 마련되면 야영지를 옮길 수 있을 것이다. 지금 있는 진지는 불편한데다, 이미 적들에게 노출되었다…….

이달의 동향

 …… 게릴라 조직을 통합, 정리하고 쿠바에서 온 멤버들과 모이세스 게바라의 부하들을 편입시켜 정원을 보충할 단계이다. 쿠바에서 온 멤버들은 나쁘지 않아 보인다. 게바라가 데려온 사람들은 확인해본 결과 대체로 형편없는 수준이다. …… 지금 시작된 전투에서 적은 잘 짜인 규율과 막강한 전투력을 갖추고 있지만, 우리는 엉성하게 포병을 배치해 되는 대로 발포하고 있는 꼴이다. 마르코스가 퇴각한 사건, 브라울리오 전투 등 여러 사건들을 전후하여 적의 반격이 시작된 것이다. 당분간 계속될 싸움의 특징은 다음과 같다.

 a) 우리를 고립시키는 통제체계를 세우려는 경향.
 b) 국내·국제적인 차원에서 공격.
 c) 농민을 소집할 시기로는 절대 적당하지 않음.

---

19) 아르날도 오초아와 포마세비치가 함께하는 쿠바 게릴라 조직.

3월 6일에 쿠바인 마르코스(안토니오 산체스 디아스)가 지휘하는 소대의 전위대를 민간인 에피파니오 바르가스가 우연히 발견했다.

그는 냥카우아수까지 이 소대의 뒤를 밟았고, 카미리의 사단에 소대의 존재를 알린다.

11일에 서둘러 2명의 볼리비아인을 충원했는데 그중 다니엘은 중간에 떠나버린다. 그가 카미리의 병영에 가서 자세한 정보를 주는 바람에 볼리비아 군대와 정탐본부는 체가 볼리비아에 있다는 단서를 최초로 얻을 수 있게 되었다. 그 과정에서 타니아와 함께 프랑스인 레지 드브레, 아르헨티나인 시로 부스토스, 창이라고 부르는 페루인 후안 파블로 나바로의 존재도 알려진다.

인티 페레도는 23일에 있었던 전투에 대하여 다음과 같이 썼다.

우리는 부상자들을 간호하고, 군인들에게 우리가 싸우는 목적을 설명했다. 그들은 자신들이 왜 이 전투에 파견되었는지 모른다고 대답했다. 그들은 우리들이 하는 말에 수긍하고, 자신들을 포악하게 다룬 플라타 소령을 총살해 달라고 집요하게 요구하였다.

24일, 정부군은 기지에서 북쪽으로 60킬로미터 떨어진 작은 마을, 카미리의 차고에서 타니아의 지프를 발견한다. 그리고 그녀의 방에서 쿠바 음악 테이프 두 개와 함께 피델의 연설이 녹음된 테이프를 찾아낸다. 이것은 나중에 타니아를 기소하는 증거품으로 사용된다. 타니아는 부스토스와 드브레를 야영부대 본부로 안내해준 다음 급히 라파스로 돌아갈 생각이었다. 라파스에는 그녀가 해야 할 새로운 임무가 기다리고 있었던 것이다.

2월과 3월 두 달 동안 체가 자리를 비우자 야영부대 전체가 느슨하고 방만하게 돌아간다. 당연히 경계도 게을리 한다. 여러 서류나 간행물, 사진 같은 것들이 아무렇게나 돌아다니곤 한다.

레지 드브레의 기록[20]에서도 그러한 사실을 확인할 수 있다.

4월 말에 있었던 야영부대의 위치 노출과 적들의 군사 동원에도 체는 생각을 바꾸지 않았다. 게바라 대장이 전투가 어떻게 진행될지 체계적으로 정리해주지 않았다면 그가 왜 마르코스와 안토니오를 심하게 나무랐는지 모두들 이해할 수 없었을 것이다. 그는 되돌아와서 정부군의 공격에 앞서 야영본부를 더 먼 곳으로 옮기기로 결정한 마르코스와 안토니오를 나무랐던 것이다. 그리고 그가 그곳을 다시 점령하기 위해서, 그리고 어떤 희생을 치르더라도 그곳을 방어하기 위해서 즉시 되돌아가 다시 전진할 것을 명령한 이유도 이해할 수 없었을 것이다. 사기를 떨

---

20) 『체의 게릴라』, Seuil 출판사.

어뜨리지 않기 위해서, 대원들에게 전진을 명령하기 위해서 원칙적으로 그렇게 한 것이 아니었을까?

탈주자들로부터 정보를 얻은 정부군이 진지를 점령한 후에도 야영지 근방을 빙빙 돌고 있던 체가, 군이 철수하자마자 다시 슬그머니 그곳에 자리를 잡은 이유를 우리는 짐작할 수 없었을 것이다.

어찌 됐든 군의 기습공격은 확실히 이 일대를 훈련장 또는 예비장소에서 작전장소로 변화시켰다. 후방의 진지가 갑자기 게릴라전이 벌어지는 최전선이 된 것이다. 이러한 전환은 군이 주도하였고, 게릴라 지도부에서는 아무것도 모르고 있었다. 그래서 수색에서 돌아온 그들은 그 소식을 듣고는 깜짝 놀랐던 것이다.

일단 공격이 시작되자 체는 접촉을 끊으려는 노력을 전혀 하지 않았다. 그렇게 하기는커녕 오히려 방어태세를 갖추었다.

굶주림이 계속되자 많은 정예대원들은 고된 탐색임무를 정신적, 육체적으로 견디기 어려워했다. 전투가 시작되기 바로 직전까지도 전투준비를 전혀 할 수 없는 상태에 이르렀다. 요아킴과 알레한드로 같은 지휘관들은 배고픔으로 인한 부종 때문에 손가락, 발가락이 퉁퉁 부어 도착했다. 발이 아파서 신발을 신고 있을 수도 없었다. 손가락도 부어서 집게손가락을 방아쇠에 끼워넣기도 어려웠다. 하지만 무엇보다 탐색이 몇 주씩이나 계속되면서 과연 언제, 그리고 어느 방향으로 움직여야 하는지 체 자신조차도 확신을 갖고 결정하기가 어려워졌다.

이 지역을 샅샅이 아는 사람은 아무도 없었다. 숲이 너무 깊어서 길을 제대로 알고 떠나는 것도, 길을 잃지 않는다는 것도 불가능한 일이었다. 그래서 다시 접촉을 시도하려면 걷는 데 타고난 재주가 있는 롤란도가 도착할 때까지 기다려야 했다.

체는 전위부대가 경솔한 행동을 저질렀다는 것을 금세 알아챘다. 그들은 너무 배가 고픈 나머지 무장을 한 채 야시미엔토스 석유회사 직원이 사는 집에 들어갔던 것이다. 하지만 직원인 에피파니오 바르가스가 카미리 4구역 비밀 정보망의 일원이었다는 것을 알 리가 없었다.

…… 도시의 비밀조직이 벌써 미국 대사관과 CIA의 수중에 들어갔으리라고는 아무도 예상하지 못했다.

체는 이번 전쟁이 '시기상조'이고, '후회하게 될' 것이라고는 전혀 생각하지 않고 오히려 발 빠른 공격성을 보이며 전쟁에 뛰어들었다.

3월 23일 오후, 코코 페레로가 숨을 헐떡이며 황망히 야영부대에 뛰어들어와 정부군의 소대가 냥카우아수의 함정에 걸려들었다고 알렸다. 그때 몸을 해먹에 길게 누이고 책을 읽고 있던 체는 그 소식을 듣고는 책을 팽개치고 벌떡 일어났다. 그리고 기뻐서 소리를 질렀다. 그러고는 이런 때를 위해 가방 속에 깊숙이 넣어두었던 시가를 하나 꺼내서 엄숙한 표정으로 불을 붙였다.

1967년 4월 1일

우리는 또다시 암말을 죽여 차르키[21]를 만들었다. 이제 암말은 6마리 남았다.

1967년 4월 2일

…… 오늘 떠나지 않고, 내일 새벽 3시에 떠나기로 결정했다. ……

1967년 4월 3일

…… 우리가 매복장소 앞을 지날 때 7구의 시체들은 완전히 해골만 남아 있었다. 썩은 고기를 먹는 짐승들이 제 역할을 충실히 했기 때문이었다. …… 나는 당통, 카를로스[22]와 얘기를 나누었다. 그리고 그들에게 세 가지 가능성을 제시했다. 우리와 계속 함께 있든지, 따로 떠나든지 구티에레스에게 가서 적당한 기회를 잡아보든지 하는 것이었다. 그들은 세번째 제안을 선택했다. ……

1967년 4월 6일

초조하고 긴장된 하루였다. 4시에 우리는 냥카우아수를 지났다. …… 8시에 롤랑은 우리가 금방 지나쳐 왔던 협곡 맞은편에 군인 10여 명이 있다고 우리에게 알려주었

---

21) 햇볕에 말린 고기.
22) 시로 로베르토 부스토스의 가명. 펠라오라고도 부른다.

다. 우리는 천천히 출발하였다. 그리고 11시에 위험지대에서 벗어났다. ……

1967년 4월 10일

…… 여러 가지 소식들이 전달되었다. 루비오[23], 헤수스 수아레스 가욜이 중상을 입어 목숨이 위태롭다는 우울한 내용이었다. ……

1967년 4월 11일

…… 적군의 전체 손실은 다음과 같이 분류할 수 있다. 사망 10명, 그중 2명은 중위이다. 포로는 30명인데, 장교가 한 사람 하사관 몇 명, 나머지는 사병들이다. …… 특공훈련을 받은 병사, 낙하산 부대원, 애송이인 그 지역 출신 병사들이 있다. …… 칠레 기자 한 사람이 우리 야영부대에 대해 세밀하게 글을 썼고, 내 사진 한 장을 찾아냈다. 수염을 깎고, 파이프를 입에 물고 있는 사진이다. ……

1967년 4월 12일

…… 나는 드브레의 책[24]으로 조금씩 공부를 하기 시작했다. ……

---

23) 시에라마에스트라의 고참 게릴라.
24) 『혁명 속의 혁명』.

1967년 4월 13일

 …… 동굴은 적들의 눈에 띄지 않았다. 그리고 어느 곳도 손이 닿은 흔적은 없다. 모든 것이 그대로이다. 의자, 부엌, 화덕과 종자 주머니 같은 것들이……. 미국은 볼리비아에 고문을 파견한 것이 예전부터 계획된 것이고, 게릴라와는 아무 상관이 없다고 발표하고 있다. 우리는 지금 새로운 베트남의 일화를 눈으로 보고 있는 것이 분명하다.

1967년 4월 15일

 피델에게 보낼 글(4호)을 쓰면서 최근의 사건을 알렸다. 우리는 이 모든 것들을 암호로 쓰고 있다. 저들이 쉽게 풀 수는 없을 것이다.

1967년 4월 17일

 …… 농민의 아들 중 하나가 사라졌고, 아무래도 그가 밀고하러 갔을 거라는 생각이 든다. 하지만 아무리 상황이 좋지 않더라도 이번에야말로 프랑스인과 카를로스를 떠나보내기로 결정했다. ……

1967년 4월 19일

 …… 13시에 전위대원들이 그리스로부터 온 귀한 선물을 가져다주었다. 로스라는 영국인 기자가 우리가 있던 곳에 도착했던 것이다. 라구니야스의 아이들이 그를 데려

다주었다. …… 그는 여권의 직업란에 학생이라고 쓴 것을 지우고 기자로 바꾸어놓았다(실제로 그는 자신이 사진작가라고 했다). …… 기자를 안내한 아이들의 말을 듣고 우리가 이곳에 도착한 사실이 도착한 바로 그날 밤에 라구니야스에 알려졌다는 것을 알게 되었다. …… 로다스의 아들을 닦달하자 자기 형과 비데스의 농사꾼이 5백 달러에서 1천 달러 정도 되는 보상금을 받기 위해 그곳에 갔었다고 털어놓았다. …… 그 영국인이 믿을 만한 사람인지 확인하기 위해, 떠날 수 있게 도와달라고 해보자고 프랑스인이 제안했다. 카를로스는 마지못해 그러자고 했고, 나는 이 일에 관여하지 않기로 했다. …… 4시에 …… 카를로스는 남기로 결정했고, 프랑스인은 그의 뜻을 따랐다. 하지만 이번에는 그가 내키지 않는 표정이었다.

1967년 4월 20일

…… 13시경에 백기를 꽂은 소형 트럭이 나타났다. 트럭에는 군수, 의사, 무유팜파의 신부가 타고 있었다. 신부는 독일 사람이었다. …… 인티가 무유팜파에 화해를 제의했다. 18시 30분 전에 우리에게 가져다줄 물품목록을 내놓으면서 …… 그들이 소식을 전해주었다. 출발한 세 사람이 무유팜파에서 붙잡혔는데 두 사람은 가짜 신분증을 가지고 있어서 문제가 심각하다는 소식이었다. 카를로스가 걱정된다. 당통은 잘 빠져나갔을 것이다. ……

1967년 4월 21일

…… 라디오를 통해 외국인 용병 셋이 죽었다는 소식을 들었다. 프랑스인, 영국인, 아르헨티나인이었다. ……

1967년 4월 25일

우울한 하루였다. 아침 10시경에 폼보가 관측소에서 돌아와 군인 30명이 오고 있다고 알렸다. …… 우리는 야영부대로 오는 길에 임시매복소를 만들기로 결정했다. 급류 가장자리의 가파른 비탈을 선택했다. …… 우리가 그곳으로 자리를 옮기자마자 적의 전위부대가 나타났다. 지휘관과 함께 있는 독일 경찰견 세 마리를 보고 우리는 깜짝 놀랐다. …… 측면으로 포탄이 계속 퍼부어졌다. (산 루이스라고도 부르는 롤란도가 대퇴골이 부러지고 동맥이 끊어졌는데 결국 피를 너무 많이 흘려서 죽었다.) 우리는 가장 훌륭한 게릴라 대원, 게릴라 부대의 기둥이었던 사람을 잃었다. 그는 아직 아이 티를 벗지 못했을 무렵, 그러니까 4소대의 전령이었던 쿠바대공세 때부터 이번 새로운 혁명 전투 때까지 나의 동지였다. 그의 비참한 죽음에 대해 우리는 '군인으로서 용감하게 죽은 그대의 작은 시신은 커다란 강철 관 안에 누워 있다'는 말 외에는 달리 아무 말도 할 수 없었다. …… 베니뇨의 계산대로라면 우리는 거의 냥카우아수에 도착한 셈이다. 지금 우리는 두 개의 탈출구가 모두 막혀 있다. 이제 산을 타야 할 것 같다. ……

1967년 4월 26일

…… 우리는 계속 코코가 만들어놓은 오솔길을 따라가기로 했다. 가다 보면 이키리로 향하는 다른 길이 나올 것이다. 롤로라고 이름 붙인 사슴이 우리의 마스코트다. 이 녀석이 살아남을지 두고 볼 것이다.

1967년 4월 27일

…… 밤에는 사정없이 매서운 추위가 몰아닥친다. …… 당퉁이 카미리 근처에 붙잡혀 있다는 사실이 확인되었다. 다른 사람들도 그와 함께 살아 있는 것이 분명하다.

해발 고도 : 9백50미터.

1967년 4월 29일

…… 우리는 지금 단층이 없는 계곡에 있다. 코코는 자기가 가본 적이 없는 횡곡을 보았다고 믿고 있다. 내일 우리 부대 전체가 거기에 있을 것이다. ……

1967년 4월 30일

…… 우리의 마스코트 롤로가 죽었다. 성미 급한 우르바노가 롤로의 머리에 총을 쏘아 죽였다. …… 잡지 『시엠프레』가 바리엔토스와의 인터뷰 기사를 실었는데 바리엔토스는 인터뷰 중에 양키 군사고문단이 있었고, 게릴라 부대가 볼리비아의 사회구조적 조건 때문에 생겨났다는 점을 인정했다.

이달의 동향

　모든 것이 거의 정상적으로 진행되고 있다. 물론 어려움은 많다. 루비오와 롤란도의 비참한 죽음 때문에 우리 모두 슬픔에 빠져 있다. …… 게다가 지금은 완전히 고립된 상태다. 동지 몇몇은 병에 걸려 체력이 떨어지고 있다. 그리고 우리는 어쩔 수 없이 병력을 나누어야 했다. …… 조직적으로 공포감을 심어주어 적어도 대다수 사람들이 중립을 유지할 수 있도록 유도하는 데까지는 성공한 것 같았는데 여전히 농민 하부조직을 발전시키는 일은 미적거리고 있다. 곧 지원을 받을 수 있을 것이다. …… 당통과 카를로스는 떠나려는 필사적인 몸부림과 성급함 때문에, 그리고 그들을 말리지 못한 나의 무기력함 때문에 희생되었다. 그래서 결국 쿠바와 연락이 두절되었고(당통), 아르헨티나 내부 활동 계획도 수포로 돌아가고 말았다(카를로스). ……

4일, 야영지가 군대에 점령당한다. 배반자 두 사람이 이곳까지 군대를 데리고 온 것이다. 군대는 브라울리오(이스라엘 레이예스 중위)가 제대로 숨기지 못한 여행기록 수첩을 발견한다. 그래서 체는 전시명을 라몬에서 페르난도로 바꾼다.

18일, 군에서 제공한 안내자와 함께 온 CIA 요원, 조지 앤드류 로스는 라구니야스로 떠난다. 그의 수첩에는 체가 라몬이라는 가명으로 게릴라 부대에 있는지를 확인하고, 동시에 타니아와 드브레의 존재를 확인하기 위한 질문서가 들어 있었다. 그는 게릴라 대원들의 가방과 옷에 화학물질을 뿌려서 경찰견들이 이들을 찾아낼 수 있도록 하라는 특수임무를 맡았다. 이것으로 25일, 독일 경찰견들이 나타나게 된 경위가 확실히 밝혀진다.

20일, 무유팜파 마을에서 레지 드브레(당통)와 시로 로베르토 부스토스(펠라오)가 영국인 기자 로스와 함께 붙잡힌다. 군의 계획은 당통과 펠라오를 없애는 것이었다. 물론 로스는 아니었다. 그런데 『프레센시아』라는 신문에 붙잡힌 두 사람의 사진이 실리면서 드브레와 부스토스를 아무도 모르게 죽이려던 계획이 드러나게 된다.

23일, 랄프 W. 셸턴 장군, 그러니까 파피 셸턴은 산타 크루스 근처 에스페란사 사탕수수 단지에서 베트남에서 써먹었던 보이나스 베르데스, 이른바 그린 베레 침공작전의 준비훈련을 개시한다.

24일, 미국의 정보전문가인 테오도르 커쉬와 조셉 켈러가 CIA 요원인 에두아르도 곤살레스와 함께 와서 드브레와 부스토스의 신문에 참여한다. 2차대전 당시 리옹의 게슈타포였고, 나치 당원이었던 프랑스인 클라우스 바르비도 이 자리에 있었다. 그 당시 그는 바리엔토스 대통령의 고문이었다. 그는 자신을 알고 있는 드브레 앞에는 나서지 않는다.

4월 말에 부피가 큰 사진첩이 모든 포로들에게 돌려진다. 그 사진첩에 있는 사람들 중 몇몇은 게릴라 대원일 수도 있다고 지적한다.

기소된 후 정부에 의해 수용소로 보내진 중위 두 사람, 사베드라 아람벨과 호르헤 아얄라 차베스가 이리피티에서 10일에 죽었다고 볼리비아 기자, 후안 호세 카프릴레스가 폭로한다. 그들 두 사람은 군대의 억압적인 분위기를 공개적으로 비판했다고 해서 최전선으로 파견되었다. 체가 게릴라 부대에 있다고 장담하는 카프릴레스의 탐방 기사, 「게릴레로 에로이코(게릴라 영웅)」는 게릴라를 찬양하는 내용이었다. 그의 기사는 곧 배포가 금지되었고, 그는 구사일생으로 겨우 목숨을 건져 볼리비아를 떠나게 된다.

한편 그 4월에 사태의 국면이 바뀔 수도 있었을 것이라는 얘기가 있다. 베니뇨는 이렇게 얘기했다. "우리에게는 바리엔토스 대통령을 저격할 수 있는 기회가 있었다. 그 날이 4월 10일이었다. 그는 우리를 찾고 있는 척후대와 함께 있었다. 그때 거의 그를 잡을 뻔했었는데! 우리는 그가 우리의 목을 가져다가 라파스의 대통령 궁 정문 앞에 늘어놓고 싶어하는 걸 알고 있었다. 물론 그도 우리 손에 잡히면 총살당할 것을 알고 있었겠지만. 안타깝게도 그를 놓쳐버린 것이었다……."

1967년 5월 1일

가시덤불 제거제를 뿌렸지만 많이 나가지 못했다. 아직 물길이 갈라지는 곳에 닿지 못하고 있다. …… 냐토가 고

무총으로 새를 잡았다. 이제 우리는 새를 잡아먹기 시작한 것이다.

1967년 5월 5일

…… 우르스[25]로 갈 생각이다. 그러자면 이틀 먹을 양식이 남아 있어야 한다. 그리고 거기서 옛 야영지까지……. 드브레가 게릴라의 지휘관이라는 혐의 내지는 게릴라를 조직한 혐의로 카미리 군사재판소에서 재판을 받을 것이라고 한다. 내일 그의 어머니가 온다. 저들은 말썽이 생길까 봐 이 사건을 덮어두려 할 것이다. ……

1967년 5월 8일

…… 로레도(정부군의 중위)가 발포했고, 그는 신병 2명과 함께 즉사하였다. 이미 밤이 되었고, 우리 대원들은 앞으로 나아가고 있었다. 우리 대원들이 정부군 6명을 생포했다. ……

1967년 5월 9일

우리는 4시에 일어났다. (나는 잠을 자지 않았다.) 우리는 군인들과 얘기를 나눈 뒤에 이들을 풀어주었다. ……

---

25) 야영지, 레지 드브레가 여기서 곰(ours)을 잡았다고 해서 그렇게 불렀다.

1967년 5월 12일

…… 쌀을 곁들인 돼지고기 요리와 고기 튀김, 호박으로 식사준비를 하였다. ……

1967년 5월 13일

하루 종일 트림에 방귀에 토하고, 설사를 했다. 파이프 오르간 연주를 따로 들을 필요가 없을 정도다. 우리는 돼지고기를 소화시키느라 꼼짝도 못하고 있었다. ……

1967년 5월 18일

…… 오늘 처음으로 게릴라 부대에서 내가 이를 빼주었다. 그리고 캄바가 그 희생양이 되었다. ……

1967년 5월 20일

…… 바리엔토스는 드브레가 기자 자격으로 이곳에 왔다는 점을 인정하지 않았고, 의회에 그의 사형을 요청하겠다고 발표했다. 기자들과 외국인들 대부분은 드브레에 대해 관심을 갖고 많은 질문을 했다. 바리엔토스는 말도 되지 않는 빈약한 논리로 변명하기에 급급했다. ……

1967년 5월 24일

…… 드브레이에 대한 보호요청이 제기될 것이라는 라디오 방송을 들었다. ……

1967년 5월 30일

　…… 유동액이 부족하다 보니 지프에서 자꾸 이상한 소리가 났다. …… 모두 지프에 오줌을 누었다. 그래서 수통 하나에 남아 있는 물을 가지고 목적지까지 도착할 수 있었다. ……

이달의 동향

1. 마닐라, 라파스, 호아킨과 연락이 되지 않는다. 대원은 25명으로 줄었다.
2. 농민들은 우리를 더는 두려워하지 않는다. 그들은 우리에게 호의를 가지고 있다. 그러나 참여는 전혀 이루어지지 않고 있다. 이 일은 끈기 있게 천천히 해내야 한다.
3. 콜레가 주선하여 당이 협조하고 있다. 우리가 보기에는 전폭적인 협조인 것 같다.
4. 드브레 사건이 과장되게 알려지면서 전투에서 10번 승리한 것보다 더 우리 운동의 의미를 효과적으로 알릴 수 있었다.
5. 대원들의 사기가 차츰 오르고 있다. 이런 강한 정신력을 잘 발휘하면 승리는 따놓은 것이나 다름없다.
6. 정부군의 체계가 늘 잡혀 있는 것은 아니다. 군대의 전술이 눈에 띄게 좋아지지는 않는다.

이달의 새로운 소식으로는 로로의 투옥과 탈옥이 있다. ……

1일에 코참바에서 시위가 있었고 『프렌사 리브레(자유전선)』에 최초로 볼리비아 민족해방군의 공식성명이 발표된다. 이것을 접한 각 나라의 방송과 전 세계 통신사의 반응도 연이어 터져나온다.

7일, 로로라고 불리는 게릴라 대원, 호르헤 바스케스 비아나가 체포된다. 그는 CIA 요원, 에두아르도 곤살레스가 쳐놓은 함정에 빠진 것이다. 에두아르도 곤살레스는 능숙한 쿠바 억양으로 피델이 보낸 전령 행세를 하였다. 그는 이렇게 말했다. "나는 체에 관한 소식을 들으려고 아바나에서 왔소. 그런데 여태껏 아무런 소식도 듣지 못하고 있소." 결국 그는 체 게바라 대장이 게릴라 부대에 있다는 사실을 실토하고야 만다. 사실이 확인된 후 젊은 반역자는 살해당했다.

8일, 생포한 군인 10명을 이튿날 풀어주었다. 바리엔토스는 라파스에서 야당과 광부노동조합의 주요 인사들을 체포하라고 명령한다. 당의 지도자인 마리오 몬헤와 호르헤 콜레도 체포대상이 되었다.

메시쿠리 지역은 한 달 내내 공포에 떨었다. 그 지역의 많은 농부들이 게릴라와 공모하고 있다는 혐의로 고문을 당했다. 볼리비아 기자 호르헤 로사가 산타크루스와 코참바를 잇는 도로에 18개의 군사용 바리케이드가 있다고 말했다. 더불어 민족학자인 젊은 프랑스인이 마모레 강에서 수영을 하고 있었는데 그가 수염을 기르고 있는 것이 불순해 보인다고 하여 체포되었다는 얘기도 들려주었다.

5월에는 4구역과 8구역의 정부군 병력이 4천8백 명을 넘어섰다. 50명이 채 되지 않는 게릴라들과 싸우려고 이렇게 많은 병력을 동원한 것이다.

1967년 6월 3일

…… 차를 타고 지나가는 군인 두 사람을 쏠 용기가 나지 않았다. 워낙 순식간의 일이라 차를 세워야겠다는 생각을 미처 하지 못했다. ……

1967년 6월 8일

…… 우르바노가 오만불손한 행동을 했기 때문에 어쩔 수 없이 경고를 했다. …… 공격에 관한 소식, 광부들의 봉기 등과 관련된 뉴스가 나오다가 별안간 다른 이야기가 나온다.

1967년 6월 13일

…… 이 나라의 정치적 혼란 속에서 연달아 발표되는 협약과 반대협약은 재미있기까지 하다. 그러나 여기서 게릴라가 할 수 있는 촉매제 역할이 확실히 어떤 것인지 우리도 막연하다.

1967년 6월 14일

내가 곧 서른아홉이 된다. 시간은 어느 누구의 사정도 봐주지 않는다. 나이를 한 살 더 먹는다는 사실을 생각하며 게릴라로서 내 미래에 대해 깊이 성찰한다. 그러나 당장은 '타협하지 않겠다'라고 결심했다.

해발 고도 : 8백40미터.

1967년 6월 19일

······ 주민들과 얘기를 나누려면 그들을 짐승 몰듯 쫓아가야 한다. 그들은 작은 짐승들 같기 때문이다. ······

1967년 6월 21일

······ 하루 종일 여러 개의 이빨을 뽑았다. 덕분에 내 전시명인 페르난도 사카무엘라스('치과의사'라는 뜻임—옮긴이)가 더 유명해졌다. ······

1967년 6월 23일

천식이 심각할 정도로 도지려고 한다. 치료약은 하나도 없다.

해발 고도 : 1천50미터.

1967년 6월 24일

······ 라디오에서 탄광의 투쟁소식을 들었다. 천식이 점점 심해진다.

해발 고도 : 1천2백 미터.

1967년 6월 25일

…… 천식이 계속 도져 지금은 잠도 제대로 잘 수 없다. 해발 고도 : 7백80미터.

1967년 6월 26일

아주 우울한 하루였다. …… 우리는 낯선 풍경과 맞닥뜨렸다. 사방은 쥐 죽은 듯이 고요한데 강가 모래밭 위에는 내리쬐는 뙤약볕을 받고 있는 군인의 시체 4구가 있었다. (그들의 무기를 회수하기 위해) 밤이 되기를 기다렸다. 해가 지자마자 양쪽에서 총소리가 터져나왔다. …… 투마는 간이 파열되었고 장에 구멍이 뚫리는 부상을 입었다. 그는 수술을 받다가 끝내 죽고 말았다. 나는 이즈음 몇 년 동안 떨어져 있을 수 없었던 동지, 어떤 시련에도 신의를 잃지 않았던 동지를 잃었다. 아들을 잃은 것만큼이나 가슴이 아프다.

1967년 6월 29일

…… 자율규제 능력이 부족하고, 걸음이 느리다고 대원들을 질책했다. 그리고 '헛된 죽음이 다시는 없도록' 몇 가지 부칙을 정해주겠다고 약속했다.

1967년 6월 30일

…… 현재 정치적인 국면에서 주목해야 할 것은 내가 여기에 있다고 한 오반도(정부군 사령관 오반도 칸디아)

의 선언이다. 게다가 그는 군대가 게릴라들을 그냥 두고 보지는 않을 것이고, 북미군의 가장 뛰어난 연대를 무찌른 베트콩의 지휘관들을 군에 편입시켰다고 으름장을 놓았다. 그는 레지 드브레가 한 말을 근거로 삼고 있었다. 아마도 레지 드브레가 필요 이상으로 많은 것을 말한 것 같다. 이런 선언이 무엇을 의미하는지, 어떤 상황에서 그가 말을 했고, 무슨 말을 했는지 …… 정확히 알 수는 없다. 그들은 내가 탄광촌 봉기의 주모자이고, 탄광촌 봉기가 냥카우아수 사건과 연루되어 있다고 주장한다. 모든 일들이 착착 진행되고 있다. 여기서 나는 여전히 '페르난도 사카무엘라스(치과의사 페르난도)'이다. ……

이달의 동향

가장 중요한 특징은 다음과 같다.

1. 연락이 완전히 두절되었다. 결과적으로 대원의 수는 부상당한 폼보까지 합하여 모두 24명으로 줄어들었고, 기동력도 떨어졌다.
2. 농민들의 참여가 여전히 이루어지지 않고 있다는 점이 항상 마음에 걸린다. 이것은 악순환이다. 농민들이 참여하도록 유도하려면 우리가 그들이 사는 지역에서 지속적인 활동을 할 수 있어야 하는데, 그러려면 많은 인원이 필요하다.
3. 게릴라에 대한 이야기가 엄청나게 부풀려져 퍼져나가고 있다. 우리는 이제 절대로 이길 수 없는 슈퍼맨

이 되어 있다.
4. 파울리노를 통하여 당과 연락을 시도했는데도 실패했다.
5. 드브레는 계속해서 적에게 여러 가지 정보를 주고 있다. 대개는 나와 관련된 것이다. 나는 이 운동의 주모자로 떠올랐다. 정부가 어떻게 나올지, 우리에게 이로울지 해가 될지는 더 지켜보아야 할 것 같다.
6. 게릴라 부대의 정신력은 강하다. 그리고 투쟁의지도 점점 강해지고 있다. 쿠바 대원들 전원은 전투에서 다른 대원들의 모범이 되어주고 있다. 두세 명의 볼리비아 대원들만 무기력한 상태이다.
7. 정부군의 움직임을 살펴보면 그들은 여전히 형편없다. 하지만 농민들에게 행하는 일은 관심을 가지고 지켜보아야 한다. 군대는 마을 사람들 전부를 밀고자로 만들고 있기 때문이다. 마을 사람들은 군대가 무서워서든 우리의 목적을 왜곡하는 거짓말에 설득을 당해서든 누구나 밀고자가 될 수 있다.
8. 광산에서 이루어진 학살은 우리가 처한 상황을 냉정하게 돌아볼 수 있도록 하는 계기가 되어주었다.
……

6일, 우아누니의 탄광노동자집회에서 노동자들은 게릴라 부대와의 연대를 선언한다.
15일, 노동자조합은 자신들이 위급한 상황에 처해 있

음을 밝힌다.

19일, 체는 모로코의 마을에서 치과의사 노릇을 한다. 거기에서 떠돌이 행상으로 변장한 스파이 세 사람이 잡혔다가 풀려난다. 새로 게릴라 부대에 들어온 젊은 농부 파울리노는 도시 지역의 조직과 다시 연락을 취하기 위해 코차밤바에 전령으로 파견되지만 군에 체포당하고 만다.

23일, 광부들과 학생들이 새로운 방어협약에 서명한다. 노동자들은 광산지역을 '해방구'로 선포한다.

24일, 성 요한 축일의 학살. 군대가 오루로 근처의 주요 주석광산을 점령한다. 그레고리오 이리아르테 신부는 자신의 책 『죽음의 전시관』에서 이렇게 쓰고 있다.

벌써 석 달째 냥카우아수에 있는 게릴라들 때문에 나라 전체가 흔들리고 있다. 광부들은 체 게바라가 볼리비아에 있을 수도 있다고 주장한다. 그들 중 몇몇은 게릴라 대원이 되겠다고 남동쪽을 향해 떠난 것으로 알려지고 있다. 카타비의 집회에서 처음으로 광부들은 게릴라를 경제적으로 지원하자고 제안했다. 이런 제안이 군과 정부를 근본적으로 흔들어놓은 것 같다. 그때부터 군과 정부는 광산을 급습할 계획을 세우기 시작했다.

그런 연유로 성 요한 축일의 밤, 23일부터 24일까지, 기차를 타고 도착한 군인들이 동맹파업을 하는 사람들을 향해 총을 쏘아대고 그 와중에 26명이 목숨을 잃는다. 살해된 사람들은 대부분 광부지만 여자들과 아이들도 끼여 있었다. 그리고 뒤이어 2백 명 가까운 광부들이 군대로 끌려간다.

26일, 피라이 근처에서 풀어준 스파이 세 사람이 적에게 알린 정보 때문에 결국 세코 강에 매복해 있던 투마를 잃게 된다. 6월에 군의 지휘관들은 본격적인 싸움을 벌일 목적으로 4구역 쪽으로 행군을 시작했고, 1천2백 명 가까이 병력을 증강한다. 게다가 미국에서 훈련을 받은 6백50명의 군 병력이 더 투입된다.

같은 시기에, 쿠바에서 체가 사라졌다고 주장하는 심리전이 계속된다. 바리엔토스는 이 작전을 열렬히 독려한다.

1967년 7월 3일

······ 모두가 관심을 보일 만한 사진 몇 장을 직접 찍었다. 우리는 주요한 세 과정, 즉 사진들이 어떻게 현상되고 확대되어 마침내 여기저기에 퍼지는지 보게 될 것이다.

······ 천식은 계속 나를 힘들게 한다.

1967년 7월 8일

······ 몸을 지탱하려고 주사를 몇 대 맞았다. 나중에는 9백 분의 1로 희석한 안약용 아드레날린 용액을 썼다. 파울리노가 임무를 제대로 수행하지 못하면 우리는 천식약을

구하러 냥카우아수로 돌아가야 할 것 같다. ……

1967년 7월 9일
…… 라디오에서 카타비, 시글로 XX, 그리고 코미볼의 광부들이 14개 안에 합의했다는 내용이 보도되었다. 이것은 노동자들의 완패를 의미한다.

1967년 7월 10일
…… 드브레와 펠라오를 신문한 결과가 좋지 않다. 무엇보다 그들은 게릴라 부대가 남미대륙에 들어온 목적을 인정하였다. 절대로 그러지 말았어야 했다.

1967년 7월 14일
…… PRA와 PSB가 혁명전선에서 손을 떼었고, 농민들은 팔랑헤 당과 동맹을 맺은 바리엔토스를 위협한다. 정부는 빠른 속도로 붕괴하고 있다. 이럴 때 우리 대원 숫자가 1백 명도 넘지 못한다는 것이 너무도 안타깝다.

1967년 7월 15일
…… 소를 잡아 오랜만에 실컷 먹었다. 천식은 이제 좀 잠잠해졌다. 바리엔토스는 몇 시간 안에 우리를 소탕하기 위해 신티아 작전을 개시한다고 선언했다.

1967년 7월 19일

…… 실레스 살리나스(이전 대통령)는 게릴라들이 정권을 잡으면 모두 목숨을 잃게 될 것이라면서 반대당을 위협하였다. 그는 국가 전체의 화합을 주장하면서 국가가 전시태세에 들어갔다고 선언하였다. 한편으로는 탄원하는 것 같기도 하고, 다른 한편으로는 민중을 선동하는 듯하기도 하다.

1967년 7월 24일

…… 우리는 마닐라에서 온 긴 메시지를 해독하고 있다. 라울은 ……베트남에 관한 기사를 놓고 체코 사람들이 해설한 내용을 반박하였다. 요즘은 동지들이 나를 바쿠닌이라고 부른다. 그리고 이제까지 흘린 피와 또 다른 베트남이 생길 경우 피를 흘리게 될 사람들을 불쌍해한다.

1967년 7월 26일

…… 저녁에 7월 26일 거사의 의미에 대해, 과두정치와 혁명의 교의를 상대로 한 반역에 대해 이런저런 이야기를 나누었다. 피델이 볼리비아에 대해 잠깐 언급했다. ……

1967년 7월 27일

…… 젊은 군인 8명이 함정 쪽으로 걸어오기 시작했다. 4명만 매복에 걸려들었다. 셋은 확실히 죽었고, 나머지 한 사람도 죽었을 것이다. …… 천식이 쉽게 가라앉질 않는

다. 진정제도 바닥났다.

해발 고도 : 8백 미터.

1967년 7월 30일

천식 때문에 무척 괴롭다. 뜬눈으로 밤을 새우다시피 하였다. …… 부엌에서 이야기하는 소리를 들었다. "거기 누구야? —트리니다드 분견대다!" 그리고 곧이어 총소리. ……말(馬)을 관리하는 일에 좀더 신경을 썼어야 했다. 네그로는 자신이 적에게서 빼앗은 박격포와 도끼를 가지고 사라졌다. ……

나는 대원들을 재촉하고, 폼보와 함께 달려갔다. 길이 끝나는 강의 협곡에서 다시 총소리가 났다. 코코와 훌리오와 미겔을 앞질러 보냈다. 그러는 사이에 나는 말을 몰았다. ……

라울이 숲에서 총에 맞아 죽었다. …… 파초는 총알이 넓적다리와 고환을 살짝 스쳐서 가벼운 부상만을 입었다. 하지만 리카르도는 상태가 심각하다. 게다가 윌리의 가방 속에 남아 있던 플라스마를 잃어버렸다. 22시에 리카르도가 죽었다. 우리는 그를 강 근처에 묻었다. 군인들이 발견하지 못하도록 눈에 띄지 않는 곳에 묻었다.

1967년 7월 31일

…… 작전 중에 어떤 실수를 저질렀는지 대원들에게 설명했다. ①잘못된 야영위치 선정, ②잘못된 시간 활용,

그럼으로써 적들이 우리에게 사격을 하게 함, ③맹목적인 확신, 이 때문에 리카르도가 부상을 당하고, 그를 구하러 갔던 라울마저 연달아 부상을 당함, ④문제가 닥칠 때마다 그것을 극복하는 데 필수적인 결단력 부족.

약이며 쌍안경이 들어 있는 배낭 11개를 잃어버렸다. 마닐라에서 보낸 메시지가 녹음되어 있는 녹음기, 내가 주석을 붙인 드브레의 책, 트로츠키의 책을 비롯해 잃어버리면 위험한 물건들도 있었다. 이런 식의 정보유출이 정부에 가져다줄 정치적 이득은 말할 것도 없고, 그것으로 인해 정부군이 자신감을 갖게 되는 것을 생각하면 손실이 이만저만이 아니다. …… 우리는 이제 부상을 입은 파초와 폼보를 합해 22명이다. 게다가 나는 천식 때문에 몸이 말이 아니다.

이달의 동향

가장 중요한 특징은 다음과 같다.

1. 계속 연락두절 상태다.
2. 잘 알려진 나이 든 농부들을 통해 신병을 모으는 일이 진행되고 있어서 고무적이기는 하지만 늘 농민 출신의 신병이 부족하다는 점을 모두들 실감하고 있다.
3. 게릴라 부대에 대한 전설적인 이야기가 대륙 전체로 확산되고 있다.
6. 군대는 계속해서 실수를 저지르고 있지만 호전적인

분위기를 내뿜는 단결력이 있다.
7. 정치적 위기가 정권의 목을 죄어오고 있다. 하지만 미국은 미약하나마 지원을 끊지 않고 있다. 볼리비아 정부에게 그나마 미국의 지원은 상당히 큰 힘이 된다. 미국의 지원은 불평을 줄이는 역할을 한다. ......

4일, 밀가루 포대에 숨겨 무기를 실은 29량짜리 열차가 아르헨티나 푸쿠만에서 들어온다는 정보를 입수했다. 열차는 라키아카를 지나 국경까지 남군의 보호를 받는다고 한다. 그 소식에 대해 여기저기서 비난이 빗발친다. 칠레 정부는 아르헨티나와 볼리비아가 어떤 관계를 맺고 있는지 해명을 요구하고 파라과이 대통령 알프레도 스트로에스네르는 필요한 경우에는 지원군을 보내겠다고 약속한다. 이런 일련의 사태들을 보면 게릴라들 때문에 남미대륙이 두려움과 혼란에 빠져 있다는 것을 알 수 있다. 그리고 바리엔토스 정부가 확고부동한 기반을 가지지 못했다는 점도 확실해진다.

6일, 라파스에서 1백20킬로미터 떨어져 있는 플로리다의 사마이파타를 점령함으로써 게릴라 부대는 적에게 적잖은 타격을 준다. 사실 사마이파타는 볼리비아의 요충지라 할 만했다. 코차밤바, 오루로, 수크레와 라파스를 연결하는 지점에 위치하고 있다는 사마이파타는 자동차가 다니는 중계도시로서 게릴라 부대에게는 목적 달성에

요긴한 교두보가 된 셈이었다.

10일, 레지 드브레가 사실상 비난이나 다름없는 여러 가지 억측에 대해 해명을 한다. "설사 우리가 부스토스(펠라오)와 같은 감옥에 수감됐더라도 같은 감방에 있지는 않았을 것이다. 그래서 나는 그가 어떤 사람인지 전혀 몰랐다. 나는 단순히 그가 무기력한 남자, 위선자라는 것만 알고 있었다. 나보다 몇 년 일찍 그를 알았던 체에게 좋은 인상을 심어주는 데 성공했으니 말이다. 그리고 체는 그가 첫인상 그대로 훌륭한 사람이라고 믿었고, 그는 체에게 그런 신임을 얻을 수 있을 만큼 위선자였다. 그는 정부군을 게릴라 야영지까지 데리고 갔고, 동굴을 가르쳐주었다. 동굴에서 사진이 발견되었고, 사진들 가운데 타니아의 사진도 있었다. 나는 루벤 산체스로부터 그 사실을 들었다. 그가 나의 목숨을 구해주었다. 신문을 받을 때에 그는 부스토스가 하는 말을 엿들을 수 있었던 것이다. 솜씨 좋은 초상화가이기도 했던 그는 게릴라 부대원들의 얼굴을 그렸다."

14일, 두 당이 권력과 결탁한 반동연합에서 탈퇴한다.

20일, 게릴라 부대의 어린 신병, 에우세비오와 칭골로가 냥카우아수 지역, 티쿠차 전투가 한창일 때 혼란을 틈타 부대를 떠난다.

24일, 체는 자신이 좀처럼 속아넘어가지 않는다는 사실을 다시 한 번 보여준다. 그리고 모스크바의 그의 '친구들'을 빗대어 재치있게 그 사실을 증명해 보인다.

1967년 8월 1일

...... 매복할 장소를 만들기 위해 구덩이 두 개를 팠다.
......

해발 고도 : 6백50미터.

1967년 8월 3일

...... 아주 느리게 전진하고 있다. 새로운 소식은 없다. 파초는 많이 회복되었다. 반면 나는 점점 나빠지고 있다. ...... 노보카인 정맥주사를 맞아보았지만 별 효과가 없다.

1967년 8월 8일

우리는 거의 꼬박 한 시간을 걸었다. 내게는 한 시간이 그 두 배는 되는 것 같다. 어린 암말이 많이 지쳐 있기 때문이다. 나는 심각한 부상을 입고 있던 말의 목을 단숨에 칼로 내리쳐버렸다. ...... 파초는 건강을 되찾았지만 나는 인간쓰레기가 되어가고 있다. 어린 암말에게 한 행동이 내가 이성을 잃어가고 있다는 증거이다. ...... 지금 이 순간 우리는 중대한 결단을 내려야 한다. 이러한 싸움이 우리를 가장 높은 단계에 있는 인간, 혁명가로 만들어주며 동시에 가장 인간다운 모습을 드러내 보이게 한다. 자신이 이런 단계에 이르렀다고 생각하지 않는 사람들은 그 사실을 받아들이고, 싸움을 그만두어야 한다. 쿠바 사람들 모두와 볼리비아 사람들 몇몇은 끝까지 싸우겠다고 다짐했다. ......

1967년 8월 10일

 안토니오와 차파코가 후방으로 사냥을 나갔다가 암사슴과 야생공작을 잡아가지고 돌아왔다. ……

1967년 8월 12일

 …… 바리엔토스가 게릴라 부대원들의 섬멸을 공표하였다. 그리고 다시 쿠바를 향해 위협성 발언을 시작했다. ……

1967년 8월 14일

 …… 여러 정보를 통해 우리는 동굴이 약탈당한 것을 알았다. …… 저들이 모든 서류와 사진을 가지고 갔다. 그들이 우리에게 가한 가장 무자비한 폭력이었다. 누군가가 발설한 것이 틀림없다. 도대체 누가? 모르겠다.

1967년 8월 15일

 …… 산타크루스의 라디오 방송은 군대가 무유팜파의 그룹에 있는 두 사람을 붙잡았다고 보도했다. 이제 모든 것이 불을 보듯 뻔하다. 호아킨의 그룹과 관련된 이야기이다. 그는 지금 쫓겨 다니고 있을 것이다. 그리고 잡힌 두 사람이 몽땅 털어놓은 것이다. ……

1967년 8월 16일

 …… 암노새가 나뭇가지 끝에 찔리면서 나를 땅에 패대

기쳐버렸다. ……

1967년 8월 17일

…… 캄바가 떠나고 싶어한다고 인티가 전해주었다. 그의 말에 따르면 몸이 아파서 더는 싸움을 계속할 수 없다는 것이다. 게다가 그는 투쟁에 대한 전망을 전혀 갖고 있지 않다. 싸움에 겁을 내는 전형적인 경우이다. 차라리 그를 떠나게 하는 것이 부대 분위기를 쇄신하는 길일 터이다. 하지만 지금 당장은 어렵다. 호아킨과 우리가 만나기로 한 길을 그가 알고 있기 때문이다. 그래서 그는 떠날 수 없다. ……

1967년 8월 19일

…… 아르투로가 맥을 한 마리 잡았다. 그가 총을 일곱 발이나 쏘는 바람에 부대 전체가 긴장했다. …… 맥을 잡은 덕분에 다음 식삿감으로 리스트에 올라 있던 백마가 운 좋게 목숨을 건졌다고들 얘기한다. ……

1967년 8월 23일

…… 험한 바위를 타야 했기 때문에 하루 종일 무척 힘들었다. 백마가 아예 한 발짝도 움직일 생각을 하지 않았기 때문에 우리는 녀석을 수풀 속에 숨겨두고 떠났다. 죽여보았자 아무런 득이 되지 않을 테니까. …… 드브레의 재판이 9월로 연기되었다고 한다.

해발 고도 : 5백80미터.

1967년 8월 24일.

…… 해가 떨어지자 대원들이 덫을 놓아 잡은 짐승들을 가지고 돌아왔다. 콘도르와 썩은 들고양이였다. 모두들 남은 맥 고기를 먹었다. 아직 강낭콩이 남아 있고, 사냥도 할 수 있을 것이다.

캄바는 사기가 떨어질 대로 떨어져 있다. 정부군 얘기만 나오면 벌벌 떨 정도니 말이다. ……

1967년 8월 26일

아무것도 제대로 되지 않았다. 7명의 군인이 접근했지만 모두 도망쳐버렸다. 다섯은 강 아래로 갔고, 둘은 강을 건넜다. 매복을 책임지고 있던 안토니오가 너무 일찍 총을 쏘는 바람에 명중시키지 못했다. 덕분에 군인들은 지원군을 데리러 재빨리 빠져나갔다. ……

1967년 8월 27일

하루 종일 필사적으로 탈출구를 찾아 헤맸지만 아무것도 확실하지 않다. 우리는 지금 리오그란데 강 근처에 있다. 벌써 유몬을 지나왔지만 걸어서 건널 만큼 물이 얕은 곳은 나오지 않는다. …… 그나마 다행인 것이 베니뇨, 냐토와 훌리오가 도착했다는 점이다. ……

1967년 8월 30일

상황이 불안해지기 시작한다. 대원들 몇이 기절하였다. 미구엘과 다리오가 오줌을 마셨고, 치노도 그들을 따라 했다. 그것이 화근이 되어 설사를 하고, 경련을 일으켰다. 우르바노, 베니뇨와 훌리오가 계곡 쪽으로 내려가 물을 찾았다. ……

해발 고도 : 1천2백 미터.

이달의 동향

…… 두말할 필요도 없이 최악의 상태이다. …… 동굴은 모두 발각되었다. 거기에 있던 서류와 의약품을 잃은 것이 치명적이었다. 특히 심리적인 면에서 치명적인 타격을 입었다. 이달 말에만도 두 사람이 죽었다. 말은 잡아먹어버렸으니 걸어서 행군을 해야 한다. 대원들의 사기는 계속 떨어지고 있다. 맨 먼저 캄바가 떠나겠다고 했다. …… 외부와 연락이 닿지 않는다. 호아킨과도 마찬가지다. 게릴라들 중 붙잡힌 자들이 실토했다는 사실이 대원들의 사기를 더욱 떨어뜨린다. 몇몇 대원들은 내 건강을 걱정한다. …… 가장 중요한 특징은 다음과 같다.

1. 여전히 어떤 연락도 취하지 못하고 있다. 조만간 연락이 되리라는 희망도 보이지 않는다.
2. 여전히 농민들이 동참하지 않는다. 최근에 그들과 전혀 관계를 맺을 수 없었다는 것을 생각하면 당연한 일이다.

3. 대원들의 사기가 땅에 떨어져 있다. 일시적이기를 바란다.
4. 부대는 효율적이지도 않고, 전투력도 부족하다.

4일, 배신자 에우세비오와 칭골로가 군에 붙잡혀, 레지 드브레의 표현을 빌리자면, '전략적인 동굴'에 군인들을 데리고 온다. 동굴은 야영지 근처에 있었다. 동굴에 감추어두었던 서류들이 발견되면서 정부는 도시조직을 와해시키고, 로욜라 구스만을 체포한다. 또 그때까지 진전이 없던 '카미리에서의 재판'을 진행할 수가 있게 된다.

드브레와 부스토스의 재판을 보기 위해 세계 각지에서 찾아오는 여러 인사들과 기자들의 입국자격을 심사하기 시작한다. 8월 8일, 유명한 이탈리아 편집자 지안카를로 펠트리넬리가 라파스에 도착하였는데 그는 비밀요원의 감시를 받고 있었다. 나중에 그는 체가 볼리비아에서 쓴 일기를 출판하게 되는데 1972년 밀라노 근처에서 의문사한다. 변호사 조르즈 피네, 인권옹호연맹 대표인 벨기에인 로제 랄르망, 파리 대학의 이과대학에 있는 자크비네롱과 함께 온 프랑스 편집자 프랑수아 마스페로는 레지 드브레와 함께 호송된다. 마스페로는 4시간 동안 신문을 받고, 볼리비아에 대한 반국가 음모죄로 기소된다.

같은 달에 새로 부임한 미국 외교관이 새로운 업무를 시작한다. 비타우타스 담브라바 출신의 리투아니아인으로 CIA 요원이 된 그는 1965년부터 1967년까지 사이공에 있는 '미국의 소리'라는 방송사에서 정보업무를 맡았었다. CIA는 각 나라의 주요 대중매체에 마음대로 사람을 침투시켜 게릴라 부대의 행동에 대한 왜곡된 보도를 할 수 있었다.

8월 26일, 미국 남부에 위치한 미군기지의 사령관인 조지 포터 장군이 장성 두 명과 대령들을 동반하고 라파스에 도착한다. 볼리비아의 게릴라 부대와 군대의 상황을 평가하는 것이 그들의 목적이었다.

31일, 바도델예소의 매복지. 리오그란데 강가에 도착한 호아킨의 후방부대는 농부 오노라토 로하스의 안내를 받아 강물이 얕은 지역으로 간다. 그러나 정부군의 보병부대가 그곳 강가에 숨어서 그들을 기다리고 있었다. 7명의 게릴라 대원들은 강을 건너다가 쓰러진다. 쿠바 출신의 호아킴(필로 아쿠냐 누녜스 소령), 알레한드로(구스타보 마친 오에드 데 베체 소령), 브라울리오(이스라엘 레이예스 사야스 중위), 타니아(타마라 분케르)와 볼리비아인 모이세스 게바라, 월터 아란치비아와 전시명이 폴로인 아폴리나르 아키노가 그들이었다. 네그로라고 부르는 페루 의사 레스티투토 호세 카브레로 플로레스와 볼리비아인 프레디 마이무라는 체포된 뒤 처형당했고, 살아남은 볼리비아인, 파코라고 불리던 호세 카스틸로 차베스는 감옥에 갇힌다. 체는 라디오를 통해 그 사실을 알고 후방부대 수색을 보류한다. 밀고자인 오노라토 로하스는 1969년 7월 14일 ELN(볼리비아민족해방군—옮긴이)에 의해 처형당한다.

1967년 9월 2일

미겔의 지휘 아래 집 안에 매복해 있던 코코와 파블로, 베니뇨를 남겨두고 우리는 아침 일찍 밭을 향해 출발했다. …… 13시 30분에 총성이 울렸고, 농부 한 사람이 군인 한 명과 말 한 마리를 데리고 접근하고 있는 것을 보았다. 폼보, 에우스타키오와 함께 보초를 서던 치노가 '군인이다'라고 소리를 지르면서 총을 빼들었다. 군인은 위에 있는 그를 향해 총을 쏘며 몸을 피했고, 폼보가 쏜 총이 빗나가는 바람에 그만 말이 죽고 말았다. 나는 노발대발 화를 냈다. 이렇게 어처구니없는 실수를 하다니. …… 정부군들이 오노라토를 때린데다가 집에 있는 것을 다 먹어치웠기 때문에 오노라토의 아내가 불평을 하고 있다고 소 치는 사람들이 이야기했다. 일 주일 전에 소 치는 사람들이 지나갈 때 오노라토는 바예그란데에 있었다. 그는 그곳에서 호랑이한테 물린 상처를 치료하고 있었다. ……

라디오 방송으로 카미리 지역에서 호아킨이라는 쿠바인이 지휘하는 10명의 대원이 전멸했다는 나쁜 소식이 전해졌다. 하지만 이런 이야기가 나온 것은 '미국의 소리' 방송이고 지방방송에서는 아무런 얘기도 없었다.

1967년 9월 3일

…… 우리 대원들이 개를 데리고 있던 군인 한 명을 죽

였다. 군인들이 다시 공격을 하면서 우리를 포위했다. 하지만 저들은 대원들의 고함소리에 저만치 후퇴하였다. …… 비행기가 이 지역 상공을 정찰하더니 정확히 냥카우아수를 겨냥하여 폭격을 했다. ……

1967년 9월 4일

…… 라디오에서는 …… 페루 의사인 네그로가 팔마리토에서 죽었고, 그 시신은 카미리로 옮겨졌다는 소식이 들렸다. 펠라오가 그의 신원확인에 협조했다고 한다. 이번에는 정말로 누군가가 죽었다는 소식인 것이다. 다른 사망소식은 가공의 인물의 것일 수도 있고, 또는 소속이 불분명한 사람의 죽음일 수도 있다. ……

1967년 9월 5일

…… 모론의 저택에 온 군인들에게 들킬 뻔한 것을 개들 때문에 겨우 모면하였다. 그들은 밤을 틈타 이동하는 것 같다. …… 우리가 해독한 전문에 따르면 OLAS(1967년 8월 아바나에서 창설된 라틴아메리카 인민연대기구—옮긴이)의 성과는 훌륭했지만 볼리비아 대표단은 한심했다. 볼리비아 공산당의 알도 플로레스는 자기가 ELN의 대표라고 주장했지만 그러지 말았어야 했다. 그들은 콜레 측 사람이 논의하러 가야 한다고 요구했다. 로사노의 집은 수색을 당했고, 로사노는 피신했다. 사람들은 드브레를 교환할 수 있을 거라고 생각하고 있다. 그게 전부이다.

분명 그들은 우리의 최근 메시지를 받지 않았다.

1967년 9월 6일

베니뇨의 생일이 길일이라는 생각이 든다. 우리는 새벽에 가지고 있던 곡물을 빻아서 만든 차에 설탕을 넣어 마셨다. 조금 있다가 미겔이 대원 8명을 이끌고 매복장소로 갔다. 그 사이에 레온이 어린 소를 데리고 왔다. 10시가 조금 넘어서 총성이 울리더니 일제사격이 시작되었다. 우리가 있는 방향으로 총소리가 났다. 우리가 각자 배치된 자리로 갔을 때 우르바노가 달려왔다. 그는 개들을 데리고 오는 정부군 척후대와 맞닥뜨렸다. ……

1967년 9월 7일

'라 크루스 델 수르' 라디오 방송에서 리오그란데 강 연안에서 여자 게릴라 대원 타니아의 시신이 발견되었다고 보도했다. 이번 소식은 네그로가 죽었다는 얘기를 들었을 때만큼 충격적이다. 시신은 산타크루스로 옮겨졌다고 하는데, 보도에 따르면 그녀는 혼자였다고 한다.

1967년 9월 8일

바리엔토스는 내가 오래 전에 죽었고, 지금 떠돌고 있는 모든 것이 헛소문이라고 주장했다고 라디오에서 보도했다. 그러더니 오늘 저녁에는 나를 죽이거나 생포할 수 있도록 정보를 제공하는 사람에게 현상금 5만 달러(4천2

백 US달러)를 주겠다고 한다. ……

1967년 9월 12일

오늘 하루는 슬프고도 우스꽝스러운 에피소드로 시작되었다. 정확히 6시, 기상시간에 에우스타키오가 내게 와서 사람들이 몰려온다고 알려주었다. 이것은 전투가 시작된다는 신호였다. 모두 전투태세에 들어갔다. …… 그런데 에우스타키오가 헛것을 보았다는 것이 밝혀졌다. 대원들의 정신상태가 위험한 지경에 와 있다는 신호이다. ……

바리엔토스의 현상금 제안에 세상이 떠들썩해진 것 같다. 어쨌든 우리에게 호의적인 어느 기자는 내가 굉장히 위험한 인물인 데 비해서 4천2백 US달러라는 현상금은 너무 적은 액수라고 말했다. '라 아바나' 라디오 방송은 OLAS가 ELN으로부터 지지 메시지를 받았다고 보도했다. 기적같이 텔레파시가 통하다니!

1967년 9월 13일

…… 라디오에서 들은 유일한 소식은 저들이 드브레의 아버지에게 위협사격을 했고, 변호를 위해 준비한 서류를 모두 압수했다는 것뿐이다. 그들은 서류를 빼앗으면서 서류들이 정치 팸플릿으로 변하는 것을 막으려 했다는 핑계를 대고 있다.

1967년 9월 15일

  …… 라디오를 통해 로욜라가 감금되었다는 보도를 들었다. 아마도 사진 때문인 것 같다. 남아 있던 황소가 죽었다.

  해발 고도 : 7백80미터.

1967년 9월 16일

  하루 종일 뗏목을 만들어 강을 건넜다. ……

1967년 9월 22일

  …… 저녁에 인티가 알토 세코에 있는 교실에 마을 주민들을 모이게 했다. 그곳에서 그는 놀라서 입도 벙긋 못하는 15명의 농민들에게 우리 혁명의 목적을 설명했다. 그 학교의 교사만이 겨우 그의 말을 가로막고 나서서 우리가 마을에서 전투를 벌일 것인지 물어 왔다. 그는 어린 아이같이 순진하면서도 한편으로 교육을 받은 약은 농부 같은 인상이었다. 그는 사회주의에 대해 많은 질문을 했다. 껄렁해 보이는 한 사내가 안내를 맡겠다고 자청했다. 그는 우리가 약아 보인다고 생각하고 있는 바로 그 교사를 경계하라고 충고했다.

1967년 9월 25일

  우리는 일찌감치 푸히오에 도착했다. 그런데 그곳에 어제 보았던 사람들이 있었다. 다시 말해서 우리는 반군방송인 '라디오 뱀바'를 통해 알려진 것이다. …… 이게라스[26] 마을의 읍장이 근처에 있다. 나는 그를 잡아 오라고 대원에게 명령했다.

인티와 나는 캄바와 얘기를 나누었다. 그리고 푸카라 근처, 라이게라가 보이는 곳까지 그가 우리와 함께 가기로 하고, 거기서 그는 산타크루스로 떠나기로 합의하였다.

해발 고도 : 1천8백 미터.

1967년 9월 26일

참담한 실패였다. 새벽녘에 우리는 피카초에 도착했다. 그곳 사람들 모두가 즐거워했다. 이곳은 우리가 여태껏 올라갔던 곳 중 가장 높은 해발 2천2백80미터이다. 농부들은 우리를 반갑게 맞아주었고 내가 머지않아 잡히게 될 것이라는 오반도의 경고가 있었음에도 우리를 그다지 두려워하지 않았다. 그런데 라이게라에 도착하면서 상황이 삽시간에 달라졌다. 남자들은 오간 데 없고, 여자들만 있었다. 코코가 전화가 있는 전신기사의 집으로 가서 22일자 전문을 받아 왔다. 바예그란데의 부읍장이 읍장에게 그 지역 사람들이 게릴라 대원들의 거처를 알고 있고, 바예그란데에서 모든 연락을 취하고 있다고 알렸다는 내용이었다. 전신기사는 도망을 쳤지만 그의 아내는 아무도 전화를 쓰지 않았다고 다짐하듯 말했다. ……

---

26) 실제로는 라이게라이다.

13시 30분경, 내가 언덕 꼭대기를 향해 출발했을 때 산에서 총소리가 들려오기 시작했다. 나는 우리 대원들이 매복에 걸려들었음을 깨달았다. 나는 마을에서 방어태세에 들어갔다. 살아남은 대원들을 기다리기 위해서였다. 나는 리오그란데 강으로 가는 길을 퇴로로 지정했다. 잠시 후에 부상을 당한 베니뇨가 오고, 아니세토와 파블리토가 다리를 심하게 다쳐 돌아왔다. 미겔, 코코, 훌리오가 죽었고, 캄바는 배낭을 버리고 사라졌다. 후방부대는 신속하게 길을 따라 떠나고, 나는 노새 두 마리를 데리고 그 뒤를 따랐다. 뒤에 온 사람들은 충격으로 늦어졌고, 인티는 연락이 끊겼다.

매복장소에서 30분 동안 그를 기다리면서 계속 산에서 퍼부어대는 적의 공격을 받다가, 결국은 그를 두고 떠나기로 결정했다. 하지만 그는 곧 우리와 다시 만났다. 그제야 우리는 레온이 사라졌다는 것을 알았다. 인티는 오솔길에서 그의 배낭을 보았다고 했다. 그는 아마도 오솔길을 따라 떠났을 것이다.

우리는 계곡에서 급히 걸어가는 한 남자를 보았고, 그가 바로 레온일 거라고 짐작했다. 우리는 정부군의 추적을 따돌리려고 노새들이 계속 아래로 내려가도록 놓아주었다. 그런 다음 물이 있는 곳에서 멀리 떨어진 협곡 쪽으로 계속해서 갔다. 한 발짝도 떼어놓을 수가 없을 정도로 지쳐 있었기 때문에 12시에 우리는 잠에 곯아떨어졌다.

1967년 9월 27일

 라디오는 우리가 갈린도 부대와 국지전을 벌였다고 보도했다. 세 사람이 죽었는데 신원을 확인하기 위해 바예그란데로 옮긴다고 했다. 그들은 캄바도 레온도 잡지 못했음이 분명하다. …… 무엇보다 코코가 죽었다는 것이 가슴 아프다. 물론 미겔과 훌리오도 훌륭한 투사였다. ……

1967년 9월 28일

 고통스러운 하루였다. 한순간 모든 게 끝장이라 생각했다. …… 10시에 군인 46명이 배낭을 메고, 바로 우리 앞을 지나갔다. 그들이 멀리 사라질 때까지 족히 1백 년은 흐른 듯한 기분이 들었다. 12시에 다시 한 무리의 군인들이 나타났다. 이번에는 77명이었다. 엎친 데 덮친 격으로 그 순간에 총성이 울리는가 싶더니, 군인들이 전투태세에 들어갔다. 장교가 협곡으로 내려가라는 명령을 내렸는데 아무래도 우리가 있는 쪽인 것 같았다. 마침내 그들은 무선으로 교신을 하는 듯했는데, 교신 내용이 무척 만족스러운 모양이었다. 그래서인지 그들은 내려오지 않았다. ……

1967년 9월 30일

 …… 아침에 칠레의 '라디오 발마세다' 방송이 군대의 공식적인 소식통을 인용해 체 게바라가 협곡에서 추격을

당했다고 보도하였다. ……

이달의 동향

이달은 전력을 만회하는 달이 될 수도 있었다. 사실상 거의 그렇게 되는가 싶었는데 군의 매복에 걸려들어 미겔, 코코, 훌리오가 죽고, 완패했다. 그리고 연달아 레온을 잃으면서 위험한 지경에 빠졌다. 캄바가 사라진 것은 오히려 잘된 일이다. ……

게다가 다른 그룹의 대원들이 죽었다는 불길한 소식마저 들려왔다. 그렇다면 그 그룹은 와해된 것으로 보아야 한다. 하지만 동시에 7명이 죽었다는 소식은 거짓일 수도 있고 다소 과장되었을 수도 있기 때문에 군대와 접전을 피한 소그룹이 살아남았을 가능성이 있기는 하다. ……

가장 중요한 일은 전투에 더 유리한 지역을 찾아 숨는 것이다. 그런 다음 비록 라파스에 있는 거의 모든 조직이 와해되기는 했지만 그래도 연락을 시도해보는 것이다. 남은 대원들은 여전히 의지가 굳건하다. 다만 윌리에 대한 의혹은 거둘 수가 없다. 그는 위험을 무릅쓰고 전투준비가 한창인 때를 이용하여 혼자서 도망쳤다.

베니뇨는 당시를 이렇게 증언한다. "남은 사람은 22명이었다. 체를 제외한 21명 중에서 20명이 끝까지 체와 함께 싸우기로 결심했다. 캄바만 다른 투쟁방식을 택했다. 그는 총을 들고 따로 우리를 따라다녔다. 우리 20명은 체와 굳게 맺어져 있었다. 약품도 바닥났고, 먹을 것도 없고, 4~5명은 부상을 당했고, 5명은 병을 앓고 있었다. 캄바는 볼리비아 당중앙위원회의 멤버로서 해방투쟁에 참여했다. 그런데 그는 정치적으로 다른 노선을 택했기에 우익이라는 비난을 받았다. 또 우익 쪽 사람들은 그가 결단력이 없고 소심하다면서 좌익이라고 했다. 결국 그는 비참한 삶을 살았다. 괴로움에서 벗어나려고 스웨덴까지 갔다. 레지 드브레를 의심하는 사람들에게는 그가 확실히 우리쪽 사람이고, 대단히 훌륭한 사람이라고 말해주고 싶다. 나는 그를 높게 평가한다. 그는 혁명에 꼭 필요한 사람이었다. 혁명을 위해 우리와 함께 위험한 일에 뛰어들었다는 점을 늘 고맙게 생각하고 있다."

18일, 『엘 디아리오』라는 신문에는 부통령인 루이스 아돌포 실레스 살리나스와 미국 출신의 교관들이 훈련을 마친 군인들에게 수료증을 주었다는 기사가 실려 있다. 마지막으로 6백40명의 군인이 제복에 녹색 베레모를 쓰고 행진을 했다는 것이었다.

22일, 체와 인티가 말했던 알토세세 마을에서 게릴라 부대가 처음으로 정치적 모임을 갖는다. 그 일이 있고 난 뒤, 읍장은 바예그란데의 인근 주둔 부대에 게릴라 부대를 밀고해버린다.

26일, 1966년 초부터 비밀리에 준비작업을 시작한 핵심 책임자이자 인티의 형제인 코코 페레도 이외에도 쿠바인 미겔(마누엘 에르난데스 대위)과 볼리비아 대학의 간부 훌리오(마리오 구티에레스 아르다야)가 눈을 감는다. 남은 대원은 모두 19명이었는데 그중 베니뇨는 부상을 당했고, 쿠바 의사 모로는 중환자였다.

28일, 정부군은 게릴라 부대를 떠난 캄바(올란도 히메네스)와 레온(안토니오 로드리게스 플로레스)을 체포한다. 나중에 피델 카스트로는 그들이 적이 원하는 정보를 제공했을 것이라고 주장했다. 남은 인원은 17명이다.

1967년 10월 1일

나는 하루 이상 이곳에 머물기로 결정했다. 위치가 좋고, 확실한 퇴로가 있기 때문이다. 이곳에서 보면 적의 동태를 낱낱이 파악할 수 있다. ……

해발 고도 : 1천6백 미터.

1967년 10월 3일

드브레가 인터뷰하는 것을 라디오에서 들었다. 도전적인 한 학생을 상대로 그는 용기 있게 소신을 피력했다.

해발 고도 : 1천3백60미터.

1967년 10월 4일

…… 18시에 협곡을 벗어나 19시 30분까지 좁고 험한 길을 계속 걸었다. 그 시간이면 주변은 완전히 깜깜해진다. 우리는 그때부터 새벽 3시까지 꼼짝도 않고 있었다.

라구니야스에서 파디야에 이르는 제4구역 참모본부의

전진기지 위치가 바뀌었다는 보도가 있었다. 게릴라들이 몸을 숨겼으리라 짐작되는 세라도 지역을 더 철저하게 수색하기 위해서라고 했다. 방송은 또 제4구역의 부대가 나를 생포하였으며 카미리에서 재판을 할 것이라고 단정적으로 말했다. 한술 더 떠 만약 제8구역에서 잡혔으면 산타크루스에서 재판을 할 것이라고 말했다.

해발 고도 : 1천6백50미터.

1967년 10월 6일

…… 칠레 라디오 방송은 뉴스를 내보낼 때마다 검열을 받는다. 1천8백 명의 군인이 우리를 뒤쫓고 있다는 보도도 그래서 나오게 된 것이다.

해발 고도 : 1천7백50미터.

1967년 10월 7일

우리가 게릴라전을 시작한 지 벌써 11개월이 지났다. 11개월이 그럭저럭 별일 없이 끝나가고 있었다. 12시 30분에 어떤 나이 든 여자가 우리가 야영하고 있는 협곡에 자기 양들을 몰고 올 때까지는 그랬다. 그때 그 노파를 잡아두었어야 했다. 여자는 군인들과 관련해서 믿을 만한 정보를 하나도 주지 않았다. 노파는 자신은 아무것도 모르고, 군인들 있는 곳에 가본 지 오래되었다고 대답했다. 그리고 우리에게 길만 가르쳐주었다. 그녀의 말을 믿는다면 우리가 이게라스에서 4킬로미터, 하구에이에서 4킬로미터, 푸카라에서 8킬로미터 정도 떨어져 있는 것이 확실했다. 17시 30분에 인티, 아니세토와 파블리토는 그 여자의 집에 있었다. 그녀에게는 난쟁이에다 정박아인 딸이 있다. 우리는 그들에게 50페소를 주고 아무 말도 하지 말아달라고 부탁했다. 하지만 여자들이 약속을 지키리라고는 기대하지 않는다. 우리 17명은 희미한 달빛을 받으며 출발했다. 행군은 무척 고통스럽다. 협곡 여기저기에 지나간 흔적을 많이 남겼다. …… 2시에 행군을 중단하고 쉬었다. 한 발짝도 더 뗄 수 없을 정도로 힘들었기 때문이다. 밤에 걸어야 할 때는 엘 치노가 정말로 큰 짐이 된다.

포위당한 우리 대원들의 통행을 막기 위해 2백50명의 군인이 우리가 피신해 있는 아세로와 오로 사이의 지역에 배치되었다는 수상쩍은 정보가 군에서 흘러나왔다. 우리를 교란시키기 위한 소문인 것 같다.

해발 고도 : 2천 미터.

인간은 꿈의 세계에서 내려온다

 더러는 나무 아래에서 서둘러 쓴 듯한 체의 일기는 간결하고 정확하게만 쓴 글이라 그의 감정을 온전히 파악하기는 어렵다. 일기는 1967년 10월 7일에서 끝이 난다.

 3월에 다니엘[27]이 변절하면서 상황이 최악으로 치달았다. 그는 올란도[28]를 데리고 갔다. 카미리에서 다니엘은 자기가 알고 있는 것을 정부군에게 모조리 털어놓았다. 정부군은 그때 쿠바인들이 이곳에 들어와 있다는 것을 알게 되었다. 본부 근처에 마련된 동굴과 은신처의 정확한 위치를 군이 알게 된 것은 체와 대원들에게 치명적인 타격이었다.

 그해 10월 7일자 『뉴욕타임스』에 「체 게바라의 마지막 저항」이라는 기사가 실렸다. 다음은 기사 내용을 요약한 것이다.

---

27) 파스토르 바레라 킨타나.
28) 빈센테 로카바도 테라사스.

볼리비아의 카미리. 에르네스토 게바라처럼 많은 곳을 돌아다닌 사람에게도 안데스 산맥이 아마존 강 유역에 가까워지면서 좁아지는 무인지경의 막다른 골목은 정말로 모든 것에서 생소한 장소이다. 태양은 하루 종일 먼지 많은 골짜기 위로 내리쬐면서 대지와 덤불 숲을 뜨겁게 달군다. 숱한 곤충들, 거대한 파리, 모기, 거미가 소리도 없이 달려들어 마구 물어뜯는다. …… 먼지를 뒤집어쓴데다 벌레에 물려서 다들 살갗이 차마 볼 수 없을 정도로 변한다. …… 그 지역은 초목이 뒤엉킨 채 말라비틀어져 있고, 가시로 뒤덮여 있기 때문에 물길 근처의 가파른 길이나 구불구불한 오솔길이 아니면 감시가 심해서 사실상 이동할 수가 없다.

군 보고서에 따르면 쿠바 출신 대장과 16명의 게릴라 대원들이 2주 전부터 계곡에서 군 병력에 포위되어 있다고 한다. 볼리비아군은 게바라 대장이 살아서 그곳을 빠져나가지는 못할 것이라고 장담하고 있다.

여러 정황으로 미루어 보건대 지옥 같은 행군을 계속하고 있는 게바라 대장의 상황은 전 세계 무장혁명에 대한 의미심장한 은유일 수 있다……

나중에 볼리비아의 이 붉은 10월 사건에서 살아남은 인티 페레도는 자신의 저서 『체와 함께한 나의 투쟁(Mi campaña con el Che)』에서 다음과 같이 쓰고 있다.

8일 아침은 추웠다. 점퍼가 있는 사람들은 점퍼를 꺼내 입었다. 치노가 밤에 걷기 힘들어 하기 때문에 우리는 아주 천천히 이동하고 있었다. 모로의 건강상태도 악화되어 있었다. 새벽녘에 2시간에서 4시간 정도 쉬고 다시 출발하였다.

대원들이 물을 마시려고 개울물 근처에 있을 때 감자밭에 물을 퍼올리던 젊은 농부의 눈에 띄고 말았다. 그 농부는 바로 라이게라 읍장의 아들이었다. 그는 황급히 마을로 달려가 연락책임자인 카를로스 페레스 파뇨소에게 그 사실을 알렸다. 곧 무전기를 통해 근처에 배치된 군 지휘관들에게 연락이 닿았고, 인원이 각각 1백45명인 2개 중대와 37명으로 구성된 기병대, 총 3백27명의 군인이 출동했다. 지휘는 미국에서 온 군사고문이 맡았다. 근처의 다른 중대들도 리오그란데 강이 흐르는 추로 협곡 쪽으로 가라는 명령을 받았다. 그곳에서 체의 부대는 포위당했다. 인티 페레도는 다음과 같이 쓰고 있다.

5시 30분에 우리는 협곡의 두 측면이 만나는 곳에 다다랐다. 멋진 광경을 연출하며 해가 떠오르자 이곳 지형을 자세히 볼 수 있게 되었다. 산로렌조 강까지 계속 갈 수 있을 만한 높은 지대를 찾았다. 협곡이 인접해 있는데다가 봉우리에는 키 작은 관목들만 있어서 몸을 숨길 수가 없기 때문에 안전에 더욱 신경을 써야 했다.

체는 여러 측면에서 상황을 분석하였다. '앞으로 어떻게 할 것인가? 우리는 후방으로 돌아갈 수 없다. 엄폐물이 전혀 없는 길을 지나왔기 때문에 저들에게 쉽게 발각될 수 있다. 더 전진할 수도 없다. 전진하면 바로 적의 소굴로 들어가는 꼴이 된다.' 그는 유일한 가능성을 선택했다. 측면의 협곡에 몸을 숨기고 진지가 될 만한 장소를 찾는 것이다. 그때가 거의 8시 30분이었다. 17명 모두가 협곡의 중앙과 양옆에서 다시 출발하였다. 추로 협곡은 길이가 7킬로미터, 최대 넓이가 60미터였다. 그리고 급경사로 떨어지는 급류에 이르는 곳까지 계속 좁아졌다.

체는 그때 재빨리 새로운 안을 내놓았다. '저들이 오전 10시에서 오후 1시 사이에 공격한다면 우리는 아주 불리해지고, 기회가 극히 적어진다. 오래 버틸 수 없기 때문이다. 저들이 오후 1시에서 3시 사이에 공격을 한다면 우리도 대응해봄 직하다. 그리고 오후 5시 이후에 전투가 벌어진다면 그때는 우리에게 아주 유리하다. 곧 밤이 될 것이고, 게릴라는 어둠에 익숙하기 때문이다.'

게릴라전에 능한 체는 대원들이 흩어졌을 경우에 다시 모이는 방법까지 생각해두었다. 흩어졌을 경우에는 늙은 여자를 만났던 작은 고원에서 만나기로 하였다. 아르투로, 파초, 윌리와 안토니오가 가장 아래에 있는 제1지점에서 방어태세에 들어갔다. 가장 상류에 있는 제2지점은 둘로 나누어 베니뇨, 나와 다리오가 위쪽을, 체, 냐토, 아니세토, 파블리토, 엘 치노, 모로, 에우스타키오와 차파코가 6

미터 정도 아래쪽 틈새를 맡았다. 폼보와 우르바노는 한참 위쪽에 배치되었다. 17명 모두가 그의 지시사항을 들었다. '만약 군대가 협곡을 통해 침투하면 왼쪽 측면으로 빠져나가고, 오른쪽 측면에서 전투가 시작되면 우리가 왔던 길로 후퇴한다. 위쪽(봉우리 쪽)에서 전투가 시작되어도 그곳으로 후퇴한다.'

오전 11시에 나는 베니뇨와 교대했다. 하지만 베니뇨의 어깨 부상이 심해서 내려갈 수 없었기 때문에 일단 곁에 누워 있게 했다. 그런 다음 우리 셋은 우리의 위치로 갔다. 다리오와 내가 베니뇨를 부축해서 올라갔다. 11시 30분경에 체가 나토와 아니세토를 폼보, 우르바노와 교대하라고 보냈다. 그 지점으로 가려면 적들이 내려다보는 곳을 지나야 했다. 먼저 아니세토[29]가 그 지역을 통과하려다가 적의 총에 맞아 쓰러졌다. 전투가 시작된 것이다.

군대가 협곡에 자리를 잡고 있어서 베니뇨, 다리오, 나, 이렇게 셋은 지나다니기 불가능했고, 어쩔 수 없이 우리 대원들은 갈라져 있을 수밖에 없었다.

게릴라들의 저항이 워낙 거세서 군대는 더는 앞으로 나아갈 수가 없었다. 하지만 대낮에, 그것도 좁은 지역에 모여 있는 수많은 군인들로부터 빠져나갈 가능성은 사실상 없었다. 가파른 절벽이 끝나는 지점에 초목이 전혀 없

---

29) 아니세토 레이나가는 볼리비아인으로 대학교수였다.

는 지역이 시작되고 있어서 정부군은 비둘기를 맞추듯 쉽사리 목표물을 겨냥할 수 있었다. 그 자리에 도착한 B 연대 지휘관인 가리 프라도 대위는 바예그란데에 있는 사령부에 전투가 시작되었고, 급히 헬리콥터가 필요하다고 보고한다. 비행기와 추가병력도 더 필요하다고 했다. 네이팜탄을 실은 AT-6 전투기가 왔지만 군인들과 게릴라들이 너무 가까이 있어서 사용할 수가 없었다.

쿠바 정보기관인 G2 요원들은 생존자들의 증언 외에도 세밀한 조사를 통해 그 당시의 정황을 정확히 밝혀냈다. 쿠바 정보요원들은 1969년, 라파스에 새로운 정부가 들어서자 볼리비아 정부의 허가를 받고서 정보를 수집했다. 그들은 체의 체포와 살해에 연루된 군인들을 만나 쿠바가 아닌 남아메리카 여러 나라의 기자 행세를 하면서 그들에게서 비밀을 빼냈다.

체는 군이 우세한 상황에 있다는 것을 알고 후퇴를 결정한다. 그는 대원들을 분산시키기로 했다. 그렇게 하면 환자와 부상자를 도망치게 할 수 있기 때문이었다. 그들이 도망치는 동안 그와 나머지 대원들이 엄호를 하기로 했다. 다음은 인티의 기록이다.

그는 환자인 모로, 에우스타키오, 차파코를 구하고 싶어했다. 그래서 싸울 수 있는 파블리토를 그들과 함께 보냈다. 체는 치노(후안 파블로 창, 페루 공산당 지도자), 윌리(시몬 쿠바 사라비아, 볼리비아 광부노조 지도자), 안토니오(쿠바인, 올란도 파토하 대위), 아르투로(쿠바인, 레네 마르티네스 타마요 중위), 파초(쿠바인, 알베르토 페르난데스 대위)와 함께 남았다.

분명히 그는 적의 사격선을 돌파할 수 있으리라 여긴 것이다.

싸울 수 없게 된 모로(옥타비오 데 라 콘셉시온, 쿠바 군의관), 에우스타키오(루시오 갈반, 무선기사), 카파초(하이메 아라나, 볼리비아인, 공산당원)와 그들을 데리고 가게 된 파블리토(프란시스코 루안세, 볼리비아인, 학생)는 체와 동료들의 엄호를 받으며 궁지에서 벗어나는 데 성공하지만 10월 12일, 리오그란데 강과 미스케 강이 합쳐지는 지점에서 붙잡혀 네 사람 모두 처형된다.

볼리비아인 인티(기도 페레도), 다리오(다비드 아드리아솔레), 냐토(호세 루이스 멘데스 콘네)와 쿠바 사람 폼보(해리 빌레가스 대위), 베니뇨(다리엘 알라르콘 라미네스), 우르바노(레오나르도 타마요 대위)로 이루어진 그룹은 간신히 포위망을 벗어난다. 볼리비아 군대가 맹렬하게 추격을 하지만 걸어서 안데스 산맥을 넘고, 칠레 국경을 통과한다. 그 당시 칠레 대통령이던 살바도르 아옌데가 그들을 맞아들여, 직접 타히티로 데려간다. 그곳에서 프랑스 주재 쿠바 대사, 바우딜리오 카스텔라노스가 파리와 프라하를 경유해 아바나로 그들을 다시 데려간다. 그들 6

명이 볼리비아 원정대[30] 중 유일한 생존자[31]들이다.

체가 남은 대원들을 이끌고 포위망을 뚫고 나가려고 했을 때는 이미 군대가 모든 출구를 봉쇄해버린 뒤였다. 무리하게 강행군을 하면서 체는 엘 치노를 부축한다. 그런데 치노는 귀가 들리지 않는데다 두꺼운 안경을 썼어도 앞이 잘 보이지 않았다. 게다가 리마에서 신문을 당할 때 안경다리마저 부러졌었다. 정상적으로 걸을 수 없는 그는 1킬로미터 이상은 더 가야 있는 집결지로 가기 위해 체의 부축을 받는다. 작은 고원에 도착하기 직전에 치노는 비틀거리다 안경을 떨어뜨리고, 안경을 찾느라 엎드려 기어다니며 더듬거리기 시작한다. 체는 그를 도와주려고 한다. 그러다가 그들은 베르나르디노 우안카 중사가 지휘하는 기관총 진지의 조준선에 들어가게 된다. 군인들이 일제사격을 시작하고, 체는 오른쪽 장딴지 아래에 총을 맞는다. 응사를 하지만 그의 M-1 소총에 총알이 관통하면서 고장이 난다. 체는 얼른 연발 권총을 빼들지만 총알이 더 없다는 것을 깨닫는다. 이제 그에게 남은 거라고는 단검뿐이다. 그런 상황에서도 두 사람은 고원까지 간다.

가장 시급한 문제는 체의 장딴지에서 흘러나오는 피를

---

30) 그들의 대장정을 이야기하는 베니뇨의 책, 『체의 생존자들』은 1995년 9월 로세 출판사에서 출간되었다.
31) 인티 페레도는 1968년 9월 볼리비아 경찰에 의해 살해당한다.

멈추게 하는 것이다. 마실 수 없는 유황수가 흐르는 급류 근처 땅바닥에 앉아 체는 손수건을 꺼내서 둘둘 만다. 그리고 상처 위쪽에다 손수건을 동여맨다. 폭발음과 유탄 소리가 커서 적이 접근해 오는 소리를 듣기가 쉽지 않았다. 그만큼 그는 자신이 하는 일에 열중해 있다.

그때 정찰 중인 군인들 셋은 아래쪽에 어른거리는 그림자를 본다. 그림자 하나가 흔들리고 절뚝거리며 다른 그림자에 의지하고 있다. 총을 지팡이 삼아 땅을 짚으며 기어오르고 있다. 그림자는 여전히 흐릿하다. 체 게바라 대장이 다가온다. 하지만 군인들은 아직 그가 게바라라는 것을 모른다.

이렇게 해서 쿠바인들에게는 너무나 소중한 게릴라 영웅, 세계에서 가장 두려운 혁명가인 그가 곧 적의 손아귀에 넘어가게 되는 것이다.

두 사람의 그림자를 맨 처음 본 정부군 발보아는 우안카 중사를 찾으러 달려간다. 그는 이제 이게라[32] 열매를 따듯 체와 치노를 따가지고 돌아가기만 하면 되는 것이다. 라우에르타데아구일라르 근처에서 해가 저물고 황혼이 찾아올 무렵 일어난 일이다. 그보다 좀더 높은 곳, 바위 뒤에 몸을 숨기고 있던 윌리도 곧 붙잡힌다.

군인들이 두 반란군에게 총을 겨누고 있는 동안 우안

---

32) 무화과나무.

카는 프라도 대위에게 이 일을 보고한다. 프라도 대위는 그에게 게릴라 셋을 데리고 자기가 있는 2백 미터 아래 지점으로 오라고 명령한다. 프라도는 추로 협곡에서 체를 생포했다고 곧장 바예그란데에 알린다.

시각 : 15시 30분.
라몬을 체포한 것이 확실함. 명령을 기다리고 있음. 그는 부상당했음.

16시 30분에 헬리콥터 한 대가 체를 데리러 서둘러 전투지역으로 날아간다. 체는 대단한 노획물 취급을 받는다. 하지만 탈출에 성공한 게릴라 대원들이 결사적으로 저항했기 때문에 착륙할 수가 없다. 그곳에서 조금 떨어진 곳에 있는 부상당한 군인들을 호송하러 갔던 비행기도 바예그란데로 되돌아간다.
17시에 애매한 글귀가 담긴 전문이 라파스에 전해진다.

라몬을 체포한 것이 확실함. 10분 후에 그의 상태가 어떻게 될지 장담할 수 없음.

체는 안토니오와 아르투로의 시체를 가지고 지나가는 군인들을 본다. 그들은 적과 접전을 벌이다 죽었고 파초는 심한 부상을 당했다. 그는 군인들에게 자신이 동료를 돌볼 수 있게 해달라고 요구하지만 거절당한다. 그리고 파초는 곧 사망한다.

17시 30분, 날이 어두워진다. 게릴라 대원들에게는 너무 늦게 찾아온 밤이다. 부대는 작전지역을 벗어나 8킬로미터 떨어진 라이게라 마을로 내려간다. 체, 치노와 윌리는 손이 묶여 있어 움직이기가 고통스럽다. 두 동료들보다 상태가 나은 윌리가 할 수 있는 한 그들을 돕는다. 가파르고 험한 길에서는 군인들이 그들을 부축한다. 다른 군인들이 시체를 들고 뒤따라온다. 라이게라에 가까워지자 유격대의 미겔 아야로아 소령과 바예그란데 연대의 사령관인 안드레스 셀리치가 이 기이한 행렬 쪽으로 다가온다. 그들은 헬리콥터를 타고 이곳에 도착했다. 읍장인 아니발 키로가—그의 아들이 반군의 위치를 군에 알렸다—가 시체를 싣고 갈 노새를 모는 농부들과 함께 그들을 뒤따른다.

19시 30분경에 군의 행렬이 라이게라에 들어온다. 석유램프의 약한 불빛들이 흔들거리고 있다. 마을 사람들이 게릴라 잔병들을 보려고 어둠 속에서 하나둘씩 모습을 나타낸다. 존경과 두려움이 뒤섞인 표정들이다. 군인들은 체를 아도베 벽돌로 지은 작은 학교로 데려가 교실에 감금한다. 아르투로, 아니세토, 파초와 안토니오의 시체도 그곳에 내려놓는다. 윌리는 나무 칸막이로 나누어진 옆방에, 치노는 또 그 옆방에 감금된다. 일생을 통해 많은 농민들에게 글을 가르쳤던 체는 이 초라한 시골 학교에서 마지막 밤을 보내게 될 터이다.

21시경에 장교들이 식사를 마치고 돌아와 체에게서 아직 잡히지 않은 게릴라 대원들을 체포하는 데 필요한 정보를 빼내려고 한다. 그러나 그들은 거친 벽에 부딪힌다. 아드레스 셀리치[33]가 앞으로 나오더니 체에게 욕설을 퍼붓고, 구타하고 수염을 잡아당긴다. 그러는 통에 체의 수염이 뭉텅뭉텅 빠져버린다. 그에 대한 대답으로 체는 묶인 두 손의 손등으로 그의 뺨을 갈긴다. 그러자 그의 손목은 뒤로 묶인다.

곧이어 군인 세 사람이 전신기사의 집에서 돌아오고 노획물을 나누어 갖기 시작한다. 노획물 가운데에는 롤렉스시계 네 개, 체의 독일제 졸린겐 단검, 45구경 독일제 권총, 미국 달러와 볼리비아 페소가 있다. 셀리치는 체의 가방을 가로챈다. 그 안에는 필름과 녹색의 작은 책이 한 권 들어 있다. 체는 그 책에 칠레 시인 파블로 네루다의 서사시 몇 구절과 쿠바의 니콜라스 기옌의「오르노스의 돌」같은 시를 베껴놓았었다. 그리고 체가 주석을 달아 그려놓은 그 지역 참모본부의 지도들도 눈에 띈다. 그밖의 자잘한 물건들은 군인들에게 돌아간다. 몇 가지 물건들은 그들이 나누어 가지기 전에 전신기사의 아내인 닌파 아르테아가가 먼저 가로채서 기념물로 간직했는데 그중에 체의 잔과 칼이 있었다.

---

[33] 볼리비아 대통령인 반세르 장군에 대항하는 쿠데타를 모의하다가 체포되어 라파스에서 신문을 받던 중 사망하였다.

잠시 후 23시경에 전문 하나가 바예그란데에 전해진다.

내가 내일 새벽 1시에 헬리콥터를 타고 도착할 때까지 페르난도를 살려둘 것. 연대장 센테노 아냐야.

자정에 미겔 아야로아 소령이 주변을 정찰했다. 그는 군인들과 아니발 키로가 읍장이 술을 마시며 소란을 떠는 소리를 듣고 그쪽으로 간다. 그는 그들이 체를 죽이려고 모의하는 것을 알아챈다. 전에 그를 욕했던 하사관 베르나르디노 우안카와 마리오 테란이 앞장을 선 것이다. 체를 살려두라는 명령에 복종하기 위해 아야로아와 가리 프라도는 젊은 하사관들 중에서 규율을 잘 따르고 똑똑한 사람들을 골라 교대시킨다. 마리오 우에르타[34]가 그 속에 끼여 있었다. 그는 말로만 듣던 게릴라 영웅의 모습에 매료되었다. 나중에 그는 체에게 매혹당했었다고 실토하게 된다. 체는 그에게 볼리비아 민중이 비참한 생활을 하고 있다고 이야기한다.

"그는 점점 더 고통스러워했습니다. 그가 뭐라고 중얼거렸습니다. 그의 입에다 귀를 가까이 대고 그의 말을 들었습니다. '나는 지금 아주 많이 아프오. 당신에게 몇 가

---

34) 로렌세티그는 후안 호세 토레스 대통령 암살기도에 협력하지 않았고, 또 체의 살해현장에 있었던 거추장스러운 목격자라는 이유 때문에 1970년 10월 9일 암살되었다.

지 부탁을 하고 싶소.' 나는 영문을 몰랐습니다. 그는 내게 이렇게 말했습니다. '제발, 여기, 가슴에…….'"

체의 부탁을 들어줄 수 없었던 그 볼리비아 청년은 그에게 이불을 가져다주고 담배를 건넨다.

9일 새벽에 학교의 보조교사인 훌리아 코르테스가 교실에 들어온다. 그녀는 그 '악마의 화신'이라는 사내를 좀더 가까이에서 보고 싶어한다. 그는 지쳤다기보다는 오히려 가라앉아 있다는 표현이 어울릴 목소리로 그녀에게 말을 한다. 그는 그녀가 행하는 교육이 얼마나 중요한 것인지를 이야기한다. 그리고 나중에 라틴아메리카 역사에 기록될 사건이 이 작은 학교에서 지금 일어나고 있다는 사실도 이야기한다.

"그는 공정한 사람이었어요. 그리고 고귀한 정신의 소유자였지요." 그녀는 나중에 몇 번이나 이 말을 되풀이한다.

6시 30분에 사람들은 그녀에게 나가라고 한다. 호아킨 센테노 아나야[35]와 쿠바 출신 CIA 요원 펠릭스 라모스[36]를 태운 헬리콥터가 막 도착했기 때문이다. 센테노는 체와 몇 마디를 주고받고, 체는 라모스와 심하게 말다툼을 한다. 그런 다음에 '체와 다른편에 서 있는' 쿠바인이 교

---

35) 그가 대사로 있었던 파리에서 1976년 5월 11일 살해당했다.
36) 펠릭스 곤잘레스. 마이애미에서 살았고, 체가 쿠바 국립은행을 운영하던 때에 그 은행에서 일했었다.

탁 위에 사진기를 올려놓고 체의 일기에 들어 있는 비망록을 사진으로 찍는다.

바로 그 순간에 바리엔토스는 워싱턴에서 볼리비아의 외무부 장관, 월터 게바라 아브세 박사가 보낸 전보를 받는다. 그는 미주기구 회의에 참석 중이었다. 그는 이렇게 말한다.

"체의 목숨을 구하는 것이 내게는 무엇보다 중요했다. 이 문제에 있어서는 사소한 실수도 저지르지 않아야 했다. 그렇지 않을 경우 우리는 전 세계적으로 비난을 받게 될 것이었다. 따라서 그를 일정한 기간 동안 라파스에 구금하는 것이 가장 바람직한 일일 것이라 여겨졌다. 그들을 얼마간 가두어놓으면 자연히 세계의 관심이 사그라들 것이었다. 시간이 지나면 모든 것이 잊혀지게 마련이므로……."

하지만 바리엔토스 볼리비아 대통령이 정작 관심을 기울인 메시지는 지난 밤 23시경에 미국 대사 더글러스 헨더슨이 그에게 건네준 것이다. 헨더슨은 린든 B. 존슨 대통령에게 볼리비아 정글에 '공산주의 게릴라들'이 있음을 알렸고, 워싱턴은 체를 제거해야 한다는 결론을 내렸다. 논쟁의 내용은 다음과 같았다. 공산주의를 향한 공동의 투쟁과 세계 전복에 체가 완전히 실패했고 전투 중에 죽었다고 전 세계에 알리는 것이 중요하다. 감옥에 가두는 식으로 살려두어서는 위험하다. 만약 그를 투옥한다면 '광적이고 과격한' 집단들이 그를 석방시키려 할 것이다. 재판이 진행되고 전 세계의 여론이 쏟아지면 볼리비아 정부는 더는 그 상황을 통제할 수 없게 될 것이다. 대사는 카미리에서 벌어진 레지 드브레의 재판결과가 볼리비아와 미국에 불리하게 작용했다는 점을 상기시킨다. 그는 드브레를 위해 재판에 개입한 드골 장군에 대해 거친 표현을 쓴다. 그리고 만약 그 프랑스 젊은이를 체포하자마자 없앴다면 여러 가지 성가신 문제를 피해갈 수 있었을 것이라고 슬쩍 언급한다. 그는 체를 살려둔다면 두 나라에 심각한 피해가 있을 것이라는 다짐을 잊지 않는다. 반대로 그가 죽으면 쿠바혁명, 특히 피델 카스트로에게 큰 타격을 줄 수 있다고 주장한다.

체의 문제를 마무리 짓는 것은 미국의 오랜 숙원이었다. 피그만 침공이 실패한 이래 CIA는 쿠바의 정권이 뒤집어지는 것은 시간문제라며 틈만 나면 큰소리쳤다. 그리고 피델, 라울, 체를 제거하는 것이 목표인 일명 '쿠바작전'을 세워놓고 있었다. 1962년 1월에 대통령의 국가안보자문인 맥조지 번디, 국무성의 알렉시스 존슨, CIA의 맥콘과 참모본부의 리만 렘니처는 국무성에 모여 쿠바계획이 최우선 과제라는 사실을 전해 들었다. 체를 제거하자는 결정은 이미 오래전에 내려진 것이었다.

바리엔토스는 서둘러 참모회의를 소집하여 군 사령관인 알프레도 오반도 칸디아 장군에게 체를 제거하기로 했다는 결정을 알린다. 그리고 장군은 바예그란데에 암호로 된 사형집행 명령서를 보낸다. 그러고 나서 오반도는 몇몇 군 장성들과 함께 서둘러 바예그란데로 간다.

10시경, 체를 없애라는 명령이 라이게라에 전달된다. 마리오 우에르타 로렌세티는 CIA 요원이 체에게서 정보를 빼내려고 신문할 때 그 자리에 있게 된다. 11시경에 센테노는 사형이 결정되었다는 소식을 듣는다. 닌파 아르테아가의 딸이고, 학교의 젊은 여교사인 엘리다 이달고가 체에게 마지막 수프를 가져다준다. 센테노는 펠릭스 라모스에게 이 일을 직접 결정하라고 제안한다. 셀리치와 아야로아의 동의를 받아 마침내 임무를 완수하기 위해 하사관 세 사람을 불렀다. 그들은 마리오 테란을 선택한다.

테란은 차분히 의자에 앉아 기다리고 있던 체를 일으켜 세운다. 하지만 테란은 자신이 임무를 완수할 수 없으리라는 두려움에 사로잡힌다. 그때 체는 그가 일을 끝낼 수 있도록 격려한다.

"쏘아, 겁내지 말고! 방아쇠를 당겨!"

군인은 몸을 떤다. 그는 나중에 이렇게 말한다.

"그의 눈이 강하게 빛나고 있었습니다. 나는 그에게 매혹당했습니다. 나는 크고 위대한 그의 모습을 보았습니다……"

사람들이 테란에게 술을 마시게 하지만 소용이 없다. 그의 손가락은 여전히 방아쇠를 당기지 못한다. 그 순간에 옆방에서 총소리가 울리고, 연달아 그 옆방에서 또다시 총소리가 울린다. 체는 윌리와 치노가 죽었음을 깨닫는다.

13시 10분에 볼리비아 장교들과 CIA 요원이 테란에게 임무를 수행하라고 재촉한다. 그는 눈을 질끈 감고 벨기에제 UZI의 방아쇠를 당긴다. 조준이 잘못되었는지 체는 여전히 살아 있다. 심장에 단 한 발이면 일은 쉽게 끝나련만 어느 누구도 쉽사리 나서지 못한다. 나중에 쿠바의 G2 비밀보고서는 펠릭스 라모스에게 모든 책임을 전가시킨다. 나중에 라파스의 학생들에게 괴롭힘을 당하고 쫓겨다니던 마리오 테란은 1968년 4월 자신이 살던 집 4층에서 투신한다.

닌파 아르테아가는 하얀 수염을 길게 기른 사제 로저 실러가 죽은 이를 시트로 감싸고, 눈을 감겨주는 것을 돕는다. 그때 밤색 눈이 갑자기 푸른색으로 변한다. 마치 그의 삶이 가을을 지나 영원한 천상으로 들어가는 것처럼. 사제가 조사를 읊조리고, 얼룩진 피를 닦아내고, 탄피들을 치운다. 그런 다음 사체는 들것에 실려 볼리비아 군의 헬리콥터가 있는 곳으로 옮겨진다. 그렇게 하여 16시에 바예그란데를 향해 떠났던 헬리콥터는 30분 만에 돌아간다.

라디오 방송을 통해 소식을 듣고 나온 군중들에 둘러싸인 운구차는 세뇨르데말타 병원까지 간다. 그곳에서 시신은 임시영안실로 사용할 세탁장에 안치된다. 체의 시신은 펠릭스 라모스와 임무교대를 한 다른 CIA 요원, 에두아르도 곤살레스[37)]가 호송한다. 의사들, 기자들 모두가 볼리비아군 하사관들을 앞에 세우고 작전지휘를 하는 군복을 입은 이 30대 남자가 누구인지 궁금해한다.

『가디언』지의 통신원인 영국인 기자, 리처드 곳은 다음과 같이 썼다.

> 지퍼 달린 웃옷에 황록색 옷을 입은 시신은 분명히 체였다. 나는 1963년에 쿠바에서 체를 만난 적이 있었다. 그는 미국에 대항한 전투에서 전 세계의 급진적인 군대를 지휘하려고 시도한 유일한 인물이었다. 이제 그는 죽었다. 하지만 그의 사상이 그와 함께 사라질 수 있다고는 도저히 생각할 수 없다.

게릴라 영웅의 시체를 간호사인 수산나 오시나가와 그라시엘라 로드리게스가 씻기고, 의사인 호세 마르티네스 오소와 모이세 아브라함 밥티스타가 사망증명서를 발급한다. 군의 요청에 따라 사망시간은 증명서에 기재하지 않는다. 그들은 의사들에게 시체를 해부할 것과 경찰들과 아르헨티나의 전문가들을 기다리기 위해 포르말린을 주사할 것을 강요한다. 변절자 안토니오 도밍게스 플로레스, 일명 레온이 다른 게릴라 대원들 시체의 신원을 확인하기 위해 불려온다.

'승리자들'이 바예그란데의 산타테레시타 호텔에서 전

---

37) 구스타보 비욜도 삼페라. 쿠바 출신이다.

투가 끝났음을 축하하고 있는 동안 로저 실러 신부는 라이게라의 조촐한 성당에서 체를 위한 미사를 올린다. 작은 성당이 미사를 드리러 온 사람들로 발 디딜 틈이 없다. 신자들은 고인을 기리며 경건하게 촛불을 든다. 밤이 깊어가고 신부는 저주의 말을 내뱉는다.

"이 죄악은 절대로 용서받지 못할 것입니다. 죄를 지은 자들은 반드시 벌을 받을 것입니다."

이튿날인 10월 10일, 체 게바라가 세상에 없는 첫 날, 그의 시신은 임시로 만든 영안실에 안치된다. 사람들이 그가 정말로 세상을 떠났다는 것을 확인할 수 있도록 그렇게 한 것이다. 볼리비아인들의 긴 행렬이 이어진다. 마리아 무뇨스 수녀는 『체를 반대한 CIA』[38]라는 책에서 다음과 같이 말한다. '이상한 침묵이 감돌고 있었다. 아무도 입을 열지 못했다. 그가 우리를 바라보고 있었다. 마치 살아 있는 것처럼.' 생텍쥐페리의 『어린 왕자』에서 말하는 방식대로 하자면 '내가 죽은 것처럼 보일 것이다. 그리고 이것은 사실이 아닐 것이다'라고 표현할 수 있다. 마치 그에게 다시 생명을 불어넣기라도 하려는 듯이 이상하게 푸른색으로 변한 그의 눈은 다시 뜨여 있었다.

정오가 다 될 무렵에 호아킨 센테노 아냐야 연대장과 볼리비아 정보부장 아르날도 사우세도 파라다가 기자회

---

[38] 아디스 쿨풀과 프로일란 곤살레스가 썼다.

견을 연다. 볼리비아 정보부장은 1967년 4월부터 체와 그의 대원들을 추적했던 사람이다. 그들은 체가 국가전복을 기도했다는 부인할 수 없는 증거물로 체의 일기를 내놓는다. 오반도 칸디아 장군이 사건정황을 자기 나름대로 설명했기 때문에 기자들은 그들의 이야기에서 일치하지 않는 점들을 지적한다. 특히 체의 죽음에 관한 부분에서 말이 다르다고 지적한다. 군대는 체가 부상이 심해서 죽었다는 것을 믿게 하려고 애쓴다. 하지만 그럴수록 사람들은 그가 살해되었을 가능성이 많다고 생각하기 시작한다.

사체 해부 보고서는 다음과 같이 밝히고 있다.

나이 : 40세가량

인종 : 백인

신장 : 약 1백73센티미터

머리털 : 밤색 곱슬머리, 역시 곱슬거리는 코밑수염과 턱수염이 있음, 짙은 눈썹

코 : 곧음

입술 : 얇음, 니코틴의 흔적이 남아 있고, 입이 반쯤 열려 있음, 왼쪽 안에 있는 어금니가 없음

눈 : 연한 푸른색

체격 : 보통

팔다리 : 손과 발이 온전함, 왼쪽 손등을 완전히 뒤덮고 있는 흉터가 있음.

다음은 상해에 관한 내용이다.
1. 왼쪽 쇄골에서 같은 쪽 어깨를 관통하는 총상.
2. 오른쪽 쇄골 부근에 골절과 함께 총상. 총알이 뚫고 나가지 않음.
3. 오른쪽 늑골 부근에 총상. 총알이 뚫고 나가지 않음.
4. 왼쪽 측면 늑골 부근에서 등을 관통하는 총상 두 곳.
5. 9번과 10번 갈비뼈 사이 왼쪽 흉부에서 같은 쪽 측면을 관통하는 총상.
6. 오른쪽 다리에 총상.
7. 왼쪽 다리 근육에 경미한 총상.
8. 팔꿈치 골절과 함께 오른쪽 아래팔 안쪽에 총상.
사망원인은 흉부 총상과 출혈이다.

이 코뮤니케의 뒷부분에는 볼리비아 정부의 요청에 따라 게릴라들의 신원확인을 위해 아르헨티나 정부가 파견한 전문가들이 에르네스토 게바라 데 라 세르나가 확실하다고 증언한 내용이 추가되어 있다.

실제로 15일에 아르헨티나 경찰들이 자신들이 확보하고 있던—번호가 3.524.272—체의 주민증 지문이 포르말린 병에 보관된 손의 지문과 일치한다는 사실을 확인한다. 필체도 일기의 필체와 체의 동향인들이 가져온 자료에 나타난 필체가 같다는 것이 확인된다. 안토니오 아르게다스 멘디에타 내무부 장관의 명령을 받아 애초에 오반도가 내린 명령은 체의 손과 머리를 자르라는 것이었다. 센테노 아나야는 이 의견에 반대하고 머리는 자르지 않기로 결정한다. 무슨 생각에서였는지 아르게다스는 그 후에 체의 손과 그 손을 떠두었던 주형을 되찾아서 잠시 숨겨두었다가 나중에 쿠바로 보낸다. 그때부터 쿠바에서 체의 손을 보관하게 된다.

훼손된 사체는 10월 10일에서 11일로 넘어가는 밤 사이에 지프로 바예그란데에 주둔하고 있던 '판도' 연대의 막사로 옮겨진다.

당시 대위였던 가리 프라도 살몬은 볼리비아의 산타크루스로부터 우리에게 사실을 확인해주었다. 그는 나중에 장군까지 진급하고, 1994년 5월까지 런던 대사로 있었다.

"시신은 곧 불태워졌습니다. 나는 생존한 게릴라들의 추적작전에 투입되었기 때문에 화장하는 장면을 직접 보지는 못했습니다. 하지만 명령을 수행한 하사관이 화장을 했다고 이야기해주었습니다. 화장은 10월 11일 새벽에 도시 근처의 외딴 장소에서 했다고 합니다."

다른 게릴라 대원들의 시체는 항공기지 근처의 공동묘지에 묻힌다. 바예그란데 주민들은 그 사실을 알고는 체도 그곳에 함께 잠들어 있을 거라고 생각한다. 그리고 그의 시신을 찾으려는 시도는 아직도 계속되고 있다. 이 시골 비행장은 곧 체를 열렬히 사랑하는 사람들의 순례지로 변한다.

그들이 그곳에서 체를 찾는 것이 꼭 틀린 것만은 아니

리라.

체의 유해는 땅에 묻혔을 것이다. 그는 동료들이 묻힌 자리에서 80미터 정도 떨어진, 경사진 묘지 쪽에 묻혔을 것이다. 그곳에는 조절관과 여과기를 보호하는 뚜껑이 있었다. 불도저가 판 위를 지나면서 공동묘혈을 뭉개고, 도수관까지 끄집어낸다. 관계자와 증인으로는 날품팔이 인디오 세 사람과 작업을 감독했던 군목이 있었다. 체의 시체는 나일론 가방 속에 넣어 하수구 아래에 있는, 물이 모이는 장치 안에 두었을 것이다. 그리고 흔적을 남기지 않기 위해 잔디를 심고 판자를 덮었을 것이고.

인디오 세 사람은 다시 찾을 수 없었고, 군목은 이듬해에 우루과이에 다시 나타났다. 그는 1980년에야 볼리비아에 돌아왔다. 볼리비아는 이제 이미 더는 종교적일 수 없는 나라였고, 사람들은 죽음과 관계된 문제에 흥미를 잃었다. 크게 후회를 하고 있던 그는 신에게만 비밀을 알리는 데에 만족할 수 없다고 결심하고, 결국 1992년에 쿠바의 대간첩활동 조직에 비밀을 털어놓는다. 나일론으로 된 가방은 은신처에서 꺼내져 아바나로 옮겨진다.

그런데 쿠바 정보부는 비밀을 영원히 묻어버리기 위해 법의학자가 아닌 일반 의사를 부른다. 신임할 수 있는 사람이면서 말하자면 전혀 경험이 없는 사람에게 도움을 청한 것이다. 그는 손이 없는 시체라는 것을 확인했으면서도 그것이 체의 유해라는 것을 식별할 능력이 전혀 없었다. 그렇게 해서 인체측정위원회에 의뢰하지 않고 나일론 가방과 가방에 든 내용물을 없애버린다. 그리고 체와 관련이 있다는 뚜렷한 근거가 없다고 해서 피델 카스트로에게 보고하지 않는다. 그를 괴롭게 하지 않기 위해서…….

아무래도 믿을 수 없는, 반은 묻혀진 혼란스러운 이 이야기를 우리는 있을 수 있는 일이라고 생각한다. 볼리비아 현 정부의 명령으로 이루어진 수색이 여전히 아무런 성과도 올리지 못하고 있기 때문이다.

또 다른 가정을 할 수도 있다. 시체를 헬리콥터에 실어 아마존의 녹색 지옥 속에 내던졌을 가능성이다. 브라질에서 가까운 베니 강 건너편 기슭의 정글은 빠져나가기가 가장 어렵다는 곳이다.

하지만 바리엔토스[39]와 그의 추종자들이 아무리 조작을 해도 빠른 속도로 퍼져나가는 체의 신화를 막아낼 도리가 없었다. 1967년 10월 9일은 체의 실제적인 삶이 끝나고, 사후의 또 다른 삶이 시작된 날이다. 그리고 새로 시작된 삶은 끝나지 않는다.

그의 새로운 삶은 생명이 돌에서 솟아난다고 믿는 볼리비아 농민들 사이에서 처음 나타난다. 그들에게는 머나 먼 옛날에 티티카카 호수의 깊은 바닥에서 조물주인 비라코차가 태어났다는 전설이 전해져 내려온다. 세상이

---

39) 그는 1969년 6월 27일 헬리콥터 사고로 죽음을 맞는다.

어둡다는 것을 안 조물주 비라코차는 달, 해, 별들을 만들었다. 그렇게 그는 대지에 빛을 주었다. 그런 다음 그는 잉카의 수도인 쿠스코로 향했다. 하지만 그곳에서 64킬로미터쯤 떨어진 카차라는 곳에서 사람들이 그가 누구인지 모르고 그를 죽이려 했다. 비라코차와 그의 전사들은 그때 돌로 변하고서 싸움을 다시 시작할 수 있는 낮이 되기를 기다렸다. 라이게라와 그 근방의 농민들은 체도 돌로 변해 다시 나타날 때를 기다리고 있는 것이라고 생각한 것이다.

체가 죽었다는 소식이 삽시간에 전 세계에 퍼지고, 세상 사람들 모두가 흥분한다. 그의 동생 로베르토 게바라는 허겁지겁 산타크루스로 달려간다. 물론 아르헨티나 텔레비전 방송국 기자들도 그와 함께 간다. 그는 형의 시신을 부에노스아이레스로 가져가려 했다. 그러나 이미 사라져버린 체의 시체를 볼 수가 없었던 그는 형의 죽음을 인정하려 들지 않았다. 에르네스토가 전투 중에 죽은 것이고, 체포된 뒤에 살해당한 것이 아니라는 사실을 믿게 하려고 갖은 애를 쓰다 보니 군은 계속해서 모순되는 내용을 발표하게 된다. 이런 상황에서 어떻게 체가 살아 있다는 사실을 믿지 않을 수 있겠는가? 11년 전에도 이미 체가 죽었다는 가짜 발표가 난 적이 있었고, 가깝게는 2주 전에 라디오에서 또다시 그가 군의 매복에 걸려들었다고 보도하기도 했었다. 전 세계에서 기자들이 찾아와 진실을 알아내려고 애를 썼다. 군으로서는 대단히 성가신 일이었다. 군은 별의별 핑계를 다 대면서 기자들의 활동을 방해한다. 영국인 랄프 숀맨은 공무집행을 방해한 혐의로 고소당하고 볼리비아에서 내쫓긴다. 프랑스인 미셸르 레이는 죽여버리겠다는 협박을 당하고, 프랑스 대사는 볼리비아에 더 머물다가는 위험할 것이라는 익명의 전화를 받는다.

10월 15일, 라디오-아바나와 텔레비전에서 피델은 사람들에게 체가 죽었을 것이라는 확신을 밝히고, 이를테면 납인형으로 체의 모형을 만드는 것 같은 기만술책의 가능성을 반박한다. 1968년 6월에 피델은 그렇게도 원하던 그 유명한 일기를 손에 넣게 되었을 때 일기를 가지고 다녔던 사람이 정말로 체였다는 확실한 증거를 보게 된다. "그의 필체가 확실하다. 그의 필체는 쉽사리 흉내 낼 수가 없다. 그의 문체, 그의 생각, 간결하게 쓰는 버릇까지 일치하고 있다."

피델은 입에 침이 마르도록 고인에 대한 칭찬을 그치지 않는다.

그는 무척이나 대담한 사람이었다. 위험을 두려워하지 않았으므로 가장 어렵고 위험한 순간에 가장 어렵고 위험한 일들을 해내곤 했다. ……그는 순결하고, 용감하고, 모든 것에 초연하고, 욕심 없는, 인류 역사상 가장 훌륭한 인간이었다. 체의 삶은 그를 맹렬하게 반대하는 이념상의 적까지도 감명을 받고 찬사를 할 정도로 위대했다. 그의 죽음은 이 시대의 현실에 경종을 울린다.

오늘 각료회의는 다음과 같은 성명서를 채택한다.

영웅 에르네스토 게바라 대장이 볼리비아 해방군의 지휘자로서 아메리카 인민해방을 위해 투쟁하다가 전사하였다.

쿠바 인민은 에르네스토 게바라 사령관이 우리의 해방전쟁과 혁명의 강화와 발전에 기여한 공적을 항상 기억할 것이다.

그의 지칠 줄 모르는 혁명 활동, 공산주의 이념, 승리할 때까지, 죽을 때까지 흔들리지 않는 아메리카 대륙 인민해방을 위한 투쟁의지와 제국주의에 대한 적개심은 영원히 본받아야 할 혁명적인 영웅주의와 신념의 전형이다.

그러므로 각료회의는 다음과 같이 결정한다.

첫째, 30일 동안 조기를 게양하고, 오늘 자정부터 3일 동안 모든 공적인 행사를 연기한다.

둘째, 전투를 하다 영웅적으로 숨진 날을 국경일로 정하고, 이를 위해 10월 8일을 '게릴라 영웅의 날'로 정한다.

셋째, 후세에 그의 모범적인 삶이 길이 기억되도록 여러 가지 운동을 전개할 것이다.

동시에 당 중앙위원회는 다음과 같이 선언한다.

첫째, 후안 알메이다 사령관, 라미로 발데스, 로헬리오 아세베도와 알폰소 사야스로 구성된 위원회를 구성한다. 위원회의 의장은 후안 알메이다 사령관이 맡는다. 위원회의 목적은 에르네스토 게바라 대장을 영원히 기억하기 위한 여러 활동을 주도하려는 데에 있다.

둘째, 전사한 혁명영웅을 찬양하기 위해 혁명광장에서 엄숙히 철야를 하기로 하고, 이를 위해 10월 18일 20시에 모든 인민이 혁명광장에 모일 것을 공고한다.

조국이 아니면 죽음을!

영원한 전진!

18일, 피델은 혁명광장으로 출발하기에 앞서 텔레비전을 통해 다시 한 번 게바라주의에 대한 그의 신념을 이야기한다.

…… 체는 누구나 만나자마자 친근감을 느끼게 되는 그런 사람이었습니다. 그의 사람됨, 자연스러움, 호의적인 태도, 인간성, 독창적이고 기발한 면 때문에 누구나 애정을 갖게 됩니다. …… 게다가 여러 면에서 많은 식견이 있어서 어떤 임무를 맡더라도 가장 확실하게 접근하는 능력이 있었습니다. …… 체는 바로 이 대륙을 짓누르는 억압 때문에 죽었습니다. 체는 이 땅에서 비참하게 살아가는 사람들을 보호하려다가 죽었습니다. …… 체야말로 인간다움의 전형이라 할 수 있습니다. 그는 혁명의 극기, 희생정신, 투쟁의지, 혁명적인 노동의 중요성을 몸소 실천하고 보여주었습니다. 그는 마르크스-레닌주의 이념을 가장 신선하고, 순수하고, 혁명적인 방식으로 실천하였습니다. …… 그의 가슴과 정신에는 이념의 타락이나 국수주

의, 이기주의 같은 것이 없었습니다. 그는 민중을 위해서라면 언제든지 주저하지 않고 나서서 숭고한 피를 흘릴 준비가 되어 있었습니다.

베니뇨—다리엘 알라르콘 라미네스, 상황이 좋을 때나 나쁠 때나 항상 체의 곁을 떠나지 않았던 당시 열일곱 살의 소년—가 조사를 낭독한다. 그의 조사는 피델의 조사만큼 거창하지는 않지만 더 친근하고, 투박한 데가 있어서 체의 추억을 더욱 강하게 불러일으킨다. 볼리비아에서 그가 맡은 임무는 다른 여러 활동조직들을 위한 길, 브라질과 아르헨티나 사람들이 각기 자기 나라로 갈 수 있는 통로를 마련하는 것이었다. 그가 임무를 완수했다면 그들은 자기 나라로 잠입할 수 있었을 것이다. 결국 그는 자신의 임무를 완수하지 못했다. 다시 농부로 돌아간 그가 아바나 변두리에 있는 자신의 집에서 우리를 맞이했다. 다음은 그가 우리에게 들려준 이야기이다.

"나는 체와 근 10년을 같이 지냈습니다. 그는 우리를 비추어볼 수 있는 가장 아름다운 거울이었습니다. 그를 모범으로 삼았기 때문에 확고부동한 노선을 유지할 수 있었습니다. 그는 상상할 수 없을 정도의 침착성을 타고난 사람이었습니다. 다른 사람들과 마찬가지로 나는 전투가 치열해지는 순간에는 내 목숨을 지킬 생각을 먼저 했습니다. 하지만 체는 그러지 않았습니다. 그는 먼저 다른 사람들을 생각하면서 자기 자리를 잡았습니다. 늘 다른 사람들의 방패가 되었던 거지요.

 1967년 5월 5일의 일을 잊을 수가 없군요. 우리는 전투태세를 갖추고 있었는데 체가 내 자리에서 3미터 위쪽에 자리를 잡았습니다. 내 앞에 탄약이 없는 군인 세 사람이 나타났습니다. 나는 80미터 전방에 있는 맨 앞의 군인의 다리를 쏘아 맞혔습니다. 그가 '내 다리!' 하며 비명을 질렀어요. 나는 두번째에 있던 중위를 죽였습니다. 그가 무모하게 튀어나왔기 때문에 망설이고 어쩌고 할 여유도 없었습니다. 연이어 세번째 군인도 쏘았습니다. 그가 너무 어려서 가슴이 아팠습니다. 하지만 그가 아니면 내가 죽어야 할 상황이었습니다. 상황이 끝나고 나는 하늘을 바라보면서 돌아섰습니다. 체는 평온하게 파이프를 입에 물고 있었습니다. '내가 끼어들 틈이 없더군. 너 혼자서 잘 해낼 줄 알았지……'

 그 일이 있은 후, 6월 25일에 체는 내게 소리쳤습니다. '총 쏘지 마라! 그들은 위험하지 않아. 우리를 보지 못했어.' 그는 우리가 총을 쏘려는 것을 여러 번 제지하였습니다. 쓸데없이 사람을 죽이지 않으려고 했던 거지요. 확실히 우리는 훨씬 더 많은 군인을 없앨 수 있었을 겁니다. 멀리서 보고 그가 우리를 공격할 사람인지, 무고한 사람인지를 판단하기란 어려운 일입니다. 그리고 그 당시에 우리는 배낭들 하며 땀과 때로 절은 껍질을 거북이 등딱지처럼 뒤집어쓰고 있었습니다. 게다가 동아줄로 대충 만든 신발 속으로 비집고 들어온 선인장 가시에 수도 없이 찔렸고, 온갖 더러운 것들이 다 끼어들어왔습니다. 그래도 체는 포로들을 인격적으로 대우해야 한다고 주장했습니다. 그의 일생은 값을 정할 수 없을 만큼 가치가 있습니다. 그의 사상은 러시아와 미국이 달 착륙에 성공하기 전에 이미 우주 전체를 포함하는 넓이를 가지고 있었다고 말하고 싶습니다."

베니뇨에게 체의 이미지나 체의 이야기 중에 특별히 간직하고 있는 것이 무엇인지 물었다. 질문을 받은 그는 한참을 생각했다.

"볼리비아에 있을 때 야영지에서 체가 우리에게 정치와 관련한 강의를 했었습니다. 그때 그는 모든 게릴라 대원들이 볼리비아 사람이라고 단언했습니다. 마찬가지로 페루를 해방시키려고 했다면 우리 모두가 페루 사람이라는 거였어요. 그리고 아일랜드 해방투쟁에 관한 이야기를 들려주었습니다. '그들의 투쟁은 라틴아메리카, 베트남 민중들의 투쟁과 같다. 모든 투쟁이 공동의 적을 가지고 있는데 그 적이 바로 제국주의이다.' 그런 다음 자신의 견해를 이야기했습니다. '인간은 태양을 향해 당당하게 가슴을 펼 수 있어야 한다. 태양은 인간을 불타오르게 하고, 인간의 존엄성을 드러내준다. 고개를 숙인다면 그는 인간으로서의 존엄성을 잃게 되는 것이다.'"

체의 사상과 지식에 고무된 프랑스 출신의 젊은 용병은 북아메리카의 속박에서 라틴아메리카를 해방시킬 은밀한 계획을 훌륭히 수행할 기회를 잡았을까? 30년 징역형을 선고받았다가 1970년 1월 24일 J. J. 토레스(볼리비아에 새로이 들어선 혁신적 군사정권의 수반—옮긴이)에 의해 특사로 풀려난 레지 드브레는 이 질문에 이렇게 답했다.

"대자연 속에 고립된 50여 명의 게릴라들은 절제하는 태도와 천성인 쾌활함을 잃지 않았다. 그래서 3억에 가까운 대륙의 민중들을 해방시키는 전쟁의 궁극적인 목표를 꿋꿋하게 밀고 나갈 수 있었다. 라틴아메리카만의 특수한 역사적 모순을 공부한 사람들만이, 그리고 어떻게 소수의 사람들이 피사로와 코르테스를 앞세워 아메리카 대륙을 정복할 수 있었는지, 어떻게 또 다른 소수의 사람들이 볼리바르와 산 마르틴을 앞세워 대륙의 절반을 해방시킬 수 있었는지 기억하는 사람들만이 최소한의 원칙을 세우고 있는 이런 종류의 야망을 조롱하는 일이 사려 깊지 못하다는 것을 안다.

1967년, 터무니없으면서도 당당해 보이는 이 야망은 설계도처럼 직각으로 그려진 지도나 상세하고 잘 정리된 프로그램이 아니었다. 하지만 그렇다고 즉흥적인 꿈이나 허공 위에 지은 이상향은 더더욱 아니었다. ……

마찬가지로 피델의 군사력이 최고조에 달했을 때 라울의 부대가 피델의 군대에서 떨어져 나갔다. 오리엔테 지방의 북부에서 두번째 전선을 형성하기 위해서였다. 뒤이어 산티아고 주변에서 알메이다의 부대가, 1958년 8월에는 라스비야스를 향해 가기 위해 체의 부대와 카밀로의 부대의 힘이 떨어져 나갔다. 같은 맥락에서 보자면 냥카우아수의 부대도 이런 식으로 파견되었을 것이다. 그리고 그 부대의 힘이 정점에 이르게 되었을 때 거기서 떨어져 나온 작은 부대가 코참바 북쪽에 있는 차파레의 볼리비아 제2전선으로 향하고, 연이어 다른 부대가 라파스의 북쪽에 있는 알토베니에서 제3전선을 형성하였다. 두 부대는 이미 게릴라 부대 내부에서 정한 임무를 알고 있었다. 삼각형의 세 꼭짓점을 이루는 세 전선은 볼리비아의 요충지에 자리잡고 있었다. 두번째 시기가 오면 그곳에서 또 여러 부대가 떨어져 나와 이웃 나라로 향할 참이었다. 페루로 가는 부대에는 모부대에 속한 페루 동지들을 중점적으로 배치하고, 페루 남서쪽에 있는 아야쿠초 지방에 이미 만들어진 게릴라 기지에 합류하게 할 참이었다. 아르헨티나 방향으로는 대부분 아르헨티나 사람으로 이루어진 다른 라틴아메리카 부대가 이동할 터였는데, 거기에는 앞서의 부대보다 확실히 중요한 인물들이 많이 끼어 있을 것이었다. 그리고 때가 되면 분명히 체가 그 부대를 맡기로 되어 있었을 것이다. 절대 잊을 수 없는 아르헨티나는 쿠바와 함께 체가 가슴에 품은 큰 고향이었다. 그것은 그가 평생 마음에 담아둔 꿈이었다. 그리고 아마도 그가 행동하고, 나아가고, 때로 방향전환을 하기도 하는 모든 행위의 비밀스런 진짜 목표이기도 하였을 것이다.

체는 당장에 권력을 잡겠다는 생각은 하지 않았다. 하

지만 행동의 수단으로 구체화된 민중의 권력을 위해 선결되어야 할 것이 자율적이고 유동적인 군대였다. …… 체는 무장폭동 가담자의 습성, 이를테면 동시대 군부 쿠데타의 포퓰리즘 성향을 완전히 버렸다. 이것은 마르크스의 근본적인 가르침을 되살리기 위해서였다. 마르크스에 따르자면 프롤레타리아 혁명은 '단순히 〈완벽하게 만들어진 국가〉라는 조직과 손을 잡는 것일 수는 없다. 그것은 부르주아 국가의 군사와 관료조직을 해체하고, 프롤레타리아 독재를 만들어야 한다'[40]고 했기 때문이다."

볼리비아 게릴라 부대에서는 당통이라고 불리던 레지 드브레는 상황이 군사혁명이 일어나는 데 유리하지 않았다는 것을 누구보다도 잘 알고 있었다. 왜냐하면 농민들에게 이미 토지개혁을 요구할 권리가 있었기 때문이었다.[41] 그래서 농민들은 게릴라 투쟁에 전혀 관심이 없었다. 게다가 볼리비아 정글의 생활 여건은 쿠바의 산악지대보다 훨씬 더 불리하였다. 이것은 농민들이 투쟁에 참가하지 않은 큰 이유가 되었다. 게다가 볼리비아 공산당은 위험한 사태에 직면하기를 기피했기 때문에 체는 그가 원하던 대로 안데스 산맥을 거대한 시에라마에스트라로 바꾸어놓을 수 없었다. 드브레는 연이어 이렇게 말한다.

---

40) 『체의 게릴라』(Seuil 출판사)에서 발췌.
41) 1952년의 프롤레타리아 폭동 덕분이다.

"피델은 체가 좀더 있다가 볼리비아로 떠나기를 원했다. 좀더 완벽한 준비를 하기 위해서였다. 나는 체가 그곳으로 떠나지 않았다면 어떻게 되었을까 하는 생각을 하곤 한다. 그는 심리적으로 궁지에 몰려 있었던 것일까? 게다가 순교자가 되겠다는 충동이 있었는지도 모른다. 어쨌든 그의 행동에는 체념이 깃들어 있었다. 힘 있는 광부조합에 의지할 수도 있었지만 그렇게 하지 않았다. 체는 전술적인 문제와 지역적인 문제의 중요성을 전혀 인정하지 않았다.

볼리비아 농민들에게 체와 쿠바인들은 이방인이었다는 점을 이해해야 한다. 실제로 나는 종종 우연이 가장 큰 역할을 할 때가 있다고 여긴다. 만약 그가 10월 8일 부상을 당했다면, 또 그가 부상을 당하지 않고 그곳을 빠져나올 수도 있었을 것이 확실하다 했어도 아무튼 그가 그렇게 오랫동안 견뎌냈던 것은 대단하다고 생각한다. 내게 가장 놀라는 점은 라파스의 수동적인 태도이다. 물론 공산당이 그를 죽게 내버려두었기 때문이지만 어쨌거나 그를 반대하는 조직이 있었던 건 사실이다……."

아바나에서 총지휘를 하는 피델과 전장에서 총을 들고 있는 체의 계획이 어디까지 진척될 수 있었을까? 그것은 꿈에서나 있을 법한 일이다. 성공했다면 체는 권력 따위는 염두에 두지 않았을 것이고, 피델은 라틴아메리카의 황제가 되었을 것이다. 하지만 체는 좌우 양쪽 진영 모두에게 매우 위협적인 인물이었다. 그래서 그는 두 진영에서 공격을 받았다. KGB나 CIA는 같은 사냥감을 두고 각기 다른 이유로 추적을 했다. CIA는 드러내놓고 자신들이 직접 조직한 볼리비아 순찰대와 함께 그를 추격했고, KGB는 체가 비행기로 도착할 시간에 미리 대기하고 있다가 손을 쓰려 했다.

하지만 체의 행동은 중단되지 않았다. 라틴아메리카에서 체를 따르는 사람들, 60여 명의 볼리비아인들, 칠레인 여섯 명, 아르헨티나인 네 명, 페루인 두 명, 브라질인 두 명이 게릴라 부대에 가담하기 위해 그들의 스승인 체의 생각을 지지한다고 선언하며 1970년 7월에 ELN에 가입한다.

"미래에 어떤 일이 일어날 것인지 불투명한 현실이다. 따라서 우리는 그저 앉아서 생각만 하고 있을 수 없다. 우리는 어쩔 수 없이 책을 버리고 총을, 편안한 삶을 버리고 혁명의 유랑을 택했다. 제국주의의 착취를 옹호하는 사람들에 맞서 싸우다가 죽기로 결심했다."

체의 순수성, 그의 비극적인 죽음은 꿈의 문을 활짝 열어주었다.

코르다의 사진을 통해 널리 알려진 그의 매력은 무기력해진 유럽의 젊은이들을 일깨웠고, 1968년 5월 항쟁의 기폭제가 되었다. '바다와 대지 위에 체라는 혁명의 태양이 떠오른다'고 씌어진 깃발이 펄럭였다.

오랫동안 전설에 가려져 있던 인간 에르네스토 게바라

가 쟁기를 끄는 별과 같은 선구자를 찾는 젊은이들에게 이제 돌아왔다.

스웨덴에 귀화한 독일인 페터 바이스는 이렇게 주장한다. "기독교주의의 비극은 전 세계를 기독교화하지 않은 데에서 생겨났다. 체는 전 세계의 젊은이들을 열광케 했다. 아마도 젊은이들이 그리스도를 믿지 않게 되었기 때문일 것이다." 하지만 '마르크스주의자인 그리스도'라는 이름이 그에게 어울릴 수 있다고 해도 무신론자인 에르네스토 게바라를 수염 난 팔레스티나인과 비교하지는 말자. 오히려 '라틴아메리카의 돈키호테'라는 이름이 그에게 어울릴지 모르겠다.

루이스 라반데이라는 이렇게 말한다.

"체는 사제들과 교류가 많았다. 그는 사제들과 가난한 사람들에 대한 예수의 태도와 권력에 대한 기독교 이론을 놓고 토론을 벌이곤 했다. 모세는 자신의 뒤를 이어 약속의 땅으로 들어가게 될 여호수아에 대해 심한 질투심을 느꼈을 때 권력을 포기했다. 체가 생각하기에 모세는 성경에 나온 인물 중에서 유일하게 권력을 포기한 사람이었다. 그는 자신의 도덕적 입장의 중점적인 견해를 이렇게 요약했다. '서구 사람들 대부분의 행동을 특징짓는 것은 개인주의다. 그 개인주의에 빠져든다면 거기에는 도덕이 있을 수 없다. 도덕은 타인을 먼저 생각하는 것에서 시작된다.' 이런 생각을 통해 게바라 대장은 유대-그리스도교를 절충한 사상의 한복판에 도달한다.

체는 지나치게 진지하고 매사에 답을 하려 드는 정치가들의 버릇을 비웃었다. 이런 태도는 종국에는 자신에게 오류가 없다는 믿음으로 향하지 않겠는가! 따라서 그의 '절제'는 '자기과신(자신이 중요하다고 생각하는 경향)'이라는 습성에 대한 부단한 자기통제를 근거로 한다.

앙트완 블롱댕(Antoine Blondin : 1922~1991, 프랑스의 문필가. 반순응주의와 관습 파괴 정신이 깃든 글을 썼음—옮긴이)은 '인간은 꿈의 세계에서 내려온다'고 말했다. 체가 볼리비아 밀림 속 나무에다 지상에서 마지막 순간을 예감하는 이 말을 새겼을 때 그는 다시 꿈의 세계로 올라가기 시작한 것이다. 자신의 위대한 조상들의 여신 파차마마와 자신의 별 사이에 주저 없이 올라앉은 체는 고양이 목숨 같은 일곱번째 생을 끝마쳤다.

높은 곳에서 그는 무엇을 보고 있을까? 소련은 내부에서 붕괴하고, 공산주의는 자폭하고 있다. 쿠바는 단단히 앙심을 품은 엉클 샘에게 봉쇄당한 채 비장하게 대항하고 있다. 그의 옛 동지 피델 카스트로는 점점 더 고집스러워져서 뭍과 섬을 연결하는 뗏목들을 섬에서 멀어지게 하는 바람과 물결에 맞서서 마지막 공산주의자로 남기를 원한다.

체 게바라의 후예들로 이루어진 세상은 분명히 유토피아였을 것이다. 그런 세상은 정복자의 너그러움과 그가 품었던 이웃에 대한 차별 없는 사랑을 절대로 앗아가지 않을 것이다.

그럭저럭 일상의 균형을 잡아가는 사람들과는 달리 체는 절대로 그럴 필요가 없었다. 그의 삶은 한 올의 흐트러짐도 없었기 때문이다. 그의 내면에 있는 부드러움과 강함은 잘 섞여서 너그러움이라는 하나의 돌이 되었다.

악마처럼 밤낮으로 그의 가슴을 휘젓고 다니던 천식은 오히려 고귀한 삶을 살겠다는 의지로 바뀌었다. 다른 이들을 위해 살았던 이 이상주의자의 삶은 곧 파스칼의 '모든 것이 모든 것 안에 존재한다'는 말을 상기시킨다. 의사, 게릴라, 작가, 시인, 군대의 지휘관, 대사, 장관으로, 또 잠시 동안은 한 가정의 아버지로 살았던 체는 인간이라는 완전한 이름으로 불릴 수 있는 존재였다. 사춘기 시절 럭비의 골포스트만큼이나 거대한 그의 휴머니즘은 그로 하여금 지독한 가난과 지나친 부유함을 없애고 삶의 균형을 회복시키기 위해 투쟁하고 목숨을 바치게 만들었다. '인간이 권력의 자비에 매달려 사는 사회가 아니라 공적인 생활의 중심에 있게 되는 새로운 사회'를 만들겠다고 그는 맹세했다. 그리고 '테러리즘은 어떤 방식으로도 원하는 결과를 얻지 못하고, 결정된 혁명운동에 대해 반감을 품게 할 수 있는 부정적인 형식'이라고 그는 확신했다.

스트린드버그의 말에 대한 대답으로 '진실만이 당당하다'는 말이 체에게는 제2의 피부처럼 붙어다녔다. 그 말에 대해 체의 아버지는 이렇게 대답한다.

"에르네스토는 진실에 열광적이었습니다. 진실은 그의 환상이었지요. 전투할 때는 냉정했고, 혁명과 관련된 모든 일에서는 굽힐 줄 몰랐던 만큼 그 아이는 더할 나위 없이 부드럽고 유머가 넘치는 아이였지요."

사람들은 더러 체를 자유분방한 무정부주의자라고도 하지만 체는 그런 사람은 아니었다. 그는 영혼의 순례자였다. 사랑이 담긴 희망을 내보였고, 타인의 삶을 개선시키려는 격렬한 의지를 가지고 타인의 삶에 관련된 것들에 무한한 관심을 보였다. 그러기 위해 그는 투쟁을 선택하는 용기를 보였다. 그가 "모든 진실된 인간은 다른 사람의 뺨이 자신의 뺨에 닿는 것을 느껴야 한다"고 했을 때 이것은 '함께한다'는 것을 뜻한다. 체는 모든 것을, 다른 사람들의 고통까지 함께했다. 인류의 세번째 천년이 시작되는 시기에 잊지 않아야 하는 바로 그 휴머니즘의 전도자였다.

"별이 없는 꿈은 잊혀진 꿈이다"라고 폴 엘뤼아르는 말했다.

별이 있는 꿈은 깨어 있는 꿈이라고 말할 수 있을 것이다. 우리 모두 눈을 크게 떠야 한다. 체는 한 번도 눈을 감아본 적이 없었다…….

옮긴이의 말

　스페인에서 '체'라는 단어는 가벼운 호격 정도로 여겨지는 평범한 말이지만 '게바라'라는 성이 붙는 순간 그것은 특별한 의미를 가지고 커다란 울림으로 다가온다. 1928년 아르헨티나 출생. 의사에다 혁명가, 게릴라 전술가, 쿠바 국립은행 총재, 산업부장관, 외교관에다 뛰어난 저술가로서 보통 사람이라면 일생에 한 가지도 이룰까 말까 한 다양한 일들을 그것도 39년이라는 짧은 생애에 이뤄낸 사람.

　옮긴이가 체 게바라를 처음 알게 된 것은 1983년 말—기억이 확실하다면—이었다. 지금은 좀 나아졌지만 당시만 해도 쿠바는 우리에게 너무도 낯설고 멀게만 느껴지는 나라였다. 그해 공산권인 쿠바에서 열린 세계여자배구대회를 우리나라 TV방송사상 처음으로 중계한다고 해서 떠들썩했다. 그리고 그 경기가 열린 체육관의 정면 벽을 커다랗게 장식한 포스터에 박힌 인물이 바로 체 게바라였다. 베레모를 쓴 그 유명한 모습을 처음 접한 사람은 누구나 그렇겠지만—그러리라고 확신한다—나 역시 무척이나 강렬한 인상을 받았었다. 사실 우리나라에서는 스페인어를 공부한다는 학생들조차도 체 게바라라는 인물에 대해 전혀 무지한 형편이었다. 1980년대라는 암울한 상황을 고려한다 해도 체 게바라에 관한 자료는 너무나 빈약했다. 그런데 그로부터 십수년이 흐른 1997년 10월에 갑자기 체 게바라라는 이름이 버젓이(!) 우리나라 공중파 TV에까지 오르내리게 되었다. 그해는 체 게바라가 볼리비아 산중에서 사망한 지 30주기가 되는 해로서 서구에서는 체 게바라 열풍이라고 할 만큼 바야흐로 그에 관한 새로운 조명작업이 활발히 이루어지고 있을 때였다.

그러나 체의 이름을 딴 시계, 심지어는 맥주까지 등장하는 놀라운 자본주의의 위력을 보면서 우려의 눈길을 보냈던 사람들이 그쪽에도 적지 않았던 모양이다. 당시에 체를 다룬 서구 언론 중 상당수가 체를 상업화하고 신비스런 우상으로 만들어버린 데 대해 냉정히 돌아보고 올바른 시각을 지닐 수 있도록 노력하려는 움직임이 있었다. 프랑스 언론인인 장 코르미에가 쓴 이 책 역시 그러한 맥락에서 읽어보아야 할 책이다. 저자 장 코르미에는 『파리지앵』을 비롯한 프랑스 유수의 언론매체에 글을 쓰고 있는 저명한 언론인이다.

1995년 초판이 발간되자마자 화제를 모았던 이 책에 대해 수많은 서평들이 쏟아져 나왔다. 그중에는 '전사 그리스도', '베레모를 쓴 제임스 딘'이라는 등 체 게바라에게 덧씌워진 신비로운 이미지 뒤에 감추어진 인간 체 게바라의 참모습을 되살리려는 저자의 시도에 주목하고 있는 것이 많다. 그간 쏟아져 나온 체 게바라 관련 서적 중에서도 이 책이 오랫동안 베스트셀러 자리를 지킬 수 있었던 이유는 바로 여기에 있다고 본다.

우리나라에서야 말할 것도 없고 게바라가 활동했던 라틴아메리카나 유럽에서도 게바라에 대한 객관적이고도 냉철한 저작물이 그만큼 드물었던 것이다.

이 책의 미덕은 무엇보다도 10년이 넘는 준비를 통해 얻어진 풍부한 자료들이다. 가끔은 도를 넘는 게 아닌가 할 정도로 체에 대해 열렬한 애정을 숨기지 않는 저자는 체 게바라의 제2의 조국이랄 수 있는 쿠바는 물론, 체 게바라가 게릴라 투쟁을 벌였던 지역을 몸소 답사하는 열성을 보였다. 그리고 체의 일생에서 중요한 의미를 차지했던 맏딸 일다(일디타)와 청소년 시절의 꿈과 이상을 공유했던 친구 알베르토 그라나도의 적극적인 협조를 바탕으로 이 책을 완성하였다.

엄밀히 얘기하자면 이 책은 역사서도 아니며 정치적 저작물도 아니다. 체 게바라의 게릴라 전술을 논한 책이나 경제정책, 외교정책을 다룬 책과는 확연히 구분된다. 오히려 소설처럼 술술 읽히는 한 편의 아름다운 논픽션에 가깝다고 해야겠다. 따지고 보면 체 게바라라는 인물의 삶 자체야말로 그 어떤 소설보다도 극적인 한 편의 소설이 아닌가 싶다. 게바라를 "그 시대의 가장 완전한 인간"이라고 한 사르트르의 평가가 아니더라도, 자신이 맡은 그 많은 임무를 체 게바라 이상으로 완벽하게 해낸 사람은 찾기가 쉽지 않다. 그것은 아버지인 에르네스토 게바라의 표현을 빌면 "진실에 대한 광적인 애정"에서 나온 것일지도 모른다. 역설적이게도 체의 가장 인간적인 모습은 이런 완벽주의, 자신이 행하는 일들 속에서 자신의 신조와 배치되는 일체의 경우와 타협하지 못하는 그러한 완고함에서 찾아지는지도 모른다. 작가이자 역사가인 앤드류 싱클레어가 지적했듯 체 게바라와 다른 사람들의 차이는, 그는 자신의 생각을 실현시키기 위해 다른 사람의 힘을 빌리려고 하지 않았다는 것이다. 그는 어떠한 경우에도 자기 생각을 스스로 실현시켜나갔던 것이다.

이 책이 제아무리 애정을 갖고 씌어진 책이라 해도 체 게바라라는 한 인간의 장점과 단점을 찾아내는 것은 독자 각자의 몫이다. 혹자는 이렇게 말할지 모른다. 사회주의가 붕괴된 것이 도대체 언제인데, 더군다나 무장투쟁을 하겠다고 밀림에 들어간 한 게릴라 지도자의 얘기가 과연 우리 시대에 무슨 울림을 줄 수 있느냐고……. 그러나 시대는 변해도 진실은 영원하다. 누추해질 대로 누추해진 모습으로 살아가는 이 시대, 지극히 완벽하고 치열하게 살다 간 한 인간의 드라마 같은 삶의 이야기는 현실에 안주하고 사는 우리에게 폭풍 같은 충격을 던질 것이다. 때로는 체가 남긴 이런 한마디가 신선한 청량제처럼 정신을 번쩍 들게 할지 모른다.

"우리 모두 리얼리스트가 되자. 그러나 우리의 가슴속에 불가능한 꿈을 가지자!"

김미선

장 코르미에는 역사책을 쓰지 않았다. 오히려 그는 지극히 아름다운 이야기책을 써내는 데 성공했다. 《르몽드》

이 작품은 10여 년에 걸친 노력의 결실이다. '전사 그리스도' 라는 이미지 뒤에 감추어진 인간 게바라의 참모습을 드러내려는 시도가 돋보인다. 마치 소설처럼 읽히는 책이다. 풍부한 일화와 증언을 곁들인 혼과 열정으로 써내려 간 전기라 할 만하다. 《유니옹》

우리는 이 책에서 가장 개성 뚜렷한 프랑스 언론인들 중 한 사람의 경쾌하고도 비옥한 문체와 만나게 된다. 《프로그레스》

체 게바라가 남긴 글과 생존자들의 풍부한 증언들을 더하여 저자는 게바라를 신비화된 포스터의 주인공으로부터 하나의 인간으로 변형시켰다. 《렉스프레스》

지은이 장 코르미에
일간 《파리지앵》의 전문기자인 장 코르미에는 그 동안 체 게바라에 대한 많은 저술을 써왔고, 체 게바라에 관해서는 타의 추종을 불허할 만한 전문가로 인정을 받아왔다. 1981년부터 그는 게바라에 관한 자료들을 수집하기 시작했다. 1981년 남아메리카를 여행하며 체의 아버지, 에르네스토 린치를 만난 것을 계기로 체의 일생을 더듬는 긴 여행을 시작했다. 1987년에는 피에르 리샤르와 함께 〈체에 대해 말해다오〉라는 다큐멘터리를 제작하기도 했다.

옮긴이 김미선
1964년생. 한국외국어대학교 스페인어과와 같은 학교 대학원 불어과 졸업했다.
역서로 『마야, 잃어버린 도시들』, 『보르헤스와 아르헨티나 문학』, 『자살의 역사』, 『아랍인의 눈으로 본 십자군 전쟁』 등이 있다.

역사인물찾기 10
체 게바라 평전

2000년 03월 25일 1판 1쇄 펴냄
2005년 05월 25일 2판 1쇄 펴냄
2025년 06월 09일 2판 32쇄 펴냄
지은이   장 코르미에
옮긴이   김미선
펴낸이   윤한룡
편집   신한선
디자인   윤려하
관리   이소연

펴낸곳   (주)실천문학
등록   10-1221호(1995.10.26.)
주소   남양주시 퇴계원읍 퇴계원로 52 405호
전화   02-322-2161~3
팩스   02-322-2166
홈페이지 www.silcheon.com

ⓒ 장 코르미에, 2000
ISBN 978-89-392-0510-9 03860

이 책 내용의 전부 또는 일부를 재사용하려면
반드시 저작권자와 실천문학사 양측의 동의를 받아야 합니다.